A LEGAL PRACTICAL GUIDE ON
CROSS BORDER INVESTMENT

中国企业境外投资法律实务指南

杨 青／著

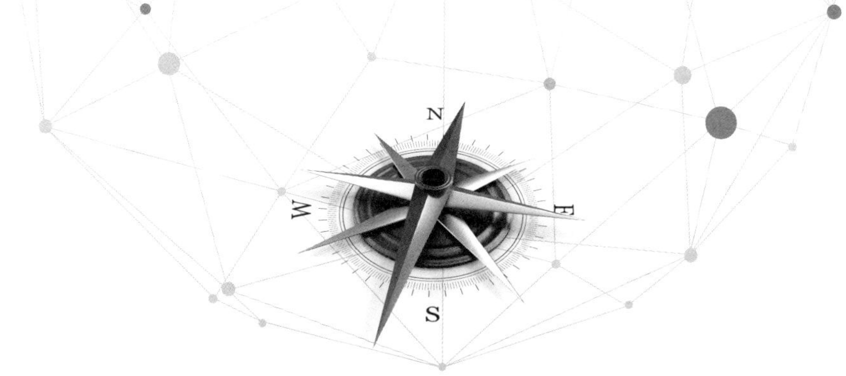

法律出版社 | LAW PRESS

序一

这是一本值得推荐阅读的法律书籍。它不仅详细周全,同时也通俗易懂,特别是在当今中国和美国加剧在全球范围的激烈竞争及博弈的特定时代背景下,这本书更具有意义。对于中国的年轻法律工作者来说,为帮助中国企业实现“走出国门”和完成“一带一路”的国策,这本书非常具有阅读的价值,因为读者可以从中汲取不少相关经验和有意义的信息。

对中国企业来讲,过去的2018年是不同寻常的一年,但是2019年以及今后的数年或者数十年将是一个更为重要的关键历史时期,它将考验中国企业能否继续成功地走向国际化和全球化,并最终完成中国成为世界先进国家的大业。而在实现该大业的进程中,一个必不可少的手段,就是中国企业在全球范围内进行投资和收购,不仅获得世界市场,同时也获取国外的先进技术,以配合在国内加大步伐的独立自主技术的研发,使中国最终不仅仅成为一个大国和富国,而且也成为一个技术创新和制造强国。而在实现这样一个史无前例的国策的过程中,中国的法律队伍将扮演一个十分重要的角色,并且肩负着不可或缺的保驾护航的任务。

美国对中国的全球化进程实行全面遏制,不仅局限于高科技和知识产权的转让、许可以及出口,同时也针对中国企业对国外具有战略意义的非高科技性公司的收购和投资。美国不仅通过美国外资投资委员会(CFIUS)的《外国投资风险审查现代化法案》(FIRRMA)和《出口管制改革法案》(ECRA)等相关美国法律对中国企业在美国的投资、并购以及技术出口实行全面审查和限制,从而使中国企业的在美投资和收购举步维艰;而且美国也对包括澳大利亚、新西兰、英国、德国、法国、意大利、日本以及以色列等发达国家进行施压,希望这些国家对中国的投资、并购以及技术转让和许可进行类似美国的严格审查和限制。

目前,举世瞩目、如火如荼的中美贸易战已经充分表明美国的该等策略将会是长期性的和战略性的,并且不会因为中美就贸易摩擦达成的任何协议而改变。因此,中国企业如何在目前的历史新形势下,继续走出国门并持续在海外投资、并购以及获得先进技术和市场,这将会是一个全新的考验,中国企业必须改变相应策略和方向,而稳步和深入推进"一带一路"倡议,是让中国企业继续前行和在全球范围发展壮大的重要策略之一,本书的章节对此有详细的分析和阐述。

在这个关键时刻,作者恰到好处地就以上国际新形势和中国企业的应对策略进行了讨论并提供了诸多中肯的建议,同时也对部分案例教训进行了分析、解剖并找出原因,包括剖析国内外法律制度、文化和风俗等方面的差异,以此为中国企业铺垫今后通向成功道路的砖瓦。

在第一章中,作者对中国企业境外投资现状和趋势进行了阐述和分析;在第二章中,就境外投资监管政策与实务进行了讲解;以及在第三至六章中,对中国企业境外投资专业中介机构的聘请与服务、境外投资交易架构设计与搭建、境外投资尽职调查以及境外投资交易文件解析等重要事项提供了实用可行的建议。更为重要的是,作者在第七至十章中,就中国企业境外投资类型及案例解析、在东盟投资的法律实务以及境外投资争议解决等关键法律问题上,进行了详细的分析并提供了参考解决方案。

本书的篇章都是作者通过自身的法律实践以及辛苦的信息汇总和分析工作而形成的工作成果,确实值得中国的法律工作者一读,尤其值得年轻一代的中国公司法律师借鉴。

中国企业走出国门、在全球范围发展壮大的趋势是不可阻挡的,这是历史发展的必然。因此,中国的法律工作者必须紧密关注世界竞争新动向,并且随着中国企业的迅速成长而提供更为精湛的法律服务。

美国奥睿律师事务所与杨青律师和中豪律师集团在为中国企业走出国门的进程中曾经多次成功合作,为中国企业保驾护航。在共同为中国企业服务过程中，杨青律师表现出的杰出专业能力、敬业勤勉精神和广阔的国际视野让我印象尤其深刻，本书内容也充分体现出了杨青律师的上述特质。

我谨此衷心地预祝本书成功付梓。

王翔

美国奥睿律师事务所

全球顾问委员会联席主席

亚洲地区管理合伙人

2019 年 3 月 10 日

序二

近几年,越来越多的企业开始“走出去”,到欧美等发达国家或“一带一路”沿线国家投资与收购,主要基于:一、由于国内部分领域产能过剩,需要企业“走出去”消耗国内过剩产能。二、经过多年发展,我国的产业结构发生重大变化,低端制造业和劳动密集型企业的生产成本越来越高,需要把部分产业转移到劳动力成本和生产成本更低的国家中去,从而实现企业可持续盈利发展;高端制造业为了实现快速转型升级,到欧美等发达国家收购先进技术后拿回国内使用是最为快捷的方式,从而加速了欧美企业的并购。三、随着中国企业的不断强大,国际化和全球化是中国企业寻求更广阔发展平台和打造国际品牌的必由之路,境内企业只有“走出去”才可能真正实现“中国梦”“世界梦”。

由于国内外文化、法律制度、风俗习惯等方面都存在重大差异,境内企业在“走出去”过程中必然会遭遇各种风险,如果事先没有做好充分准备,匆忙“走出去”,失败的概率非常大。因此,做好境外投资风险防范是我国企业“走出去”应当首先重视的问题。各项风险中极为重要的一项就是法律风险,一宗跨境投资,境内企业只有做好法律风控,才可能最大限度保障投资的成功。虽然我国企业境外投资已有多年,境内律师也逐渐参与其中,但市面上对境内企业海外投资的全流程、各个环节的主要风险点、注意事项及防范措施等比较全面进行介绍的专业书籍很少,这使很多缺乏境外投资经验的企业在“走出去”的实际操作过程中,都操持各自的“杂家”套路,特别是对北、上、广、深之外的其他内陆城市企业来说,境外投资方面的经验更是缺乏。

杨青律师是中豪跨境投融资与并购团队的领头合伙人,多年来,其带领的团队成功操作了很多境外投资与并购案例,积累了丰富的经验。此外,杨青律师一直笔耕不辍,每做完一个案例,他都会对该案例进行全面梳理和总结,并以文章的方式进行分享，旨在为更多境内企业提供有价值的参考。即将赴印的这本《中国企业境外投资法律实务指南》，正是他对操作过的境外投资与并购案例进行全面梳理和总结后书就的呕心沥血之作。

该书共 10 章内容，不仅对中国企业境外投资的各个流程进行了详细的介绍，对境外投资与并购中涉及的主要交易文件进行了详细解析，并以案例的形式对境外投资的主要类型进行了梳理和总结，并且对我国企业赴“一带一路”投资较多的东盟国家投资的法律风险和防范措施也进行了具体介绍。我相信，即使对从未有过“走出去”经验的企业来说，在看了本书后，也会对境外投资的主要流程和风险点有比较清楚的了解。这是一本难得的比较全面了解境外投资与并购方面的好书，因此强烈推荐。

多年以来，中豪团队帮助很多境内企业“走出去”，我们见证了很多企业遭遇到的各种风险、吃过的亏及支付的昂贵“学费”，与聘请律师需支付的法律服务费相比，他们遭受的损失可能是好几十倍、百倍甚至更高。其实，只要境内企业有更强的法律风控意识，在“走出去”过程中，请好专业律师等中介机构把控好风险，他们的损失完全可以避免。杨青律师深刻认识到境内企业这方面的不足，所以多年来，他联合境内外律师、会计师等中介机构团队，给境内企业举办了很多公益法律培训，旨在通过反复讲解与说服，希望更多境内企业认识到“走出去”过程中风险防范的重要性，并真正做好风险防范措施，从而少吃亏、少走弯路。他这份真心想帮助更多企业安全、顺利、稳健“走出去”的坚持与情怀很是难得。希望能有更多像杨青律师一样，具有国际视野、专业能力强、有情怀的年轻律师加入境外投资领域中来，为更多境内企业“走出去”保驾护航。

于是序。

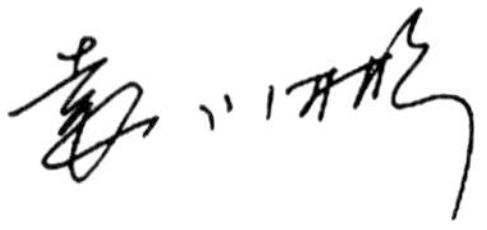

中豪律师集团董事局主席

2019 年 2 月 1 日

前 言

“这是最好的时代，也是最坏的时代”，英国作家狄更斯曾经对工业革命后所处时代的描述也适用于当今的时代。自美国特朗普总统上台后，奉行重塑“美国利益优先”原则，美国扛起贸易保护主义的大旗，发起针对我国的贸易战。此外，通过加强美国外资投资委员会（CFIUS）的权力，进一步加强对我国企业对美投资的审查，从而使我国企业赴美投资和收购屡屡受挫。反观欧盟，自2009年欧债危机后，其一直就没有恢复当初的元气，也没有找到新的经济增长动力。以我国为首的发展中国家，接过全球化的接力棒，在全球经济增长疲软的环境下，表现出强劲的发展势头。全球化走到了一个十字路口，走到了“深水区”。虽然在全球化发展过程中不可避免会遭受挫折，但全球化符合人类社会发展的规律，其趋势不可逆转。

过去多年，我国很多企业开始走出国门到世界各国进行投资、并购，走向全球化。一开始主要是大型国有企业和大型民营企业“走出去”，2014年，随着发改委、商务部及外汇管理局等监管部门进一步简化境外投资核准与备案手续，越来越多的中型企业，甚至小型企业开始“走出去”。2016年，我国对外直接投资超过1800亿美元，创历史新高。但遗憾的是，由于很多企业缺乏境外投资经验、团队和风险防范意识，他们的境外投资均以失败告终。特别是房地产、酒店、影城、娱乐业和体育俱乐部等领域的境外投资，消耗了我国大量外汇，也没有为国家经济结构调整升级、技术引进和就业等方面发挥积极作用。

2016年底，发改委、商务部、外汇管理局、国资委等监管部门加强了境外投资的真实性和合规性审核，对房地产、酒店、影城、娱乐业和体育俱乐部等领域的境外投资采取限制措施，但对符合我国境外投资方向，且真实、合规的境外投资仍然支持。2017年8月4日，国家发展改革委、商务部、人民银行、外交部联合发布《关于进一步引导和规范境外投资方向的指导意见》，明确提出，“支持境内有能力、有条件的企业积极稳妥开展境外投资活动，推进‘一带一路’建设，深化国际产能合作，带动国内优势产能、优质装备、适用技术输出，提升我国技术研发和生产制造能力，弥补我国能源资源短缺，推动我国相关产业提质升级”。自此，我国企业境外投资正式进入新的发展阶段，即朝着更加规范、健康、风险更可控的方向发展。

很多境内企业在境外投资过程中，由于缺乏境外投资的相关经验，没有搭建起境外投资的人才团队，缺乏境外投资相关的风险防范意识，仍然按照国内投资、经营企业的思维方式和管理方式行为，结果可想而知。特别是最近几年，很多中小型企业也开始“走出去”，为了节约成本，他们在境外投资前未对目标公司或目标项目开展尽职调查，仅仅依靠市场与技术人员对目标公司或目标项目初步了解后，甚至没有聘请律师事务所和会计师事务所开展法律和财务尽职调查的情况下，便匆忙作出投资决定，一旦投资、收购后才发现与当初的预判相去甚远，因此遭受重大损失。由于我国与外国在法律制度、文化、企业经营、管理方式与思维方式等方面均存在重大区别，在未对投资目标国及目标公司、项目的重要风险点了解清楚之前便贸然出海，必然会因此付出沉重代价。笔者在为很多境内企业，特别是规模不大的企业服务过程中，深刻感受到了他们在上述方面存在的不足，都是在交了“昂贵学费”后才吸取教训。为了让更多境内企业避免再犯类似“错误”和少走弯路，笔者决定把多年来操作的境外投资项目的相关经验进行梳理，对境内企业“走出去”过程中犯过的“错误”和走过的弯路进行总结，希望这些经验与建议能对拟“走出去”的境内企业有所帮助和受益，这便是写作本书的初衷。

本书共分为10章，对境内企业境外投资过程中的主要流程、关键环节、注意事项及风险点进行了梳理，并提出了一些有益建议，包括对境内企业境外投资主管部门的监管政策与实务进行了详细介绍，对境内企业境外投资过程中需聘请的主要中介机构及其作用进行了解析，对我国企业不太擅长的境外投资交易架构设计与搭建的重要作用及其要点进行了梳理，对境外投资交易相关方通常签署的交易文件及其主要条款进行了解析，并梳理了常用的交易文件模板供参考；对境外投资必不可少的法律、财税等尽职调查注意事项进行了总结。此外，笔者还对东盟国家，比如印尼、泰国、越南投资的公司与代表处设立，以及投资过程中可能遇到的主要法律风险进行了详细介绍；对境内企业境外工程承包的法律风险要点及境外投资争议解决方式等内容进行了解析。笔者希望，即使是从未有过境外投资经验的新手在看了本书后，都能很快对境外投资的基本流程、关键环节和主要风险有比较全面的了解，只要按本书介绍的流程与要点进行操作，并借助外部专业中介服务机构的帮助，就能顺利地完成整个交易。笔者希望本书是读者手中的境外投资法律实务指南。如果本书真能起到上述作用，或至少对拟进行境外投资的境内企业有所帮助，将令笔者感到由衷的高兴。

随着我国的不断强大，今后将有越来越多的中型企业，甚至小型企业开始“走出去”。在新的全球化趋势中，很多境内企业可能自成立开始，便需要用全球化思维设定战略，着手全球化布局，用国际化思维和标准经营和管理企业。笔者相信，未来 10～20 年，将是我国企业“走出去”的真正“黄金时代”，从过去的“散兵式”出海到有团队、有组织的规范出海。2016 年作为我国企业境外投资监管思路的重要转折点，相信我国企业在不久的将来会从被动地遵守监管政策，到自觉地以更高要求、更为规范和风险更可控的方式走出一条全球化之路。

写作过程中，虽然笔者尽心竭力让本书表述更为准确，希望分享的内容能让读者有更多受益，但由于才疏学浅，本书不可避免会存在诸多疏漏和不完善的地方，还望读者能够理解和批评指正。

本书最终能得以成功面世，得益于许多人的帮助。首先，要感谢客户对笔者的信任，正是他们的信任和委托，才让笔者有机会积累了境外投资方面的实务经验，这构成了本书写作的基础。其次，感谢西南政法大学何琴女士对本书写作给予的大力支持与帮助。最后，感谢父母的生育养育之恩，他们的恩情笔者一辈子都无以回报；感谢爱人一直对笔者工作默默的支持，当遇到困难时，她总能陪伴笔者一起挺过；当然，还要感谢可爱的宝贝女儿，工作再辛苦，她的一声“爸爸”能融化所有的疲惫与辛劳，她是笔者人生奋斗的不竭动力源泉！

2018 年 10 月 7 日

于重庆

目　录

第一章　中国企业境外投资概述

随着中国经济的稳健发展、"一带一路"倡议和"走出去"战略的稳步推进，越来越多的中国企业选择进行境外投资，以实现业务、市场的扩张和企业的国际化发展。本章中，笔者将对境外投资现状、最新趋势、境外投资的价值与意义，以及境外投资的基本流程进行简要介绍。

第一节　境外投资现状

目前中国企业的境外投资主要表现出以下几个特点：

一、境外投资规模不断扩大

根据《2016 年度中国对外直接投资统计公报》①数据显示，自 2003 年中国有关部门权威发布年度数据以来，中国对外投资实现连续 14 年快速增长，年均增幅高达 35.8%，2016 年的对外直接投资流量是 2002 年的 72.6 倍。中国对外直接投资流量在 2016 年达到 1961.5 亿美元，同比增长 34.7%，实现了历史性突破，对外直接投资流量继续位列全球第二位。

根据《2017 年度中国对外直接投资统计公报》②数据显示，2017 年中国对外直接投资 1582.9 亿美元，同比下降 19.3%，自 2003 年中国发布年度对外直接投资统计数据以来，首次出现负增长。占全球比重连续两年超过一成，中国对外投资在全球外国直接投资中的影响力不断扩大。投资流量规模仅次于美国

① 商务部、国家统计局、国家外汇管理局：《2016 年度中国对外直接投资统计公报》，中国统计出版社 2016 年版，第 6 ~ 7 页。

② 数据来源：国家商务部网站，http://fec.mofcom.gov.cn/article/tjsj/tjgb/201809/20180902791493.shtml，2018 年 12 月 2 日访问。

(3422.7亿美元)和日本(1604.5亿美元),位居全球第三,较2016年下降一位。从双向投资情况来看,中国对外直接投资流量已连续3年高于吸引外资。

二、境外投资区域分布广泛

根据2013年至2016年《中国对外直接投资统计公报》数据显示,中国对外直接投资的国家(地区)分布在中国香港特区、开曼群岛、美国、新加坡、德国、英属维尔京群岛、荷兰、澳大利亚等。中国香港由于其特殊地位成为中国内地对外投资最大的目的地,中国企业对美国的投资稳步上升,对澳大利亚的投资有涨有跌,除此之外也不乏出现对东盟、俄罗斯投资的爆发性增长的现象。[①]

根据《2017年度中国对外直接投资统计公报》[②]数据显示,2017年,流向欧洲的投资184.6亿美元,创历史最高值,同比增长72.7%;流向非洲的投资41亿美元,同比增长70.8%。对"一带一路"沿线国家的直接投资流量为201.7亿美元,同比增长31.5%,占同期中国对外直接投资流量的12.7%。从上述数据可以看出,由于美国加强对我国企业在美投资、并购的审查,出现大幅下降,但对欧洲、非洲国家的投资比重得到了快速增长,流向"一带一路"沿线国家投资增长超过三成。

三、境外投资行业流向结构日趋优化

截至2016年末,中国对外直接投资的行业流向涵盖了国民经济的18个行业大类,行业结构持续优化。其中,中国对外直接投资存量规模上千亿美元的行业有5个,租赁和商务服务业以4739.9亿美元高居榜首,占中国对外直接投资存量的34.9%;第二位为金融业,金额为1773.4亿美元,占13.1%;批发和零售业1691.7亿美元,位列第三位,占12.5%;第四位为采矿业,金额为1523.7亿美元,占11.2%;制造业位列第五位,金额为1081.1亿美元,占8%。以上5个行业累计存量为10,809.8亿美元,占中国对外直接投资存量的79.6%。[③]

---

① 2015年,中国对东盟、俄罗斯联邦的投资爆发性增长,分别为146.04亿美元、29.61亿美元,同比增长87%和367.3%。数据来源:商务部、国家统计局、国家外汇管理局:《2015年度中国对外直接投资统计公报》。

② 数据来源:国家商务部网站,http://fec.mofcom.gov.cn/article/tjsj/tjgb/201809/20180902791493.shtml,2018年12月2日访问。

③ 商务部、国家统计局、国家外汇管理局:《2016年度中国对外直接投资统计公报》,中国统计出版社2016年版,第22~23页。

根据《2017年度中国对外直接投资统计公报》①数据显示,2017年,中国对外直接投资涵盖国民经济的18个行业大类,其中商务服务、制造、批发零售、金融领域的投资超过百亿美元,占比在八成以上;存量规模超过千亿美元的行业有6个,分别为租赁和商务服务业、批发和零售业、信息传输/软件和信息技术服务业、金融业、采矿业和制造业,占中国对外直接投资存量的86.3%。

四、投资主体结构持续优化

近几年来,国有企业在境外直接投资企业中的占比持续下降,非国有企业占比持续上升。截至2016年末,中国非金融类对外直接投资存量为11,800.5亿美元,其中,国有企业占54.3%;非国有企业占45.7%,投资主体结构多元化发展。②

2016年末,中国对外直接投资者达到2.44万家,投资企业类型日益多元化,其中有限责任公司、私营企业、股份有限公司、国有企业、外商投资企业、港澳台投资企业、个体经营、股份合作企业、集体企业和其他实体分别占43.2%、26.2%、10.1%、5.2%、4.8%、3.2%、2.4%、2%、0.5%和2.4%。③

五、投资方式多样化

目前,中国企业的境外投资形式有绿地投资、并购投资、股权和收益投资等。其中,中国企业对外投资并购非常活跃,并购领域不断扩大,大宗交易频现;股权和收益再投资是主要的投资方式。人民币对外投资进一步活跃,根据《2017年度中国对外直接投资统计公报》④数据显示,2017年,中国对外直接投资流量的两成是以人民币方式出资,涉及中国境内企业数量超过800家,主要形成对境外企业股权和债务工具投资。从流量构成来看,2017年新增股权投资679.9亿美元,占同期中国对外直接投资流量总额的42.9%;债务工具投资(仅涉及对

① 数据来源:国家商务部网站,http://fec.mofcom.gov.cn/article/tjsj/tjgb/201809/20180902791493.shtml,2018年12月2日访问。

② 商务部、国家统计局、国家外汇管理局:《2016年度中国对外直接投资统计公报》,中国统计出版社2016年版,第26页。

③ 商务部、国家统计局、国家外汇管理局:《2016年度中国对外直接投资统计公报》,中国统计出版社2016年版,第37页。

④ 数据来源:国家商务部网站,http://fec.mofcom.gov.cn/article/tjsj/tjgb/201809/20180902791493.shtml,2018年12月2日访问。

外非金融类企业)为 206.6 亿美元,占同期中国对外直接投资流量总额的 13.1%;2017 年中国境外企业收益再投资 696.4 亿美元,同比增长 127%,占同期中国对外直接投资流量总额的 44%。

第二节　境外投资趋势

一、境外投资规模将进一步扩大

据统计,2016 年 1 月至 12 月中国仅非金融类对外直接投资达 1701.1 亿美元。[①] 虽然 2017 年与 2018 年境外投资出现一定下滑,但随着经济全球化的深入推进,G20 杭州峰会中"杭州共识"的达成,[②]"一带一路"得到沿线国家的认同和响应等国际有利因素的增多,加之中国企业"走出去"的意愿越发强烈等一系列因素的共同作用,可以预见,中国企业的境外投资规模还将进一步扩大。

二、"一带一路"对境外投资影响进一步加深

"一带一路"倡议契合中国和沿线国家和地区的共同需求,已经得到沿线大多数国家和地区的积极响应。根据中国和全球化智库的数据分析,自"一带一路"倡议提出以来,中国企业在"一带一路"沿线投资规模集中在 1 亿至 10 亿美元的投资案例数高达 407 起,是 10 亿至 100 亿美元的大规模投资,达到 121 起。[③] 商务部、国家统计局、国家外汇管理局公布《2016 年度中国对外直接投资统计公报》数据显示的对东盟和俄罗斯投资的爆炸性增长一定程度上也能反映出"一带一路"给沿线国家带来的投资增长。

2017 年,我国企业共对"一带一路"沿线的 59 个国家非金融类直接投资 143.6 亿美元,同比下降 1.2%,占同期总额的 12%,较 2016 年提升了 3.5%。对"一带一路"沿线国家实施并购 62 起,投资额 88 亿美元,同比增长 32.5%。对外承包工程方面,我国企业在"一带一路"沿线的 61 个国家新签对外承包工程项目

---

① 数据来源:国家商务部网站,http://fec.mofcom.gov.cn/article/tjsj/ydjm/jwtz/201701/20170102504235.shtml,2018 年 12 月 2 日访问。

② "杭州共识"认识到全球投资作为经济增长引擎的关键作用,政府应避免与跨境投资有关的保护主义。

③ 参见王辉耀主编:《中国企业全球化报告(2015)》,社会科学文献出版社 2015 年版。

合同7217份,新签合同额1443.2亿美元,占同期我国对外承包工程新签合同额的54.4%,同比增长14.5%;完成营业额855.3亿美元,占同期总额的50.7%,同比增长12.6%。① 通过上述数据可以看出,2017年度我国企业在"一带一路"沿线国家并购交易额及新签对外承包工程额出现了较大幅度增长。

根据商务部、外汇局统计②,2018年1~8月,我国对外全行业直接投资5208.2亿元人民币,同比增长2.3%。其中,我国境内投资者共对全球153个国家和地区的4309家境外企业进行了非金融类直接投资,累计实现投资4802.4亿元人民币,同比增长2.3%。根据国家商务部披露的信息,③2018年1~8月,我国企业在"一带一路"沿线对55个国家非金融类直接投资95.8亿美元,同比增长12%,占同期总额的12.9%。根据上述数据可以得出,2018年1~8月,我国企业对外直接投资实现了持续稳定增长,特别是在"一带一路"沿线国家的非金融类直接投资增幅更是明显。

根据商务部公布的数据显示,2018年,我国企业在"一带一路"沿线对56个国家非金融类直接投资156.4亿美元,同比增长8.9%,占同期总额的13%。对外承包工程方面,我国企业在"一带一路"沿线国家新签对外承包工程项目合同7721份,新签合同额1257.8亿美元,占同期我国对外承包工程新签合同额的52%,同比下降12.8%;完成营业额893.3亿美元,占同期总额的52.8%,同比增长4.4%。④ 通过上述数据可以看出,2018年度我国企业在"一带一路"沿线国家非金融类直接投资实现了持续稳定增长,但对外承包工程新签合同额出现了明显下滑。

随着"一带一路"倡议的深入开展和更多国家(地区)的参与,中国境外投资结构必将受到进一步的影响。

三、境外并购在境外投资中更加活跃

近年来特别是2008年金融危机以来,中国企业境外并购交易数量和交易规

---

① 数据来源:国家商务部网站,http://fec.mofcom.gov.cn/article/fwydyl/tjsj/201801/20180102699450.shtml,2018年12月2日访问。

② 数据来源:国家商务部网站,http://fec.mofcom.gov.cn/article/tjsj/ydjm/jwtz/201809/20180902790548.shtml,2018年12月2日访问。

③ 数据来源:国家商务部网站,http://fec.mofcom.gov.cn/article/fwydyl/tjsj/201809/20180902790551.shtml,2018年12月2日访问。

④ 数据来源:国家商务部网站,http://fec.mofcom.gov.cn/article/fwydyl/tjsj/201901/20190102829089.shtml,2018年12月12日访问。

模便屡创新高，境外投资出现了从绿地投资向大规模境外并购转变的趋势。根据上述商务部、国家统计局、国家外汇管理局公布的数据显示，[①]2016 年是中国企业境外并购最为活跃的年份，共实施完成并购项目 765 起，涉及 74 个国家（地区），实际交易总额 1353.3 亿美元，其中直接投资 865 亿美元，占并购总额的 63.9%，占 2016 年中国对外直接投资总额的 44.1%；境外融资 488.3 亿美元，占并购金额的 36.1%。近两年，超过 10 亿美元的对外并购项目增多，如中国信达资产管理股份有限公司 88.8 亿美元收购南洋商业银行 100% 股份，青岛海尔股份有限公司 55.8 亿美元收购美国通用电气公司家电业务项目，腾讯控股有限公司等 41 亿美元收购芬兰 Supercell 公司 84.3% 股权，天津天海物流投资管理有限公司 60.1 亿美元收购美国英迈国际公司。[②] 根据《2017 年度中国对外直接投资统计公报》[③]数据显示，2017 年，中国企业共实施境外并购 431 起，涉及 56 个国家和地区，实际交易总额 1196.2 亿美元，其中直接投资 334.7 亿美元，占并购交易总额的 28%；境外融资 861.5 亿美元，规模较 2016 年高出七成，占并购总额的 72%。并购涉及 18 个行业大类，其中对外制造业、采矿业、电力/热力/燃气及水的生产和供应业、住宿和餐饮业、租赁和商务服务业并购金额列前五。这更加反映出境外并购在境外投资领域将会有积极表现。

虽然自 2016 年年末发改委、商务部门、外汇管理局及中国人民银行迫于人民币贬值的强烈预期，加强了境内企业境外投资的监管，但境外投资并购的大趋势不会改变，监管机构只是针对国内出现的境外投资并购乱象进行规范，国家仍然支持有能力和有条件的企业开展真实、合规的境外投资。监管部门加强境外投资真实性与合规性审查，打击虚假对外投资行为，最终目的是促进我国对外直接投资的健康有序发展。由此可见，我国即将迈入境外投资的新阶段，一个更加规范、更高质量、更有助于实现从中国制造到中国智造转型和我国经济结构转型的新时代。2017 年 6 月 8 日，中国化工集团宣布其已完成对瑞士先正达的要约收购交割，自此，中国化工集团拆资 440 亿美元收购瑞士先正达交易正式尘埃落定，这是截至目前我国企业在境外完成的最大收购交易。这是我国监管机关加

---

① 商务部、国家统计局、国家外汇管理局：《2016 年度中国对外直接投资统计公报》，中国统计出版社 2016 年版，第 8 页。

② 商务部、国家统计局、国家外汇管理局：《2016 年度中国对外直接投资统计公报》，中国统计出版社 2016 年版，第 9 页。

③ 数据来源：国家商务部网站，http://fec.mofcom.gov.cn/article/tjsj/tjgb/201809/20180902791493.shtml，2018 年 12 月 2 日访问。

强境外投资监管的新政背景下中国企业完成的又一巨型收购,我国企业的境外投资与收购在未来5至10年内仍会相当活跃。

四、从纯投资性并购逐步转向战略性并购

为了引导和规范境外投资方向,推动境外投资持续合理有序健康发展,有效防范各类风险,更好地适应国民经济与社会发展需要,2017年8月4日由国家发改委、商务部、中国人民银行、外交部联合出台的《关于进一步引导和规范境外投资方向的指导意见》(以下简称《指导意见》)为我国企业境外投资方向和重点领域提出了明确要求。《指导意见》确立了鼓励"发展+负面清单"的管理模式,将境外投资活动进行分类管理,即将境外投资分成鼓励类、限制类与禁止类三类,并实行差异化管理,按照积极鼓励、适度限制、严格禁止的原则,引导企业合理把握境外投资方向和重点。根据《指导意见》规定,如下行业属于国家重点鼓励的境外投资:

(1)"一带一路"建设和周边基础设施的境外投资;

(2)带动优势产能、优质装备和技术标准输出的境外投资;

(3)能引进境外高新技术和先进制造业企业的境外投资;

(4)经济效益较好的境外油气、矿产等能源资源勘探和开发;

(5)商贸、文化、物流等服务领域及农业领域的境外投资。

可以预见,未来的境外投资与并购会主要发生在上述鼓励类领域,通过对境外投资方向的引导与规范,从而推进"一带一路"建设,深化国际产能合作,带动国内优势产能、优质装备、适用技术输出,提升我国技术研发和生产制造能力,弥补我国能源资源短缺,推动我国相关产业提质升级。

除了需符合国家对境外投资方向的要求外,境内企业更加看重收购标的本身的质量,因为这会直接决定能否通过目标公司实现在境外融资。大型境外收购交易,一般都需要向境内外银行或非金融机构融资,如果收购标的本身很好,则可以通过质押目标公司的股权或可预期收益等资产或权益向银行贷款融资,从而大大减轻境内企业现金支付压力。比如,向境外银行申请并购贷款时,境外银行极为看重收购标的本身的EBITDA(息税折摊前利润)和现金流数据,如以目标公司股权提供质押担保申请银行并购贷款,贷款额度通常可以达到目标公司EBITDA的3~5倍,甚至更高。此外,境内企业也越来越关注收购目标公司后能否实现与其自身业务发展、技术研发等方面的协同效应。虽然过去

部分并购,境内企业也很重视收购后的协同效应,但大部分的境外收购更多还是纯投资性并购,并未对能否产生协同效应等战略性问题给予足够重视,事先也未对收购后实现协同效应的可能性和程度进行详细的调查和制定详细的整合方案。随着国家监管机关对境外投资方向的不断规范和严格的境内投资监管,越来越多的企业从战略角度,更加关注境外投资与收购对自身可能产生的长远影响。因此,笔者认为,今后的境外并购将从纯投资性并购逐步转向战略性并购。

五、境外投资操作流程更加规范

2016 年前,我国境外投资监管机关对企业的境外投资采取更为粗放的监管模式,导致出现了一些不规范、不合规甚至是违法的境外投资交易。大部分的境外投资项目对带动国内优势产能、优质装备、适用技术输出,提升我国技术研发和生产制造能力,弥补我国能源资源短缺,推动我国相关产业提质升级的目标没有任何帮助;部分境外投资是为了投资而投资,甚至少数境外投资仅仅是为了资金出境。为了加强境外投资监管,自 2016 年起,发改委、商务部、国资委、外汇管理局等境外投资监管机关相继出台系列监管文件,比如,2017 年 1 月 7 日国务院国资委公布了《中央企业境外投资监督管理办法》,2017 年 6 月 12 日财政部出台了《国有企业境外投资财务管理办法》,2017 年 8 月 4 日国家发改委、商务部、中国人民银行、外交部联合出台了《指导意见》,2017 年 12 月 26 日国家发改委出台了《企业境外投资管理办法》,2018 年 1 月 18 日商务部出台了《对外投资备案(核准)报告暂行办法》等,上述监管文件进一步加强了境外投资监管。实务中,相关监管机关严格按照监管文件要求,加强了境外投资事前、事中和事后的全面监管。经过规范与引导,越来越多的境内企业也深刻认识到合法、合规开展境外投资和全程做好风险防范的重要性,在实际操作境外投资中,无论是流程还是关键节点的把控上也越来越规范。因此,今后的境外投资会越朝着更加规范、风险更可控、可预期性更强的方向发展,这对提高境内企业的境外投资能力和水平无疑具有里程碑的意义。

第三节 境外投资价值与意义

中国企业境外投资具有重要意义,其不仅是"走出去"战略的内在要求,更是提高中国企业的国际竞争力,降低出口成本,规避贸易壁垒,合理有效地利用境外资源,促进国内产业结构转型的直接驱动力。

一、顺应"走出去"战略,开拓境外市场

党的十九大报告提出,"要以'一带一路'建设为重点,坚持引进来和走出去并重,遵循共商共建共享原则,加强创新能力开放合作,形成陆海内外联动、东西双向互济的开放格局"①。因此,自党的十九大以后,政府便一直致力于鼓励符合有国外市场需求的行业有序地向境外转移产能,支持有条件的企业进行境外并购,深化境外资源互利合作,提高对外工程和劳务合作的质量。中国企业境外投资的蓬勃发展是"走出去"战略的内在要求,也是"走出去"战略的必然结果。同时,中国企业在面临国内市场饱和与增长放缓的情况下,境外投资又给予了中国企业找到新获利点的可能性。

二、提高中国企业国际竞争力

许多中国企业在国内具有很高的知名度与市场份额,但在跨国经营方面,普遍缺乏欧美跨国公司的先进管理策略、国际品牌知名度以及畅通的全球销售渠道,因此在与欧美跨国企业竞争的过程中,往往处于相对弱势的地位。而进行境外投资则有利于形成企业在世界经济的滚滚浪潮之中不断提高自身的跨国经营能力,学习先进、科学的管理经验的"倒逼机制",提高中国企业的综合素质和国际竞争力。

三、降低出口成本,规避贸易壁垒

随着国内市场竞争的不断加剧,中国企业越来越倾向于对境外市场进行开

---

① 国家商务部:《中国对外投资合作发展报告 2017》,http://fec.mofcom.gov.cn/article/tzhzcj/tzhz/,2018 年 12 月 2 日访问。

拓,但是目前一些国家利用关税或者非关税等手段限制中国产品进口的情形越来越多,针对我国的贸易保护主义不断加剧。中国企业通过境外投资设立境外加工贸易基地,在一些国家(地区)甚至还能享受贸易优惠政策,这些企业不仅可以利用当地原材料和劳动力优势,降低出口成本,还可以规避贸易壁垒,增加出口。

四、有效利用境外资源,实现持续发展

我国国内能源资源人均占有量低且消耗量大,资源相对短缺,同时我国近年来对国际市场的依赖越来越大,通过投资国外资源性行业,能合理有效地利用境外的自然资源,弥补国内资源的短缺,还可以有效缓解国内资源、能源、土地、环境等多方面因素矛盾,从而促进国内经济发展。

五、促进国内产业结构转型

自改革开放以来,大量引进外资使我国的经济飞速发展,也让我国成为全球商品的制造中心。然而产业过度集中在制造业,造成产业重复投资、资源浪费等问题,严重影响经济结构的整体发展。境外投资一方面可以将企业的研发、生产、营销等环节在全球范围内进行优化配置,缓解国内过剩产能;另一方面也可以通过投资境外的优质企业,学习先进的研发技术与管理方法,提升自主创新能力,有效促进产业升级和经济结构调整,从而实现从"中国制造"到"中国智造"的转型升级,以确保我国经济的可持续发展。

第四节　境外投资基本流程

虽然各个境外投资与并购项目会千差万别,但其基本流程类似。由于很多境内企业缺乏境外投资与收购经验,他们开展的境外投资项目的实际操作流程可能差异非常大。很多境内企业仍习惯按国内投资的思维方式和操作流程开展境外投资,如果缺乏某个或某些重要的核心流程节点,有可能会出现某些重大法律风险。根据笔者的经验,部分境内企业在境外投资与收购中均缺乏对关键交易节奏的把控,没有做好前一个重要环节便匆忙开展下一个环节,从而给境外投资项目留下重大法律风险,部分项目因此最终失败。与国内投资与收购相比,境

外投资与收购无疑要风险大得多，因此，做好境外投资与收购的每个关键流程节点，严格把控好各个重要环节的法律风险，是保障境外投资与收购成功的关键。笔者认为，一个完整的境外投资与收购项目一般包括如下主要流程环节：

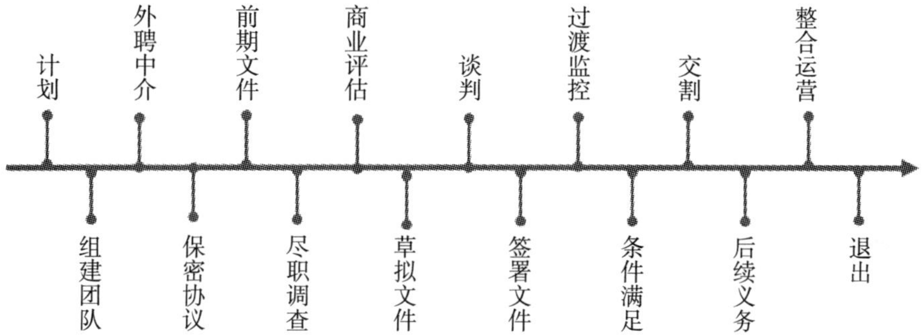

图　中国企业境外投资、并购流程

下面笔者对境内企业境外投资与并购的关键流程与环节进行简要介绍，后续章节会对主要的流程与环节进行详细的解析。

一、组建境外投资项目团队

当境内企业有了明确的境外投资或收购目标后，应组建境外投资团队，以开展后续各项工作。境内企业在组建团队时，一般会包括技术、财务与市场人员，但不一定会包括境内外律师、人力资源顾问等关键团队成员。笔者也帮助很多大型欧美企业在我国投资与收购，他们习惯性把法务人员/律师放在极为重要的位置，即使某个项目在技术、财务层面可行，但如法务团队认为存在重大法律风险，他们也会毫不犹豫地放弃项目的投资与收购。但很多境内企业在项目评估与决策时，他们首先考虑是目标项目在技术与财务层面是否可行，把法律风险放在最后，如果前者可行，即使存在重大法律风险，他们也一般会决定投资或收购。因具备这样的思维模式和操作方式，很多境内企业在组建境外投资或收购项目团队时，可能不会把律师纳入其中，甚至连公司内部的法务人员都可能没有，这样的团队作出的投资决策可能会使目标项目存在重大法律风险，一旦潜在风险变成现实风险，很可能会直接导致项目失败。因此，笔者建议，在组建境外投资团队时，一定要有境内外律师成员，并将法律风险评估与防范放在首要位置，这样的团队才可能对目标项目的可行性和可能存在的风险作出全面的评估。

二、聘请中介服务机构

除了公司内部团队人员外,境外投资与收购中,更为重要的是聘请外部的中介服务机构,比如律师事务所、会计师事务所、财务顾问、人力资源顾问等。境外投资与收购可能会涉及多个法域法律的适用,而且境外律师对境内企业的思维方式、商业模式等不太熟悉,聘请的外部律师团队一般会包括多个法域律师,为了真正把控好目标项目风险,建议境内企业委托境内律师作为总法律顾问,由其统筹协调和选聘境外律师,从而为境外投资项目全程把控好风险。有关中介服务机构的筛选及注意事项等相关内容请详见本书第三章内容。

三、签署交易前期文件

为了防止目标项目及有关交易的相关信息被泄露,签署保密协议对于交易相关方来说都极为重要。对于境内企业来说,除和交易相对方签署保密协议外,还要和聘请的相关中介服务机构签署保密协议,尽可能确保目标项目信息仅限于直接参加项目的相关人员,以防范交易信息泄露而招致更多的竞争对手。此外,根据境内企业与交易相对方初步商谈的内容,为了顺利推进后续工作,交易相关方会就前期商定的内容和后续工作节点安排签署投资意向书(Letter of Intent)、谅解备忘录(Memorandum of Understanding)、条款清单(Term Sheet)等前期交易文件。有关保密协议及前期交易文件的主要条款内容和注意事项,请详见本书第五章内容。

四、与境外投资监管机关进行事先沟通

由于当前我国境外投资的相关监管机关,比如发改委、商务部门、外管局、国资委等均加强了境外投资监管,为了详细了解拟投资或收购项目是否符合国家的监管政策,以便后续顺利通过监管机关的核准或备案,建议境内企业在签署前期交易文件后及时与上述监管机关进行沟通,以了解投资或收购目标项目是否存在政策障碍和办理核准或备案的具体流程、具体资料要求等相关内容,为后续签署正式交易文件做好准备。虽然该步骤不是必需的程序,但在当前境外投资监管趋严的环境下,事先与相关监管机关进行沟通,了解可能存在的政策障碍,对后续交易的顺利推进极为重要。对于大型项目或者拟收购的目标公司属于高新技术企业,可能涉及投资目标国的国家安全审查或反垄断审查的,则境内企业

还需要聘请境外律师与上述境外主管机关进行事先沟通，以了解是否需要办理国家安全审查或/和反垄断审查手续，以及办理上述手续可能存在的障碍和所需时限等内容。有关境内企业境外投资涉及的监管手续及相关要求请详见本书第二章内容。

五、开展尽职调查

尽职调查是境内企业境外投资必不可少的重要环节，也是境内相关监管机关要求必有的关键步骤。过去多年，很多境内企业在没有对目标项目进行法律、财税尽职调查的情况下，便匆忙作出投资或收购决定，因此，埋下了重大法律风险。根据项目情况不同，尽职调查的范围可能会存在较大区别，但一般情况下，尽职调查会包括法律、财务、税务尽职调查，还可能会涉及技术、商业、人力资源尽职调查等内容，尽职调查是评估和防范目标项目风险的前提和基础，其重要性不言而喻。有关境内企业境外投资尽职调查的价值与作用、尽职调查的类型、方法及注意事项等相关内容请详见本书第六章内容。

六、搭建境外投资交易架构

搭建境外投资交易架构是境内企业进行境外投资或收购时最容易忽视但却极为重要的环节。因为我国与投资目标国在法律、文化、税收制度等方面存在巨大差异。所以境内企业在进行境外投资或收购时，搭建好交易架构就显得尤其重要。好的交易架构不但可以防范法律风险、有助于进行税收筹划，还可以为后续收付汇、便利退出等发挥极其重要的作用。搭建境外投资交易架构需要根据境内企业的投资目的、投资目标国与我国是否签署了避免双重征税协定等内容决定在哪些法域设立特殊目的公司及设立多少层特殊目的公司。有关境内企业境外投资交易架构设计与搭建的相关内容请详见本书第四章内容。

七、签署正式交易文件

通过全面尽职调查了解清楚目标项目的相关风险后，经境内企业评估认为风险可控并决定投资或收购目标项目的，则需要与交易相对方就交易文件内容进行谈判，境内企业聘请的项目律师会根据目标项目的具体情况及通过尽职调查查明的风险，相应设置相关条款以防范目标项目可能出现的相关风险，从而为境内企业防范和减少相关风险。目标项目与交易模式不同，境内企业与交易相关方拟签署的交易文件的范围也会存在较大区别,交易文件一般包括投资协议或收购协议、股东协议、目标公司章程或章程修正案等,有关上述交易文件的主要条款及要点请详见本书第七章内容。

八、交割条件满足

交易文件签署后,境内企业和目标企业则需要向境内外相关监管机关办理有关监管手续。根据我国现行有关的监管政策,境内企业需要向发改委、商务部门办理境外投资核准或备案手续,如果是国有企业,则需要向国资委办理审核程序,如果涉及向境外付汇的,则还需要向外管局/当地银行办理外汇登记手续。由于上述监管手续办理要求越来越严,所需材料越来越多,境内企业除了事先准备好所需资料外,还要留足充分的时间办理上述核准、备案或登记手续。如果目标项目为大型项目或涉及高新技术收购的,则交易相关方还需要向投资目标国相关主管机关办理国家安全审查手续,以及向投资目标国或其他相关国家办理反垄断审查手续,上述程序的办理会更为复杂,是否能通过国家安全审查和反垄断审查也存在较大的不确定性,境内企业除聘请境内外律师等专业人士办理上述手续外,还要对办理上述监管手续过程中可能存在的风险进行充分的预估,并在交易文件中设置相关条款防范上述风险。有关境内企业境外投资与收购的监管政策及实务请详见本书第二章内容。

除上述监管手续外,交易交割条件还包括交易相关方内部的审批决策程序比如股东会或董事会决议程序,第三方豁免等内容,上述内容均需在交易文件中作出明确约定,并会对未能完成各项交割条件需承担的法律责任或违约责任作出详细约定。

九、项目交割

当各项交割条件得以满足后,则交易相关方按交易文件的具体约定,完成项目交割,比如完成股权的变更登记手续、公司人员交割、支付投资款或收购款等。

十、交割后整合

项目交割并意味着投资或收购已经结束,反而是一个新的开始。在境外收购中,境内企业是否能有效完成收购后的整合与融合将决定了收购最终的成功与否。很多人将境外并购比喻为一场“跨国婚姻”,项目交割只是中外双方拿到了“结婚证”,但能否在“婚后”实现真正融合,决定了这场“跨国婚姻”的成与败。过去多年,大部分境外收购交易之所以最终以失败告终,关键原因就在于境内企业在完成收购后未能实现有效的整合,未能实现 $1+1\geq 2$ 的协同效应,这是境内企业境外收购中不得不引起足够重视的关键环节。

一个完整的境外投资或收购项目还可能会涉及其他相关流程环节,笔者只简单介绍了其中的关键环节,本书的后续章节会对上述关键流程环节进行详细的介绍和解析。上述各个环节都可能会对项目的成功与否产生重要影响,缺少任何一个环节都可能会给项目埋下重大风险,因此,境内企业只有做好各个关键环节,把控好各个环节的相关风险,才可能最大限度保障境外投资或收购项目的成功。根据笔者经验,境外投资是一个系统性工程,各个环节既相互依存,也相互补充,任何一个环节的疏漏都可能对整个系统的有效运行构成重大风险。因此,境内企业不要有侥幸心理,一定要做好上述流程中的各个关键节点,防范好各个关键环节的风险,只有这样才可能最大限度保障境外投资的成功。

第二章　中国企业境外投资监管政策与实务

2008年美国金融危机和2009年欧债危机使中国企业纷纷加入对外投资和全球并购的浪潮。近年来，中国企业国际化的步伐不断加快：2014年，中国境外投资的总额首次超过外国来华投资额；2015年，中国企业境外并购交易总额超过610亿美元，相较2014年增长了16%；[①]2016年中国对外直接投资在2015年基础上激增30%，达到1888亿美元，再创历史新高。[②] 然而，在中国企业快速融入全球化的过程中，随之而来的风险也让中国企业付出了沉重的代价。例如，在2012年三一集团投建风电项目中，因美国安全审查叫停，三一集团只得撤回投资；2016年1月，基于对美国安全审查的担忧，某中国集团只得放弃其对飞利浦某照明业务的收购。[③] 基于中国企业境外并购失败率高达70%，我国企业应充分吸取过往中国企业"走出去"的经验和教训，增强风险防范意识。

境外投资与并购是一项极其复杂的工程，交易会涉及多方主体，需经多个政府机关核准或备案，交易从并购目标的选择到交割完成历时长，适用的法律包括两个或以上国家或地区的法律。本章中，笔者拟对中国企业境外投资交易中需办理的境内外政府监管机关的核准、备案或登记手续进行介绍与解析。

根据我国现行有效的相关法律法规的规定，如中国企业完成一项境外投资交易，在境内其需获得发改委、商务部门的核准或备案和外汇管理局或银行的外汇登记。如果是国有企业在境外从事的固定资产投资与股权投资，还必须受到国务院国资委的监管。其中，发改委主要从境外投资角度对投资项目进行审查，

---

① 参见余承志：《2016年中国企业国际化法律风险管理报告——投资并购分报告》，载凤凰国际智库研究报告，http://pit.ifeng.com/report/special/falvfengxianguanlibaogao/chapter4.shtml，2017年4月23日访问。

② 参见安永EY：《风控筑基——中资企业构建全球版图》，《中国走出去》第5期，载http://mt.sohu.com/20170413/n488227277.shtml，2017年4月23日访问。

③ 参见余承志：《2016年中国企业国际化法律风险管理报告——投资并购分报告》，载凤凰国际智库研究报告，http://pit.ifeng.com/report/special/falvfengxianguanlibaogao/chapter4.shtml，2017年4月23日访问。

商务部门是从境外投资设立境外企业的角度进行审查,外汇管理局/银行主要是对境外投资所涉的购付汇进行登记,国资委主要是从国有资产监督管理的角度进行审核。下面,笔者根据我国现行有效的有关境外投资与并购的法律法规,以及监管机关的审查要求,对境内企业进行境外投资、并购时需向境内相关主管机关办理核准、备案或登记手续的相关流程与审查要点进行解析,并简要介绍境外投资中可能涉及的投资目标国的国家安全审查与相关国家的反垄断审查。

第一节 发改委的监管政策与实务

自 2016 年年底我国加强企业境外投资监管以来,监管部门相继出台系列措施或规范性文件不断加强企业境外投资监管。2017 年 12 月 26 日,国家发改委出台《企业境外投资管理办法》,相比 2014 年 5 月 8 日施行的《境外投资项目核准和备案管理办法》(以下简称 9 号文),《企业境外投资管理办法》在"放管服"等方面都作出了诸多重大修改。《企业境外投资管理办法》对近几年境外投资过程中存在的各种"乱象"或不规范行为进行全面梳理,从过去的着重事前核准或备案监管,到兼顾事中和事后全面监管,对实务中广为争议的内保外贷、Variable Interest Entity(VIE)构架、Special Purpose Vehicle(SPV)投资等问题都相应作出了明确规定。笔者下面对境外投资监管范围、项目核准与备案程序、境外投资事中与事后监管要求、境外投资违法违规行为的法律责任等内容进行解析。

一、境外投资监管范围

与 9 号文相比,《企业境外投资管理办法》扩大了境外投资监管的范围,将各类境外投资均纳入了发改委的监管范围。《企业境外投资管理办法》主要将境外投资分为两大类:一是境内投资主体直接投资;二是境内投资主体通过其控制的境外企业进行投资。根据《企业境外投资管理办法》规定,如下境外投资均属于其监管的范围:

(一)属于《企业境外投资管理办法》定义的各类境外投资

《企业境外投资管理办法》第 2 条规定,境内投资是指境内企业直接或通过其控制的境外企业,以投入资产、权益或提供融资、担保等方式,获得境外所有权、控制权、经营管理权及其他相关权益的投资活动。根据该定义,其应包括如下几方面的含义：

1. 投资主体为境内企业或境内企业控制的境外企业，但不包括境内自然人。目前，境内自然人不能直接向境外投资，但境内自然人通过其控制的境外企业对境外开展投资则属于《企业境外投资管理办法》监管的范围。控制是指直接或间接拥有企业半数以上表决权，或虽不拥有半数以上表决权，但能够支配企业的经营、财务、人事、技术等重要事项。因此，判断控制的标准包括投资主体拥有企业半数以上表决权，或通过协议等方式能够支配企业的经营、财务、人事、技术等重要事项，比如，投资主体通过 VIE 构架等协议方式对目标公司实现了控制则属于该情形。但如果未达到控制的标准，则不属于《企业境外投资管理办法》监管的范围。

2. 投资方式包括直接或通过境内企业控制的境外企业，以投入资产、权益或提供融资、担保等方式。《企业境外投资管理办法》明确了通过境内企业控制的境外企业，比如在境外设立的 SPV 作为投资主体这种间接开展投资的方式亦属于《企业境外投资管理办法》监管的范围。

需要注意的是，投资主体通过其控制的境外企业开展境外投资的监管方式并不是都要办理核准或备案程序，如境内投资主体通过其控制的境外企业开展投资额 3 亿美元及以上大额非敏感类项目，投资主体在项目实施前通过在线平台提交项目情况报告表向国家发改委报告即可，即此种情况下，投资主体无须办理发改委的备案手续。如果境内投资主体通过其控制的境外企业开展投资额 3 亿美元以下的非敏感类项目，则无须向国家发改委报告。因此，笔者建议境内企业在投资前搭建好交易架构，在境外设立一层或一层以上离岸公司。实务中，很多境内企业在未设离岸公司的情况下便直接投资目标公司，如果后续境内投资主体再向目标公司有任何其他投资，根据《企业境外投资管理办法》均需要重新办理备案程序，但如果境内企业先在境外设立离岸公司，再以离岸公司投资目标公司，后续境内企业再通过其控制的境外企业开展投资时，则仅需要向发改委报告即可或无需报告，而不需要再重新获得发改委的备案通知书，从而使程序大为简化。当然，设立离岸公司的价值不仅为了方便后续再投资，而且会为境内企业防范法律风险、进行有效税收筹划，以及后续便利退出等方面发挥重要作用。

3. 投资后取得的权利形式包括获得境外所有权、控制权、经营管理权及其他相关权益。《企业境外投资管理办法》第 2 条规定的权利形式相当广泛，不仅包括取得境外企业的所有权、控制权、经营管理权，还包括通过债权投资、提供担保或信托、协议控制等方式获得的债权、担保权、收益权等相关权益。

(二)《企业境外投资管理办法》列出的8种主要境外投资情形

如下8种主要投资情形均属于《企业境外投资管理办法》监管的范围:

1. 获得境外土地所有权、使用权等权益;

2. 获得境外自然资源勘探、开发特许权等权益;

3. 获得境外基础设施所有权、经营管理权等权益;

4. 获得境外企业或资产所有权、经营管理权等权益;

5. 新建或改扩建境外固定资产;

6. 新建境外企业或向既有境外企业增加投资;

7. 新设或参股境外股权投资基金;

8. 通过协议、信托等方式控制境外企业或资产。

需要特别注意的是,投资主体向既有境外企业增加投资,需要重新走发改委的核准或备案程序。根据9号文规定,该种增资行为只要向商务部门备案即可,但《企业境外投资管理办法》要求重新获得发改委的核准或备案。投资主体通过协议、信托等方式控制境外企业或资产进行投资的,如达到控制目标公司的标准,则属于《企业境外投资管理办法》监管的范围。实务中,有些境内企业为了绕开监管部门的监管,采取VIE这种通过协议控制的类似方式开展境外投资,但《企业境外投资管理办法》明确将通过VIE、信托等方式控制境外企业或资产的投资方式纳入监督范围。该规定必然会对采取VIE构架进行境外投资的情形产生重大影响。

金融企业的境外投资也属于《企业境外投资管理办法》监管的范围。

二、企业境外投资核准与备案范围及核准与备案机关

根据《企业境外投资管理办法》规定,发改委根据不同情况对境外投资项目分别实行核准或备案管理,发改委核准或备案的境外投资项目范围如图2-1所示。

(一)核准范围与核准机关

投资主体直接或通过其控制的境外企业开展的敏感类项目实行核准管理。核准机关是国家发展改革委。敏感类项目包括:(1)涉及敏感国家和地区的项目;(2)涉及敏感行业的项目。敏感国家和地区包括:①与我国未建交的国家和地区;②发生战争、内乱的国家和地区;③根据我国缔结或参加的国际条约、协定

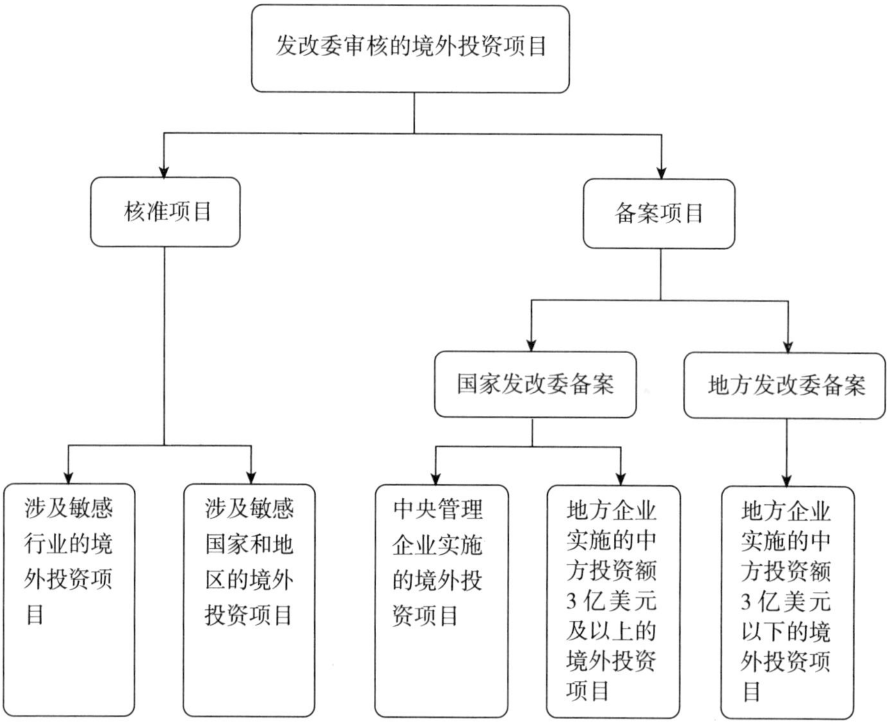

图2-1 境外投资项目发改委核准与备案范围

等,需要限制企业对其投资的国家和地区;④其他敏感国家和地区。敏感行业包括:①武器装备的研制、生产、维修;②跨境水资源开发利用;③新闻传媒;④根据我国法律法规和有关调控政策,需要限制企业境外投资的行业。

需要注意的是,2017年8月14日施行的《关于进一步引导和规范境外投资方向的指导意见》(国办发〔2017〕74号,以下简称《指导意见》)及《境外投资敏感行业目录(2018)》规定,以下行业属于境外投资敏感行业:(1)武器装备的研制生产维修;(2)跨境水资源开发利用;(3)新闻传媒;(4)房地产;(5)酒店;(6)影城;(7)娱乐业;(8)体育俱乐部;(9)在境外设立无具体实业项目的股权投资基金或投资平台。也就是说,《企业境外投资管理办法》《指导意见》与《境外投资敏感行业目录(2018)》规定的境外投资敏感行业范围存在一定的差异。笔者理解由于上述行业是境外投资重点监管对象,实务中监管机关会以《指导意见》与《境外投资敏感行业目录(2018)》规定的内容为准。

(二)备案范围与备案机关

投资主体直接开展的非敏感类项目实行备案管理。投资主体是中央管理企业的，备案机关是国家发展改革委。投资主体是地方企业，且中方投资额 3 亿美元及以上的，备案机关是国家发展改革委；投资主体是地方企业，且中方投资额 3 亿美元以下的，备案机关是投资主体注册地的省级政府发展改革部门。

三、境外投资项目核准、备案程序与时限

（一）核准程序与时限

国家发改委核准涉及敏感类项目的具体核准流程及时限如图 2－2 所示。

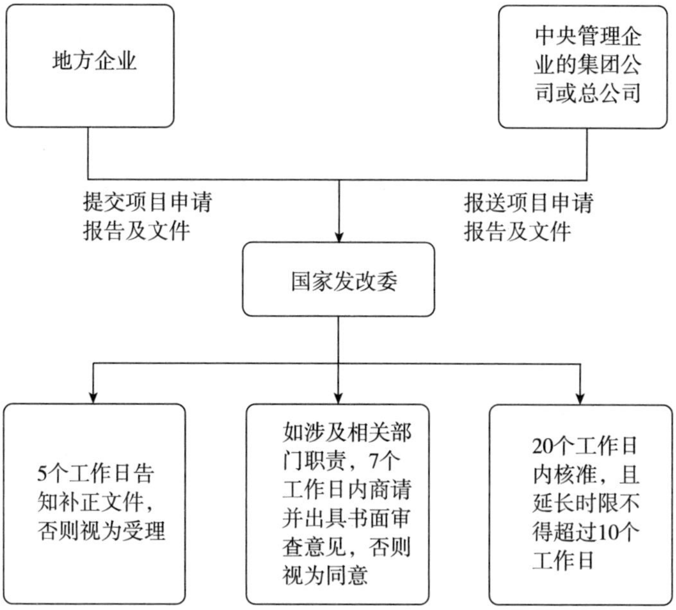

图 2－2 境外投资项目国家发改委核准流程

1. 核准程序

投资主体应当通过在线平台向核准机关提交项目申请报告并附具有关文件。其中，投资主体是中央管理企业的，由其集团公司或总公司向核准机关提交。投资主体是地方企业的，由其直接向核准机关提交，而无须先向省级发改委提交，再由其转交国家发改委，从而为地方企业节约了核准时间和提升了沟通效率。

2. 核准时限

如项目申请报告或附件不齐全、不符合法定形式的，核准机关应当在收到项目申请报告之日起 5 个工作日内一次性告知投资主体需要补正的内容。逾期不告知的，自收到项目申请报告之日起即为受理。核准机关受理或不予受理项目

申请报告,都应当通过在线平台告知投资主体。投资主体需要受理或不予受理凭证的,可以通过在线平台自行打印或要求核准机关出具。项目涉及有关部门职责的,核准机关应当商请有关部门在7个工作日内出具书面审查意见。有关部门逾期没有反馈书面审查意见的,视为同意。核准机关应当在受理项目申请报告后20个工作日内作出是否予以核准的决定。项目情况复杂或需要征求有关单位意见的,经核准机关负责人批准,可以延长核准时限,但延长的核准时限不得超过10个工作日,并应当将延长时限的理由告知投资主体。

上述具体时限要求防止了核准机关和有关部门久拖不予受理或出具审查意见情况的出现,这有利于境内企业更为准确地安排境外投资时间表,增强投资主体获得核准文件的可预期时间。

(二)境外投资项目备案程序与时限

省级发改委备案的境外投资项目的具体流程及时限如图2-3所示。

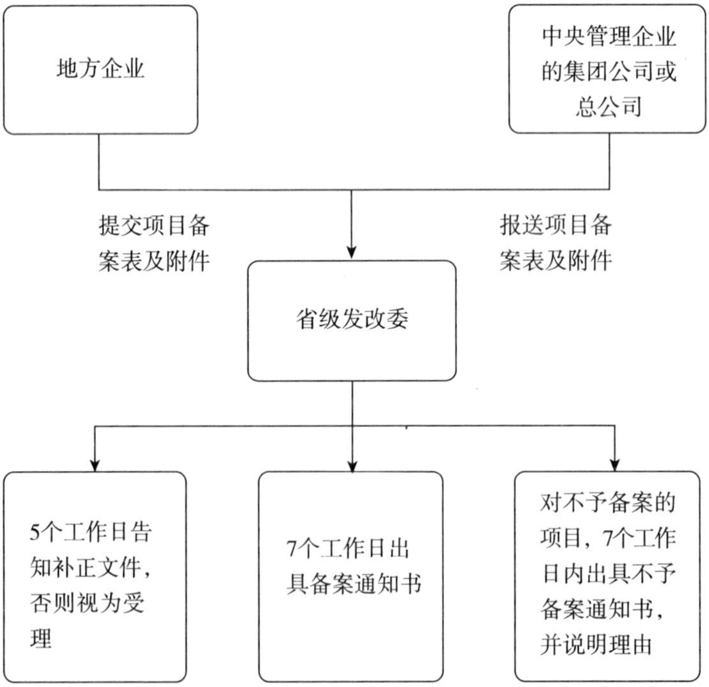

图2-3　境外投资项目省级发改委备案流程

1. 备案程序

投资主体应当通过在线平台向备案机关提交项目备案表并附具有关文件。

其中，投资主体是中央管理企业的，由其集团公司或总公司向备案机关提交；投资主体是地方企业的，由其直接向备案机关提交，而无须先向省级发改委提交，再由其转交国家发改委，从而为地方企业节约了备案时间和提升了沟通效率。

2. 备案时限

如项目备案表或附件不齐全、项目备案表或附件不符合法定形式、项目不属于备案管理范围、项目不属于备案机关管理权限的，备案机关应当在收到项目备案表之日起5个工作日内一次性告知投资主体。逾期不告知的，自收到项目备案表之日起即为受理。备案机关受理或不予受理项目备案表，都应当通过在线平台告知投资主体。投资主体需要受理或不予受理凭证的，可以通过在线平台自行打印或要求备案机关出具。备案机关在受理项目备案表之日起7个工作日内向投资主体出具备案通知书。对不予备案的境外投资项目，应当在受理项目备案表之日起7个工作日内向投资主体出具不予备案书面通知，并说明不予备案的理由。

上述时限具体要求防止了备案机关久拖不予受理或出具不予备案书面通知情况的出现，这有利于境内企业更为准确地安排境外投资时间表，增强投资主体获得备案通知书的可预期时间。

(三)取得核准文件或备案通知书的时限要求

属于核准、备案管理范围的项目，投资主体应当在项目实施前取得项目核准文件或备案通知书。项目实施前是指投资主体或其控制的境外企业为项目投入资产、权益(项目前期费用除外)或提供融资、担保之前。属于核准、备案管理范围的项目，投资主体未取得有效核准文件或备案通知书的，外汇管理、海关等有关部门依法不予办理相关手续，金融机构依法不予办理相关资金结算和融资业务。

需要注意的是，交易相关方签署具有约束力的交易文件后，便对交易相关方产生法律约束力，但那时境内企业可能还未拿到项目核准文件或备案通知书，为了防范风险，建议境内企业在交易文件中设置相应条款约定，如后续未能获得核准或备案机关的核准文件或备案通知书，境内企业有权解除交易文件或无须承担因此产生的法律责任。

四、境外投资违法违规行为的法律责任

如境内企业在境外投资中存在如下违法违规行为：(1)通过恶意分拆项目、

隐瞒真实情况或提供虚假资料等不正当手段骗取核准文件或备案通知书;(2)未取得核准文件或备案通知书而擅自实施项目;(3)应当履行核准、备案变更手续,但未经核准、备案机关同意而擅自实施变更等,核准、备案机关可以采取撤销核准文件或备案通知书,发改委有权对投资主体及主要责任人处以警告,责令其中止或停止实施项目并限期改正,构成犯罪的,依法追究刑事责任等惩罚措施。

针对实务中出现的银行等金融机构在投资主体未取得核准文件或备案通知书之前便通过内保外贷等方式为其提供融资、担保的违规行为,国家发改委可通报该违规行为并商请有关金融监管部门依法依规处罚该金融机构及有关责任人。

五、企业境外投资管理办法配套格式文本

根据《企业境外投资管理办法》,国家发改委制作了企业境外投资管理办法配套格式文本(2018 年版),[①]具体包括如下 15 份附件(这些附件可通过国家发改委网站下载)分别为:

附件 1:境外投资项目核准或备案申报文件格式文本;

附件 2:境外投资项目申请报告通用文本;

附件 3:境外投资项目核准文件格式文本;

附件 4:境外投资项目备案表格式文本;

附件 5:境外投资项目备案通知书格式文本;

附件 6:境外投资项目变更申报文件格式文本;

附件 7:境外投资项目变更批复或通知格式文本;

附件 8:境外投资项目延期申报文件格式文本;

附件 9:境外投资项目延期批复或通知格式文本;

附件 10:境外投资项目有关情况申报文件格式文本;

附件 11:大额非敏感类境外投资项目情况报告表格式文本;

附件 12:境外投资重大不利情况报告表格式文本;

附件 13:境外投资项目完成情况报告表格式文本;

附件 14:追溯至最终实际控制人的投资主体股权架构图示例;

① 上述配套格式文本可通过国家发改委网址查询,http://zfxxgk.ndrc.gov.cn/web/iteminfo.jsp?id=14153,2018 年 10 月 6 日访问。

附件15:境外投资真实性承诺书格式文本。

第二节　商务部门的监管政策与实务

商务部于2014年10月6日施行的《境外投资管理办法》(商务部令2014年第3号)(以下简称《境外投资管理办法》)与2018年1月18日实施的《对外投资备案(核准)报告暂行办法》(商合发〔2018〕24号,以下简称《对外投资暂行办法》)确立了"备案为主、核准为辅"的新型管理模式,进一步提升了境外投资的便利化,并进一步提升了境内企业进行境外投资与并购的自主权。根据上述法规规定,下面笔者对境外投资核准或备案的权限范围、核准与备案流程、所需材料及办理核准或备案过程中的有关注意事项进行解析。

一、境外投资核准权限及流程

(一)核准权限

根据《境外投资管理办法》的规定,企业境外投资涉及敏感国家和地区、敏感行业的,实行核准管理。实行核准管理的国家是指与我国未建交的国家、受联合国制裁的国家。实行核准管理的行业是指涉及出口我国限制出口的产品和技术的行业、影响一国(地区)以上利益的行业。

(二)核准流程

根据《境外投资管理办法》规定,对属于核准情形的境外投资,中央企业与地方企业均向商务部提出申请,具体核准流程请详见如下中央/地方企业商务部核准流程如图2-4所示。

根据《境外投资管理办法》的规定,商务部核准境外投资应当征求我国驻外使(领)馆(经商处室)(以下简称经商处)意见。经商处应当自接到征求意见要求之日起7个工作日内回复。商务部应当在受理中央企业核准申请后20个工作日内(包含征求经商处意见的时间)作出是否予以核准的决定。申请材料不齐全或者不符合法定形式的,商务部应当在3个工作日内一次告知申请企业需要补正的全部内容。逾期不告知的,自收到申请材料之日起即为受理。对予以核准的境外投资,商务部出具书面核准决定并颁发《企业境外投资证书》。

为了加快核准时限和防止商务部门核准人员以材料不齐全为由人为延长核

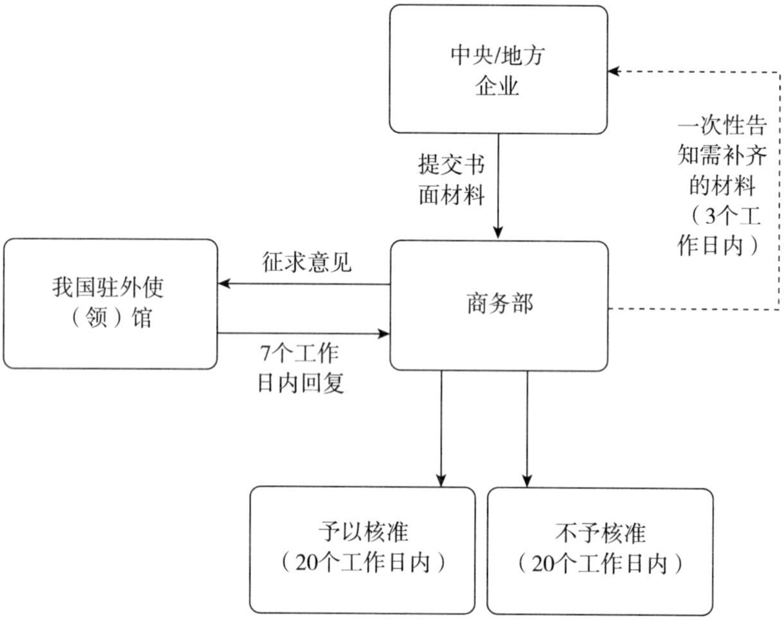

图 2－4　中央/地方企业境外投资商务部核准流程

准时限,《境外投资管理办法》对商务部门审核材料和核准时限作出的明确规定无疑大大缩短了核准时限,同时也提高了境内企业对核准时限的可预期性。

(三)核准所需材料

境内投资主体在办理对外投资备案或核准手续时,除按现行规定提交《境外投资备案表》(样式见附件1)或《境外投资申请表》(样式见附件2)、营业执照复印件外,还需提供以下材料:

(1)对外投资设立企业或并购相关章程(或合同、协议);

(2)相关董事会决议或出资决议;

(3)最新经审计的财务报表(全套);

(4)前期工作落实情况说明(包括尽职调查、可行性报告、投资资金来源情况的说明、投资环境分析评价等);

(5)境外投资真实性承诺书(样式见附件3);

(6)属于并购类对外投资的,还需在线提交《境外并购事项前期报告表》。

二、境外投资备案流程及办理指南

(一)境外投资备案流程

对属于备案情形的境外投资,中央企业及中方投资额等值3亿美元及以上(包括增资以后3亿美元及以上的项目)的地方企业的对外投资报商务部备案;中方投资额3亿美元以下的地方企业的对外投资报所在地省级商务主管部门备案。商务主管部门应当在收到《境外投资备案表》及其他相关文件并自受理之日起3个工作日内予以备案并颁发《企业境外投资证书》。企业不如实、完整填报《备案表》及提交其他所需资料的,商务部或省级商务主管部门不予备案。商务部门备案流程如图2-5所示。

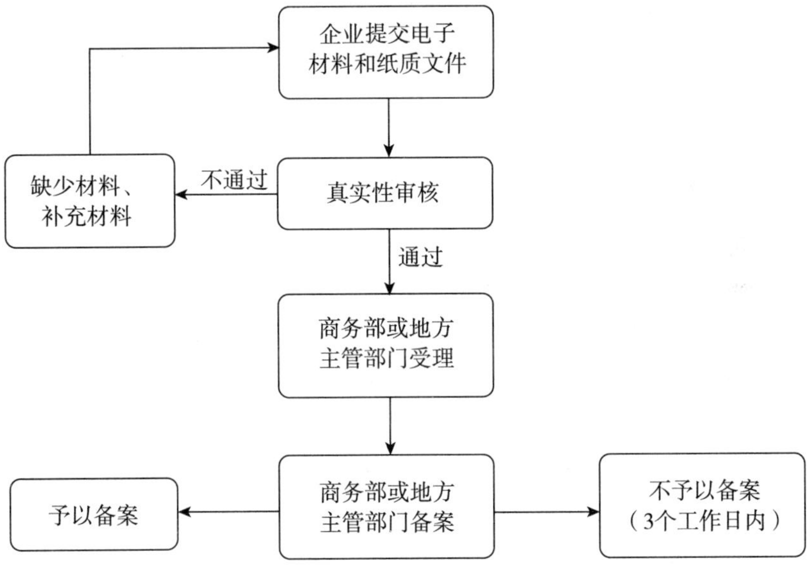

图2-5 商务部门备案流程①

此外,如投资主体为金融机构,其向商务部门办理备案前需要取得金融主管部门的审核意见;如投资主体为国资企业,其向商务部门办理备案前应按国有资产监督管理要求取得国资主管部门的审核意见。

① 商务部:《企业境外投资备案服务指南》,载商务部官网,http://jwtz.mofcom.gov.cn,2018年12月2日访问。

（二）境外投资备案办理指南

1. 备案原则

以“一项目一备案”以及“最终目的地项目备案”为原则，对没有具体境外业务的平台类公司不予备案。最终目的地指企业投资最终用于境外企业建设或持续生产经营的所在地，企业在申报境外投资的《境外投资备案表》或《境外投资申请表》中所有信息均应根据最终目的地企业填写。

2. 备案办理流程

（1）提交电子申请材料

①登录网站：商务部“走出去公共服务平台”（http://fec.mofcom.gov.cn/）—在线办事—境外投资备案和核准，可浏览下载相关资料。

②填报表格：通过“境外投资备案和核准”页面的“在线申报”功能进入“对外投资合作信息服务系统”（以下简称系统），填报以下表格，并在填报保存后打印盖章并扫描上传系统。

- 《境外投资备案表》（样式见附件1）。
- 《境外并购事项前期报告表》（并购类涉及）。

③扫描企业营业执照并上传系统。

（2）递交纸质申请材料

递交或邮寄至地方商务部门，所有材料加盖公章、骑缝章，按如下顺序装订成册并附目录，外文材料附中文翻译稿或核心部分翻译件。具体包括：

①申请书。写明拟办理事项、境内主体情况、项目情况、股权结构、资金来源、资金使用构成及推进情况、其他需说明的事项等。落款日期为完整递交材料之日。

②《境外投资备案表》。

③营业执照（复印件）。

④发改委境外投资项目备案通知书。

⑤投资主体、境外新设企业以及并购企业章程。如并购，需再提供并购合同、协议等。

⑥投资主体及出资方相关董事会决议或出资决议。国有企业需提供国资委以及集团公司审核意见。

⑦最新经审计的财务报表（全套）。

⑧项目可研报告、投资环境分析评价等。并购项目需再提供尽职调查相关

资料。

⑨投资资金来源情况说明。现金出资部分需提供银行出具的资信证明或相关财力证明资料;银行贷款部分需提供银行同意贷款的书面材料。

⑩投资资金用途情况说明。非并购类项目需提供投资资金用途的相关证明材料。

⑪并购类项目需提供《境外并购事项前期报告表》。

⑫境外投资真实性承诺书(样式见附件3)。

⑬申请变更的,除提交上述材料以外,需提交原投资备案证书原件。

⑭其他可提供的相关真实性证明材料。

(3)所有材料经地方商务部门审核无误后,由地方商务部门正式受理

3.备案结果及送达

(1)领取证书

第一次办理证书企业递交已盖公章的《境外中资企业(机构)报到登记表》(以下简称登记表),由地方商务部门颁发《企业境外投资证书》或《企业境外机构证书》。

(2)企业报到

①凭盖地方商务部门公章的《登记表》到项目所在国我使(领)馆经商处(室)报到登记,将回执联交地方商务部门外经处。

②凭《企业境外投资证书》或《企业境外机构证书》到境内主体注册地所在区县商务主管部门报到。

4.境外设立机构办理流程

(1)"系统"填报申请表,并提交以下材料,所有材料加盖公章、骑缝章,按如下顺序装订成册并附目录,外文材料附中文翻译稿或核心部分翻译件。具体包括:

①申请书。写明拟办理事项、境内主体情况、机构情况、资金来源、资金使用构成、其他需说明的事项等,落款日期为完整递交材料之日。

②《境外机构备案申请表》或《境外机构核准申请表》。

③企业设立境外机构的内部决议。

④境外机构开办费、运营费等相关费用的说明材料。

⑤企业设立境外机构的真实性承诺书。

(2)所有材料经地方商务部门审核无误后,由地方商务部门正式受理。

(3)备案结果及送达,参照上述“第3.”内容。

5. 补证及注销

(1)补证

提供在全国性报纸上发布的证书“遗失”声明及企业营业执照复印件,在地方商务部门外经处补证。

(2)注销

在“系统”对拟注销的境外项目进行“终止”操作,生成“企业境外投资终止报告表”,打印盖章后与投资证书原件一起提交地方商务部门外经处,由地方商务部门出具“企业境外投资注销确认函”。

(三)办理境外投资核准与备案手续的注意事项

自2016年年末各主管机关加强境外投资监管以来,商务部门等主管机关对境内企业办理境外投资核准或备案手续时,对提交的资料的真实性、完整性、及时性、合规性要求越来越高、越来越严,加上很多境内企业缺乏境外投资经验、合规意识,因此,其在办理境外投资核准或备案手续过程中可能会遇到各种障碍或问题。笔者结合处理的境外投资项目经验,对境内企业在办理境外投资核准或备案过程中的注意事项梳理如下:

1. 关于境内投资主体

境内投资主体包括企业和非企业法人,自然人是不允许开展境外投资的。没有具体境外业务的平台公司不予备案;如果平台公司转为项目公司,有实际的业务营收,则可以进行备案。

投资基金公司视为平台公司,无项目时不能进行备案,有项目时可以直接对最终项目进行备案。如存在内保外贷、外保外贷、发债融资情形,都要填写在备案信息表上,否则后续办理外汇管理局登记时会遇到障碍。

两个以上企业对外开展境外投资时,应由持股比例最多的大股东提出备案申请,但该大股东提出备案申请之前,应征得其他股东的同意,并以书面形式作为附件材料提交给商务部门。完成备案后,投资主体应提醒商务部门把备案文件抄送给其他省市的商务部门。

2. 关于备案权限问题

商务部负责投资金额3亿美元及以上投资项目的备案;3亿美元以下的投资项目由省级商务部门负责备案。3亿美元及以上的投资项目需要通过省级初审,初审上报商务部,商务部审核同意后,再把情况反馈到省级商务部门,然后仍然由省级商务部门办理备案。

3. 关于备案原则

以发债为目的的平台公司取得国家发改委的同意后可以备案。特殊目的公司,即为上市而开展的对外投资活动的公司,由商务部进行核准,所以特殊目的公司可以在境外设平台,其管理权限在商务部而不是省级商务部门。路径公司可以进行备案,境外投资路径第一层级是外汇管理局给资金放行的依据,因此必须进行备案。第一层级的路径公司可以不止一家,具体几家可以根据企业的实际情况进行安排,但是境内投资主体要有合理的说明。

4. 关于备案时间

商务部或省级商务主管部门应根据提交的备案材料进行相关审查,符合要求的予以正式受理,受理后 3 个工作日内予以备案,而不是自收到备案申请表 3 个工作日内予以备案。

5. 关于境外再投资是否需要备案的问题

境外再投资是指境外企业利用从境外获得的利润进行再投资的行为,这样的投资行为不需要再办理备案,但需要在完成境外再投资后向商务主管部门报告。涉及中央企业的,中央企业通过管理系统填报相关信息,打印《境外中资企业再投资报告表》并加盖印章后报商务部;涉及地方企业的,地方企业通过管理系统填报相关信息,打印《境外中资企业再投资报告表》并加盖印章后报省级商务主管部门。

6.《指导意见》对相关行业的规定

《指导意见》明确限制房地产、酒店、影城、娱乐业、体育俱乐部等行业的境外投资,但就上述行业的境外投资有如下几点需要注意:

(1)房地产。境内投资主体通过投资并购的方式在境外投资住宅、商业地产及用于建设住宅或是商业地产的土地,境内投资主体通过新设、并购及其他方式在境外投资房地产企业,向境外既有房地产企业增资,投资境外房地产信托基金,境内投资主体通过新设、并购或其他方式在境外投资商务会所和酒庄,上述情形属于敏感投资项目,根据目前的境外投资政策,商务部门不予核准或备案。但如下几种情形不视为房地产项目,可以进行投资备案:

①投资境外物业管理;

②房地产中介服务;

③在境外新建或购置企业自用的宿舍或办公场所;

④在境外投资服务于实体的基础设施和建筑开发；

⑤在境外获取以对外承包工程为目的以对城市建设工程项目进行小比例参股。

(2)酒店。以新设、并购或其他方式投资境外星级酒店、旅游度假酒店、商务酒店等为限制投资项目，商务部门不予核准或备案。但不持有酒店资产的酒店管理业及在境外投资不含住宿的餐饮业不受限制，可以进行投资备案。

(3)娱乐业。境外室内娱乐设施比如游乐园、主题公园，境内投资主体以新设、并购或其他方式投资境外彩票公司等属于限制投资项目，商务部门不予核准或备案。但境外网络游戏、电子游戏开发及运营、境外投资广播影视节目制作以及发行允许投资，可以进行投资备案。

7. 其他法律规定

根据《境外投资管理办法》规定，自领取《企业境外投资证书》之日起两年内，境内企业未在境外开展投资的，《企业境外投资证书》自动失效。如需再开展境外投资，应当重新办理备案或申请核准。因此，笔者建议境内企业一定要把握好境外投资或并购的时间进度，特别是一些大型投资与并购项目，对项目的尽职调查与谈判需要花费大量的时间，如果境内企业没有把握好时限，很可能会导致其无法在两年之内完成境外投资或并购，从而导致《企业境外投资证书》失效而需重新办理。

三、境外投资后监管要求与违法违规行为的法律责任

(一)境内投资主体的定期报告义务

根据《对外投资暂行办法》规定，境内投资主体应按照“凡备案(核准)必报”的原则，向其办理备案(核准)手续的相关主管部门定期报送对外投资关键环节信息，包括：根据《对外直接投资统计制度》规定应填报的月度、年度信息；对外投资并购前期事项；对外投资在建项目进展情况；对外投资存在的主要问题，以及遵守当地法律法规、保护资源环境、保障员工合法权益、履行社会责任、安全保护制度落实情况等。

境内投资主体每半年后 1 个月内向其主管部门中国人民银行、国务院国资委、银监会、证监会、保监会报送对外投资信息，然后由上述主管部门统一报送商务部进行汇总。

(二)重大不利事件报告义务

当境外投资项目出现重大不利事件或突发安全事件时，境内投资主体应按“一事一报”原则，及时向商务部门等主管部门报送。

(三)境内投资主体违法违规行为的法律责任

1. 商务部牵头开展对外投资“双随机，一公开”抽查工作，定期进行对外投资备案(核准)报告的真实性、完整性、及时性的事中事后监管工作。境内投资主体办理备案时，要向商务部门提供真实性承诺书，即境内投资主体决策人要对项目及提交资料的真实性、完整性、及时性负责。

2. 如果境内投资主体未按要求履行备案(核准)手续和信息报告义务，商务部会同相关主管部门视情况可采取提醒、约谈、通报等措施，必要时将其违规信息录入全国信用信息共享平台，对企业的行政处罚通过国家企业信息公示系统记于企业名下并向社会公示。如果主管部门在开展监管工作过程中发现投资主体存在其他违法违规和犯罪行为的，则转交其他主管机关依法处理。

根据目前的境外投资监管政策，商务部门加强了对境外投资事先、事中及事后的全程监管和违法违规行为的惩处力度，但同时也为企业提供各种便利和支持，以让企业增强境外投资权益保障、投资促进、风险预警与境外投资风险防范。比如，商务部发布了《对外投资合作国别(地区)指南》、国别产业指引等文件，帮助企业了解投资目的地投资环境；加强对企业境外投资的指导和规范，会同有关部门发布环境保护等指引，督促企业在境外合法合规经营；建立对外投资与合作信息服务系统，为企业开展境外投资提供数据统计、投资机会、投资障碍、风险预警等信息。这些措施在加强对境内企业指导、规范和服务的同时，更重要的是通过监管大大提高了境内企业进行境外投资与收购的成功率。对境内企业来说，笔者建议可充分利用商务部发布的上述指引性文件或信息服务，从而更好地防范其境外投资与并购过程中可能产生的相关风险和提高成功的概率。

附件1:境外投资备案表①

境外投资备案表(样式)

单位:万美元

【系统统一编号】			
基本事由			
境内投资主体	名　称:	联系人	姓　名:
	法定代表人:		座　机:
	地　址:		手　机:
	所有制类型:(下拉列表选择)		电子邮件:
主管部门/集团总部			
投资路径(仅限第一层级境外企业)	名称:(可视情增加)	国家(地区):	
境外投资最终目的地	国家(地区):　省(州):　城　市:		
境外企业名称(最终目的地)	中　文: 外　文:		
股权结构	中　方	股东1:	股　比:
		股东2:(可视情增加)	股　比:
	外　方	股东1:	股　比:
		股东2:	股　比:
设立方式	○新　设　○并　购　○变　更		
经营范围			
境外企业所属行业	(下拉式列表选择)		
	○是否属于涉及出口国家限制出口的产品和技术的行业 ○是否属于影响一国(地区)以上利益的行业		

① 商务部:《国内企业在境外开办企业(金融企业除外)核准事项服务指南》,载商务部官网,http://jwtz.mofcom.gov.cn/tableLoad.shtml,2018年12月2日访问。

续表

<table>
<tr><td colspan="2">注册资本</td><td colspan="4">____，中方占 %股份，外方占 %股份</td></tr>
<tr><td colspan="2">投资规模</td><td colspan="4">投资总额________（折合________万元人民币）。
其中，1. 中方投资额________（折合________万元人民币）；2. 外方投资额________（折合________万元人民币）。
折算汇率：</td></tr>
<tr><td colspan="2" rowspan="2">中方出资币种和金额（单位：万元）</td><td colspan="4">币种 1： 金 额：</td></tr>
<tr><td colspan="4">币种 2：（可视情增加） 金 额：</td></tr>
<tr><td rowspan="2">中方投资的构成（单位：万美元）</td><td>境 内</td><td colspan="4">1. 现金出资____（包括股东借款等债权出资），
其中：自有资金____，银行贷款____（包括项目融资）；
2. 实物出资____；
3. 无形资产____；
4. 股权出资____；
5. 其他____。</td></tr>
<tr><td>境 外</td><td colspan="4">1. 自有资金____；
2. 银行贷款____（包括内保外贷、外保外贷等）；
3. 其他____。</td></tr>
<tr><td rowspan="2">投资具体情况</td><td>项目简况</td><td colspan="4">（包括经营内容、规模、产品/市场、配套基础设施、投资回收期等。如属于并购类投资，需包括并购目标公司的生产经营状况、资产财务状况以及具体收购方案等）</td></tr>
<tr><td>项目意义</td><td colspan="4">（包括带动出口、获取技术、获得或建立营销网络、创造当地就业和税收等情况）</td></tr>
<tr><td colspan="6">本单位承诺本表中涉及的投资无以下情形：
（一）危害中华人民共和国国家主权、安全和社会公共利益，或违反中华人民共和国法律法规；
（二）损害中华人民共和国与有关国家（地区）关系；
（三）违反中华人民共和国缔结或者参加的国际条约、协定；
（四）出口中华人民共和国禁止出口的产品和技术。
本单位保证以上填报事项及材料的真实性，承诺遵守中华人民共和国及投资目的地相关法律法规，并按照《境外投资管理办法》（商务部令 2014 年第 3 号）的规定开展境外投资。
企业盖章：
年 月 日</td></tr>
<tr><td colspan="6">注：实行核准管理的国家中，与我国未建交的国家名单参见中华人民共和国外交部网站（cs. mfa. gov. cn/zlbg/bgzl/qtzl/t1094257. shtml）；受联合国制裁的国家名单参见联合国中文网站（www. un. org/chinese/sc/committees/list_compend. shtml）。</td></tr>
<tr><td colspan="6">以下由商务部或省级商务主管机关填写：</td></tr>
<tr><td>初 核</td><td></td><td>复 核</td><td></td><td>签 发</td><td></td></tr>
</table>

附件 2:境外投资申请表①

境外投资申请表(样式)

单位:万美元

<table>
<tr><td colspan="5">【系统统一编号】</td></tr>
<tr><td>基本事由</td><td colspan="4"></td></tr>
<tr><td rowspan="4">境内投资主体</td><td colspan="2">名　称:</td><td rowspan="4">联系人</td><td>姓　名:</td></tr>
<tr><td colspan="2">法定代表人:</td><td>座　机:</td></tr>
<tr><td colspan="2">地　址:</td><td>手　机:</td></tr>
<tr><td colspan="2">所有制类型:(下拉列表选择)</td><td>电子邮件:</td></tr>
<tr><td>主管部门/
集团总部</td><td colspan="4"></td></tr>
<tr><td>投资路径
(仅限第一
层级境外企业)</td><td colspan="2">名称:(可视情增加)</td><td colspan="2">国家(地区):</td></tr>
<tr><td>境外投资
最终目的地</td><td colspan="4">国家(地区):　　　　省(州):　　　　城　市:</td></tr>
<tr><td>境外企业名称
(最终目的地)</td><td colspan="4">中文:
外文:</td></tr>
<tr><td>注册资本</td><td colspan="4">____,中方占　　%股份,外方占　　%股份</td></tr>
<tr><td rowspan="4">股权结构</td><td rowspan="2">中方</td><td>股东 1:</td><td colspan="2">股　比:</td></tr>
<tr><td>股东 2:(可视情增加)</td><td colspan="2">股　比:</td></tr>
<tr><td rowspan="2">外方</td><td>股东 1:</td><td colspan="2">股　比:</td></tr>
<tr><td>股东 2:</td><td colspan="2">股　比:</td></tr>
<tr><td>设立方式</td><td colspan="4">○新　设　　　　○并　购　　　　○变　更</td></tr>
<tr><td>经营范围</td><td colspan="4"></td></tr>
</table>

① 商务部:《国内企业在境外开办企业(金融企业除外)核准事项服务指南》,载商务部官网,http://jwtz.mofcom.gov.cn/tableLoad.shtml,2018 年 12 月 2 日访问。

续表

<table>
<tr><td rowspan="2">境外企业
所属行业</td><td colspan="2">(下拉式列表选择)</td></tr>
<tr><td colspan="2">○是否属于涉及出口国家限制出口的产品和技术的行业
○是否属于影响一国(地区)以上利益的行业</td></tr>
<tr><td>投资规模</td><td colspan="2">投资总额________(折合________万元人民币)。
其中:1. 中方投资额________(折合________万元人民币);2. 外方投资额________(折合________万元人民币)。
折算汇率:</td></tr>
<tr><td rowspan="2">中方出资币种
和金额
(单位:万元)</td><td colspan="2">币种 1:　　　　　　　　　　金　额:</td></tr>
<tr><td colspan="2">币种 2:(可视情增加)　　　　　金　额:</td></tr>
<tr><td rowspan="2">中方投资的构成
(单位:万美元)</td><td>境内</td><td>1. 现金出资____(包括股东借款等债权出资),其中:自有资金____,银行贷款____(包括项目融资);
2. 实物出资____;
3. 无形资产____;
4. 股权出资____;
5. 其他____。</td></tr>
<tr><td>境外</td><td>1. 自有资金____;
2. 银行贷款____(包括内保外贷、外保外贷等);
3. 其他____。</td></tr>
<tr><td rowspan="2">投资具体情况</td><td>项目
简况</td><td>(包括经营内容、规模、产品/市场、配套基础设施、投资回收期等。如属于并购类投资,需包括并购目标公司的生产经营状况、资产财务状况以及具体收购方案等)</td></tr>
<tr><td>项目
意义</td><td>(包括带动出口、获取技术、获得或建立营销网络、创造当地就业和税收等情况)</td></tr>
<tr><td colspan="3">本单位承诺本表中涉及的投资无以下情形:
(一)危害中华人民共和国国家主权、安全和社会公共利益,或违反中华人民共和国法律法规;
(二)损害中华人民共和国与有关国家(地区)关系;
(三)违反中华人民共和国缔结或者参加的国际条约、协定;
(四)出口中华人民共和国禁止出口的产品和技术。
本单位保证以上填报事项及材料的真实性,承诺遵守中华人民共和国及投资目的地相关法律法规,并按照《境外投资管理办法》(商务部令 2014 年第 3 号)的规定开展境外投资。
企业盖章:
年　　月　　日</td></tr>
<tr><td colspan="3">注:实行核准管理的国家中,与我国未建交的国家名单参见中华人民共和国外交部网站(cs. mfa. gov. cn/zlbg/bgzl/qtzl/t1094257. shtml);受联合国制裁的国家名单参见联合国中文网站(www. un. org/chinese/sc/committees/list_compend. shtml)。</td></tr>
<tr><td colspan="3">以下由商务部或省级商务主管机关填写:</td></tr>
</table>

初　核		复　核		签　发	

附件3:境外投资真实性承诺书①

境外投资真实性承诺书

商务部(×××商务厅、委、局):

×××公司(以下简称我公司)在×××国家(地区)以境外直接投资方式设立(并购、增资)×××企业(以下简称本项投资)。为保证本项投资的顺利进行,我公司特此承诺如下:

我公司在办理境外投资备案(或核准)过程中,所提交的所有书面材料均真实有效,所有复印件均与原件完全一致。我公司保证本项投资是真实存在的,所有投资安排皆出于我公司的真实商业需求,不存在洗钱、虚假投资等违法违规行为。如果以上陈述有任何误导之处,我公司同意将我公司及本项投资决策人员纳入境外投资黑名单,录入全国信用信息共享平台,并承担由此导致的一切法律责任。

此致。

×××公司

(加盖公章)

附:本项投资决策人员签字单(投资决策人员应包含董事会决议或相关出资决议的签字)

年　　月　　日

① 商务部:《国内企业在境外开办企业(金融企业除外)核准事项服务指南》,载商务部官网,http://jwtz.mofcom.gov.cn/tableLoad.shtml,2018年12月2日访问。

本项投资决策人员签字单(加盖公章)

1. 姓名及职务:________________________________
   身份证号:________________________________
2. 姓名及职务:________________________________
   身份证号:________________________________
3. 姓名及职务:________________________________
   身份证号:________________________________
4. 姓名及职务:________________________________
   身份证号:________________________________
5. 姓名及职务:________________________________
   身份证号:________________________________
6. 姓名及职务:________________________________
   身份证号:________________________________

(附本项投资决策人员身份证复印件)

第三节　外汇监管政策与实务

获得发改委与商务部门的核准或备案文件之后,下一步就是办理境外投资外汇登记。自2016年年末起,国家外汇管理局全面加强了对境外投资的外汇监管,即使境外投资项目获得了发改委、商务部门及其他主管机关的核准或备案,但如未能获得外汇管理局或当地银行审批的外汇额度和完成外汇登记,则境外投资项目也无法完成交割。因此,在当前外汇监管趋严的背景下,如何获得外汇管理局和当地银行给予境外投资项目的购汇额度和完成外汇登记,将是境内投资主体不得不着重解决的关键问题。笔者下面结合我国现行有效的外汇法规和政策,对境外投资外汇登记办理等相关事宜进行解析。

一、境外直接投资由银行负责办理外汇登记

境内企业境外直接投资是指境内机构经境外直接投资主管部门核准,通过

设立(独资、合资、合作)、并购、参股等方式在境外设立或取得既有企业或项目所有权、控制权或经营权等权益的行为。2015年2月13日,《国家外汇管理局关于进一步简化和改进直接投资外汇管理政策的通知》(汇发〔2015〕13号)(以下简称《外汇13号文》)的出台无疑是境内企业境外投资外汇管理史上的一个重大突破。13号文直接取消了境外直接投资项下外汇登记行政核准,改由银行按照《直接投资外汇业务操作指引》直接审核办理境外直接投资项下外汇登记。这意味着负责境外投资外汇管理这一职能的主管单位由外汇局转由银行负责,这无疑是我国外汇管理史上的重大改变。因此,自2015年6月1日起,外汇局不再负责境外投资外汇登记事项,而只是通过银行对直接投资外汇登记实施间接监管。这意味着企业可自行选择注册地银行办理直接投资外汇登记。企业完成直接投资外汇登记后,再办理后续直接投资相关账户开立、资金汇兑等业务(含利润、红利汇回)。

此外,《外汇13号文》也取消了境外再投资外汇备案,即境内投资主体设立或控制的境外企业在境外再投资设立或控制新的境外企业无须办理外汇备案手续。《外汇13号文》还取消了直接投资外汇年检,改为实行存量权益登记,这意味着境外投资企业的境内投资主体应于每年9月30日(含)之前,自行或委托会计师事务所、银行通过外汇局资本项目信息系统报送上年末境外直接投资存量权益数据。

二、境外直接投资前期费用办理

(一)境外直接投资前期费用用途

在国际收购的竞标中,招标方一般会要求投资方提供担保存款或者竞标保证金。为解决此类问题,《境内机构境外直接投资外汇管理规定》(汇发〔2009〕30号)(以下简称《汇发30号文》)规定中国企业在获得正式外汇登记证之前,可向境外支付与境外投资项目相关的前期费用。前期费用包括但不限于:

1. 收购境外企业股权或境外资产权益,按项目所在地法律规定或出让方要求需缴纳的保证金;

2. 在境外项目招投标过程中,需支付的投标保证金;

3. 进行境外直接投资前,进行市场调查、租用办公场地和设备、聘用人员,以及聘请境外中介机构提供服务所需的费用。

（二）境外直接投资前期费用登记审核材料

根据《国家外汇管理局关于进一步改进和调整资本项目外汇管理政策的通知》（汇发〔2014〕2号）（以下简称《汇发2号文》）、《外汇13号文》及其附件《直接投资外汇业务操作指引》的规定：

1. 汇出境外直接投资前期费用的，需提交以下材料：（1）《境外直接投资外汇登记业务申请表》（格式见附件4）；（2）营业执照和组织机构代码证。

2. 境内机构为其境外分支、代表机构等非独立核算机构购买境外房产的，需提交以下材料：（1）《境外直接投资外汇登记业务申请表》；（2）境外设立分支、代表等非独立核算机构的批准或备案文件或注册证明文件；（3）境外购房合同或协议；（4）其他真实性证明材料。

（三）境外直接投资前期费用管理

根据《汇发2号文》、《外汇13号文》及其附件《直接投资外汇业务操作指引》的规定，前期费用外汇办理坚持如下原则：

1. 前期费用累计汇出额原则上不超过300万美元，且不超过中方投资总额的15%。境内机构汇出境外的前期费用，可列入其境外直接投资总额。银行通过外汇局资本项目信息系统为境内机构办理前期费用登记手续后，境内机构凭业务登记凭证直接到银行办理后续资金购付汇手续。

2. 境内投资者在汇出前期费用之日起6个月内仍未设立境外投资项目的，应向注册地外汇局报告其前期费用使用情况并将剩余资金退回。如确有客观原因，开户主体可提交说明函向原登记银行申请延期，经银行同意，6个月期限可适当延长，但最长不得超过12个月。

3. 如确有客观原因，前期费用累计汇出额超过300万美元或超过中方投资总额15%的，境内投资者需提交说明函至注册地外汇局申请办理。

因此，境外投资与并购前期费用在不超过300万美元且不超过中方投资总额的15%的情况下，由银行向境内企业办理前期费用登记手续，如超过上述数额和比例的，则需向外汇局办理登记手续。

三、境外直接投资外汇登记办理

境内企业在以境内外合法资产或权益（包括但不限于货币、有价证券、知识产权或技术、股权、债权等）向境外出资前，应到注册地银行申请办理境外直接投资外汇登记。在外汇局资本项目信息系统中登记商务主管部门颁发的企业境外投资证书中的投资总额,同时允许企业根据实际需要按现行规定对外放款。多个境内企业共同实施一项境外直接投资的,由约定的一个境内企业向其注册地银行申请办理境外直接投资外汇登记。待银行通过外汇局资本项目信息系统完成境外直接投资外汇登记后,其他境内企业可分别向注册地银行领取业务登记凭证。银行通过外汇局资本项目信息系统为境内企业办理境外直接投资外汇登记手续后,境内企业凭业务登记凭证直接到银行办理后续资金购付汇手续。境内企业设立境外分公司,参照境内企业境外直接投资管理。

根据《外汇 13 号文》及其附件《直接投资外汇业务操作指引》的规定,办理境内企业境外直接投资外汇登记需要提交以下材料:

1.《境外直接投资外汇登记业务申请表》(格式见附件 4);

2. 营业执照或注册登记证明及组织机构代码证(多个境内企业共同实施一项境外直接投资的,应提交各境内企业的营业执照或注册登记证明及组织机构的代码证);

3. 非金融企业境外投资提供商务主管部门颁发的《企业境外投资证书》,金融机构境外投资提供相关金融主管部门对该项投资的批准文件或无异议函。

四、境外直接投资外汇变更登记

根据《外汇 13 号文》及其附件《直接投资外汇业务操作指引》的规定,境内企业因转股、减资等原因不再持有境外企业股权的,需办理境外直接投资外汇变更登记。多个境内企业共同实施一项境外直接投资的,由约定的一个投资主体向其注册地外汇局辖区内银行申请办理变更登记,其他境内企业无须重复申请;银行通过外汇局资本项目信息系统完成境外直接投资外汇变更登记后,其他境内企业可分别向注册地银行领取业务登记凭证。境内企业因减资、转股等需要汇回资金的,在注册地银行办理变更登记后,直接到银行办理后续境外资产变现账户开立、汇回资金入账等手续。境外放款转为对境外公司股权的,应同时向注册地外汇局申请办理境外放款变更或注销登记。境内投资者收购其他境内投资者境外企业股权的,由股权出让方办理变更登记。境内企业设立境外分公司需追加开办费用的,也要办理外汇变更登记。境内投资主体设立或控制的境外企业在境外再投资设立或控制新的境外企业无须办理外汇备案手续。

境内企业境外直接投资办理外汇变更登记需要提交以下材料:

1.《境外直接投资外汇登记业务申请表》(格式见附件 4);

2. 非金融类境外投资提供商务主管部门对变更事项的批准或备案文件，金融类境外投资提供相关行业主管部门对变更事项的批准或备案文件；

3. 如新增境内投资者，应提供该境内投资者的营业执照和组织机构代码证。

五、境外直接投资存量权益登记(年度)

根据《外汇13号文》及其附件《直接投资外汇业务操作指引》的规定，境外投资企业的境内投资主体应于每年1月1日至9月30日(含)期间，通过外汇局资本项目信息系统企业端、银行端或事务所端向外汇局报送上年度境外企业资产、负债和所有者权益相关数据信息。由两个或两个以上境内投资主体共同投资一家境外投资企业的，各境内投资主体应确定其中一个境内投资主体作为境外直接投资存量权益信息申报主体，由其向境外投资企业登记地外汇局申报相关信息，其他境内投资主体不再申报。持股比例最大的境内投资主体原则上为申报责任股东，若持股比例相同，由相关境内投资主体约定其中一个境内投资主体为申报责任股东。境外投资企业的境内投资主体自行对数据信息的真实性、准确性负责，境外投资企业登记地外汇局(资产所在地企业注册地外汇局或个人户籍所在地外汇局)不再逐项审核，但负责事后对相关境外直接投资存量权益登记信息内容进行抽查，对于隐瞒真实情况、弄虚作假的境内投资主体，外汇局按相关程序通过资本项目信息系统业务管控功能暂停该境外投资企业的境内投资主体相关业务，并依法进行处理。

办理境外直接投资年度存量权益登记需要境外投资企业的境内投资主体自行或委托会计师事务所、银行通过外汇局资本项目信息系统向外汇局发送的《境外直接投资中方权益统计表》。

六、人民币境外放款业务

中国人民银行2016年11月29日印发《关于进一步明确境内企业人民币境外放款业务有关事项的通知》(银发〔2016〕306号，以下简称306号文)，加强对人民币跨境流出的管理，将其纳入本外币一体化的宏观审慎监管框架。由于央行鼓励跨境人民币资金流出实现人民币国际化进程，所以此前跨境人民币政策相对外汇政策更加宽松。但也给部分企业通过人民币出境规避外汇管理，境外购汇的方式进行套利机会，同时给离岸人民币市场提供做空机会(降低人民币融资成本),从而不利于人民币汇率稳定的预期管理。[①]

306 号文规定境内企业人民币境外放款的主体为境内非金融企业或集团财务公司,并且放款人应注册成立 1 年以上,与借款人之间具有股权关联关系。结算银行应要求放款人在办理人民币境外放款业务前在所在地外汇管理部门进行登记,在企业境外放款余额上限内为其办理业务。放款人不得使用个人资金向借款人进行境外放款,不得利用自身债务融资为境外放款提供资金来源。境外放款利率应符合商业原则,在合理范围内协商确定,但必须大于零。放款期限原则上应在 6 个月至 5 年内。结算银行需严格审核境外借款人的经营规模是否与借款规模相适应,以及境外借款资金的实际用途,确保境外放款用途的真实性和合理性。出现借款人逾期未归还的,且放款人拒不作出说明或说明缺乏合理性的,结算银行应暂停为其办理新的境外放款业务,并向当地中国人民银行报送。境外放款可以展期,但原则上一笔业务展期不超过一次。人民币境外放款必须经由放款的人民币专用存款账户以人民币收回,且回流金额不得超过放款金额及利息、境内所得税、相关费用等合理收入之和。

七、办理境外投资外汇登记注意事项

虽然《外汇 13 号文》规定,自 2015 年 6 月 1 日起,外汇局不再负责境外投资外汇登记事项,而只是通过银行对直接投资外汇登记实施间接监管,企业可自行选择注册地银行办理直接投资外汇登记。但由于 2014 年至 2016 年年末期间,我国企业的境外投资额急剧增长,导致我国大量外汇流失,对我国外汇安全构成严重威胁。随即,国家外汇管理局出台了《关于进一步推进外汇管理改革完善真实合规性审核的通知》(汇发〔2017〕3 号),要求加强境外直接投资真实性、合规性审核。境内机构办理境外直接投资登记和资金汇出手续时,除应按规定提交相关审核材料外,还应向银行说明投资资金来源与资金用途(使用计划)情况,提供董事会决议或合伙人决议、合同或其他真实性证明材料。银行按照展业原则加强真实性、合规性审核。并在《〈国家外汇管理局关于进一步推进外汇管理改革完善真实合规性审核的通知〉政策实务问答(二)》中进一步要求,银行新提供的内保外贷,如果发生担保项下主债务违约,银行应先使用自有资金履约,不得以

---

① 参见孙海波、王志毅:《央行紧急发文!收紧境内企业人民币境外放款:30% 净资产上限、外管局事情备案、本外币一体化》,载搜狐网,http://www.sohu.com/a/120421980_460380,2017 年 6 月 17 日访问。

反担保资金直接购汇履约，进一步加强对境外投资采取内保外贷方式实现资金出境方式的审查和监管。

因此，在当前外汇监管政策趋严的背景下，为了防范境外投资项目在获得发改委、商务部门等监管部门的核准或通过其备案后，无法获得外汇管理局或当地银行审批的外汇额度和完成外汇登记，从而导致无法向境外支付投资款或收购款的风险出现，建议境内投资主体在向发改委、商务部门办理相关手续之前，特别是在与境外交易主体签署有约束力的交易文件之前，先与外汇管理局及当地银行进行沟通，以确认投资项目是否能获得外汇额度。同时，在与境外交易主体签署的交易协议中约定，如后续因监管机关原因无法获得外汇管理局审批的外汇额度和完成外汇登记，导致无法按约向境外交易主体支付款项的，则境内投资主体无需因此承担违约责任，从而防范境内投资主体在投资项目无法获得审批的外汇额度和完成外汇登记时，而需向境外交易主体支付反向分手费或承担其他违约责任的风险。

附件4:境外直接投资外汇登记业务申请表①

投资主体名称: 投资主体代码: 境外投资企业注册币种:

一、申请事项			
□境外投资企业外汇登记	成立方式:□新　设　□并　购　□其　他		
□境外投资企业变更登记	□基本信息变更　□增资　□减资(□减中方实际出资　□中方出资义务减少)□出资形式　□注册币种变更		
	□股权转让(□中方转外方　□外方转中方　□外方转外方　□中方转中方)		
□境外投资前期费用登记	申请金额:		
□境外投资企业注销登记	注销原因:□清　算　□其　他		
二、境外投资企业基本信息(变更登记的,填写变更后的基本信息;注销登记的,填写注销前基本信息)			
企业中文名称		企业外文名称	
主管部门批复文号		主管部门批准日期	年　月　日
所在国家/地区		所属行业	
主要经营范围			
投资总额		中方协议投资总额	
中方所占比例(%)		投资项目性质	
境外投资企业性质	□有限责任　□股份制　□其　他	境外投资企业类型	□中方独资　□中外合资　□合作　□合　伙
前期费用已汇出金额		上市情况	□未上市　□已上市(上市地:　　)
联系人		联系电话	
三、股东基本信息(变更登记的,填写变更后的信息;注销登记的,填写当前股东信息)			
股东名称	护照号码/组织机构代码/身份证明文件号码	所属国别或地区/境内机构注册地/境内个人常住地	

① 国家外汇管理局:《国家外汇管理局关于进一步简化和改进直接投资外汇管理政策的通知》附件2:《指引附件　直接投资外汇业务申请表》,载国家外汇管理局官网,http://www.safe.gov.cn/safe/2015/0228/5548.html,2018年12月2日访问。

续表

四、中方股东投资信息(变更登记的,填写变更后的信息;注销登记的,填写当前股东信息)

中方股东名称	协议投资总额	已汇出前期费用	货币出资	债权转股权	境外解决	境内权益出资 A. 实物 B. 无形资产 C. 股权 D. 其他形式	利润分配比例(%)
合　计							

出资方式选择境外解决的,请说明资金来源:

五、外方股东投资信息(变更登记的,填写变更后的信息;注销登记的,填写当前股东信息)

外方股东名称	协议投资总额	利润分配比例(%)
合　计		

六、外方股东向中方转让股权所得付款计划(股权转让外方转中方需填写):

中方股东名称(受让方)	外方股东名称(出让方)	外方股东国别/地区	转让投资金额	股权转让对价	其中:1. 境外支付金额	2. 其　他

七、中方股东向外方转让股权所得处置计划(股权转让中方转外方需填写):

中方股东名称(出让方)	外方股东名称(受让方)	转让投资金额	股权转让对价	其中:1. 留存境外金额	2. 调回境内金额

八、中方股东减资所得处置计划(中方减实际出资需填写):

中方股东名称	减少投资金额	减资所得金额	其中:1. 留存境外金额	2. 调回境内金额

九、境外投资企业注销后中方股东所得资产处置计划:(境外投资企业注销后有剩余资产调回境内的需填写)

中方股东名称(出让方)	清算所得金额	其中:1. 留存境外金额	2. 需调回境内金额

十、备注(以上表格内容无法完全涵盖企业申请事项的,可在此栏中填写):

续表

十一、承诺:请勾选 □本企业所填写《境外直接投资外汇登记业务申请表》中各项内容及所提交的所有书面材料均真实有效,所有复印件均与原件完全相同。本企业保证所提交的各项表格、文件真实、准确、完整,否则本企业及其法定代表人愿承担由此而导致的一切后果。 法定代表人签名或授权委托人签名:＿＿＿＿＿＿　　单位公章: 申请日期:　年　月　日

填表说明:

1. 申请人办理境内机构境外直接投资前期费用登记、境外直接投资外汇登记、境外直接投资外汇变更登记、境内机构境外直接投资清算登记业务的,应按规定如实、准确、完整地填写并提交本申请表;

2. 本申请表中所涉金额栏目,均按注册币种折算后填写阿拉伯数字,保留小数点后两位;

3. 请根据申请内容勾选申请事项,若勾选"境外投资企业变更登记",请选择变更类型,变更类型可多选;

4. "境外投资企业外汇登记"指境内主体在境外以新设或并购的方式取得境外公司控制权的行为;

5. 成立方式中的"新设""并购"和"其他"根据"企业境外投资证书"上的设立方式勾选;

6. "境外投资企业注销登记"——境外投资企业因清算等原因需办理境外投资企业注销登记;

7. "境外投资前期费用登记"——境内主体获得境外投资主管部门批复文件之前,如因项目前期调研、招投标等原因需汇出资金的,需办理境外投资前期费用登记;

8. "境外投资企业基本信息变更"主要指境外投资企业名称、经营范围、所属行业、投资项目性质、境外投资企业类型、上市情况等信息发生变动;

9. "增资"指境内主体增加对境外投资企业的出资;

10. "减资"指境内主体减少对境外投资企业的出资;

11. "减中方实际出资"指境内主体减少对境外投资企业的已到位实际出资;

12. "中方出资义务减少"指境内主体减少对境外投资企业的尚未到位出资;

13. "股权转让"指境外投资企业的股权发生转让;

14. "中方转外方"指境外投资企业的原中方股东将所持股权的全部或部分转让给境外机构或个人;

15. "外方转中方"指境外投资企业的原外方股东将所持股权的全部或部分转让给境内机构或个人;

16. "外方转外方"指境外投资企业的原外方股东将所持股权的全部或部分转让给境外机构或个人;

17. "中方转中方"指境外投资企业的原中方股东将所持股权的全部或部分转让给境内机构或个人;

18. "企业中文名称"根据企业境外投资证书"填写;特殊情况需特殊说明。

19. "企业外文名称"根据企业境外投资证书"填写;特殊情况需特殊说明。

20. "主管部门批复文号"指商务部门或行业主管部门批准企业相关业务的批文文号;

21. "主管部门批准日期"指商务部门或行业主管部门批准企业相关业务的批文落款日期;

22. "所在国家/地区"根据企业境外投资证书相关内容填写;

23. "所属行业"根据《国民经济行业分类》(GB/T4754—2002)填写;

24. "主要经营范围"根据企业境外投资证书上的"经营范围"填写,经营范围太长无法填写完整的,可只填写三项主要经营范围;

25. "投资总额"根据企业境外投资证书上的中方和外方投资总额合计数填写;

26. "中方协议投资总额"根据企业境外投资证书上的中方投资总额填写;

27. "中方所占比例"根据企业境外投资证书上的中方所占股比合计填写;

28. "投资项目性质"包括"境外资源勘探开发、境外制造加工、境外科技研发、带动出口(含境外带料加工)及其他",请根据实际情况勾选;

29. "境外投资企业性质"指境外投资企业的组织形式,根据境外公司登记注册证书填写;

30.“境外投资企业类型”指境外投资企业中外方股东之前的合作形式，如无外方股东，则勾选中方独资；

31.“上市情况”根据企业实际上市情况勾选；

32. 中方协议投资总额 = 已汇出前期费用金额 + 货币出资 + 债权转股权 + 境外解决 + 境内权益出资；

33.“前期费用已汇出金额”根据申请境外投资的中方是否做过前期费用登记情况填写；

34.“中方股东名称”按企业境外投资证书上的投资主体中的“中方名称”填写；

35.“协议投资总额”根据企业境外投资证书上的股东对应投资总额填写；

36.“债权转股权”指中方股东以其持有境外债权转做公司股权；

37.“境外解决”指中方股东以其境外持有的合法资产或权益对境外投资企业出资；

38.“实物、无形资产、股权、其他形式”指中方股东以上述出资方式出资的金额，此栏目如需多选，请分开填写，例如，“A. 20 万美元；B. 50 万美元”；

39.“外方股东名称”按企业境外投资证书上的投资主体中的“外方名称”填写；

40.“股权转让对价”指出让股权的价格；

41.“减资所得金额”指中方股东减少注册资本所得金额；

42.“境外投资企业变更登记”中的“出资形式”指境内股东拟对外投资的出资形式发生变化。

附件5:境外直接投资中方权益统计表①

金额单位:美元

指　标	期初数	期末数
一、境外投资企业资产合计		
其中:流动资产		
非流动资产		
二、境外投资企业负债合计		
其中:短期负债		
长期负债		
三、归属于境外投资企业全体股东的权益		
其中:归属中方股东的权益		
其中:归属中方股东的未分配利润余额		
四、境外投资企业少数股东权益		
五、境外投资企业应付中方股利		
六、境外投资企业盈利情况	当期(上年)数	历年累计
归属于境外投资企业全体股东的净利润		
其中:中方股东享有的净利润		
分配中方股东的利润金额合计		
汇回中方股东的利润金额合计		

填表说明:

1.“流动资产”“非流动资产”“短期负债”“长期负债”及“资产合计”“负债合计”按照第一层级境外投资企业(含境外特殊目的公司,以下简称境外SPV)合并财务报表相关会计科目填写。

2.“归属于境外投资企业全体股东的权益”按照第一层级境外投资企业(含境外SPV)合并财务报表相关会计科目填写,“其中:归属中方股东的权益”“其中:归属中方股东的未分配利润余额”按中方股权比例或约定比例(符合相关法律法规的规定)计算后填写。

3.“境外投资企业少数股东权益”按照第一层级境外投资企业(含境外SPV)合并财务报表相关会计科目填写。

4.“应付中方股利”:企业已宣告分配但尚未支付给中方的股利(未扣除应代扣代缴的

① 国家外汇管理局:《国家外汇管理局关于进一步简化和改进直接投资外汇管理政策的通知》附件2:《指引附件　直接投资外汇业务申请表》,载国家外汇管理局官网,http://www.safe.gov.cn/safe/2015/0228/5548.html,2018年12月2日访问。

税款)。

5.“归属于境外投资企业全体股东的净利润”按照第一层级境外投资企业(含境外 SPV)合并财务报表相关会计科目填写,“其中:中方股东享有的净利润”按中方股权比例或约定比例(符合相关法律法规的规定)计算后填写。

6.“分配中方股东的利润金额合计”“汇回中方股东的利润金额合计”的当期数按上年度实际发生额填写,分配的利润和汇回的利润中可能包含以往年度产生的利润。

第四节 国资委的监管政策与实务

如果境内投资主体为国有企业,则在向发改委申请办理境外投资项目核准或备案手续前,境内投资主体应向国资委办理出资人审核把关程序,获得国资委的核准意见后,境内投资主体才能向发改委申请办理境外投资项目的核准或备案手续。2017 年 1 月 7 日,国务院国资委公布了《中央企业境外投资监督管理办法》,以规范国资委对中央企业[①]在境外从事的固定资产投资与股权投资的监管。该办法贯彻以资本为主加强国有资产监管的要求,主要有四个方面的特点:一是强调依法监管、注重厘清国资委与中央企业的权责边界;二是强调全方位监管,注重加强投资监管体系建设;三是强调全过程监管,注重事前事中事后监管并重;四是探索创新监管,试行投资项目负面清单管理。2017 年 6 月 12 日,财政部出台了《国有企业境外投资财务管理办法》,财政部从财务角度进一步加强国有企业境外投资财务监管,以防范境外投资财务风险,提高投资效益。笔者结合上述法规规定和实务经验,对国有企业境外投资向国资委办理出资人审核把关程序的相关要求和注意事项进行简要介绍。

一、国资委对中央企业境外投资的监督管理

表 2-1 国资委对中央企业境外投资的监督管理

阶段	国资委对中央企业境外投资的监督管理
事前	制定中央企业五年发展规划纲要 对“特别监管类境外投资项目”审核把关 对“非主业投资”审核把关

① 此处中央企业指国资委代表国务院履行出资人职责的国家出资企业。

续表

阶段	国资委对中央企业境外投资的监督管理
事中	对境外重大投资项目进行随机监督检查
事后	对中央企业境外投资项目后评价工作监督指导 建立中央企业国际化经营评价指标体系,组织开展中央企业国际化经营年度评价

（一）制定境外投资项目负面清单

国资委根据国家有关规定和监管要求,建立发布中央企业境外投资项目负面清单,设定禁止类和特别监管类境外投资项目,实行分类监管。列入负面清单禁止类的境外投资项目,中央企业一律不得投资;列入负面清单特别监管类的境外投资项目,中央企业应当报送国资委履行出资人审核把关程序;负面清单之外的境外投资项目,由中央企业按照企业发展战略和规划自主决策。中央企业应当在国资委发布的中央企业境外投资项目负面清单基础上,结合企业实际,制定本企业更为严格、具体的境外投资项目负面清单。

（二）境外投资事前管理

1. 制定中央企业五年发展规划纲要、企业发展战略和规划

中央企业应当根据国资委制定的中央企业五年发展规划纲要、企业发展战略和规划,制定清晰的国际化经营规划,明确中长期国际化经营的重点区域、重点领域和重点项目。中央企业应当根据企业国际化经营规划编制年度境外投资计划,并纳入企业年度投资计划,按照《中央企业投资监督管理办法》管理。

2. 国资委对“特别监管类境外投资项目”审核把关

列入中央企业境外投资项目负面清单特别监管类的境外投资项目,中央企业应当在履行企业内部决策程序后、在向国家有关部门首次报送文件前,报国资委履行出资人审核把关程序。中央企业应当向国资委报送以下材料:

(1)开展项目投资的报告;

(2)企业有关决策文件;

(3)项目可研报告(尽职调查)等相关文件;

(4)项目融资方案;

(5)项目风险防控报告;

(6)其他必要的材料。

国资委根据相关法律、法规和国有资产监管规定等,从项目风险、股权结构、

资本实力、收益水平、竞争秩序、推出条件等方面履行出资人审核把关程序，并对有异议的项目在收到相关材料后20个工作日内向企业反馈书面意见。国资委认为有必要时，可委托第三方咨询机构对项目进行论证。

3. 国资委对“非主业投资”审核把关

根据《中央企业境外投资监督管理办法》第2条的规定，这里的主业指由中央企业发展战略和规划确定并经国资委确认公布的企业主要经营业务；非主业指主业以外的其他经营业务。中央企业原则上不得在境外从事非主业投资。有特殊原因确需开展非主业投资的，应当报送国资委审核把关，并通过与具有相关主业优势的中央企业合作的方式开展。但《中央企业境外投资监督管理办法》并未明确规定国资委对“非主业投资”审核把关所需的相关材料及程序。

（三）境外投资事中管理

国资委对中央企业实施中的境外重大投资项目进行随机监督检查，重点检查企业境外重大投资项目决策、执行和效果等情况，对发现的问题向企业进行提示。中央企业应当定期对实施、运营中的境外投资项目进行跟踪分析，针对外部环境和项目本身情况变化，及时进行再决策。中央企业因境外重大投资项目再决策涉及年度投资计划调整的，应当将调整后的年度投资计划报送国资委。中央企业应当按照国资委的要求，分别于每年第一、第二、第三季度终了次月10日前将季度境外投资完成情况通过中央企业投资管理信息系统报送国资委。季度境外投资完成情况主要包括固定资产投资、股权投资、重大投资项目完成情况，以及需要报告的其他事项等内容。部分重点行业的中央企业应当按要求报送季度境外投资分析情况。

（四）境外投资事后管理

中央企业在年度境外投资完成后，应当编制年度境外投资完成情况报告，并于下一年1月31日前报送国资委。年度境外投资完成情况报告包括但不限于以下内容：

（1）年度境外投资完成总体情况；

（2）年度境外投资效果分析；

（3）境外重大投资项目进展情况；

（4）年度境外投资后评价工作开展情况；

（5）年度境外投资存在的主要问题及建议。

境外重大投资项目实施完成后，中央企业应当及时开展后评价，形成后评价专项报告。国资委对中央企业境外投资项目后评价工作进行监督和指导,选择部分境外重大投资项目开展后评价,并向企业通报后评价结果,对项目开展的有益经验进行推广。

国资委建立中央企业国际化经营评价指标体系,组织开展中央企业国际化经营年度评价,将境外投资管理作为经营评价的重要内容,评价结果定期报告和公布。

二、地方国资委对当地国有企业境外投资的监督管理

为了贯彻和落实《中央企业境外投资监督管理办法》的主要精神和监管制度,我国各省市的地方国资委相继制定了地方国有企业境外投资监督管理办法,规定地方国资委作为监管主体,督促当地国有企业建立健全境外投资管理制度,监督检查企业境外投资管理制度的执行情况、境外投资项目的决策和实施情况;制定并发布地方国有企业境外投资项目负面清单,对企业境外投资项目进行分类监管;组织开展境外投资项目后评价,对境外违规投资造成国有资产损失以及其他严重不良后果的进行责任追究;指导企业之间加强境外投资合作,提升协同力。除此以外,还规定了地方国资委对当地国有企业境外投资的事前、事中和事后管理。

三、国有企业境外投资财务监管

《国有企业境外投资财务管理办法》对国有企业境外投资的财务管理作出了全面规定,明确财务管理应贯穿境外投资决策、运营、绩效评价等全过程。

国有企业股东(大)会、党委(党组)、董事会、总经理办公会或者其他形式的内部机构(以下统称内部决策机构)按照有关法律法规和企业章程规定,对本企业境外投资企业(项目)履行相应管理职责。

国有企业以并购、合营、参股方式进行境外投资,应当组建包括行业、财务、税收、法律、国际政治等领域专家在内的团队或者委托具有能力并与委托方无利害关系的中介机构开展尽职调查并形成书面报告。

国有企业应当组织内部团队或者委托具有能力并与委托方无利害关系的外部机构对境外投资开展财务可行性研究。对投资规模较大或者对企业发展战略具有重要意义的境外投资,国有企业应当分别组织开展内部和外部财务可行性研究,并要求承担可研的团队和机构独立出具书面报告;对投资标的的价值,应

当依法委托具有能力的资产评估机构进行评估。

国有企业应当建立健全境外投资绩效评价制度,定期对境外投资企业(项目)的管理水平和效益情况开展评价。

过去多年,国有企业作为我国企业境外投资与收购的主力军,由于缺乏境外投资经验、监管制度和风控体系,很多国有企业的境外投资项目均以失败告终,并因此遭受了巨大损失。为了防范国有企业境外投资风险、规范境外投资行为,《中央企业境外投资监督管理办法》与《国有企业境外投资财务管理办法》相继出台,这对规范我国国有企业今后的境外投资行为、防范境外投资风险和提高投资收益将产生积极影响。

第五节 国家安全审查与反垄断审查

一、国家安全审查

中国企业境外投资并购的目标企业如果涉及一国敏感行业或领域,那么该项投资或并购还必须通过东道国的国家安全审查。例如,2016 年,我国福建宏芯基金收购德国芯片设备制造企业 Aixtron(爱思强)在本已获得许可的情况下又被德国联邦经济与能源部重启调查程序,其声称因涉及国家安全信息,最终导致此项收购"流产"。中资企业对美国的收购也难逃安全审查的命运,比如中海油收购尤尼科,华为与三一重工在美收购都被美国的外国投资委员会(CFIUS)以威胁美国国家安全为由予以否决。在 2016 年财信集团联合其他投资者拟议收购芝加哥证券交易所交易中,美国国会部分议员质疑财信集团这样一家常年亏损的企业愿意支付如此高的价格去收购一家美国证券交易所,怀疑其背后有中国政府投资者的支持或怀揣其他没有披露的真实目的,最终被美国证监会否决。特朗普上台后,CFIUS 更是加强了对来自中国买家收购交易的国家安全审查。

可以预见,中资企业在欧美等发达国家的收购将面临更为严格的国家安全审查。由于审查标准缺乏透明度,很多国家以安全审查为名但行投资保护之实,这就进一步增加了通过国家安全审查的难度。近两年,中资企业境外并购步伐不断加快,使欧美等标的目标国采取更为审慎的态度。因此,中资企业在境外的投资与收购特别是欧美国家,需对国家安全审查引起足够重视,并提前制定预案。比如,并购目标国对我国国有企业收购采取更为严格的审查程序,那在搭建交易架构时,通过民企或基金作为收购主体,或者采取收购目标公司少数股权而非控股权的方式或合资方式,从而减轻目标国政府的顾虑。同时,保持与审查机构积极沟通,向其全面提供信息与充分解释,从而减少审查机构对境内收购方的收购目的等方面的误解。此外,保持低调行事作风,并通过聘请公关顾问采取适当的方式向公众进行解释与宣传,从而减少审查机构迫于民众与舆论压力而否决交易的风险。

二、反垄断审查

企业并购很可能造成经济力量集中、形成垄断的市场,为了避免这种情况,各国通常对企业并购设置反垄断审查。跨境企业并购既可能触发目标公司所在国及其他国家的反垄断审查,也可能会触发我国商务部反垄断局的反垄断审查。①

2017 年 4 月 4 日及 5 日,美国联邦贸易委员会和欧盟委员会先后附条件批准了中国化工集团收购瑞士农药种子集团 Syngenta(先正达)这起中国迄今为止金额最大的一笔境外收购交易,为本次交易的成功交割扫清了关键性的监管障碍。该案中两家反垄断执法机构都将审查的关注点放在了各自区域内交易双方重叠业务之上,尤其重视市场份额的因素。② 其实,该案只不过是中资企业境外收购遭遇反垄断审查的冰山一角。由于最近几年中国企业纷纷出海,这使目标国政府对中国企业的收购目的产生了疑虑,从而加强了对中资企业境外收购的反垄断审查。尤其是国有企业,如果被目标国反垄断审查机构认为与其他国资委控制的国有企业间缺乏独立性,在计算营业额时很可能会以被国资委控制的所有国有企业的营业额为计算标准。由此可见,国有企业面临的反垄断审查风险在加大。③

---

① 参见余承志:《2016 年中国企业国际化法律风险管理报告——投资并购分报告》,载凤凰国际智库研究报告,http://pit.ifeng.com/report/special/falvfengxianguanlibaogao/chapter4.shtml,2017 年 4 月 23 日访问。

② 参见高梁:《中国化工收购先正达案在欧盟与美国的反垄断审查要点分析》,LCOUNCIL,2017 - 06 - 06. 2017 - 07 - 10. http://mp.weixin.qq.com/s?__biz = MzA5MjU5MzgyNg = = &mid = 2652353989&idx = 1&sn = dd972e790191dd67e1c2c7a85d31ed00&chksm = 8b89de08bcfe571e25432ecea0a122631263c70cea8b9e6fb2ab354f89ea16b0bec3c453c302&mpshare = 1&scene = 23&srcid = 0606TkF7zRPahezPINVgmuD4#rd。

③ 张伟华:《迎击跨境并购反垄断审查》,载《中国外汇》2017 年第 11 期。

面对这样的国际环境，中资企业在出海前，需加强对目标公司的尽职调查，对收购的目的与必要性进行充分论证，避免盲目跟风式的出海。同时，多了解目标国反垄断审查相关法律法规以及审查机构在反垄断审查方面采取的态度，比如美国的司法部和联邦贸易委员会、欧盟委员会等发布的相关指引。从交易一开始就遵守反垄断相关的法律法规，避免未获得核准前就交换竞争信息。在并购交易前做好剥离资产的准备，甚至在提交反垄断审查的同时，向监管机构提交处置资产的方案。[①] 在企业遭受审查机构的反垄断审查时，除积极与审查机构进行沟通与解释外，还需积极向律师等法律专业人士寻求法律帮助，积极维护自身合法权益，采取消极态度只会增加审查机构的审查力度。反垄断审查专业性极强，而且大型项目一旦涉及反垄断审查，一般会涉及多个国家的审查，因此建议聘请中外律所等专业机构，借助外部智囊的力量，制定反垄断审查方案与预案，从而减少未能通过反垄断审查而使项目夭折的风险。

通过本章上述内容分析可知，虽然我国境外投资监管部门自 2014 年年初开始相继出台了一系列新的法规政策，简化了境外投资境内核准、备案或登记流程，但一宗境外投资与并购如完成境内全部行政核准、备案或登记程序仍需相当长的时间。除需经发改委、商务部门、外汇局核准、备案或登记，如是国有企业还需经国资委核准外，境内企业境外投资还可能受到财政部门、税务部门、环保部门等的监管。特别是 2016 年由于我国外汇储备的迅速减少和出现了诸多非理性境外投资，自 2016 年 11 月底开始，国家发改委、商务部、外汇管理局和中国人民银行共同加强了我国企业境外投资的真实性、合法合规性审查和监管后，境内企业在办理境外投资核准、备案和购付汇等手续时变得更加的严格，这就进一步增加了办理政府监管手续所需的时限和获得核准、备案或登记的难度。除我国监管机关的审查监管外，境外投资过程中，还可能会涉及投资目标国主管机关的国家安全审查，以及投资目标国及其他国家的反垄断审查，而且近几年针对中国买家的国家安全审查与反垄断审查变得更加严格，审查机关的自由裁量权变得越来越大。因此，笔者建议，境内企业在开展境外投资之前，要咨询专业的境内外投资与并购领域律师，详细了解我国政府监管机关的核准、备案或登记流程，如涉及投资目标国及其他国家的国家安全审查与反垄断审查，则应详细了解具体的审查标准、要求，以及办理上述手续的难度和需花费的时限，并委

① 张伟华:《迎击跨境并购反垄断审查》，载《中国外汇》2017 年第 11 期。

托境内外专业律师办理上述境内外核准、审查与监管手续，从而提升获得核准、备案或登记的成功概率和缩短办理上述监管手续所需时限，为境内企业成功完成境外投资和并购赢得时间，让境内企业的境外投资与并购之路走得更快、更稳、更顺。

第三章 中国企业境外投资专业中介机构的聘请与服务

鉴于境外投资与并购交易的复杂性，境内投资者仅凭自身力量肯定很难顺利完成交易，因此借助外部专业中介机构的力量，为其境外投资与并购保驾护航已经成为大家的共识。

受境外投资与并购交易规模、投资方式的不同等因素影响，聘请的中介机构类型、要求和标准方面也会存在较大区别。比如，标的额超过10亿美元的大型交易，一般都需要聘请国际知名投行、律师事务所、会计师事务所、公关公司、人力资源公司等提供融资、法律、财税、公关、人力资源等方面的专业服务；而对于标的额不大的小型交易，境内投资者可能只聘请律师事务所与会计师事务所提供法律与财税方面的专业服务，且对中介机构的要求和标准也相对要低一些。但无论聘请哪种类型的中介机构，对中介机构的要求与标准如何，境内投资者要想筛选出专业能力强、服务高效且价格合理的中介机构，却是一件很有学问的事情。

笔者负责处理和参与过诸多境外投资与并购交易，遇过到各种风险偏好类型的境内投资者，他们对中介机构的价值、作用及重视程度存在很大区别，但往往是那些很重视中介机构的专业服务并充分发挥中介机构在境外投资与并购交易中价值与作用的境内投资者，他们的境外投资与收购成功率要高得多；而那些忽视中介机构的价值与作用，认为公司内部团队就完全胜任而无须外部中介机构专业服务的境内投资者，或者是中途放弃交易，或者虽完成交割，但交割后发现目标公司潜藏了各种风险，最终不得不吞下苦果，并因此付出了沉重代价。毫不夸张地说，过去十多年大部分中资企业在境外的投资与并购交易都以失败告终，而失败的原因大部分都与没有聘请好中介机构做好风控有关。这并不是因为笔者是律师，故意夸大中介机构在境外投资与并购中的价值与作用。有些境内投资者可能会反驳说，聘请了律师与会计师的，但境外投资项目仍然失败了，所以,认为中介机构的作用不大。确实如此,并不是聘请了中介机构就意味着境外投资与并购就不会存在风险,这要看聘请的中介机构是否足够专业,是否勤勉尽责地站在境内投资者的角度,真正为交易把控好了风险。在鱼龙混杂的国际专业中介服务市场,境内投资者要想找到性价比高的中介机构并非易事,他们不可能每个人都有像孙悟空一样的火眼金睛,被忽悠的情况时有发生也是正常的,特别是对缺乏境外投资与并购经验与境外资源的境内投资者来说,被忽悠的风险则更高。因此,笔者在本章中,将对境外投资与并购交易中通常需要聘请的中介机构类型,选聘中介机构时应注意的事项,优秀的中介机构应具备的条件,以及境内律师在境外投资中的作用与地位进行介绍;并对境内投资者聘请好中介机构后,如何发挥好中介机构的作用,真正为交易的顺利推进与成功发挥更大的作用进行解析。

第一节　中介机构类型及其服务内容

境外投资与并购交易中会涉及诸多专业中介服务机构,比如律师事务所、会计师事务所、投行、银行、公关与传媒公司、评估公司、商业咨询服务公司、人力资源公司等。这些中介服务机构分别提供不同专业领域的服务,从各个方面保障境外投资与并购交易的顺利交割。但并不是每个境外投资与并购交易都会聘请上述中介机构服务,这取决于交易的规模大小、复杂程度、境内投资者的投资方式与商业目的等因素。根据项目的具体情况,境内投资者决定聘请其中的一家或数家,但通常情况下,律师事务所与会计师事务所是必不可少的两家中介机构。笔者下面将对上述中介机构的主要服务内容进行简要介绍。

一、律师事务所的服务内容

由于中外法律制度差异,境外投资与并购交易首先应是防范项目出现重大法律风险,所以律师事务所是境内投资者首先要考虑聘请的中介机构。一宗境外投资项目,至少涉及我国与目标项目所在国的法律适用,因此一般需要聘请境内律师事务所与目标项目所在国的律师事务所提供中外法律服务,共同为境外投资与并购交易把控风险。很多情况下,境内投资者由于缺乏境外资源,他们习惯于让境内律师事务所推荐和筛选境外律师事务所,并共同组成中外律师团队为境内投资者从中外法律的角度把控风险。在一些大型境外投资与并购交易中,例如,目标公司在多个国家设立实体,这时就会涉及多个国家的法律适用。一般情况下,需要在目标公司设有实体的国家分别聘请律师事务所,组成国际律师团为境内投资者提供多国法律服务。在一宗境外投资与并购交易中,律师事务所可为境内投资者提供如下法律服务内容:

(一)为境外投资项目筛选提供法律建议

境内投资者通过各种途径与方式,包括但不限于投行介绍、交易所公布的上市企业转股或出售公告、第三方介绍等途径找到境外投资与并购项目后,根据目标公司提供的基本信息对项目进行初步商业评估后,若认为其符合其投资与收购的条件,则可咨询境内外律师事务所的意见。境内外律师事务所可以从法律角度对目标公司是否存在重大法律风险提供咨询建议,包括要求目标公司进一步提供关键资料及分析目标公司是否存在明显的阻碍交易的重大法律风险。通过律师事务所的前期介入,律所与境内投资者保持信息上的同步了解,除可以为境内投资者提供法律咨询建议外,还可因为一开始就介入项目从而为准确、深入理解境内投资者的商业目的和把控项目风险发挥更为积极的作用。很多境内投资者在该阶段一般都很少请律师介入,一是为了节约成本,二是因他们认为该阶段主要是从商业角度去评估项目,很少涉及法律问题,但其实这是一种明显的误解。律师的介入不但能够从法律角度对项目的初期评估提供建议,而且可以协助境内投资者制订投资与收购计划,特别是目标公司为上市公司,而且有多位竞标者的情况下,律师在收购的战略、战术设计方面可以发挥重要作用,而且当需要签署保密协议、意向书或条款清单等前期文件时,律师能够及时把控风险,从而避免当境内投资者需要律师草拟或审查上述前期文件时律师匆忙上阵。因此,律师在项目筛选阶段便可为境内投资者提供服务。

(二)交易构架搭建与特殊目的公司的设立

与国内收购不同,在境外投资与并购中,交易构架搭建是极其重要的一环,交易构架的搭建需要考虑法律风险隔离、税收筹划、后续便利退出等因素,需要律师、会计师等专业人士的参与才能顺利完成。因此,一旦境内投资者筛选出目标项目后,便可聘请律师与会计师协助搭建交易构架,而搭建交易构架中最为重要的内容就是在离岸法域,如我国香港特区、BVI、CAYMAN ISLANDS 等设立特殊目的公司(SPV)。因此,律师亦为境内投资者在上述离岸法域设立离岸公司或向第三方购买已设立的特殊目的公司提供服务(有关交易架构搭建的具体内容请详见本书第四章内容)。

(三)法律尽职调查

法律尽职调查是律师极为重要的服务内容。境内投资者从商业、财务角度对目标公司进行初步了解后,认为投资目标公司具体可行,并与目标公司董事会接触与初步交流后,双方通常会签署保密协议与意向协议,接下来就是对目标公司进行尽职调查,以使境内投资者对目标公司有更为深入的了解,其中法律尽职调查是必不可少的内容,一般由中外律师事务所共同完成。通过法律尽职调查,对目标公司是否存在阻碍交易的重大法律风险进行确认和发现目标公司潜藏的相关法律风险,从而为下一步在交易文件中设置相关条款防范尽职调查中发现的法律风险提供依据。而且自2016年11月28日发改委、商务部门、外汇管理局加强境外投资监管后,上述监管机关在审查境内投资的合法性、真实性时,境内投资者应提交针对境外目标公司或目标项目详细的尽职调查报告。监管机关之所以如此要求,也是为了让境内投资者在决定投资或收购目标公司或目标项目时,对其有深入的了解,特别是对其潜藏的法律风险有非常清楚的认识。在完成法律尽职调查后,境内外律所会向境内投资者出具法律尽职调查报告(有关法律尽职调查更为详细的内容,请详见本书第六章内容)。

(四)交易前期文件与交易文件的草拟、审查与修改

以尽职调查作为"分水岭",该部分服务内容包括交易前期文件与交易文件草拟、审查与修改两个方面。交易前期文件主要包括保密协议、意向协议或条款清单等协议,交易文件包括收购协议、股东协议、运营协议、重述与修订公司章程等文件。除意向协议或条款清单中明确约定部分条款对交易各方不具有法律约束力外,其他交易前期文件与交易文件对各方均具有法律约束力。交易文件是整个交易中最为重要的部分,其构成对交易各方具有法律约束力的契约文件。交易文件是对交易各方前期经过长时间的沟通与谈判,将各方商定的内容以书面形式约定到文件中去而拟定的系列协议,是交易各方权利与义务等内容的具体约定。律师通过前期法律尽职调查,将其中发现的有关目标公司的法律风险,以及其他中介机构尽职调查发现的目标公司的其他风险,比如,财税风险、人力资源风险等,通过法律条文的形式全部体现在交易文件当中,从而为境内投资者全面把控风险。通常情况下,交易文件一般会约定适用目标公司所在国(州)的法律,因此这部分的服务内容需要由中外律师共同完成(有关交易前期文件与交易文件的草拟、审查与修改更为详细的内容,请详见本书第五章与第七章的内容)。

（五）参与交易谈判

无论是交易前期文件还是交易文件，签署前都可能需要经过交易各方的多次谈判才能达成一致，特别是交易文件，其包括了所有有关交易的重要条款，任何一方都会从保护自身权益的角度出发据理力争，但由于其专业性，交易各方都会聘请律师参与到交易文件的谈判中来。除商业条款需由交易各方确定外，交易文件条款基本是由各方律师谈判后直接商定的，并最终将各方商定的内容约定在交易文件当中，特别是当交易各方对一些核心条款出现分歧，争执不下时，各方律师还需要为分歧找到解决方案，从而不断将交易往前推进。在一些大型的并购交易中，迫于期限压力，交易各方及其境内外律师经常是连续几天，不分昼夜地进行谈判，所以谈判不仅是交易各方智力的较量，也是体力的较量。境内外律师一般全程参与谈判，一方面是针对交易各方在谈判中遇到的问题及时提供法律建议或解决方案；另一方面，只有参与了谈判的全过程，才可能将交易各方商定的内容通过法律条款的形式在交易文件中确认下来。此外，律师还可协调和统筹谈判进程，在谈判之前为境内投资者理清谈判要点，制定谈判战略，并在具体谈判过程中为境内投资者提供谈判建议等。因此，律师在交易文件的谈判中发挥着重要作用。

（六）项目交割条件满足

境外投资与并购交易文件中都有交割条件条款，对交易各方在签署交易文件后为完成交易需完成的事项作出明确约定，比如各方应根据其公司章程规定出具股东会或董事会决议批准该交易。对于境内投资方来说，其需要向发改委、商务部门办理境外投资备案或审批手续，向外汇管理局办理境外投资外汇备案手续和向当地银行申请购汇。最近几年，由于中国企业在境外频频出手，而且经常是大手笔交易，这引起了外国政府监管机关对我国投资者投资目的怀疑与担忧。同时，迫于其国内公众与舆论的压力，外国反垄断审查与国家安全审查越来越成为境内投资者境外投资与并购的重大挑战。因此，在一些大型并购交易中，目标公司需要获得国家安全审查机关的审批，例如，美国的国家安全审查机关为外国投资委员会（CFIUS），德国为联邦经济及科技部（BMWI），澳大利亚为外国投资审查委员会（FIRB）。大型交易还会涉及反垄断申报问题，以使交易符合我国、目标公司所在国及交易可能涉及的其他国家或地区的反垄断法律法规。无论是境内投资者通过境外投资监管机关的备案，还是目标公司获准国家安全审查，以及交易各方通过反垄断申报程序，都需要交易各方的境内外律师的相互配合方能完成。因此，境内外律所在上述程序中也发挥着越来越重要的作用。

(七)参与交割完成后目标公司整合方案的制定

交易交割完成只是境内投资者境外投资迈出实质性的第一步，无数经验告知我们，交割的完成并不是境外投资最难的一步，真正最具有挑战性的一步是并购后的成功整合。因此，在境内投资者制定整合方案中，境内外律所会同会计师事务所、公关与传媒公司、人力资源公司等共同协助境内投资者制定整合方案。鉴于并购后整合的重要性，一般情况下，境内投资者早在尽职调查阶段就已经开始为整合方案的制作做准备。因此，为境内投资者在完成目标公司的收购后实现成功整合，也是境内外律所重要的服务内容。

(八)提供中外法律咨询服务

在整个交易过程中，境内外律师还需要为交易的合法性进行全程把控，并为交易各方遇到的相关法律问题提供法律建议和解决方案，只有境内外律师的全程参与，才能为交易全程防范法律风险，从而最大限度上保障交易的成功。

二、会计师事务所的服务内容

境外投资与并购中，另一类重要中介机构是会计师事务所。在交易的整个过程中，会计师事务所都扮演着重要的角色，提供的服务范围也比较广泛，主要包括如下几个方面的服务内容：

(一)财税尽职调查服务

尽职调查是会计师事务所在境外投资与并购中的主要服务内容。根据交易规模、交易复杂程度、境内投资者的投资方式等不同，会计师提供的尽职调查范围也会存在较大区别。在大型的境外投资与并购交易中，会计师事务所可以提供财务尽职调查、税务尽职调查、业务尽职调查；在小型的交易项目中，一般会进行财务与税务尽职调查。财务尽职调查范围包括对目标公司的基本情况、财务概况和会计政策、利润表、资产负债表和现金流量表，以及资本支出与(或)有负债进行调查，以发现目标公司是否存在重大财务负债及其他财务风险。税务尽职调查的目的是确认境外投资与并购交易是否会引发并需要承担重大税款，目标公司是否存在重大税务风险，以及在交易完成后目标公司需要注意的重大税务事项。业务尽职调查范围包括对目标公司的境内投资者与销售情况、供应链管理和采取的重要政策与流程、生产计划与控制流程、技术研发情况以及核心业务领域和人力资源情况等内容，通过业务尽职调查了解目标公司的运营效率情况,查明目标公司业务是否存在提升空间,查明影响价格的关键要素以及明确目标公司市场的主要发展机遇和目标公司运营过程中存在的主要风险等。通过对财务、税务及业务三个部分的尽职调查,从而为目标公司的财务、税务与运营把脉,并为后续交易完成后目标公司在上述方面的提升与完善提供依据。

(二)定价分析

定价分析主要包括如下几个方面的服务:首先,会计师事务所在了解境外投资与并购交易背景情况后,对目标公司所属的行业存在的主要问题和相关风险进行分析。其次,会计师事务所对目标公司的过去经营情况进行分析,并对其未来的经营情况进行预期;在分析目标公司过去财务资料的情况下,评估影响目标公司产品定价的因素;然后,会计师事务所会采取一种为境内投资者认可的方法比如现金流折现法,对目标公司的独立价值进行分析,并对目标公司实现协同效应后的价值进行预估与分析。最后,采取类比的方法,通过研究和分析市场中其他与目标公司类似的交易案例,从而对目标公司的定价作出独立评估意见。

(三)税务筹划

对一宗境外投资与并购交易进行税收筹划是一件极其重要和复杂的事情,由于交易可能涉及多个国家与税域,此种情况下,如需对目标公司及其设立于其他国家的关联实体进行整体的税务筹划,则需要对目标公司及其关联实体所在国家的税收法律制度非常熟悉,对相关国家的税制进行详细分析后,搭建交易构架从而实现税务筹划的目的。税务筹划主要包括这几个方面的服务内容:首先,会计师事务所需在进行税务尽职调查时搜集有关便于后续进行税务筹划的相关信息,从而为税务筹划做好准备;其次,会计师事务所需要与境内投资者详细讨论其商业目的,以及未来的商业计划,比如,境内投资者从目标公司获得的股息是否需要汇回境内还是在境外继续进行投资,境内投资者持有目标公司股权后打算如何退出;最后,在了解清楚上述情况后,会计师事务所再根据目标公司及其联系实体所在国家的税制为境内投资者进行税收筹划,比如搭建可以进行有效税收筹划的交易构架等,从而实现整体税收优化和防范交易完成后目标公司经营过程中可能产生的税务风险。

此外,会计师事务所还可以在交易文件的谈判与审阅过程中,从财务、税务和定价角度为境内投资者和律师提供建议,从而为境内投资者把控财税风险。

三、投行的服务内容

在大型的境外投资与并购交易中，投行一般担任总协调人的角色，相当于境内投资者在交易中的“大内总管”，其服务内容主要包括如下几个方面：

（一）提供融资服务

在大型境外投资与并购交易中，境内投资者一般只提供少部分自有资金，其余资金需通过向投行、商业银行、基金等机构进行杠杆融资。因此，境内投资者首先要解决的就是能为交易融到足够的资金，而投行提供的一项重要服务就是为境内投资者提供资金支持。但由于大型交易需要的资金量很大，投行除自身提供部分自有资金外，更多是联合其他商业银行或私募基金共同为境内投资者提供差额资金。因此，在大型的境外投资与并购中，境内投资者首先找到的很可能就是投行，因为投行拥有大量资金和资源，所以其收费方式与其他中介机构存在重要区别，像律所与会计师事务所一般都是采取固定或计时收费的方式，但投行除了基本专业服务费外，会根据收购能否最终完成交割及交割后能否成功整合收取业绩奖励与成功奖励，而后者才是投行的主要报酬。笔者每每参与大型收购项目中，对投行收取的报酬是羡慕不已，但羡慕归羡慕，其在整个交易中发挥的价值与作用更大，当然报酬会更高。

（二）担任总协调人

作为境内投资者的“大内总管”，投行另一项重要服务就是向境内投资者推荐与协助筛选交易所需的其他中介机构，比如律师事务所、会计师事务所、公关与传媒顾问等。投行一般都有经常合作的中介机构，由于收购成功与否与其报酬密切相关，由投行来协助境内投资者挑选出适合的中介机构也再合适不过。对境内投资者来说，他们无须自行去寻找交易所需的其他中介机构，与投行相比，境内投资者在中介机构资源与选择经验方面也比较缺乏，只要投行推荐的中介机构价格适合，一般都乐意接受。从另一个角度来说，投行本身提供了资金支持，而且投行的大部分报酬是收购成功后的奖励，所以对他们来说，有充分的动力去选择更为专业和适合的中介机构提供服务。只有好的合作伙伴，才可能最大限度上保障并购的成功，所以境内投资者也很放心让投行担任交易的总协调人。

（三）协调其他专业中介机构确认交易架构

一宗大型的境外投资与并购，其交易架构的设计需要考虑诸多因素，比如商业目的实现、法律风险防范、税务筹划、境内投资者后续便利退出等。因此，搭建一个好的交易架构是一项比较复杂的事项，需要在律所、会计师事务所等中介机构的配合下，从法律、财务、税务、商业等多个角度进行合法性、可行性等分析后才能确定，在此过程中，投行起到了很好的统筹协调作用。当然，在部分交易中，交易架构设计是由律所或会计师事务所完成的。

(四)协调其他专业中介机构制定和优化并购后整合方案

据统计，过去中资企业大部分的境外投资与并购都未能成功实现整合，但并购后整合的成功与否决定了是否能实现境内投资者的商业目的。很多人将境外并购比喻为一场“跨国婚姻”，并购交割完成后，交易双方只是拿到了一张跨国婚姻的入场券，但这场“跨国婚姻”的成功与否，关键还得看“婚姻”双方能否实现婚后的融合。鉴于并购后整合的难度，很多境内投资者在吸取过去经验与教训的基础上，尽职调查时便开始考虑并购后如何成功整合，而且将投行的报酬(成功奖励)支付延迟到交割完成后的一定期限内，实际上是要求投行对并购后的成功整合也需要统筹进行安排。因此，在对目标公司进行法律、财税等尽职调查时，投行便会协调律所与会计师事务所对并购后整合时需要考虑的相关内容进行调查，以便后续为制定整合方案时提供更为充分的依据。一份完善的整合方案肯定需要律所、会计师事务所、公关与传媒顾问公司、人力资源公司等的参与才能完成，而投行作为总协调人，其对整合方案的制定可起到很好的统筹与协调作用。

(五)其他服务

除了上述服务外，投行还可以协助境内投资者制定和优化境外投资与并购战略、战术，统筹安排交易进程，并在深刻理解境内投资者的商业目的后，站在境内投资者利益最大化的立场对目标公司的价值进行评估，从而为境内投资者向卖方进行有效、合理报价提供重要参考。由于一场大型的境外投资与并购极为复杂，会涉及多方主体，事项繁杂，而境内投资者作为局内人，很难保持理性、客观、专业的判断，所以很需要有像投行这样的机构担任总协调人，全程协助境内投资者管理好相关主体，充分发挥中介机构的作用与价值，并时刻站在境内投资者的立场为其出谋划策，从而最大限度上保障交易的成功。虽然投行收取的报酬很高，但鉴于其重要性和对交易本身带来的价值，贵但值得。

四、公关与传媒公司的服务内容

在大型的境外投资与并购交易中，公关与传媒顾问的作用变得越来越重要。最近几年中资企业加快了境外投资与并购的步伐，投资目标国的政府监管机关、目标公司员工、公众以及外国媒体对中国企业的投资目的都缺乏了解，因此，容易产生偏见和误解；而境内投资者在境外投资与收购中习惯于只关注交易本身的风险，对自身的投资目的与投资后对目标公司及当地公众会带来的益处没有进行有效的沟通与宣传，因此，中国的投资者经常被外国媒体报道成神秘买家。中国投资者的这种不透明状态很容易引起外国政府监管机关对交易是否会影响其国家安全的警觉，从而增加了不能通过国家安全审查的风险。例如，福建宏芯基金收购德国芯片设备制造企业 Aixtron(爱思强)，在本已获得许可的情况下，又被德国联邦经济与能源部重启调查程序，其原因声称是涉及国家安全信息。中海油收购尤尼科，华为与三一重工在美收购，都被美国的外国投资委员会(CFIUS)以威胁美国国家安全为由予以否决。这些交易的受挫均与境内投资者没有做好公关与传媒工作密不可分。因此，境外投资与并购特别是大型交易中，聘请公关与传媒顾问已经成为必不可少的部分。公关与传媒顾问的服务主要包括基本公共关系职能和处理公共关系事务。通过上述服务，协助境内投资者完成公共传播工作，比如传播信息、媒体战略、新闻传播等。因此，公关与传媒顾问的服务贯穿交易前、交易期间及交易后的整个交易过程，主要包括如下几个方面的服务内容：

(一)公关战略策划与准备通稿文件服务

公关顾问通过研究交易的相关背景资料，以及与境内投资者和目标公司深入交流后，为境内投资者制定公关战略，以使中国与投资目标国的公众接受的信息与境内投资者的战略方向保持一致，并为境内投资者草拟相关的交易信息通稿以及拟发送给国内外媒体的传播材料。由于公关顾问对中国与投资目标国的文化特别是后者非常了解，所以其制定的公关战略与草拟的传播材料既能真实地向公众传达有关交易项目的相关信息，同时也能化解公众对交易项目本身的误解。

(二)为境内投资者培训新闻发言人并协助进行新闻发布

欧美文化与我国文化很大的一个区别就是，前者很注重与媒体打交道。外国大型企业内部都有经验丰富的新闻发言人，他们有丰富的与媒体打交道的经验,知道如何利用媒体的宣传向公众传达正面、积极的信息;而在国内,很多企业都害怕与媒体打交道,所以境内投资者也缺乏这方面的人才。但在境外投资与并购中,公司要有专门的新闻发言人直接与媒体打交道,无论是通过新闻发布会,或是接受媒体采访等方式,通过媒体这个渠道向政府监管机关与公众传达正面信息,这有助于增加监管机关与公众对交易项目的了解和化解其中可能产生的误解。但与新闻媒体打交道是很讲究技巧的事情,如果没有丰富的经验,可能会适得其反,所以境内投资者可以借助公关与媒体顾问的作用,帮助其培训新闻发言人,从而为境内投资者与中外媒体之间建立顺畅沟通与交流的渠道。

此外,公关顾问可以协助境内投资者草拟新闻稿件和公告文件,随时跟踪与监测媒体、公众与利益相关者的反应,并根据他们反馈的信息,为境内投资者制定下一步传播计划、应对策略与措施。特别是当交易出现公关危机时,公关顾问能对此迅速地作出反应,并为境内投资者提供应对方案。

(三)协助境内投资者处理与政府之间的公共关系

由于最近几年中资企业境外投资与并购交易过于活跃,很多国家的政府监管机关都加强了对中国投资者的境外投资与并购监管,甚至在很多情况下对中国投资者的投资行为存有偏见。加之美国特朗普上台与英国脱欧等黑天鹅事件的出现,各国贸易保护主义抬头,全球掀起一轮新的反全球化的浪潮,这些因素都或多或少对全球境外投资与并购交易带来负面影响。在此背景下,境内投资者应借助公关公司的力量,通过其向外国政府监管机关进行游说,向其解释境内投资者的投资目的、商业逻辑,交易对当地公众带来的好处,特别是化解政府机关对交易存在的担忧,比如员工解聘与福利减损、技术转让等问题,从而减少政府机关以交易影响国家安全为由而阻止交易的风险。

五、其他中介机构服务

除了上述介绍的律所、会计师事务所、投行、公关与传媒顾问等专业中介机构外,根据境外投资与并购交易项目的复杂程度,境内投资者还可能会聘请人力资源公司对目标公司的人力资源情况进行尽职调查和防范人力资源风险,聘请专业技术咨询公司对目标公司拥有技术的市场地位、价值与发展前景等提供专业意见,聘请评估公司对目标公司拥有的土地与房屋等不动产、知识产权等的价值进行评估,以及聘请商业咨询公司提供商务咨询服务等。

第二节 中介机构筛选注意事项

毫不夸张地说,筛选专业中介机构的过程,就是“相亲”的过程,选到专业、敬业、高效且价格合理的中介机构并不容易。在当今鱼龙混杂的中介服务市场,境内投资者仅凭一两次见面或凭感觉就想挑选出性价比高的中介机构极不可靠,而应借助多种途径、使用多种方法对中介机构的市场声誉与地位、专业团队的资历与类似项目经验、询问与其合作过的其他企业的评价等方面进行充分了解后,才可能筛选出符合交易项目需求的中介服务机构。对于境内投资者本身来说,如果一味只看名气大小或只看谁的报价最低的方式肯定是选不出好的中介机构。

虽然一个境外投资与并购交易中涉及的中介机构可能有多家,其类型也会不同,但由于均属于专业中介服务机构,他们的服务方式、服务理念、服务标准、职业道德等方面均存在诸多共同之处。因此,笔者在本节中以境外律师事务所筛选为例,对境内投资者在筛选境外律所的过程中的注意事项向大家进行简要的介绍,希望能起到以点带面的效果。

一、中大型律所能最大限度保证法律服务质量

由于无法亲临现场考察外国律所,仅凭外国律所提供的介绍资料,境内投资者对外国律所的专业能力、服务质量与经验等方面是很难作出准确评判的。中国企业可充分发挥境内律所或法律顾问的作用,让其推荐境外合作律所。由于在以往的项目中合作过,对外国律所及其团队的专业能力、服务质量、职业道德水平、敬业精神等更加了解,这无疑是最好的方式。但境内律所不可能在所有国家都会有合作律所,像欧美等发达国家,境外投资与并购交易较多,加之其律师业发展水平、职业道德水平、社会诚信体系较高,对经常从事该领域的境内律所来说,在发达国家找到合作律所相对比较容易,但在南美及“一带一路”沿线的东欧、非洲国家,要想找到满意的合作律所并非易事。此种情况下,我们建议检索 Legal 500,Chambers 等世界知名法律杂志上推荐的跨境投融资与并购律师,上述权威法律杂志推荐的律师一般都是该国该领域经验很丰富的律师。而且,建议选择该国在投资与并购领域排名前三的律所进行合作,能最大限度保障服务质量。而在欧美等律师业发展很成熟的发达国家,则不一定要选择排名前几的律

所,因这些发达国家排名靠前的律所虽然专业水平、服务质量都很好,但价格也相当高。对于标的额不大的境外投资与并购交易而言,找一家中型律所即能满足服务需要,而且因为这些中型律所迫于竞争的压力和经济不景气的市场环境,为了获得境内投资者委托,他们的服务收费要低很多,而且服务态度可能还会更好。

二、重点核查境外律所服务团队的资历与类似经验

律所排名是重要的考量因素,但关键还是要看服务团队成员的资历与类似案例的经验,所以应该要求境外律所提供其服务团队的成员名单及简介,特别是要求提供他们处理过的类似案例的经验。由于很多国外律所有很多分所,他们提供的类似案例可能是整个律所的案例,但拟服务团队并不一定有着丰富的处理过类似案例的经验,所以,仅凭律所提供的资料介绍仍然不够。建议境内投资者首先通过公开途径查询该服务团队律师的服务年限及资历,比如美国,通过各个州的律师协会网站可能查询到该律师的基本信息,①比如,执业年限与推荐的服务小时费率等信息。此外,为了进一步核实该境外律所服务团队的专业能力、沟通效率与服务效率,建议通过召开电话或视频会议的方式,并提前准备一些专业问题当场咨询服务律师,从服务律师回复问题的专业性、反应速度以及对其列出的类似案例的了解程度,可以更好地对服务律师的专业水平与服务能力作出评判。如有必要,还可以通过邮件咨询的方式,进一步对外国律师的专业水平与服务态度作出判断。比如,笔者曾处理的一宗韩国投资项目。某韩国合作律师声称,他们是韩国排名前三的大所,而且提供了很多他们的成功案例,但后来在服务过程中才发现,该所的服务质量、专业能力与我们的期望相差很远,全程为此项目提供服务的律师是一名经验不太丰富的华人律师,其之前提供的服务律师名单中的合伙人并没有真正参与到该交易的服务中来。另一家候选律所的情况有所不同,通过前期的邮件咨询,感觉该律所的服务态度与专业能力都不错,但通过开电话会议沟通,我们发现这家律所对现场咨询问题的反应速度、回复建议的专业性与邮件沟通的情况存在很大区别,而且沟通起来也不太顺畅,我们咨

① 在美国,律师没有像国内律所持有的由我国司法部颁发的纸质律师证,如果境内投资者需要核实美国律师的身份真实性,可要求美国律师提供纸质的由最高法院出具的"good-standing letter",该证明由美国律师向最高法院申请后3周左右可以拿到。另外,登录美国每个州相应的律师协会官网,输入服务律师的名字也能够核实其是否是该州的执业律师。

询一个问题，往往他们团队要讨论好几分钟后才能给出答复，且提供的咨询建议也很难让我们感到满意。我们以类似方式，帮助境内投资者与3家以上的韩国律所进行了电话与邮件沟通，从而为境内投资者作出最终选择提供了重要参考。

三、通过比选的方式挑选出性价比最好的境外律所

在境外投资与并购交易中，特别是收购上市公司股份的过程中，通常对拟参加竞标的投资方都设定了严格的投标期限。这是目标公司有意给予竞标方很短的期限，以使其无法对目标公司进行全面的尽职调查，在缺乏对目标公司详细了解的情况下对拟收购股权进行报价，目标公司往往掌握主动权。因此，很多情况下，当境内投资者获得交易信息时，往往离报价的时间已经相当近了，所以境内投资者通过第三方的介绍很快就决定了拟聘请的境内外服务律所。由于没有通过向多家境外律所询价比选，这种选择律所的方式往往很难找到性价比高的合作律所，且存在较大风险。笔者曾参加一宗美国收购交易，境内投资者通过第三方介绍选择了一家美国投行，并由该投行推荐了一家大型美国律所、会计师事务所、公关顾问公司，他们一起组成服务团队向境内投资者进行了报价，但该联合服务团队的报价高出了市场正常收费的N倍。当我们介入该项目并了解相关情况后，我们立即以风险提示函的方式向境内投资者提出了几点法律建议，其中一点就是针对该联合服务团队的报价专门提出的，根据我们对拟收购目标公司基本情况的了解，目标公司的规模属于一家中型规模的公司，根据当时的中介机构服务收费市场行情，对收购这样一家中等规模公司进行法律、财税尽职调查的服务收费一般在15万～25万美元之间，但该联合服务团队报出的服务收费高出了正常市场价的好几倍。因此，我们建议该境内投资者向更多的中介机构进行询价，从而挑选出性价比更高的中介机构服务团队。可惜该境内投资者并没有采纳我们的建议，最终在尽职调查后发现目标公司存在财务、法律上的重大风险，最终不得不放弃了交易，但却因此支付了高昂的前期中介服务费用，后悔不已。因此，筛选外国律所的过程就如同相亲的过程，当相亲对象只有一个的时候，是不可能挑出更优秀的对象的，当相亲对象有3个或以上时，那对相亲者来说就有了选择和比选的空间。同理，在境外投资与并购市场中，只有通过向3家或以上中介机构询价，通过比选后，对外国律所的专业能力、服务态度与沟通效率等方面都了解后，再综合考虑各家外国律所的报价等各个因素，从而作出综合评判并挑选出性价比更好的律所。通过这种方式选择的外国律师，才能最大限度上满

足交易需求与保证服务质量。

四、收费方式最好采取设有上限的计时收费或包干收费方式

计时收费是外国律所通常采取的收费方式。由于近十年中国企业越来越多地参与境外投资与经贸合作,外国律所为了顺应中国企业的要求,逐渐开始接受设有上限的计时收费或包干收费方式,特别是在2008年美国金融危机之后,欧美经济的不景气,迫使很多律所不得不对收费方式作出调整。中国企业之所以不接受计时收费的方式,一方面是因为对计时收费的方式不了解,认为律师可以随便申报工作小时,缺乏对计时收费规则的详细了解;另一方面是因为企业有严格的预算,为了有效控制成本,固定包干收费的方式更符合公司预算要求。其实,很多项目中,对境内投资者来说,计时收费可能实际支付的律师费比打包固定收费要低。计时收费对双方来说也更加公平,因为按该种方式计算出来的服务收费完全是按律师的实际工作时间计算出来的。当然,笔者也遇到过不太诚信的外国律所,他们申报的工作小时明显过高,与境内投资者的预期相距甚远。因此,笔者建议最好的方式是采取计时收费的方式,同时设定一个费用上限。对中国企业来说,这种方式既符合了国际惯例,同时也满足了境内投资者控制成本的要求。比如,笔者代理的某一承认和执行外国仲裁裁决案件,需要对国外仲裁裁决的程序合法性进行审查并出具法律意见书,境内投资者采纳了我们的建议,采取设有上限的计时收费方式。但如果外国律所坚持采取计时收费的方式,建议境内投资者要与外国律所就具体服务方式与服务内容在委聘函中约定清楚,以避免外国律所提供了很多对交易风险控制意义不大的服务内容。比如,要求外国律所就某些专业问题进行讨论前要获得境内投资者的同意,如参加谈判,律所要事先将拟参加谈判的人员及理由发送给境内投资者进行确认,以有效节约律师服务费成本。

近几年,由于越来越多的中国企业到境外进行投资与并购,对于工作范围比较确定和工作量可以大致预估的情况下,大部分外国律所也接受了中国企业习惯的包干收费或固定收费的方式,特别是当中国买方为国有企业时,其对中介服务费成本有严格的预算,任何费用的支出都经过严格的内部审批程序和国资委核准程序,所以实务中其一般只接受包干收费或固定收费的方式。因此,除非并购项目特别复杂,无法对工作量进行预估,否则建议境内企业采取包干收费或固定收费方式,从而避免因对小时收费方式不熟悉而额外支付服务费的风险。

五、境外律师服务团队最好有通晓中文的律师

在欧美等发达国家,大型律所一般都有中国法律领域的服务律师。因此,可要求外国律所的服务团队中有通晓中文的律师,这对后续双方的有效沟通与深度服务非常重要。跨国投资与收购,语言是有效沟通的基础。由于中外文化与法律制度上的差异,外国律师很难对境内投资者的商业目的、投资逻辑有深刻的理解,虽然外国律师会勤勉服务,但他们在服务的过程中很难为境内投资者提供深度服务。而且,在项目服务过程中会经常产生一些因法律与文化差异而产生的问题,有些问题是双方不宜直接沟通与探讨的问题。在这种情况下,如有熟悉中国文化的律师,则能起到很好的沟通桥梁作用,以一种能让外国律师理解和接受的方式找到解决方案。因此,服务团队中有通晓中文的律师对保障各方的有效沟通与项目的顺利推进,特别是对解决服务中遇到的"灰色"问题找到有效的解决方案具有重要作用。

六、价格不应作为筛选律所最重要的考量因素

相比之下,欧美等发达国家的律师收费要比国内同等级别的律师收费要高出很多,因此境内投资者对外国律所的收费都很敏感。部分境内投资者的境外投资与并购之所以失败,其中一个重要原因就是仍按中国式的思维方式,认为律师的作用不大,在境外投资过程中仍用中国式的商业判断便作出决定,很多交易根本就不聘请律师,或只是在最后阶段让中国律师审查一下交易协议就完成了交易。由于前期未对项目与合作方进行尽职调查,未能及时发现项目本身存在的重大风险,在项目运营与管理过程中,这些风险会逐渐呈现出来,但由于已经完成了交易,要想全身而退已经不可能,从而遭受重大损失。因此,在选择境外律所的过程中,不能将价格作为唯一的评判标准,而应结合各项因素选择一家性价比高的境外律所。因为聘请境外律师的目的是有效防范交易风险,不要为了节约一点律师费而因小失大,所以,在境外投资与并购中,再省也不能省律师费。

优秀的境外投资与并购律师应具备哪些条件?

境外投资与并购过程中,挑选出优秀的专业律师为境内投资者提供法律服务,将对交易的顺利推进与完成发挥重要作用。但很多境内投资者在问:怎样的律师才算是优秀的境外投资与并购律师呢?笔者根据参与和处理的多宗境外投资与并购交易经验,对国内外优秀的境外投资与并购律师有了更多的认识和了

解，笔者认为一名优秀的境外投资与并购律师应具备如下条件：

第一，其应拥有丰富的境外投资与并购实务经验。

作为一名优秀的境外投资与并购律师，他或她的“金刚钻”就是其在境外投资与并购领域拥有过硬的专业技能与丰富的实务经验，只有处理过诸多境外投资与并购交易特别是大型境外投资与并购交易的律师才可能积累起丰富的实务经验，才能对该领域的关键环节和主要风险进行精准把控，从而能为境内投资者防范其中潜在的重大法律风险。因此，拥有境外投资与并购领域的专业技能与丰富的实务经验是对一名优秀的境外投资与并购律师的基本要求。

第二，其应具备很强的综合素养，尤其擅长商业思维。

作业一名优秀的境外投资与并购律师，拥有法律领域的专业技能与经验还远远不够，其还应熟悉财务、会计、金融、税务等方面的知识，至少精通一门外语，拥有国际视野与国际思维能力，具备高超的谈判与沟通能力，尤其是擅长商业思维，善于站在境内投资者的立场提供专业意见。因此，一名优秀的境外投资与并购律师，应具有很强的综合素养，只有如此，其提供的法律建议与服务方案才具有很高的含金量。

第三，其应具备很强的创新服务能力。

每个境外投资与并购交易都存在巨大差异，过去的经验只能提供参考。但优秀的境外投资与并购律师不会依赖于过去的经验，而是时刻保持着创新思维，根据项目实际情况为境内投资者制定出切实可行的创新服务方案，长而久之，形成一种创新服务能力。在他们眼里，没有最好的服务方案，只有更好的。

第四，其应时刻保持独立思维并坚持提供独立专业意见。

由于境内投资者对律师的价值没有给予充分尊重，他们聘请律师只把其当作一位提供法律服务的辅助人员，他们可能不会对律师提供的专业意见或建议给予足够的重视；部分律师为了不得罪委托人，他们在很多情况下最终都向境内投资者作出了妥协，没有坚持自己独立的专业意见。但一名优秀的境外投资与并购律师应时刻保持独立思维，尤其是独立于委托人的思维，为境内投资者提供独立的专业意见。也许一开始境内投资者不是很理解，这时律师要拿出耐心向境内投资者充分地解释。坚持独立思维和坚持独立发表意见是一名优秀境外投资与并购律师应具有的重要素养。

第五,其提供的专业服务能超越境内投资者的预期。

律师勤勉尽责地为境内投资者提供法律服务,这只是律师的基本要求,一名优秀的境外投资与并购律师还应时常站在境内投资者的角度,主动、积极和设身处地地为境内投资者提供专业服务,想境内投资者没有想到的问题,做境内投资者没有做好的事情。只有事先为境内投资者想到了应该想到的问题,做好了境内投资者应该做好的事情,这样的律师服务才能超越境内投资者的预期,这样的律师才能被境内投资者真正所尊重与认可。

第六,及时、高效完成境内投资者委托的事项。

境外投资与并购交易中,很多交易都设置了严格的交割时间,因此,高效工作与及时反馈显得尤其重要。由于国内外存在时差问题,在处理境外投资与并购交易时,晚上忙到凌晨 2 ~ 3 点是很正常的事情。为了在目标公司要求的时限内完成交割,很多时候需要在 2 ~ 3 周内完成对目标公司的尽职调查,有时通宵与目标公司及其律师进行谈判,以赶在交割前把交易文件敲定。因此,对境内投资者的需求及时作出反馈,按照商定的时间表高效完成各项事情是一名优秀境外投资与并购律师应该具有的条件。上述条件说起来容易,但如果想真正做到却并非易事。

第七,其拥有广泛的境外资源。

除专业技能与优质服务外,拥有丰富的境外资源也是一名境外投资与并购律师应具备的条件。境外资源包括与国外律所、会计师事务所、投行、公关与传媒公司等中介机构保持着紧密合作关系,当境内投资者需要上述中介机构服务时,马上能为境内投资者提供多家合作机构进行挑选。因此,境外资源的积累除了事先用心准备外,更多是在实际操作境外投资与并购交易过程中,通过与外国中介机构合作建立起来的互信、紧密合作关系。只有经验丰富和在该领域沉淀多年的律师,才可能拥有丰富的境外资源。

第三节　境内律所在境外投资中的作用与地位

国内投资与并购由于不会涉及多国法律适用,所以境内律所单方即可为交易提供全程法律服务。而境外投资与并购的不同在于,其至少涉及两个国家或地区的法律适用,而且经常会涉及多个国家或地区的法律适用。由于境内律所不具有外国法域执业许可,除非境内律所在交易涉及的全部法域设有办公室,且具有经验丰富的该领域执业律师外,绝大部分情况下,一个境外投资与并购交易均需要聘请中外律所组成团队才能全程把控法律风险。很多境内投资者可能会误以为聘请中外两家律所提供法律服务产生的律师费肯定要比只聘请境内律所或境外律所服务支付的律师费要高得多,因此,很多境内投资者要么过度信任境内律所,由境内律所提供整个交易的法律服务,要么认为境内律所在境外投资与并购中没有多大价值,只聘请了境外律所,这两种方式都会产生诸多问题。只聘请境内律所的模式,可能因为境内律所对投资目标国的法律与文化等方面不熟悉,未能准确把控好交易过程中可能存在的重大法律风险,一旦这些重大风险转变为现实风险,可能会导致整个交易失败。对于只聘请了境外律所的情况而言,由于中外法律、文化、思维方式等方面存在的巨大差别,境外律所很难深刻理解境内投资者的商业目的与投资逻辑,境外律所提供的服务方案虽然可能合理,但不一定能真正满足境内企业的需求;而且在缺乏境内律所协助的情况下,由于境内投资者特别是经验不太丰富的投资者,他们很难有效监管好境外律所的服务和挖掘境外律所的价值,虽然能完成交易,但对是否能实现投资者的商业目的特别是实现投资与并购后的有效整合,则可能会埋下诸多隐患,毕竟完成交割只是境外投资与并购之路的开始,真正困难的是之后的整合之路。因此,笔者在本节中拟对中外律所团队合作模式的优势及境内律所在境外投资与并购交易中的地位与作用进行解析。

一、中外律师团队合作模式具有明显优势,已成为中国企业境外投资法律服务的标准配置

不同国家有不同的法律制度,在境外投资与并购中可能涉及多个国家的法律适用。因此,中外律所组成服务团队,共同为中国企业境外投资与并购提供智囊法律服务已成为标准配置,缺少任何一方都可能会对交易的顺利完成构成阻碍,而且可能某些重要方面的疏忽会留下重大法律风险。因此,境内投资者聘请中外律所提供团队化法律服务的模式具有明显优势。

(一)通过中外律师团队化服务能更有效地防范可能出现的各种法律风险

境外投资与并购一般会涉及两个或两个以上国家(地区)的法律适用,除投资目标国和我国法律适用外,还可能涉及第三国或地区的法律适用。因为通常情况下,需要在诸如 BVI、Cayman Islands、Seychelles、中国香港等离岸法域设立

特殊目的公司(SPV),而且一般情况下需要搭建两层或以上 SPV。不同国家或地区法律之间的差距非常大,仅仅了解投资目标国的法律是远远不够的,只有对该国法律非常熟悉而且处理过类似项目的律师才能胜任。因此,只有在投融资与并购领域具有丰富经验的中外律师组成团队,才能顺利完成交易的交割。比如,笔者处理的诸多境外投资并购交易中,均是通过中外律师组成国际团队并通过密切合作才顺利完成交割的。

(二)中外律师团队化合作是帮助境内投资者量身定制法律服务方案的前提和基础

由于每个交易的情况都不相同,这意味着每个交易的关键风险因素都不一样。在这种情况下,只有为境内投资者量身定制法律服务方案,才可能有效为境内投资者防范法律风险和顺利完成交割。比如,在笔者处理的某美国并购项目与某韩国收购项目中,我们不可能对美国、韩国的法律都很熟悉,因此在为该境内投资者设计服务方案时,必须要与美国、韩国的律师合作才可能为其设计出合法、可行的交易结构和全程把控风险。美国并购项目中,由于该项目属于外商限制准入的文化传媒行业,所以,其采取的 VIE 构架运营模式,即真正的运营实体在国内,而上市主体在美国。在这种运营模式下,境内投资者不仅要关注在美国上市的实体,而且还要关注国内真正的运营实体,这样才能对这个项目可能存在的重大风险准确把控。但韩国收购项目的情况则不一样,该项目的上市主体就是实际运营主体,而非采取 VIE 的架构模式,因此境内投资者只要关注目标公司本身的风险即可。因此,针对两种不同的运营模式,在为境内投资者设计服务方案时,我们与美国及韩国合作律所需要在充分了解美、韩、中法律法规的情况下,才能为境内投资者设计出最佳的交易结构。缺乏任何一方,都可能会给设计的交易结构或整个交易留下重大法律风险。

而且,由于各国法律制度的不同,甚至文化上的差异与投资者商业目的的不同,都可能影响交易结构的设计和法律服务方案的制定。比如,美国 SEC 可以说是全球权力最大、管辖权最为广泛且最为严苛的证券交易所,加上美国非常完善的法律制度和高昂的违法成本,在交易结构的设计、服务方案制定甚至是交易文件任何一个条款约定都要非常谨慎,因为可能因某个环节的疏漏而留下重大法律风险。相比之下,韩国的法律制度就不会像美国那样严苛,但韩国对外国企业投资的准入要比美国严格许多,实行的是类似于我国的行政许可制度。因此,不同国家的投资,由于法律制度的不同,每个项目需要着重把握的法律风险点也会不一样。因此,根据交易的具体情况,为境内投资者量身定制交易结构与服务方案,是保证后续交易顺利交割不可或缺的条件。

(三)中外律师团队化服务让境内投资者更省心和放心

根据笔者的经验,很多境内投资者的境外投资之所以失败,并不是因为交易本身一开始就存在严重缺陷,虽然其会影响投资的结果或效果,但最为关键的是在交易的操作过程中某几个关键节点是否把控好了。一个境外投资项目,如果只有境内律师或境外律师一方的参与,都可能会影响交易关键节点的准确把控。一个完整的方案必须要综合考虑各种因素,包括中外法律、文化差异、境内投资者的商业目的、中外两国市场以及可能出现的各种风险等,才可能最大限度保证交易朝着境内投资者期望的方向发展。比如,在某美国并购项目中,目标公司的一名董事同意以个人名义为该境内投资者的投资提供担保,交易双方高管达成默契,对该担保协议不会在 SEC 上进行披露。但后续与美国合作律所沟通后,他们认为不披露该担保行为可能会被认定为构成欺诈。根据美国联邦法与类似判例,凡涉及项目的相关方及人员,包括交易双方、律所、参加项目的高管人员等存在被目标公司的投资者起诉要求赔偿损失的风险,而且赔偿的金额可能远远超出该境内投资者本次的投资额。因此,像这样的交易关键点,如果没有美国律师的参与,该境内投资者及交易的相关参与人员都可能面临重大风险。因此,只有中外双方律师的共同参与,才能制定出合法、更具操作性和可行性的服务方案。从境内投资者角度来说,其也不会对服务方案的合法性、可操作性等方面是否存在明显法律瑕疵而担心,由于有中外律师的共同参与,境内投资者只要做好监管与决策就可以了,从而让境内投资者更加省心与放心。

二、境内律师在筛选境外律所与交易服务过程中的价值与作用

如上文提到,境内律师在境外投资与并购的整个交易过程中都可发挥重要作用。具体而言,境内律师可发挥如下几方面的作用:

(一)帮助境内投资者节约律师服务费

很多境内投资者误以为,与只聘请外国律师相比,同时聘请中国律师与外国律师肯定会支付更多的律师费,为了节省律师费,于是很多境内企业赴境外投资时只聘请了外国律师提供服务。但实际上,境内投资者聘请中国律师不但不会增加律师费,而且还可能会降低律师费,主要基于如下几个方面的原因:

1. 中外律师的收费标准

中外律师的收费标准与方式存在较大差异，境内律师一般采取打包收费，而外国律师一般采取计时收费的方式。一般情况下，如中外律师均采取计时收费的方式，相同的事项、同等规模律所和相同级别的境内外律师的计时收费单价，外国律师的单价一般要高出至少30%以上，由于中国律师一般同意采取包干收费的方式，而外国律师一般都采取计时收费，最终结算下来，外国律师的收费可能是中国律师收费的好几倍。很多境内投资者都害怕请外国律师是因为他们无法对最终可能支付的律师费作出预算。因此，某些基础事项如果中外律师都可以做，此种情况下，把上述事项交给中国律师来做，无疑会大大降低律师服务费；或者中外律师通过分工合作也可以帮助境内投资者降低律师费成本，比如把一些基础事项交由中国律师来完成，然后交由外国律师根据外国法进行合法性审查与完善，这样会大大降低境内投资者的律师服务费成本。比如，在某美国并购项目中，由于我们团队中有拥有纽约州执业资格的律师，对美国纽约州法律很熟悉，为了减少该境内投资者的成本，则由我们来负责草拟交易协议，然后再交给美国合作律师进行美国纽约法项下的合法性审查与修改，从而帮该境内投资者大大降低了律师服务费，同时也把控了法律风险。

2. 中国律师能帮助境内投资者筛选外国律师服务内容

根据项目情况和境内投资者的律师服务费预算上限，境内律师将其中可有可无的服务进行删减，从而有效降低外国律师收费。法律服务的专业性很强，外国律师会把他们的服务内容列出清单，而且他们会解释所有的服务内容都很重要，而境内投资者不太熟悉各项服务内容的重要性，因此无法对服务内容作出准确筛选。但如有境内律所的参与则完全不一样，我们在准确和深刻理解境内投资者的商业目的后，很容易就能分辨出哪些服务是必需的，哪些服务是可有可无的，通过筛选，只保留对评估项目风险具有重要作用的服务内容，从而能帮助境内投资者节省大量的律师服务费和满足其预算上限要求。因此，聘请中国律师不但不会增加成本，反而会减少成本，从这个角度来说，中国律师为境内投资者提供的服务是“免费”的。比如，在笔者对某美国并购项目尽职调查服务报价时，通过询价，几家美国律所分别进行了报价，并将拟审查的在SEC年披露的目标公司资料列出了清单。经过审阅资料，我们发现目标公司前期的业务都不是很多，只是最近几年的业务增长很快，通过进一步分析，目标公司的重大业务几乎都发生在最近几年，公司的实际控制人(第二大股东)也是2015年通过增资方式进入的,在该股东投资时已对目标公司进行了一次很详细的尽职调查。因此,基于境内投资者的预算上限,我们向境内投资者解释后,建议只需对目标公司最近几年的资料进行审查即可,从而在能满足境内投资者对目标公司潜在重大风险进行识别与作出评估的条件下,帮助境内投资者大大节省了成本。最终,该境内投资者向中外律师支付的律师服务费总额比单独委托美国律所提供服务的市场平均价还要低。

(二)能有效协助境内投资者监管外国律所的服务内容

一位境内投资者曾这样抱怨:外国律所申报的服务费账单是一次比一次高了,开始申报工作小时清单时虽然费用有点高,但还能接受,逐渐地,外国律所提供的服务小时数越来越多,费用也越来越高,但我们又不知道哪些服务内容与申报的服务时间不合理,只好按他们申报的小时数支付费用。像上述这种情况,并不是外国律师虚报了服务时间,而是因为境内投资者对外国律师的工作方式与服务方式缺乏充分的了解。比如,外国律所对任何问题都习惯于进行讨论,而且一讨论就是好几个人,那就意味着境内投资者要向参与讨论的所有律师支付服务费,但实际上很多问题完全没有组织团队进行讨论的必要。又如,代表境内投资者与对方进行谈判时,外国律所习惯于好几个律师都参与谈判,但实际上很多时候一个合伙人加一个助理就足够了。由于境内投资者没有对律师的上述服务方式是否合理和有无必要提出合理的反对意见,只得继续为没有必要或不合理的服务买单。但如有中国律师的参与,我们可以帮助境内投资者对外国律师的服务方式与服务内容事先作出明确约定,并对外国律师提供的服务小时的合理性进行审查,对不合理的服务方式或没有必要的服务内容,我们能帮助境内投资者向外国律所提出来,以便他们能及时作出调整与更改,从而帮助境内投资者节约律师费。

(三)在境内投资者与外国律所之间架起顺畅沟通的桥梁

由于中外法律制度的不同,加上文化与语言上的差异,很多在国内做得顺风顺水的企业,一到国外就发现寸步难行,关键的原因就是对外国文化、商业环境、法律制度等方面的差异了解不够充分,交流与沟通起来很不顺畅,彼此之间很难找到问题的关键点。多年来笔者团队在跨境投融资与并购领域积累了丰富的经验。一方面,我们能准确理解境内投资者的商业目的和诉求;另一方面,我们对外国律所的服务方式与思维方式非常熟悉。因此,我们能为境内投资者与外国律所之间的有效沟通起到很好的协调和促进作用。我们在准确和深刻理解境内投资者的商业目的后,通过分析与深化,将境内投资者想实现的商业目的转换成能让外国律所易于理解的语言,通过与外国律所的合作,为实现境内投资者的商业目的设计最佳的交易结构与方案。此外,由于文化上的差异,有些问题如果直接提出来讨论则很容易让外国律师与目标公司产生误解,这时候我们需在不影响双方利益的情况下,找到一种能让各方都能理解和接受的方式达成合意。因此,中国律所的参与,不仅能从中国法律、国际惯例的角度提供合法性分析与法律建议,而且在法律共同语言的背景下,能够在中外企业之间,中国境内投资者与外国律所、目标公司等相关方之间搭建起顺畅、有效沟通的桥梁,能够让交易相关方有效、顺畅沟通与交流,从而对促进交易顺利交割和境内投资者商业目的的实现发挥关键作用。

第四节　中介机构委聘函主要条款解析

境内投资者经过筛选确定拟合作的境外中介机构后,为了确定双方的委托关系、服务内容和收费等事宜,境内投资者与聘请的中介机构需签署委聘函或服务协议。虽然确认委托关系的文件名称有所不同,例如,与境外律所、投行一般是签署委聘函(Engagement Letter),与境内律所签署法律服务合同,与会计师事务所一般签署业务约定书,与咨询服务公司一般签署咨询服务协议。但无论文件的名称如何称呼,其目的都是确认境内投资者委托中介机构提供约定服务内容的法律关系。一份完整的委聘函,一般包括服务内容、服务团队、服务收费、协议终止、法律适用、争议解决、语言、生效等主要条款。由于上述文件包含的主要条款类似,笔者在本节中主要对境内投资者与境内外律所及投行签署的委聘函的主要条款内容和注意事项进行解析。

一、律所委聘函主要条款解析

(一)服务内容条款

毫无疑问,服务内容条款是委聘函中极其重要的条款。通过服务内容的约定,不仅可以反映出境内投资者对交易重点关注的内容,也与律所的收费直接相关,所以服务内容一定要具体明确,避免双方因服务内容的模糊而产生分歧。由于中外文化、中外律所服务方式与收费方式的不同,中外律所在服务内容的约定上也会存在区别。比如,境内律所一般都是采取打包固定收费的方式,因此在服务内容的约定上一般要约定得概括一些。境外律所会因其收费方式不同,而在服务内容的约定方面有所区别:如采取计时收费的方式,服务内容可以约定得更加灵活一些,因为在具体服务过程中,境内投资者可以根据需要对服务内容作一些调整。但是如果采取打包固定收费的方式,则服务内容约定得越明确、越具体越好。境外律所报价是基于对委托服务内容的范围及其复杂程度进行评估后,根据服务律师的级别与预估的服务时间计算出报价的,所以境外律所报价时会对除外服务内容及其报价基于的前提条件进行详细描述,对超出委托服务内容范围之外的服务,均需额外进行收费。

自2008年美国金融危机之后,发达国家经济发展放缓,律所之间的竞争加剧。此外,越来越多的中国企业开始"走出去",中国企业支付的律师费在国外律所收入中的比重越来越高,他们也逐渐接受按打包固定收费的方式为中国投资者的境外投资与并购交易提供服务。因此,当讨论服务内容范围时,建议对境外律所的服务内容及除外情形都约定明确,以避免实际履行过程中产生分歧。比如,境内律师约定审查交易文件的服务内容,一般都是包括了对交易文件具体条款的修改内容,但境外律所对审查的理解仅仅包括对交易文件的合法性与重大风险进行概况性审查后,以批注的形式提示风险或提供修改建议,但并不包括对具体条款的修改服务。因此,在与境外律所约定交易文件的服务内容时,一定要约定明确,不仅包括审查服务,而且包括修改服务,否则即使境外律所对交易文件提出了审查意见,但具体审查建议的细化与条款的修改还得另行付费,而且修改服务内容要比审查服务内容的工作量大得多。比如,笔者曾审查境内投资者拟与境外律所签署的一份委聘函,该境外律所只同意 review(审查)交易文件,不同意在英文条款中加上 revise(修改)交易文件,开始境内投资者以为这只是中英文表述上存在的差异,后来才发现这其实是服务内容与服务方式存在的重大差异。如果只是提供审查与修改建议,对境内投资者来说,这种方式意义不是很大,因为具体修改条款还有大量的工作。因此,我们提出要求直接修改交易文件,而不是提出审查与修改建议而已。

(二)服务团队与服务收费条款

1. 服务团队

在很多情况下,境内外律所报价时列出的服务律师名单并不是后续实际的服务律师,因此,为了保证境内外律所委派的服务律师团队能提供专业、高效的服务，建议在委聘函中约定明确具体的服务律师人员，以及主要的承办律师，从而避免律所在签署委聘函后，安排一些经验不太丰富的律师或律师助理作为交易的承担律师。

2. 服务收费

如上所述，欧美等发达国家的律所一般采取计时收费的方式，但最近几年他们开始接受中国投资者习惯的打包固定收费模式。如果采取计时收费的方式，则要注意如下几个方面的内容：一是对境外律所报的服务律师团队成员的小时费率是否合理作出判断。二是对有效工作小时的计算标准约定清楚。比如，哪些服务内容属于有效工作小时的计算范围；对交通在途时间如何计算（按照国际惯例，交通在途时间一般减半计算有效工作时间）；有多位律师参会，多位律师的工作时间是相加计算，还是只计算其中部分律师的工作小时，或者约定在开会之前，对律师参会人数进行事先确认。三是当双方对有效工作小时的计算存在争议时的处理方式作出约定。如采取打包固定收费方式，则建议对境内外律所的具体服务内容约定清楚，尽可能明确、具体，特别要注意额外收费服务内容的范围，从而避免产生争议。打包固定报价要约定清楚是否包括所有杂费，比如交通费、食宿费、打印费、邮寄费、长途电话费、相关税费等。很多外国律所是将服务费与杂费分开的。如果服务费与杂费分开，则建议对杂费的金额设定一个上限。实务中，一个境外投资与并购交易，杂费也是一笔数额不小的费用，为了避免双方因此发生争议，因此有必要对杂费的范围与上限作出明确约定。

（三）预提所得税缴纳与承担条款

根据《企业所得税法》第 3 条第 3 款："非居民企业在中国境内未设立机构、场所的，或者虽设立机构、场所但取得的所得与其所设机构、场所没有实际联系的，应当就其来源于中国境内的所得缴纳企业所得税"规定，又根据《企业所得税法》第 27 条第 5 款："企业的下列所得，可以免征、减征企业所得税：（五）本法第三条第三款规定的所得"规定，以及《企业所得税法实施条例》第 91 条："非居民企业取得企业所得税法第二十七条第（五）项规定的所得，减按 10% 的税率征收企业所得税"规定，如果境外律所未在我国设立代表处或虽设立代表处但取得的所得与其所设代表处没有实际联系，则该境外律所就其来源于我国境内的律师服务费应缴纳企业所得税，但减按 10% 的税率缴纳企业所得税。同时，根据《企业所得税法》第 37 条："对非居民企业取得本法第三条第三款规定的所得应缴纳的所得税，实行源泉扣缴，以支付人为扣缴义务人。税款由扣缴义务人在每次支付或者到期应支付时,从支付或者到期应支付的款项中扣缴”规定,境内投资者支付给境外律所的法律服务费应缴纳的企业所得税由境内付款方代扣代缴。因此,对于境外律所应缴纳的企业所得税最终由哪方承担的问题,需要在委聘函中约定明确。对于境外律所,他们可能并不知晓其从境内投资者获得的法律服务费还应在中国缴纳10%的企业所得税,或者虽知晓此规定,但其要求由境内投资者承担。因此,为了避免产生争议,境内投资者与境外律所应在委聘函中对上述企业所得税的最终承担主体作出明确约定。

(四)法律适用与争议解决条款

法律适用与争议解决条款也是境内投资者与境外律所很看重的条款。虽然最终双方未必会走到诉讼或仲裁这一步,但由于其对双方利益影响很大,所以双方都很看重这个条款,而且境内投资者与境外律所之间发生争议的情况也时有发生。外国律师一般都不同意适用中国法和由中国法院或仲裁机构解决争议。一方面,是从外国律所自身权益保护的角度看,其不愿意适用其不熟悉的中国法或约定争议解决机构为中国法院或中国的仲裁机构;另一方面,据外国合作律所解释,某些外国律师与保险公司签署的保险合同约定的承保范围,一般将适用中国法和由中国法院或仲裁机构作出的判决或裁决进行了排除约定。因此,双方一般选择适用第三国或地区的法律和由第三方仲裁机构作为争议解决机构。

仲裁示范条款:

委聘函受[某国]律师协会和律师法以及专业道德行为准则管辖。因产生或与本委聘函有关的争议,包括但不限于真实性、有效性、终止合约、服务范围、服务责任和委聘函的具体条款等(以下简称争议),首先应通过友好协商的方式予以解决。如协商不成,则将争议移交[仲裁机构]依据其当时有效的仲裁规则在[仲裁地点]进行仲裁。仲裁庭由三名仲裁员组成,其中两名仲裁员由双方分别指定,第三方仲裁员为首席仲裁员,由前两名仲裁员共同指定。在前两名仲裁员未能就第三方仲裁员的指定达成一致的情形下,第三名仲裁员应由[仲裁机构]依据其仲裁规则的规定予以指定。仲裁程序应以中英文形式进行。仲裁裁决是终局的,对双方均具有约束力。

(五)利益冲突条款

在欧美等发达国家,根据其律师法和律师职业道德,在其接受境内投资者委托之前,他应首先进行利益冲突检索,以确认目标公司是否是其现有客户,从而避免其提供法律服务时不能保持独立专业角色,而存在可能损害境内投资者利益的情形发生。因此,在委聘函中一般会约定利益冲突条款,以保护境内投资者的权益。

利益冲突示范条款:

本所已经做过全面的关于此次委托的利益冲突检索,经查明并在此根据本国律师法和专业道德准则保证:本所对代理此次贵司某某项目(写明具体项目名称)不存在任何利益冲突问题。

(六)补偿条款

为了让境外律所在境外投资与并购交易中勤勉尽责地为境内投资者提供法律服务,防止境外律所的故意或重大过失行为给境内投资者造成重大损失,建议境内投资者可以要求在委聘函中约定:如因境外律所故意或重大过失行为,致使境外律所草拟、修改或审查的交易文件、出具的法律尽职调查报告或提供的法律建议存在违反目标国法律法规的强制性规定或证券交易所的交易规则,并因此给境内投资者造成重大损失的,境外律所应赔偿因此给境内投资者造成的损失。但境外律所一般要求约定赔偿的金额不得超过其根据委聘函已从境内投资者处获得的全部款项,境外律所对其赔偿上限作出上述约定的情形也是国际惯常做法。

(七)生效条款

在欧美等发达国家,交易各方均习惯于使用电子形式签署交易文件,且法律上均认可电子版交易文件与纸质版文件具有同等的法律效力,而且一般由董事或合伙人签字即生效,无须盖章(很多国家的企业根本就没有公章)。此外,欧美等发达国家的法院和仲裁机构向当事人送达法律文书都是通过邮件方式进行的。笔者曾代理的一个新加坡仲裁案件,仲裁机构就是用电子邮件的方式进行送达。这与我国法院与仲裁机构的法律文书送达方式存在很大区别,我国很多案子的送达成了关键问题,严重浪费了国家司法资源和影响了司法效率。境内企业一般只认可签署的纸质版文件,如果交易主体是公司,一定要公司盖章才生效。所以,在境外投资与并购交易中,境内投资者要习惯于遵守国际惯例,不但有利于与境外相关方进行有效沟通与交流,提高效率,而且有助于交易的顺利推进。因此,对于委聘函的生效条款,建议可以约定自境内投资者与境外律所均收到签署的电子版委聘函之日起即生效。

(八)语言条款

语言条款的约定也很重要。毕竟中文与外语之间存在较大差异,这种差异可能直接来自交易各方对语言理解上的差异而产生。比如，境内投资者认为审查协议应包括修改之意，但美国律所认为 review 与 revise 是存在实质区别的，前者是从总体上进行审查看是否存在违法内容并概述性地提出修改意见，而后者是直接对条款内容进行修改，两者在工作量与服务深度上存在重大差别。为更好保护境内投资者利益，建议约定中外两种语言具有同等法律效力，如中外两种语言存在差异或不一致的，以中文版本为准。如从公平角度约定，可约定中外两种语言具有同等法律效力，如此约定则一定要注意审查两种语言是否一致，至少在重要内容的表述上要确保一致，否则，一旦发生争议则很容易产生语言理解上的分歧。

二、投行委聘函主要条款解析

投行作为大型境外投资与并购交易的主要中介机构，其一般以委聘函的形式与境内投资者确定委托法律关系。与其他中介机构类似，投行与境内投资者签署的委聘函，一般包括服务内容、服务团队、服务收费、协议终止、法律适用、争议解决、语言、生效等主要条款。在内容约定上，除服务收费方式外，其他条款与境内投资者与律所签署的委聘函内容很类似。关于服务收费方式，投行除了向境内投资者收取像律所、会计师事务所等中介机构向境内投资者收取的专业服务费外，投行的报酬还包括业绩奖励和成功奖励，上述奖励报酬与交易的结果与效果密切相关。一般情况下，投行在境外投资与并购交易中的角色是总顾问和总协调人，其他中介机构均由其统一进行管理和协调。像律所和会计师事务所主要是勤勉尽职地完成委聘函中约定的服务内容，他们的收费一般与交易结果关联不大，但投行收取的报酬则与交易结果成功与否直接关联，所以投行报酬的大部分是在交易交割完成和整合成功后才能获得。比如，业绩奖励一般是在交易完成交割后才能获得，而成功奖励则一般需要在并购完成且实现成功整合后才可拿到。投行委聘函的其他条款，会计师事务所及其他中介机构与境内投资者签署的业务约定书或服务协议的条款内容，与笔者上述介绍的律所与境内投资者签署的委聘函条款类似，笔者在此就不再重复介绍。

第四章　中国企业境外投资交易架构设计与搭建

在境外投资与并购交易中，交易架构的设计无疑是极其重要的一步，其不仅关乎交易本身的合法合规性、投资者风险隔离、投资或收购后目标公司的税收筹划，还会对投资者后续能否实现便利退出等方面产生重大影响。因此，交易架构图就是境外投资与并购交易的总路线图，境内投资者及其聘请的境内外中介机构团队，需要根据境内投资者的商业目的、目标公司的实际运营情况，并充分考虑境内外法律法规与政策、财税制度、投资后目标公司的运营管理及境内投资者后续退出等因素，为境外投资与并购交易设计出合法、可行和能实现境内投资者税收筹划和商业目的的交易构架。但在境外投资与并购实务中，很多境内投资者由于缺乏风控意识和对交易构架重要性的充分了解，他们在境外投资与并购中对交易架构搭建并未给予足够的重视，最终往往因此付出沉重代价后才明白其重要性。为了避免上述情况的发生，笔者基于处理的诸多境外投资与并购交易，专章对离岸公司的优势、搭建交易架构的价值与作用及其注意事项、主要离岸法域、离岸公司的设立流程及要求进行解析，旨在为有意进行境外投资的境内企业提供有价值的参考。

第一节　离岸公司概述

一、何为离岸公司？

离岸公司指境内投资者在离岸法域成立的特殊目的公司。境内投资者一般较多使用我国香港特区、英属维尔京群岛（British Virgin Islands，BVI）、开曼群岛（Cayman Islands）、塞舌尔群岛（Seychelles）等离岸法域作为离岸公司设立地。上述离岸法域都是前英属殖民地，这些地区在很大程度上保留了英国的法律体系和司法制度，以法律手段培育出一些特别宽松的经济区域，允许国际人士或公司在其区域内成立国际业务公司，这些区域习惯被称为离岸管辖区。离岸公司就是泛指在离岸法域内成立的有限公司、股份公司或其他形式的法律实体。

二、离岸公司的优势

离岸公司之所以广受境内投资者青睐，是因为离岸公司拥有如下优势：

（一）税收优惠

在税收上，离岸法域政府只向离岸公司征收很低的年度管理费，除此之外，不再征收任何税款。因此，如果境内投资者先设立离岸公司，并作为境外投资与并购的主体。如后续目标公司向境内投资者分配利润，或境内投资者后续转让目标公司股权获得收益，以及离岸公司运营产生收入，上述利润与收益无须在离岸法域缴纳任何税款或只按极低的税率缴纳税款。

（二）无外汇管制

自2016年年末开始，我国外汇管理局加强了境外投资与并购资金出境的监管，从而使很多有意进行境外投资与并购的境内企业的投资计划严重受挫。如果境内投资者在此之前已在离岸法域设立离岸公司，并且已经将资金汇出境外的，则不会受到外汇管制的限制，这正是离岸公司的另一个重大优势，即无外汇管制。离岸法域与世界发达国家都有良好的经贸关系，所有国际银行都认可这类公司，为其设立银行账户与财务运作提供便利，资金的转移不会受到约束。因此，境内投资者通过注册离岸公司，然后以离岸公司的名义进行境外投资与并购则相当便捷。境内投资者后续转让目标公司股权或转让目标公司获得的收益，或从目标公司获得的股利分配等资金，可先放在离岸公司，再根据经营需要汇回境内或再行到境外进行投资与收购等，相当便利。因此，通过设立离岸公司并将其打造成一个境外投融资平台，且以该离岸公司平台进行境外投资与并购。对经常从事境外投资的境内企业来说，境外投资所得无须汇回境内，可以将离岸公司打造成一个境外投融资平台，通过离岸公司实现自由收付汇。

（三）法律环境宽松且保密性强

由于上述离岸法域都属于普通法体系，其公司法以商业法为基础，法制健全完善且法律环境宽松，境内投资者的合法权益受到严格保护。同时，离岸法域对离岸公司的股东与董事资料、股权比例、收益等信息严格保密，离岸法域的银行也会对离岸公司的银行账户信息严格保密，对很多不愿意披露其身份和投资信息的境内投资者来说提供了很好的保障,从而减少了相关风险。

(四)成立快速、注册方便

离岸公司的注册程序非常简便,委托专业的注册代理机构或当地律师即可完成,无须境内投资者亲自到注册地进行操作。离岸公司的成立要求也很简单且费用低,只要符合最低股东、董事人数和股份数量的条件即可,在资料齐备的情况下,当地政府只需7日左右即可向境内投资者颁发离岸公司的《公司注册证书》和《商业登记证》。

(五)管理简便灵活

离岸公司无须每年召开股东大会及董事会,如需召开,会议地点也可以任意选择,相当自由。离岸公司一般只要一名接收公司信件的公司秘书即可。离岸公司可以和其他公司共用一个注册地址,比如境外律师事务所的办公地址就可以作为离岸公司的注册地址。离岸公司的维护成本也很低,每年只要向离岸法域政府缴纳少量的管理费即可。离岸公司股东可以是个人或公司,可以非现金方式购买公司股份。离岸公司可以向股东发行不同等级的股份,比如优先股、普通股、可回赎股、无记名股等,上述灵活的股份制度可以满足不同投资者的需求。

(六)无营业地区范围的限制

除在注册地区外,离岸公司可在世界任何国家或地区开展业务与经营,不受任何国家或地域管辖的限制。

(七)其他优势

此外,设立离岸公司还有很多其他方面的优势。比如,股东、董事可以是法人和自然人,无股东人数限制;离岸公司实行授权资本制,而非实缴资本制,且无验资要求,股东可根据离岸公司经营需要自行决定缴纳出资的时间;离岸公司经营和管理过程中,无须向离岸法域政府提交年报;由法定注册代理人发起设立公司,代离岸政府收取注册费和年费,手续简便;除法律限制的特许名称外,离岸公司的名称可以自由选择,可以取中文名称或中英文名称;股东和董事资料不在政府备案,未经授权不得披露等。

正因为离岸公司具有上述优势,所以在境外投资与并购中,境内投资者可以通过在离岸法域设立离岸公司,以实现其投资目的。

第二节　搭建离岸交易架构的价值与作用及其注意事项

一、搭建离岸交易架构的价值与作用

正因为离岸公司具有的上述明显优势，所以在境外投资与并购中，需要通过在离岸法域设立一层至多层离岸公司搭建完善的交易架构，这对实现境内投资者的商业目的具有重大价值与作用。好的交易架构可以帮助境内投资者隔离法律风险、有效进行税收筹划、实现资金自由汇兑、搭建境外投融资平台、避免境内外相关监管机关的审批及为境内投资者后续便利退出等发挥重要作用。

（一）为境内投资者搭建风险隔离"防火墙"

防范风险永远是境内投资者在境外投资中自始至终都需要牢记于心的基本原则。通过在境外设立离岸公司，从而在目标公司与境内投资者或实际控制人之间树立起一道风险防范的"防火墙"，即使目标公司出现法律风险，通常情况下，只有直接投资目标公司的离岸公司独立承担法律责任，而境内投资者或实际控制人不会因此受到牵连。笔者曾代理一家境内企业处理一宗国际贸易纠纷仲裁案件，因为境内投资者未设立离岸公司隔离风险，而直接以境内集团公司作为交易主体，最终因此遭受重大损失。案件的基本信息如下：

境内 A 公司与新加坡 B 公司从事国际货物买卖交易，由于 B 公司提供的货物存在诸多质量问题，A 公司发函要求损害赔偿，但双方一直未就赔偿事宜达成一致。后 B 公司提出因经营管理需要，要求用设立在 BVI 的 B 公司的关联企业 C 公司作为交易主体，A 公司认为 B 公司与 C 公司的实际控制人为同一人，于是同意了 B 公司的要求。之后在 A 公司与 C 公司合作过程中，A 公司欠 C 公司货款，但 A 公司认为 C 公司与 B 公司同属一个实际控制人，要求以其欠付 C 公司的货款与 B 公司应付给 A 公司的质量赔偿款进行抵销，C 公司不同意，于是向约定的仲裁机构申请仲裁，最后仲裁机构裁定要求 A 公司向 C 公司支付货款、仲裁费及其他赔偿金等。具体交易结构如图 4－1 所示。

A 公司觉得很委屈，认为自己被 B 公司骗了，但仲裁仍裁决要求其支付货款、仲裁费及其他赔偿金，认为仲裁裁决很不公平。但其实主要还是因为 A 公司

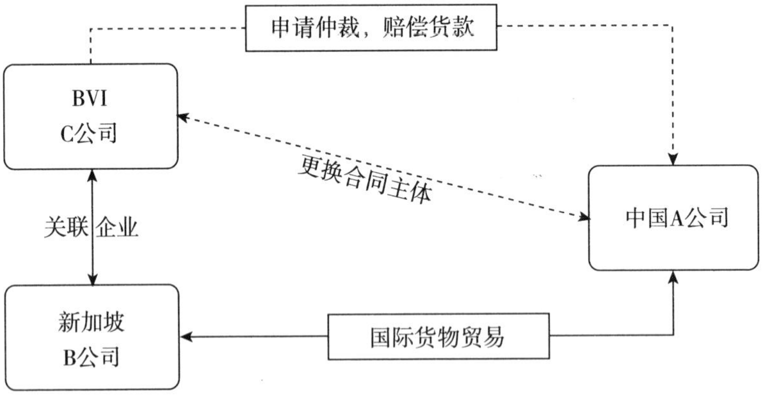

图 4-1　交易结构

缺乏法律风险防范意识和事先没有通过搭建离岸架构隔离好风险造成的。如果当初在 A 公司与 B 公司发生质量争议时,对 B 公司提出更换合作主体的要求不同意,或如果 A 公司先在 BVI 设立一家离岸公司,然后用该离岸公司作为交易主体,则即使发生后续争议,C 公司也只能向 BVI SPV 主张支付货款的责任,于是 BVI SPV 为 A 公司有效隔离了风险。交易结构如图 4-2 所示。

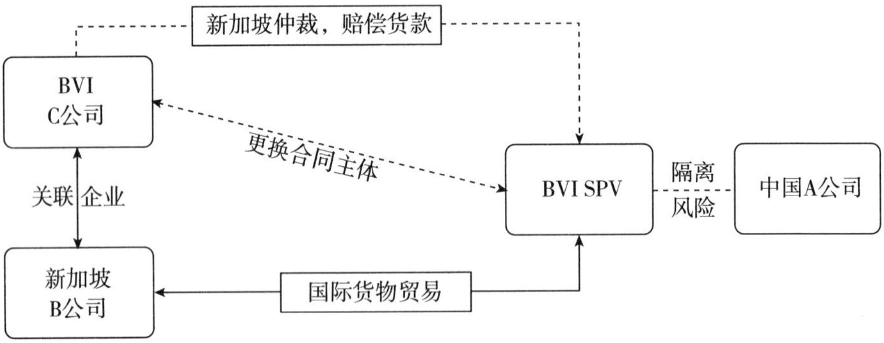

图 4-2　交易结构

由于 SPV 一般是空壳公司,即使 C 公司向 BVI SPV 主张赔偿责任并最终赢了仲裁,但仲裁裁决也无法得以实际执行,所以 BVI SPV 在 A 公司与 C 公司之间起到了风险隔离的“防火墙”作用。后来,当问及 A 公司为何不设立离岸公司作为交易主体时,A 公司一位高管解释说,A 公司一直诚信经营,合作方看重的是 A 公司的品牌和实力,A 公司不好意思以离岸公司作为交易主体,但其实在境外投资与经贸合作中,设立离岸公司隔离风险基本上是一种不成文的习惯性作法，只是很多国内企业缺乏这方面的经验，没有意识到离岸公司的价值和作用，同时考虑到设立和运营离岸公司可能会产生一定的成本，为了节约成本，而承受了重大风险。像A公司那样，很多境内企业为此付出沉重代价后才意识到设立离岸公司的重要性。

由此可见，在境外投资交易中，在BVI、开曼群岛、塞舌尔等离岸法域设立离岸公司并作为直接投资方，是搭建交易架构极为重要的一步。但由于很多国内企业缺乏这方面的风控意识和经验，往往为此支付了类似于A公司那样昂贵的学费后才引起重视，只可惜因此支付的学费太昂贵了。正如上述案例所分析，如果A公司当初听取了律师的建议，在离岸法域设立一家离岸公司并以其作为交易方，那这场损失完全可以避免。

（二）为境内投资者进行合理的税收筹划

几乎所有适合设立离岸公司的法域，比如BVI、开曼群岛、塞舌尔或卢森堡等均为“避税天堂”，即在上述离岸法域设立的公司产生的资本利得、利息、企业所得等无须缴纳相关税费。我国香港特区作为国际金融中心，其法律制度完善，无外汇管制，而且其税收制度也相当优越，比如其企业所得税税率只有16.5%（如利润超过200万港币）或8.25%（如利润不超过200万港币），对来源于境外投资的股息、利息、资本利得均免税。而且，我国香港特区与38个国家签署了避免双重征税协议，其中19个国家①为“一带一路”沿线国家，在设计交易架构时，可充分利用上述签署的避免双重征税协议，以实现更好的税收筹划。此外，我国香港特区与内地签署了《内地和香港特别行政区关于对所得避免双重征税和防止偷漏税的安排》（以下简称《安排》），根据《安排》规定，“如果股息受益所有人是另一方的居民，则所征税款不应超过：（一）如果受益所有人是直接拥有支付股息公司至少25%股份的，为股息总额的5%；（二）在其他情况下，为股息总额的10%”。即如果我国香港特区公司直接拥有支付股息公司25%或以上股份时，其股息预提所得税适用5%的优惠税率。《安排》同时规定，“发生于一方而支付给另一方居民的利息，可以在该另一方征税。如果利息受益所有人是另一方的居民，则所征税款不应超过利息总额的7%”。即我国香港特区公司向内地企业支

① 这19个国家包括泰国、越南、文莱、印度尼西亚、新西兰、南非、韩国、匈牙利、科威特、捷克、马来西亚、卡塔尔、阿拉伯联合酋长国、罗马尼亚、俄罗斯、拉脱维亚、白俄罗斯、巴基斯坦和沙特阿拉伯，信息来源：http://gpj.mofcom.gov.cn/article/zuixindt/201709/20170902639063.shtml，2018年12月22日访问。

付的利息预提所得税优惠税率为 7%。基于上述税收优惠安排,很多境内企业到境外投资时,一般会在我国香港特区设立一层离岸公司,因为根据《企业所得税法》及其实施条例的规定,对外国企业在中国境内未设立机构、场所,或者虽设有机构、场所,但取得的所得(如利润、股息,红利、利息、租金等)与其所设机构、场所没有实际联系的,应当就其来源于中国境内的所得减按 10% 的税率缴纳企业所得税。但由于内地与我国香港特区签署了《安排》,只要按 5% 缴纳股息预提所得税即可。

此外,如果境内投资者直接持有目标公司的股权,当目标公司后续发展增值后,向第三方转让全部或部分股权时,则需要向目标公司所在国的税务机关缴税后才能办理股权转让的变更登记手续。但如果事先在离岸法域搭建好了交易架构,设立了 2 层以上离岸公司,则只要在离岸公司层面进行股权转让即可,目标公司的股权结构不会直接发生变更,从而有效避免了需要向目标公司所在国缴税的问题。笔者的某一客户,多年前在肯尼亚投资收购了某房地产项目,多年后该房地产项目增值了很多倍,现在他们想采取转股的方式引进新的投资人,但由于当初投资该项目时没有在离岸公司搭建好交易架构,而是直接持有目标公司的股权。根据肯尼亚的相关法律规定,转让肯尼亚公司的股权不仅应就增值部分缴纳高额的增值税,而且还要按转让金额的百分之一缴纳印花税。他很后悔地说,如果当初投资时搭建好了离岸架构,则只要直接转让离岸公司的股权就行了,上述增值税和印花税等税费则完全可以避免。

因此,根据境内企业境外投资目标国的不同和项目具体情况,选择在 BVI、开曼群岛、卢森堡或我国香港特区等离岸法域设立一层或多层离岸公司,可为境内投资者起到很好的税收筹划的作用。

(三)为境内投资者后续便利退出提供通道

境外并购被比喻为一场为了“离婚”而“结婚”的交易,因此投资者在进行境外并购时都会对投资后的便利退出提前搭建通道。对缺乏境外并购经验的境内企业来说,他们更多关注投资本身的成功与否,但对投资完成后如何在适当时候便利退出未给予充分重视。搭建离岸交易架构的另一个重要作用就是便于投资者后续的便利退出。如以境内企业作为直接投资主体,这意味着后续投资者转让境外目标公司的任何股份或通过其他方式退出均需经我国境外投资监管机关的审批或备案,而且还可能涉及目标公司所在国政府机关的审批。由于办理上述手续会耽搁大量的时间,而且还存在未能通过审批或备案的风险,这会使投资者很难在最适合的时机快速退出，或者因审批或备案耗时较长而错过商机。特别是当目标公司为上市公司时，股价变动可能瞬息万变，作为投资者来说，肯定希望在股价高点时能顺利退出，从而使投资收益最大化。但如果境内投资者直接持有上市公司的股份，则可能因事先需要获得境内相关监管机关的审批或备案及目标公司所在国证券监管机关的审批，而无法在股价高时转让退出。但如投资者投资前已在离岸法域搭建好了离岸交易架构，则可通过转让离岸公司股份这种间接转股的方式实现快速退出，而无须办理上述监管审批或备案手续，从而规避上述风险。

（四）搭建境外投融资平台

境内投资者在境外投资和收购后，当从目标公司获得利润时，在没有离岸架构的情况下，则利润只能回到中国境内，当其拟用利润进行境外再投资与并购时，则需要另行办理资金出境手续，在当前我国外汇监管趋严和外汇额度受限的情况下，这会给境外再投资带来诸多不便。但如果境内投资者进行境外投资前在离岸法域搭好了离岸交易架构，则从目标公司获得的利润可以留存在境外离岸公司的账户上，以便用于进行境外再投资。由于离岸法域无外汇限制，使用上述利润进行再投资时极为方便。境内投资者还可以将离岸公司设立为基金形式，将其打造成一个离岸融资平台，吸引境外机构或个人投资者作为 LP 投资该离岸基金，或在条件具备的情况下，实现离岸公司在我国香港特区上市或在境外其他交易所上市，通过 IPO 或增发股份的方式将其打造成一个具有极强融资能力的平台。境内投资者利用上述离岸融资平台在境外不断融资用于境外再投资与并购，从而实现境外的快速扩张。与境内融资平台相比，由于离岸投融资平台资金不受我国国家外汇管理局监管，避免了复杂和烦琐的资金出境手续。

二、交易架构搭建及其注意事项

（一）如何搭建交易架构

交易架构的大致结构就像一块“三明治”，主要由三部分构成，即境内投资层、中间离岸架构层及目标实体运营层，前后 2 层相对好处理，关键是如何设计“三明治”的中间离岸架构层部分。根据境内投资者不同的投资目的，中间离岸架构层可能根据需要设立一到多层离岸公司，比如，如投资者仅考虑为境内投资者与目标公司之间隔离法律风险，则中间搭建一层离岸公司即可起到该作用，具体详见图 4 – 3。

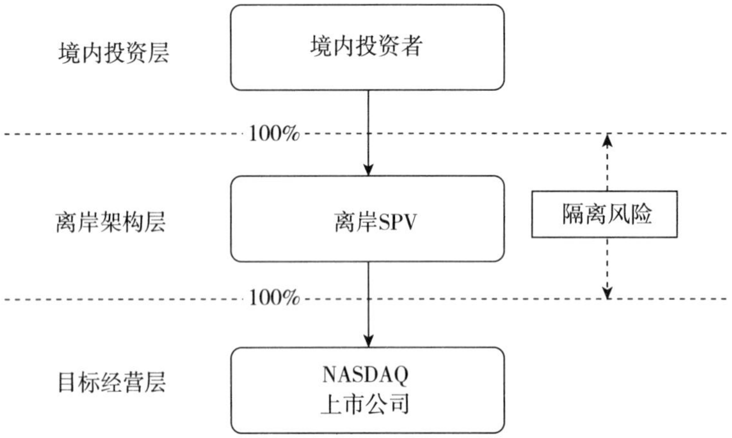

图 4 – 3　1 层离岸公司交易架构

如果境内投资者需要考虑后续能便利退出，则中间离岸架构层需要搭建 2 层或 2 层以上离岸公司，如果只是规避我国境内相关监管机关的审批手续，则需要搭建 2 层离岸公司，如果要求同时规避我国境内相关监管机关及投资目标国相关监管机关的审批手续，则需要搭建 3 层离岸公司。比如，笔者曾协助某境内投资者收购美国纳斯达克某上市公司的部分股份，收购当初该境内投资者收购的股份比例不太确认，根据美国证券法与美国证券交易委员会（SEC）的交易规则，如收购的标的股份超过 19.99% 时，则该收购需要经过 SEC 批准。因此我们帮助该境内投资设者计交易架构时，需要为后续方便、快速退出设计好路径，从而确定是设立两层还是 3 层离岸公司。如果该境内投资者收购的标的股份比例低于 19.99%，则在后续退出时无须经 SEC 的审批，搭建离岸架构时只需考虑规避我国相关监管机关的审批或备案即可，则设立两层离岸公司即可满足境内投资者后续便利退出的目的，具体交易架构如图 4 – 4 所示。

如果该境内投资者收购的标的股份比例超过 19.99%，则在后续退出时需经 SEC 的审批，搭建离岸架构时不仅需要考虑能规避我国相关监管机关的审批或备案监管，还要考虑能规避 SEC 的审批监管，因此需要设立三层离岸公司才能满意境内投资者后续便利退出的目的，具体交易架构如图 4 – 5 所示。

此外，交易架构的设计还需要考虑税收筹划因素，这就需要根据投资目标国是否与我们签署了避免双重征税协定等因素决定搭建多少层离岸公司、具体在

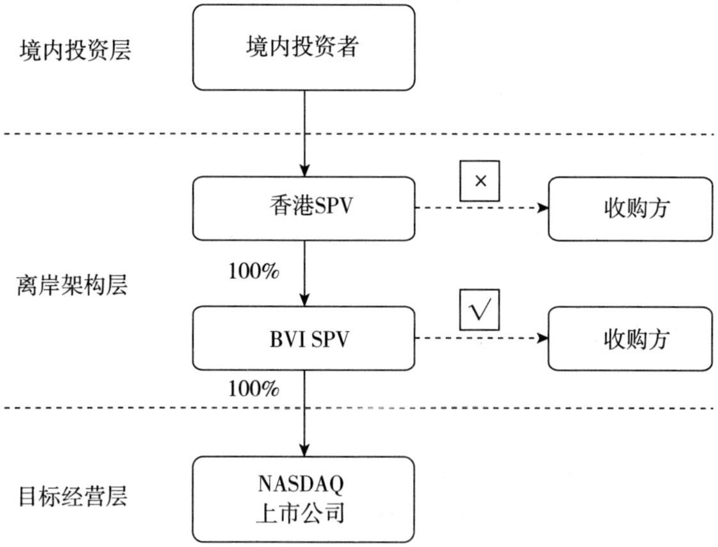

图4－4　2层离岸公司交易架构

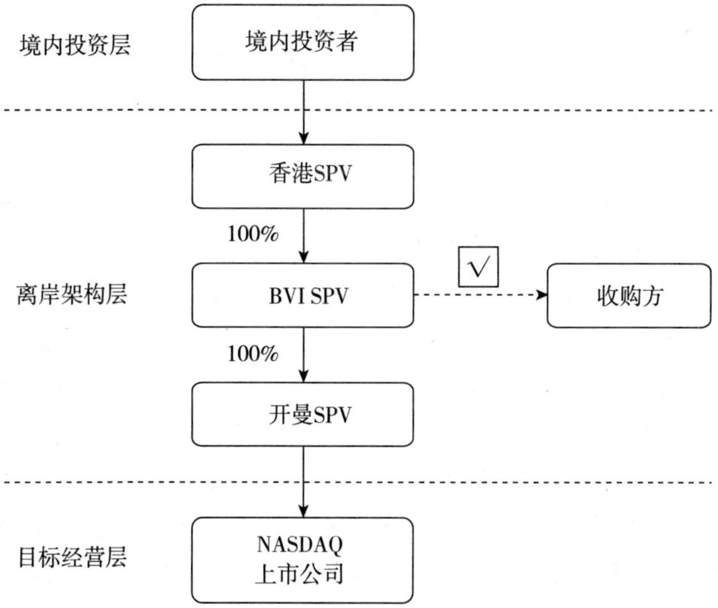

图4－5　3层离岸公司交易架构

哪个离岸法域设立离岸公司等。因此，在境外投资交易中，我们需在充分理解境内企业商业目的的基础上，根据项目的具体情况，为其设计出符合中外两国或多国法律法规、能起到隔离法律风险、有效税收筹划、后续便利退出等商业目的的最佳交易架构。

（二）搭建交易架构的注意事项

除搭建离岸公司外，交易架构设计还需要考虑我国与投资目标国法律法规与政府机关的监管要求，外汇管制与外汇政策变化，国际税收征管新趋势等因素，特别是到"一带一路"沿线国家投资时，还要特别关注投资目标国是否与我国签署了避免双重征税协定等因素，只有考虑到了各个关键因素，设计的交易架构才不会出现重大瑕疵。下面笔者结合处理的境外投资与并购项目相关经验，对交易架构搭建的注意事项进行解析。

1. 我国境外投资监管政策的变化与实际执行情况是设计交易架构时重点考虑因素，设计的交易架构应符合监管政策要求

2016 年 12 月 6 日，国家发改委、商务部、中国人民银行、国家外汇管理局四部门负责人就相关部门加强对外投资监管答记者问时表示，我国支持国内有能力、有条件的企业开展真实合规的对外投资活动，参与"一带一路"共同建设和国际产能合作，促进国内经济转型升级，深化我国与世界各国的互利合作。同时，监管部门将密切关注房地产、酒店、影城、娱乐业、体育俱乐部等领域出现的一些非理性对外投资，以及大额非主业投资、有限合伙企业对外投资、"母小子大""快设快出"等类型对外投资中存在的风险隐患。四部门答记者问是在 2016 年年末在岸和离岸人民币汇率持续走高，人民币贬值预期强烈，导致境内人民币出境欲望强烈，跨境国际结算收支严重不平衡的大背景下发生的。根据上述答复内容，六种类型的境外直接投资被禁止，其中常见的类型或情况有合伙企业、"母小子大""快设快出"三种。如无法说明具体境内股东或合伙人背景、资金来源，包括自有资金、银行贷款、募集资金等合规方式，以及境外投资项目真实性的，原则上商务部门和发改委不予备案或核准。上述四部门新政真实地反映了境内企业在境外投资与并购中，很容易受到我国监管机关新政策的影响，而新政策的出台与实际执行情况可能直接会影响到境外投资与并购交易的合法性与可行性。同时，也会对交易架构的设计与搭建产生实质影响。比如，新政对合伙企业的境外投资实行严格监管，那在设计交易架构时，就要避免以合伙企业如私募基金作为直接的投资主体，而建议以与目标公司从事业务领域相一致的境内实体企业作为主要的投资主体，合伙企业仅作为财务投资者占小股，或不占股份，而通过与境内实体企业签署协议的方式作为背后的财务投资者。又如，新政不允许用新

设的小额注册资本子公司作为投资主体，则我们在设计架构时，建议使用境内实体企业作为直接投资主体，或使用其全资控制的设立时间超过一年以上且有足够资金实力完成目标公司收购的子公司作为投资主体。由此可见，新政的出台会对境外投资与并购交易架构的设计与搭建产生重大影响，搭建的交易架构必须要符合新政要求，否则交易将无法通过商务部门和发改委的备案或核准。

除需要了解商务部门和发改委的新政及其实际执行情况外，外汇管理局实际执行的外汇监管政策也是境内投资者在设计交易架构时必须要重点考虑的因素。其实，上述四部门新政中，最让境内投资者头疼的是外汇管理局实际执行的外汇监管政策。因为即使境内投资者的境外投资与并购项目通过了商务部门和发改委的审批或备案，但在外汇管理局申请购汇时，也可能因为外汇管理局当期根本就没有外汇额度，而使境外投资与并购交易无法推进。因此，在搭建交易架构之前，境内投资者及其聘请的中介团队还得先与当地的外汇管理局或当地银行进行沟通与咨询，以确认是否有外汇额度，及其该宗境外投资与并购交易是否符合外汇管理局的监管政策要求，以避免设计的交易构架与国家的外汇监管政策相悖，从而严重影响交易的顺利推进。比如，在笔者协助某境内投资者认购某韩国 KOSADQ 上市公司发行的可转债项目中，该境内投资者原计划以可转债的方式进行投资，并且我国法律法规并未禁止我国企业以认购可转债的方式进行境外投资。考虑到我国外汇监管政策对交易模式的实际影响，在协助该境内投资者搭建交易架构时，我们向外汇管理部门进行了咨询与确认，获知外汇管理部门对境外投资购汇额度收紧，外汇管理部门不批准以认购可转债的方式进行境外投资，从而使该境内投资者不得不选择认购普通股的方式进行投资。认购可转债与普通股两种方式存在较大区别，将直接影响该境内投资者本次境外投资的商业目的能否实现。如采取认购可转债的交易模式，在约定期限届满后，认购方行权时可以要求目标公司还本付息，或有权要求将其持有的可转债转换为普通股。如果是认购普通股，则风险相对更大，这需取决于目标公司的后续营利状况与股价的波动情况，如目标公司股价上升，则认购方获利，但如果股价下跌，则认购方将遭受损失。因此，境内企业交易方式的选择会直接影响其商业目的的实现与承受的风险大小。我国近几年虽然大大简化了境外投资的相关审批程序和下放了审批权限，但境内企业的境外投资仍然受到我国监管部门可能出台新政的影响，特别是外汇管理部门外汇监管政策实际执行情况的影响。因此，为了避免我国法律特别是外汇监管政策实际执行情况对交易架构产生的影响，最好在确定交易架构和交易模式之前，与商务部门、发改委、外汇管理部门等监管机关进行沟通与咨询，从而防范上述相关风险。

2. 境内投资者到“一带一路”沿线国家投资与并购搭建交易架构时要着重考量投资目标国与我国是否存在避免双重征税协定

自 2013 年“一带一路”倡议提出以来，“一带一路”“朋友圈”不断扩大，目前“一带一路”沿线国家已达到 65 个。大部分“一带一路”国家都有和我国签署了避免双重征税协定，但仍有 10 个国家[①]未与我国签署税收协定。根据我国《企业境外所得税收抵免操作指南》第 1 条规定，居民企业可以就其取得的境外所得直接缴纳和间接负担的境外企业所得税性质的税额进行抵免，根据该指南第 7 条规定，居民企业从与我国政府订立税收协定（或安排）的国家（地区）取得的所得，按照该国（地区）税收法律享受了免税或减税待遇，且该免税或减税数额按照税收协定规定应视同已缴税额在中国的应纳税额中抵免的，该免税或减税数额可作为企业实际缴纳的境外所得税额用于办理税收抵免。

因此，如果境内投资者到未与我们签署避免双重征税协定的“一带一路”国家投资，则会产生双重征税的问题，使境内投资者在投资目标国获得的税收减免，仍需要在我国进行缴税。此种情况下，则在搭建交易架构时，境内投资者首先要到与我国及投资目标国均签署了避免双重征税协定的第三国（地区）设立一层离岸公司，从而避免双重征税的问题。比如，境内投资者到缅甸去投资，由于我国未与缅甸签署避免双重征税协定，但新加坡与我国及缅甸均签署了避免双重征税协定，则境内投资者首先可到新加坡设立一家离岸公司，然后再以该新加坡离岸公司到缅甸投资，从而使境内投资者对从缅甸获得的股息、利息、特许使用费收益避免在缅甸与我国双重征税，以及在缅甸已享受的税收优惠在我国不视同抵免，而仍需要在我国缴税。

3. 搭建离岸交易架构时慎用传统“避税天堂”

2017 年 6 月，我国及其他 67 个国家和地区在巴黎共同签署了《实施税收协定相关措施以防止税基侵蚀和利润转移的多边公约》（以下简称《BEPS 公约》），自此国际税收征管进行后《BEPS 公约》时代，这标志着国际税收征管环境发生巨

---

① 这十个国家分别是缅甸、东帝汶、阿富汗、马尔代夫、不丹、伊拉克、约旦、黎巴嫩、也门斯坦等，http://dy.163.com/v2/article/detail/DCCS269Q0518PFUN.html，2018 年 12 月 22 日访问。

变，其一，传统的“避税天堂”比如BVI、开曼群岛等被纳入了黑名单，这意味在设计交易架构时如纯粹在传统“避税天堂”设立离岸公司的方式进行税收筹划将面临重大挑战；其二，《BEPS公约》要求设立的离岸公司在跨国经营中应当有实际的经营和管理，比如离岸公司应有一定办公人员和实际的经营场所，这样必然会增加投资者的实际成本，使境内投资者在搭建交易架构时是否继续选择在传统的“避税天堂”设立离岸公司需进行综合的考量；其三，对税收相关数据的透明度的要求越来越高，比如其要求离岸公司负有数据信息报告的义务，这就要求境内投资者在跨国经营中，对经营和管理上的透明度会有更高要求，这对企业的跨国经营和管理方式都会产生重大影响。

因此，《BEPS公约》的出台对搭建境外投资与并购交易架构的复杂性与难度大为增加，需要考虑的因素明显增多，境内投资者需要聘请专业的境内外律师、税务师共同探讨，并根据境内外相关法律法规、国际惯例规定，以及境外投资与收购项目的实际情况，设计出既符合境内外法律、《BEPS公约》等国际公约规定，同时又能最大限度实现境内投资者商业目的和保护其合法权益的境外投资交易架构，过去那种简单的在“避税天堂”设立离岸公司进行税收筹划的方式已经不可行了。

第三节 主要离岸法域离岸公司设立流程与要求

由于设立离岸公司的离岸法域很多，对离岸法域不太熟悉的境内投资者可能会以为在任何一个离岸法域设立离岸公司都是一样的效果。而实际上，虽然离岸法域都属于英国普通法系，但彼此之间还是存在一定的区别，比如设立法律实体所需时限、设立与后续维护成本等。目标公司或目标项目所在国不同，境内投资者的商业目的不同，选择设立离岸公司的离岸法域也会不同。在很多境外投资与并购交易中，由于境内投资者不同的投资目的及考虑到风险隔离、税收筹划、便利退出等因素，可能需要在不同的离岸法域设立多家离岸公司。境外投资与并购实务中，一般会选择在我国香港特区、开曼、BVI或塞舌尔设立离岸公司。笔者下面将就上述四个法域设立离岸公司的条件、所需资料、流程与年检程序几个方面进行简要介绍。

一、设立我国香港特区公司

我国香港特区是亚洲国际大都市和著名的金融中心，拥有繁荣的商贸港口、健全可靠的法制体系和成熟的基础设施，被誉为世界上最自由的经济地区之一，设立我国香港特区公司可为境内投资者拓展国际市场或进入中国内地市场搭建良好而便利的平台。境内投资者既可以在我国香港特区新设公司，也可以购买已成立的空壳公司。

（一）设立我国香港特区公司条件

（1）至少1名股东，可以由法团或个人担任；

（2）至少1名自然人董事；

（3）至少1名通常居住于我国香港特区的自然人公司秘书，或在我国香港特区设有注册办事处的公司担任秘书；

（4）必须以我国香港特区地址作为公司注册地址；

（5）一般公司股本为10,000普通股或以上，每股可以港元1元计算（实行授权资本制，无须实缴注册资本）。

（二）设立我国香港特区公司所需资料

（1）拟设立公司的名称，名称可以为英文或中英文名称；

（2）拟定股本数（一般为10,000股，无面值）；

（3）董事、股东的身份证明文件（一般为护照）；

（4）董事、股东的地址证明文件（一般为中国居民身份证或住所地水电费单）；

（5）各股东持股比例。

注：上述第（3）、（4）项文件需由律师签署见证，以确认复印件与原件相符。

（三）设立我国香港特区公司流程

1. 我们可协助境内投资者准备上述文件及资料，为境内投资者办理设立公司的相关手续。

2. 根据境内投资者提供的资料，草拟或填写以下文件供其签署：

（1）《法团成立表格》（Incorporation Form，Form NNC1）；

（2）《股份申请》（Application for Shares）；

（3）《董事（及秘书）委任函》（Appointment Letters）；

（4）《首次董事会决议》（Minutes of First Board Meeting）；

(5)《公司创始人首次委任董事函》(Appointment of First Director by Founder Members)。

3. 待境内投资者签妥上述文件及股份凭证,即可将上述文件与资料递交至我国香港特区公司注册处。公司注册处一般在受理后3~5个工作日内出具《公司注册证书》及《商业登记证》,随后便可安排印刷商根据相关文件制作用于保存公司登记文书的"绿盒"。

4. 印刷商于3个工作日内完成绿盒后,注册程序即完成。绿盒内包括以下文件:

(1)《公司注册证书》(Certificate of Incorporation);

(2)《商业登记证》(Business Registration Certificate);

(3)《首次董事会决议》(Minutes of First Board Meeting);

(4)《公司创始人首次委任董事函》(Appointment of First Director by Founder Members);

(5)《董事(及秘书)委任函》(Appointment Letters);

(6)《股份申请》(Application for Shares);

(7)《股票簿》(Stock Certificate Book);

(8)《公司法定登记册》(Statutory Book);

(9)《公司组织章程细则》(Articles of Association);

(10)公司钢印;

(11)公司圆印章;

(12)公司长方形支票印章。

(四)我国香港特区公司周年申报及续牌(年检程序)

(1)公司成立周年日前30日内,须续办商业登记证,并缴交相关费用;

(2)公司成立周年日后42日内,必须要递交法定周年申报表及缴纳相关年费;

(3)除非已按照公司条例规定决定不举行公司周年大会,否则所有公司均需在法例规定的时限前举行周年大会;

(4)注册后公司必须委任会计师,为公司编制审计账目,并在公司举行周年大会时提交股东审议。

二、设立英属维尔京群岛公司(BVI公司)

英属维尔京群岛(BVI)位于大西洋和加勒比海之间,面积153平方公里,是英联邦成员国之一。由于BVI无须缴税、不受外汇管制,且当地政府要求递交公司存档的资料甚少,所以吸引了众多跨国公司和个人注册BVI公司。如今,BVI已成为全球最受欢迎的离岸公司注册地之一。境内投资者既可以新设BVI公司,也可以购买已成立的BVI空壳公司。

(一)设立BVI公司条件

(1)至少一名年满18岁的股东和董事;

(2)公司注册标准股本为50,000美元,可选择无面值或每股面值1美元;

(3)设立BVI公司必须经由当地注册代理公司办理。

(二)设立BVI公司所需资料及文件

(1)拟设立公司的名称,名称可以为英文或中英文名称;

(2)拟定股本股数(标准为50,000股,每股1美元);

(3)董事、股东的身份证明文件(如护照);

(4)董事、股东的地址证明文件(如中国居民身份证或住所地水电费单);

(5)各股东持股比例。

注:上述第(3)、(4)项证明文件需由律师办理核证本(Certified True Copies)以确认复印件与原件相符,同时提供办理核证律师的律师证书。

(三)BVI公司注册流程

1. 协助境内投资者准备上述文件及资料,并为境内投资者办理设立公司的相关手续。

2. 我们根据境内投资者资料,代理草拟以下文件供其签署:

(1)《股份申请》(Application for Shares);

(2)《董事(及秘书)委任函》(Appointment Letters);

(3)《首次董事会决议》(Minutes of First Board Meeting)。

3. 待境内投资者签妥文件及股份凭证后,BVI代理一般需5~7个工作日办理注册程序,随后BVI代理便可提供绿盒,注册程序完成。绿盒内包括以下文件:

(1)《公司注册证书》(Certificate of Incorporation);

(2)《首次董事会决议》(Minutes of First Board Meeting);

(3)《公司创始人首次委任董事函》(Appointment of First Director by Founder Members);

(4)《董事接受任职信》(Consent To Act As Director);

(5)《股份申请》(Application for Shares);

(6)《股票簿》(Stock Certificate Books);

(7)《董事名册》(Register of Directors);

(8)《股东名册》(Register of Members);

(9)《秘书名册》(Register of Secretaries);

(10)《押记登记册》(Registration of Charges);

(11)《股份转让》(Register of Transfers);

(12)《公司组织章程大纲与细则》(Memorandum and Articles of Association);

(13)公司钢印;

(14)公司长方形支票印章。

(四)BVI 公司续牌(年检)

1. 如 BVI 公司于上半年成立(1 月 1 日至 6 月 30 日注册),则 BVI 政府续牌牌照费必须于每年 5 月 31 日之前缴付。

2. 如 BVI 公司于下半年成立(7 月 1 日至 12 月 31 日注册),则 BVI 政府续牌牌照费必须于每年 11 月 30 日之前缴付。

三、设立开曼群岛公司(开曼公司)

开曼群岛位于加勒比海,邻近美国佛罗里达州迈阿密。因开曼群岛为英属殖民地,其公司法是根据英国的公司法修订,所以,很多国际企业均于开曼群岛开设公司。而离岸金融服务行业,亦是开曼群岛主要产业之一。开曼群岛于亚洲的知名度日益增加。同时,开曼公司已获我国香港特区联交所批准可于我国香港特区上市的法域之一。境内投资者只能新设开曼公司,无空壳公司可供境内投资者购买。

(一)设立开曼公司条件

(1)至少一名年满 18 岁的股东和董事;

(2)公司注册标准股本为 50,000 美元;

(3)设立开曼公司必须经由当地注册代理公司办理;

(4)必须成立全新公司,并无现成公司可以购买。

(二)设立开曼公司所需资料及文件

(1)拟设立公司的名称,名称可以为英文或中英文名称;

(2)拟定股本股数(标准为50,000股,每股1美元);

(3)董事、股东的身份证明文件(如护照);

(4)董事、股东的地址证明文件(如住所地水电费单);

(5)各股东持股比例。

注:上述第(3)、(4)项证明文件需由律师办理核证本(Certified True Copies)以确认复印件与原件相符,同时提供办理核证律师的律师证书。

(三)开曼公司注册流程

1. 协助境内投资者准备上述文件及资料,并为境内投资者办理设立公司的相关手续。

2. 根据境内投资者资料,代理草拟以下文件供其签署:

(1)《股份申请》(Application for Shares);

(2)《董事(及秘书)委任函》(Appointment Letters);

(3)《首次董事会决议》(Minutes of First Board Meeting)。

3. 待境内投资者签妥文件及股份凭证后,代理一般需20个工作日办理注册程序,随后代理便提供绿盒,注册程序完成。绿盒内包括以下文件:

(1)《公司注册证书》(Certificate of Incorporation);

(2)《首次董事会决议》(Minutes of First Board Meeting);

(3)《公司创始人首次委任董事函》(Appointment of First Director by Founder Members);

(4)《董事接受任职信》(Consent to Act as Director);

(5)《股份申请》(Application for Shares);

(6)《股票簿》(Stock Certificate Books);

(7)《董事名册》(Register of Directors);

(8)《股东名册》(Register of Members);

(9)《秘书名册》(Register of Secretaries);

(10)《押记登记册》(Registration of Charges);

(11)《股份转让》(Register of Transfers);

(12)《公司组织章程大纲与细则》(Memorandum and Articles of Association);

(13)公司钢印；

(14)公司长方形支票印章。

(四)开曼公司续牌(年检)

任何时间成立的开曼公司均必须于每年12月缴交续牌年费。即如2016年1月成立的公司，便需于2016年12月前缴交2016年的年费；如2016年11月成立的公司，亦需于2016年12月前缴交2016年的年费。

四、设立塞舌尔群岛公司(塞舌尔公司)

塞舌尔群岛位于印度洋内，由一百多个有名称的岛屿组成，大多数岛屿位于南纬四至五度。塞舌尔国际商业部引入一套进步的法律，推动建立境外公司及其他机构，鼓励输入投资。国际商业公司法(1994年)与巴哈马群岛的国际商业公司法非常相似。它为国际公司提供公司利润及资本增值免缴塞舌尔本国税项的待遇。塞舌尔国际公司的独有的特点之一，是一家国际公司可以用大多数的国际语言注册，而且可以使用表示有限责任的任何词语后缀。

(一)设立公司条件

(1)至少一名股东和董事，可以由法团或个人担任；

(2)公司注册标准股本为100,000美元，股份可以有或没有面值；

(3)设立塞舌尔公司必须经由当地注册代理公司办理；

(4)塞舌尔公司并不需要委任公司秘书，大部分公司都会委任一名公司秘书，可以是自然人或法人。

(二)设立公司所需资料及文件

(1)拟设立公司的名称(如果购买已成立的空壳公司，可不用更改公司名称；如需更改，需另行收费)；

(2)拟定股本股数；

(3)董事、股东的身份证明文件(如护照)；

(4)董事、股东的地址证明文件(如中国居民身份证或住所地水电费单)；

(5)各股东持股比例。

注：上述第(3)、(4)项证明文件需由律师办理核证本(Certified True Copies)以确认复印件与原件相符，同时提供办理核证律师的律师证书。

(三)注册流程

1. 协助境内投资者准备上述文件及资料，并为境内投资者办理设立公司的相关手续。

2. 根据境内投资者提供的资料,代理草拟以下文件供其签署:

(1)《股份申请》(Application for Shares);

(2)《董事(及秘书)委任函》(Appointment Letters);

(3)《首次董事会决议》(Minutes of First Board Meeting)。

3. 待境内投资者签妥文件及股份凭证后,代理一般需3~5个工作日办理注册程序,随后代理便提供绿盒,注册程序完成。绿盒内包括以下文件:

(1)《公司注册证书》(Certificate of Incorporation);

(2)《首次董事会决议》(Minutes of First Board Meeting);

(3)《公司创始人首次委任董事函》(Appointment of First Director by Founder Members);

(4)《董事接受任职信》(Consent to Act as Director);

(5)《股份申请》(Application for Shares);

(6)《股票簿》(Stock Certificate Books);

(7)《董事名册》(Register of Directors);

(8)《股东名册》(Register of Members);

(9)《秘书名册》(Register of Secretaries);

(10)《押记登记册》(Registration of Charges);

(11)《股份转让》(Register of Transfers);

(12)《公司组织章程大纲与细则》(Memorandum and Articles of Association);

(13)公司钢印;

(14)公司长方形支票印章。

(四)续牌(年检)

任何时间成立的塞舌尔公司均必须于每年12月缴交续牌年费。即如2017年1月成立的公司,便须于2017年12月前缴交2017年的年费;如2017年11月成立的公司,亦须于2017年12月前缴交2017年的年费。

五、离岸公司设立法域比较

笔者下面对我国香港特区、开曼、BVI与塞舌尔四个主要离岸法域设立离岸公司的异同以表形式进行比较,以便境内企业在境外投资与并购时能选择最适合的法域设立离岸公司:

表　四个主要离岸法域设立离岸公司异同

离岸法域	我国香港特区(HONG KONG)	开曼群岛(CAYMAN ISLANDS)	英属维尔京群岛(BVI)	塞舌尔(SEYCHELLES)
基本资料				
政治与经济稳定性	好	好	好	好
是否属于普通法系	是	是	是	是
公司类别	有限公司	豁免公司	商业公司	国际商业公司
是否征收离岸利得税	否	否	否	否
公司注册规定				
最少股东人数	一名	一名	一名	一名
最少董事人数	一名	一名	一名	一名
标准法定股本/股份	随　意	US $ 50,000	50,000 股	US $ 50,000
披　露				
最终受益人资料是否供公众查阅	否	否	否	否
董事名册是否需要存档于公司注册处	需　要	需　要	随　意	不需要
股东名册是否需要存档于公司注册处	需　要	不需要	随　意	不需要
年度规定				
是否需要呈递周年报表	需　要	需　要	不需要	不需要
是否需要呈递经审计的账目	不需要	不需要	不需要	不需要
成立离岸公司所需时限(约工作日)与费用				
英文公司名称	3	10	5	3
中英文公司名称	3	20	5	3
设立费用	中	高	中	低

通过上表比较,四个法域设立离岸公司的共同点在于:政治与经济环境稳定,均属于英式普通法系,均不征收得利税,最少股东与董事均为一名,最终受益人资料不供公众查阅,保密性强。主要区别在于:在设立时限上,开曼最长,BVI

次之,塞舌尔最短;在设立费用方面,开曼最高,我国香港特区与 BVI 居中,塞舌尔最低。但如拟以离岸公司作为 NASDAQ 上市主体,则建议在开曼设立,因为开曼公司法与美国法更相近,开曼的离岸公司上市更容易获得交易所审批。

第四节 美国公司设立流程与要求

一直以来,美国都是中国投资者极为青睐的投资目标国,过去 10 年,无论在投资金额还是项目数量,中国企业境外直接投资目标国或地区的排名中,美国稳居首位。赴美直接投资首先需要了解的就是如何在美国设立公司,需要考虑清楚在哪个州设立公司、设立哪种类型的公司、设立公司的基本流程、所需材料与时间,以及各种类型公司的优劣势等各方面因素,并根据各个项目的实际情况和投资者的商业目的,从而决定公司设立的州和组织形式。笔者将在下文对境内投资者在美国设立公司时需要考虑的上述因素进行简要介绍。

一、如何选择设立公司的州

在美国设立公司,注册州和实际落户所在州的法院就会对公司拥有法律管辖权和审判权。但是,注册在哪个州并不影响实际落户所在地。中国投资者可以把公司注册在某个州以后在全美任何一个州实际落户企业。一般情况下实体生产企业会在实际落户所在州注册公司。但是,要注意的是如果注册州与实际落户所在州不同,公司需要在实际落户所在州政府进行登记,并获得允许可以以外州注册公司的名义在本州从事商业活动。

因为美国是邦联制国家,每一个州的法律都不同。所以注册州的选择非常重要,需要挑选法律条件最适宜的州为注册州。全美很多企业都注册在特拉华州。之所以选择特拉华州,是因为其公司法是全美最完善的州。州内设有专门的公司法法庭,并且大部分的司法机关人员对公司法拥有全美其他各州无法比拟的丰富经验。众所周知,美国的司法系统比较完善,因此,为了追求公平公正,其效率反而相对较低下。因此就更需要更高效的州司法体系来保障公司的运营。如果注册在别的州,出现了诉讼,注册州的法官和其他司法机关人员对公司法的一些细则和情况不是特别熟悉的话,可能会拖延整个案件进程。但是在特拉华州,大部分法官和司法机关人员对公司法拥有丰富的经验,并且有专门的公司法法庭处理案件，在效率和风控上可以做到最优。

除注册所在州以外，实际落户所在州的法院也会对公司存在法律管辖权和审判权。若注册州和实际落户所在州不同，出于法律风险考虑，如果把注册州设在特拉华州，诉讼发生以后，一般情况下特拉华州和实际落户所在州对案件都有管辖权。如果最后定在特拉华州开庭，那在必要的时候就需要让相关人员从实际落户州到特拉华州参与庭审或者配合调查取证，这对公司代表人来说可能会比较麻烦，而且也会增加诉讼成本。因此，很多实体企业在实际落户所在州进行登记注册，这样就只有一个州法院对有关公司的案子享有法律管辖权和审判权。

二、如何选择公司组织形式

在美国设立公司，可供选择的商业实体组织形式有多种，可设立代表处、办事处、分公司、独资企业、合资公司等多种形式等，只要符合美国法律要求并提交相关文件即可注册。公司的组织形式有有限责任公司（Limited Liability Company，LLC）、股份有限公司（Corporation）、普通合伙（General Partnership）、有限合伙（Limited Partnership）、个人独资企业（Sole Proprietorship）等。在选择公司组织形式时，需要考虑每一种公司组织形式的优势和劣势、投资者的商业目的，并结合股东需承担的法律责任与风险、税收等因素，从而决定成立公司的形式。下面笔者将对主要的公司组织形式的优势与劣势进行简要介绍。

（一）股份有限公司（Corporation）

在美国，根据投资者国籍的不同以及是否属于法律规定的专业人士，股份有限公司包括一般股份有限公司（Corporation，也称 Business Corporation）、外资股份有限公司（Foreign Corporation）、专业股份有限公司（Professional Corporation）、外资专业股份有限公司（Foreign Professional Corporation）几种类型。

1. 一般股份有限公司

一般股份有限公司是独立的法人实体，与个人所有制公司不同。股份有限公司可以买、卖和继承其公司名下资产，并且在法律活动中被赋予合法权利、权力和义务。盈利性商业股份公司可以向社会公开发行股票筹资。公司以其全部资产对公司债务承担有限责任。

（1）优势。股份有限公司存在实际股份，公司可以在未来通过定向增发股份[①]等方式进行融资。股份有限公司可以发放员工股份期权来留住优秀员工。如果公司有在未来上市的计划,应该设立股份有限公司更好。公司股东对债权人的法律责任受限于其对公司的股本投资,即在偿还公司债务时,如果公司的资产不足以承担责任时,债权人不能要求公司股东个人承担连带责任。公司所有权由股东持有的股票数额代表,因此公司所有权的转移非常简单。

(2)劣势。一般股份有限公司分为C型和S型公司。差异在于报税的时候是否为税收渗透型企业。税收渗透型企业的意思是在公司层面不征税,税务下放到个人所得税层面缴纳。一般情况下,在美国股份有限公司大部分为C型公司,存在双重征税的问题,即首先会对公司收入进行单一税率的征税,接着会对分配给股东的利润收税。

(3)S型公司VS C型公司。S型股份有限公司的优势在于报税时为税收渗透型企业,即税收在个人所得税层面征收。劣势在于S型企业最多只能有100位股东持股,股份只能有一个类别,且股东必须为美国公民或持有美国绿卡(取得美国永久居留权)。公司以后成长时出现对外融资、定向增发等行为时,可能会出现股东名额不够的问题。因为股份只有一个类别,股东总名额有限且员工持有的股份与股东为同一类股份,所以发放员工股份期权时就需要慎重。由于股东名额限制问题,S型企业不能被用作上市企业组织形式。股东对公司债务虽然不承担个人连带责任,但是贷款时经常被要求除以公司名义以外还要以个人名义提供连带责任担保。公司管理人员对未代扣代缴员工所得税负个人连带责任。股份有限公司以S型企业设立必须分两步走:第一,所有股东书面同意将股份有限公司转变成S型企业。第二,完成美国内政部(税务局)IRS的2553表格,申请成为小型企业。

C型股份有限公司的优势在于没有股东人数限制。劣势在于非税收渗透型企业,即会面对双重征税的问题。这方面的问题也可以在报税的时候由会计师事务所通过合理避税方式部分得以解决。

(4)成立时间。如果采取网上递交申请的方式设立公司,只需要3~5个工作日。如果采取邮寄纸质材料的方式申请设立,由于美国各州政府答复比较慢,需要1个月左右的时间才能完成公司设立。

---

① 股份可以分不同的类别,创始人和重要股东一般持A类股份。员工与高管持股或者奖励一般持B类股份。A类和B类可以设定为可兑换,但是可以用比例差距来调控。

2. 外国股份有限公司

与一般股份有限责任公司的权利义务比较相似，但该公司形式与本地股份有限责任公司的区别是：(1)该公司是外国公司在美国进行商业活动，公司成立时需要外国公司在外国成立的证明，授权证明在美国设立州政府备案；(2)国外的公司可以停止授权，停止授权后该公司解散。外国股份有限公司的优劣势与一般股份有限公司类似。

成立时间方面，由于需要证明外国公司的存在并且授权，而这种公司不能以递交电子材料的方式申请，邮递给美国设立州政府回复的时间会较慢，一般情况下，设立外国股份有限公司需要1～2个月时间。

3. 专业股份有限公司(Professional Corporation)

专业股份有限公司是在公司章程里对持有相关执照的专业人员，如律师、建筑师、工程师、注册会计师和医师做出特别规定的公司实体。

(1)优势。①成立专业股份有限公司对合格的小型企业来说有很多潜在的有利条件。在减税方面，小型企业有很多优势，这些优势是非公司企业无法享受的。例如，专业股份有限公司可以通过建立自愿的员工福利协会，为其公司员工提供健康和生活保险。大多数时候，这些好处对公司来说是免税的，且不考虑员工的税收收入。②专业股份有限公司可以让股东或员工免予因其他员工失职需要承担个人连带责任。

(2)劣势。在税收上，被动性损失(passive loss)有所限制。

(3)成立时间。如果上网申请，只需要3～5个工作日。如果纸质邮寄申请，由于美国州府答复比较慢，需要1～2个月时间。

4. 外资专业股份有限公司(Foreign Professional Corporation)

与专业股份有限公司权利义务基本相同，但该公司形式与本地专业股份有限公司的区别是：(1)该公司是外国公司授权成立的，公司成立时需要外国公司在外国成立的证明，授权证明在美国州政府备案；(2)国外的公司可以停止授权，停止授权后该公司解散。

成立时间：由于需要证明外国公司的存在并且授权，而这种公司未能电子申请，邮递给美国州政府回复的时间会较慢，所以其成立一般需要2～3个月时间。

(二)有限责任公司

1. 一般有限责任公司(Limited Liability Company,LLC)

有限责任公司是一种由一个或一个以上的自然人或法人组成的，对合同义务和其他商业责任承担有限责任的企业组织形式。

(1)优势。①有限责任,公司成员以其所认缴的出资额为限对公司承担有限责任。②税收方面,公司为税收渗透型企业,即公司层面不征税,税收下放到个人所得税层面征收。③无成员数量限制,LLC 没有对公司所有人数量上的限制,LLC 可以有一个或者上百个成员。④分配的灵活性,LLC 成员对公司的拥有比例并不需要与其投资金额成正比。⑤公司管理的自由:LLC 不是必须要设立董事会或严格的书面要求,一般情况下公司默认由成员管理,但是,也可以聘用管理人员管理。

(2)劣势。①公司没有实际意义上的股份,而只有所谓的成员权益(Membership Interests)。②一般情况下有限责任公司很难上市,因为有限责任公司大部分由各所在州法律管辖,很难满足美国证监会和证券交易所的要求。同时,公司没有实际意义上的股份,用成员权益代替股份进行交易甚至是公开发行交易,会出现很多法律问题。③更高费用:与一些其他的公司实体或独资公司相比,成立 LLC 需支付更高的费用。

(3)成立时间。如果上网申请,只需要 3 ~5 个工作日。如果纸质邮寄申请,由于美国州府答复比较慢,需要 1 ~2 个月时间(包括公告时间)。

2. 外国有限责任公司(Foreign Limited Liability Company)

与美国本地有限责任公司的权利义务比较相似,但该公司形式与本地有限责任公司的区别是:(1)该公司是外国公司在美国进行商业活动,公司成立时需要外国公司在外国成立的证明,授权证明在州政府备案;(2)国外的公司可以停止授权,停止授权后该公司解散。

成立时间方面,如果上网申请,只需要 3 ~5 个工作日。如果纸质邮寄申请,由于美国州府答复比较慢,需要 1 ~2 个月时间(包括公告时间)。

3. 专业有限责任公司(Professional Limited Liability Company)

专业有限责任公司是为持有相关执照的专业技术人员(如律师、医生、建筑师、工程师、会计师等)设立的企业。因为税收、有限责任和其他利益,许多公司选择设立有限责任公司,但是,美国一些州并不允许持证的专业技术人员成立自己的有限责任公司。因此,在这些州内,当持证的专业技术人员想得到成立有限责任公司的有利因素时,会选择成立(本地的)专业有限责任公司。

(1)优缺点。总体与一般的 LLC 相同。此外,作为专业有限责任公司的重要原因之一是它对自然人和实体进行区别对待。大部分案子中,当专业有限责任公司成立时，自然人个人不用对公司的债务和商业法律诉讼承担责任。但是，在另外一些情形中，专业有限责任公司的公司组织形式并不会对个人进行保护。例如，成立专业有限责任公司并不会保护个人工作过失免予过失索赔。正因如此，专业有限责任公司的员工最好购买工作过失保险。此外，专业有限责任公司为了得到贷款往往需要股东提供个人担保。当你在签名的时候，个人需对贷款承担连带责任。除此之外，尽管专业有限责任公司可以保护雇主不因员工的不当行为而承担连带责任，但直接负责员工的雇主或管理人会承担相应的责任。

(2)成立时间。如果上网申请，只需要3~5个工作日。如果纸质邮寄申请，由于美国州府答复比较慢，需要1~2个月时间(包括公告时间)。

4. 外国专业有限责任公司(Foreign Professional Limited Liability Company)

与美国州内的专业有限责任公司权利义务基本相同，但该公司形式与本地专业有限责任公司的区别是：(1)该公司是外国公司在美国进行商业活动，公司成立时需要外国公司在外国成立的证明，授权证明在美国设立州政府备案；(2)国外的公司可以停止授权，停止授权后该公司解散。

成立时间方面，由于需要证明外国公司的存在并且授权，这种公司不能电子申请，邮递给美国州政府回复的时间会较慢，其成立一般需要2~3个月时间。

(三)合伙(Partnership)

在美国，合伙可以分为普通合伙(General Partnership)、有限合伙(Limited Partnership)、外资有限合伙(Foreign Limited Liability Partnership)几种类型。

1. 普通合伙(General Partnership)

(1)优势。合伙人(General Partner)名额没有限制。公司为税收渗透型企业，即公司层面不征税，税收下放到个人所得税层面征收。由合伙人管理企业。

(2)劣势。合伙人都为普通合伙人，对公司承担个人无限连带责任。

2. 有限合伙(Limited Partnership)

(1)优势。普通合伙人(General Partner)和有限合伙人(Limited Partner)的名额没有限制。有限合伙人对公司不承担个人连带责任。公司为税收渗透型企业，即公司层面不征税，税收下放到个人所得税层面征收。公司组织相对松散自由。

(2)劣势。普通合伙人对公司承担个人无限连带责任。除有另外合约规定，普通合伙人管理公司，有限合伙人无权参与公司管理。

3. 外资有限合伙(Foreign Limited Liability Partnership)

与美国州内的有限合伙的权利义务基本相同,但该合伙形式与美国州内有限合伙的区别是:(1)该合伙企业是由外国合伙企业申请成立,美国州授权允许在该州进行商业活动,合伙成立时需要外国合伙在外国成立的证明,授权证明需要在该州政府备案;(2)国外的合伙可以停止授权,停止授权后该合伙解散。

成立时间:由于需要证明外国合伙的存在并且授权,这种合伙不能电子申请成立注册,邮递给美国州政府回复的时间会较慢,一般成立时间需要 2 ~ 3 个月时间(包括公告时间)。

(四)个人独资企业(Sole Proprietorship)

1. 优势。法律限制最小,设立成本最低,管理自由度最高,公司为税收渗透型企业,即公司层面不征税,税收下放到个人所得税层面征收。

2. 劣势。个人对公司承担无限连带责任,后期融资困难,法律风险较高。

三、美国公司设立流程

美国是邦联制国家,每一个州的法律都不同。而公司法是州法律,因此设立公司的流程、所需文件、文件名称等每一个州有些许差异。笔者以特拉华州为例,在美国很多企业都注册在特拉华州。之所以选择特拉华州,是因为特拉华州是普遍意义上全美公司法相对最完善的州。由于各种类型公司的设立流程和所需资料比较类似,笔者下面仅对成立股份有限公司、有限责任公司的基本流程、设立条件、所需资料进行简要介绍。

(一)股份有限公司

1. 公司设立条件

(1)至少 1 名股东,可以由法团或个人担任(如果以个人担任,设立 S 型企业需要此人为美国公民或取得美国永久居留权的居民);

(2)至少 1 名自然人董事(Director),自然人董事可以是股东;

(3)至少 1 名主席(President)、1 名公司秘书(Secretary)、1 名财务主管(Treasury)。三种职务可以由同一个人担任,也可以由三人分别担任。这些人员可以是公司的股东和董事,或者是外聘人员。一般情况下,公司秘书都是由单独人员担任;

(4)必须有特拉华州地址的注册人,可以使用虚拟注册人服务,虚拟注册人可以是公司或者是个人,虚拟注册人服务每年需缴纳年费。

(5)公司股本需符合法律要求。一般公司股本分为两种情况:

(a)不存在每股价格(no par value)的,一般公司股本为1500普通股,特拉华州以发行股本为基准收取相应的注册费(Filing Fee)、注册税(Filling Tax)以及每年的营业税(Franchise Tax)。股本数量变化阶层为1500普通股、1500至2万普通股、2万至200万普通股、200万普通股以上。

(b)存在每股价格(with par value)的,一般公司股本为7.5万普通股,每股可以定价为1美元计算,特拉华州以发行股本为基准收取相应的注册费(Filing Fee)、注册税(Filling Tax)以及每年的营业税(Franchise Tax)。股本数量变化阶层为7.5万普通股、7.5万至200万普通股、200万至2000万普通股、2000万普通股以上。每股价格一般定位1美元计算。

股份种类如果是C型企业原则上可以设立多种,如果是S型企业只能有1种股份。

2. 设立公司所需材料

(1)拟设立公司的名称,名称为英文名,尾缀为Inc.;

(2)拟定股本数及股份种类数;

(3)董事、股东的身份证明文件(一般为护照),股东为公司的提供营业执照;

(4)注册人地址和姓名(可以使用虚拟注册人服务);

(5)各股东持股比例;

(6)管理人员名单和职务。

3. 根据提供的材料,股东需草拟或填写以下文件供签署:

(1)《法团成立表格》(Form of Certificate of Incorporation);

(2)《公司创始人首次委任董事函》(Certificate of Organizational Action);

(3)《首次董事会决议》(Directors' Initial Consent);

(4)《公司章程》(Bylaws);

(5)《股权凭证》(Certificate of Common Stock)。

4. 待签妥上述文件及股份凭证,即可将上述文件与资料递交至特拉华州州务卿(Delaware Secretary of State)。州务卿一般在受理后正常情况下10个至15个工作日(高峰期3~4周)内出具由州务卿盖章的《公司注册证书》(Certificate of Incorporation),随后便可安排印刷商根据相关文件制作用于保存公司登记文书的"绿盒"。

5. 印刷商于3个工作日内完成绿盒后,注册程序即完成。绿盒内包括以下文件：

(1)《公司注册证书》(Certificate of Incorporation)；

(2)《公司创始人首次委任董事函》(Certificate of Organizational Action)；

(3)《首次董事会决议》(Directors' Initial Consent)；

(4)《公司章程》(Bylaws)；

(5)《股权凭证》(Certificate of Common Stock)；

(6)《股东登记簿》(Shareholders' Register)；

(7)公司钢印(Company Stamp)；

(8)公司支票(Company Check)。

6. 公司年报及每年营业税(Franchise Tax)缴纳(年检程序)

(1)公司每年3月1日,必须在线递交年报,并缴交相关费用；

(2)公司每年3月1日,必须在线向特拉华州州务卿缴纳营业税(Franchise Tax)；

(3)除非已按照公司条例规定决定不举行公司周年大会,否则所有公司均需在法律规定的时限前举行周年大会；

(4)注册后公司必须委任会计师,为公司编制审计账目,并在公司举行周年大会时提交股东审议。

(二)有限责任公司

1. 公司设立条件

(1)至少1名成员(Member/Principal),可以由法团或个人担任；

(2)至少1名自然人管理人(Manager)(自然人管理人可以是成员)；

(3)无法律规定需要有管理人员,成员可以直接管理公司。一般情况下有限责任公司会有至少1名首席执行官(CEO)、1名公司秘书(Secretary)、1名财务主管(Treasury),三种职务可以由同一个人担任,也可以由三人分别担任。这些人员可以是公司的股东和董事,或者是外聘人员。一般情况下,公司秘书都是由单独人员担任；

(4)必须有特拉华州地址的注册人(可以使用虚拟注册人服务,虚拟注册人可以是公司或者是个人,虚拟注册人服务每年需缴纳年费)；

(5)公司成员可以进行直接管理(Member-Managed),也可以聘请管理人管理(Manager-Managed),二选其一。

2. 设立公司所需材料

(1)拟设立公司的名称,名称为英文名,尾缀为 LLC;

(2)拟定公司由成员管理还是管理人管理;

(3)成员的身份证明文件(一般为护照),成员为法团的提供营业执照(三证合一);

(4)注册人地址和姓名(可以使用虚拟注册人服务);

(5)成员权益比例;

(6)如有管理人,请提供管理人员名单和职务;

(7)根据提供的材料,草拟或填写以下文件供签署:

(a)《法团成立表格》(LLC Certificate of Formation);

(b)《公司创始人首次委任管理人函》(Certificate of Organizational Action);

(c)《首次成员会决议》(Members' Initial Consent);

(d)《公司运营协议》(Operating Agreement);

(e)《成员股权凭证》(Certificate of Membership Interests)。

3. 待签妥上述文件及凭证,即可将上述文件与资料递交至特拉华州州务卿(Delaware Secretary of State)。州务卿一般在受理后正常情况下 10 个至 15 个工作日(高峰期 3 ~ 4 周)内出具由州务卿盖章的《公司注册证书》(Certificate of Formation),随后便可安排印刷商根据相关文件制作用于保存公司登记文书的"绿盒"。

4. 印刷商于 3 个工作日内完成绿盒后,注册程序即完成。绿盒内包括以下文件:

(1)《公司注册证书》(Certificate of Formation);

(2)《公司创始人首次委任管理人函》(Certificate of Organizational Action);

(3)《首次成员会决议》(Members' Initial Consent);

(4)《公司运营协议》(Operating Agreement);

(5)《成员股权凭证》(Certificate of Membership Interests);

(6)《成员登记簿》(Members' Register);

(7)公司钢印(Company Stamp);

(8)公司支票(Company Check)。

5. 公司年报及每年营业税(Franchise Tax)缴纳(年检程序)

(1)公司每年 6 月 1 日,必须在线递交年报,并缴交相关费用;

(2)公司每年6月1日,必须在线向特拉华州州务卿缴纳营业税(Franchise Tax);

(3)除非已按照公司条例规定决定不举行公司周年大会,否则所有公司均需在法律规定的时限前举行周年大会;

(4)注册后公司必须委任会计师,为公司编制审计账目,并在公司举行周年大会时提交股东审议。

境外投资与并购交易是一项极其复杂的工程,整个交易过程中将涉及诸多重大交易节点,而交易架构的搭建就是其中之一。在交易架构的设计过程中,只有充分考虑到可能影响交易架构设计的各个因素,及其可能给交易项目的顺利交割及境内企业境外投资商业目的的实现带来的相关风险,并提前防范上述风险而设计出符合中外法律法规及监管机关的监管政策要求,且具有商业可行性的交易架构,从而为境内投资者最终商业目的的达成规划蓝图。由于很多境内企业缺乏境外投资的相关经验,在其进行境外投资时,对交易架构的设计缺乏足够的重视,对境外投资过程中可能遭遇的相关风险准备不足,从而使其境外投资商业目的实现屡屡受挫,很多境内企业为此付出了沉重的代价。希望本章内容能为境内企业进行境外投资与并购搭建交易架构时有所借鉴意义。

第五章　中国企业境外投资尽职调查

投资前对目标项目或目标公司进行尽职调查,就如同医生给病人对症下药前需对病人进行体检一样,其重要性不言而喻。通过尽职调查,使境内投资者对目标公司或目标项目的具体真实情况会有一个更加详细的了解,从这个角度来说,项目尽职调查就是一个风险识别与发现的过程,并为下一步进行风险评估和防范打下基础。但在实务中,部分境内投资者由于各种原因,并没有对尽职调查给予足够的重视,或者对尽职调查走过场,匆忙完成了尽职调查,或者只做部分尽职调查,未能给后续进行全面风险防范提供充分依据,从而给境内投资者埋下风险隐患,这是我国众多企业境外投资失败的重要原因。一个完整的尽职调查一般包括商业尽职调查、法律尽职调查、财务尽职调查、税务尽职调查、人力资源尽职调查、运营尽职调查等,但鉴于时间与成本因素,以及项目本身的复杂程度,并不是所有的境外投资与并购都要完成上述所有尽职调查,而是需要根据项目本身的具体情况,以及对投资者的投资目的、投资方式等因素进行综合判断后决定尽职调查的类型、范围与方法。由于国内外法律、文化、工作习惯等方面存在较大差异,境外投资中的尽职调查比国内尽职调查要复杂得多。因此,真正做好一个境外投资项目的尽职调查,其实是一项既需要讲究战略,更需要注重战术与方法的活儿。由于笔者是律师,所以本章主要是对法律尽职调查进行更为详细的解析,对财税尽职调查与其他尽职调查只做简要分享。

第一节　尽职调查的价值与作用

一、尽职调查的过程就是一个发现与识别风险的过程

对于境外投资与并购来说,尽职调查的主要目的是发现与识别目标公司或目标项目可能存在的相关风险,从而为防范风险提供充分依据。因此,并购前需

要从商业、法律、财税、运营、公关媒体、人力资源等方面对目标公司进行尽职调查。

一般来说,商业尽职调查由境内投资者内部团队或聘请的第三方机构完成,商业尽职调查主要是从商务角度,对公司的运营、债权债务、重大资产等重大方面进行调查,看目标公司或目标项目是否存在重大阻碍交易的风险,也为后续是否有必要聘请其他中介机构进行法律、财税、运营等方面更为详细的尽职调查提供基础。如果境内投资者通过商业尽职调查发现目标公司或目标项目与其投资目的不相符,比如,投资者是为了获得目标公司的某些技术,但通过前期商业调查发现这些技术并非其实际拥有,而只是许可使用。又如,投资者拟通过收购目标公司实现协同效应,但发现目标公司业务与自身的业务缺乏互补性,从而使后续无法实现协同效应或实现的成本过高等。法律尽职调查一般由投资方聘请的中外律师事务所共同完成,调查目标公司或目标项目是否存在法律上的重大风险与瑕疵。财务与税务尽职调查一般由会计师事务所完成,对目标公司的财务、税务状况进行调查,以确认目标公司是否存在其他重大债权债务、税务风险,是否存在偷逃税等情形。此外,在一些大型的投资与收购项目中,还需要聘请其他的专业机构对目标公司的运营、人力资源、媒体公关等方面进行尽职调查,以发现目标公司或目标项目是否存在上述方面的相关风险,为后续制定公司运营、目标公司人才留任或激励方案、整合方案等提供参考。为了尽可能详细地发现目标公司或目标项目可能存在的风险,境内投资者需与其聘请的中介机构就其投资目的、重点关注的风险等内容进行详细沟通,并与中介机构相互配合,共同制定好详细的尽职调查方案,以使中介机构在尽职调查过程中能更加准确地发现和识别风险。

二、尽职调查为评估风险提供直接参考依据

发现与识别风险只是第一步,接下来就是如何去评估这些风险。风险可以根据其严重程度分为不同的级别。简单来说,可以将风险分为 3 类:重大不可控风险、较大可控风险与轻量级风险。重大不可控风险被称之为交易杀手(deal killer),这是尽职调查过程中应该特别关注的风险,这些重量级风险如果发生一个就可能导致整个交易的失败。比如,日本三菱地产在收购洛克菲勒中心时,由于三菱地产尽职调查的疏忽,没有发现洛克菲勒中心曾为 10 多亿美元债务提供担保的重大风险,从而为该交易的失败埋下了致命隐患。笔者在一起协助某境

内投资者收购某美国纳斯达克(NASDAQ)上市公司股权项目时发现,目标公司最近两年的股价一直在下跌,股份交易量也很不活跃,只要再有几个跌停,那目标公司很可能就会存在强制退市的风险。因及时发现这一重大风险,客户最终决定放弃收购,从而使客户避免了遭受重大损失。较大可控风险指的是那些对投资与收购可能会产生较大影响,但只要目标公司采取有效措施,这些风险是可控的。对于这部分风险,可以在交易协议中设置专门条款进行防范,将风险的承受方由境内投资者转变为目标公司或其股东,并设置违约责任赔偿条款,即使上述风险转变成现实风险,投资者也可以根据约定向目标公司或担保人追偿。比如,目标公司有某个正在法院审理的重大诉讼,根据审阅初步资料发现目标公司承担的赔偿责任的风险不大。在这种情况下,境内投资者可以在交易协议中要求目标公司作出担保,如果后续该风险转变为实际风险,则目标公司应向投资方作出赔偿。最后一种是轻量级风险,这类风险虽然可能对投资带来负面影响,但由于其风险级别低,即使转化为现实风险,也不会对交易形成较大障碍。对于该类风险,境内投资者无须过于担心,只要目标公司在交易协议的保证与陈述条款中作出约定,并约定赔偿责任条款即可。当然,实务中很难简单将所有风险都归入上述三类风险中去,各类风险之间也很难有一个明确的界限,而且某些风险可能会因为其他条件的变更而发生转换。但对尽职调查中发现的风险进行评估和量化是重要一环,特别是对重大不可控风险要特别予以重视,对于这类风险,一个都不能放过。对于第二类风险,主要通过在交易文件中设置条款以转移和防范相关风险,交易中的风险大部分都属于此类。至于第三类风险,投资方也要认真关注并做好防范措施。风险评估过程中,为了对风险进行更为准确的评估与量化,建议境内投资者充分利用相关中介机构的作用,从多方面、多角度对上述风险进行评估,以免因某些重要因素未考虑到而遗漏重大风险。

三、尽职调查是境内投资者在交易文件中设置条款有效防范风险的前提与基础

在完成风险的评估与量化后,最为重要的一步就是如何通过有效方式对不同级别的风险采取防范措施。如存在第一类重大不可控风险,那很可能意味着境内投资者不会冒着重大风险继续完成交易,但在某些情况下,境内投资者与目标公司为了达成交易,则可能会设计更为复杂的防范措施以使境内投资者愿意继续交易。比如,要求目标公司或其股东提供担保,即一旦该类重大风险转变为

现实风险，则投资方有权要求目标公司或其股东承担担保责任。如果是目标公司提供担保，则一定要注意其合法性问题，因为不同目标国法律可能对此问题存在不同的规定，一定要通过目标国律师对其合法性进行确认。如果目标公司是上市公司，其对外作出任何担保均属于公司的重大事项，均需要如实、充分进行披露。比如，笔者曾处理的收购美国某纳斯达克上市公司部分股权项目，目标公司的某股东兼董事同意向境内投资者提供连带责任担保，如该担保行为未进行充分披露，则根据《美国证券法》的规定，该种行为可能会被认定为构成欺诈，其他因此遭受损失的股东，可以要求目标公司、境内投资者及其他参加该交易的相关人员，包括境内外律师、会计师等赔偿损失。因此，境内投资者在设计风险防范措施时，一定要特别注意其合法性问题。对于较大可控风险，在多数情况下，投资方一般是要求目标公司和/或其控股股东在交易文件中作出充分、完整的陈述与保证，同时约定违约赔偿条款，当后续一旦发生目标公司违约情形时，投资方可依据交易协议约定向目标公司和/或其控股股东进行索赔。但巧妇难为无米之炊，如果缺少尽职调查这一关键环节，也就不可能发现目标公司或目标项目可能存在的重大风险，更不可能采取有效措施对其风险进行有效防范。因此，做好尽职调查是境外投资过程中有效防范风险的基础与前提。

第二节 法律尽职调查

由于国内外法律上存在的巨大差异，使境外投资与国内投资存在很大区别。对于一宗交易来说，首先要考虑的就是其合法性风险，一旦交易存在法律上的重大瑕疵或合法性问题，那该交易给境内投资者带来的风险可能就是致命性的。很多国内企业虽然知道国内外法律存在重大差异，但对其可能产生的法律风险仍然预估不足，而只有当为此付出沉重代价后，才对此引起足够重视。如前文所述，综观中国企业境外投资短暂的十余年，大部分的境外投资都是失败的。之所以会有很高的失败率，其中一个重要原因就是境内投资者缺乏法律风控意识，突出表现就是没有聘请专业律师对目标公司开展有效的法律尽职调查，他们更多关注的是商业上的可行性，但却往往忽略法律风险。法律风险虽然看似无形，但其对交易产生的影响却是重大的，一旦交易存在合法性或重大法律瑕疵，则可能直接导致交易失败，境内投资者可能会因此遭受巨额损失。当然，最近几年，我们欣喜地看到走出去的企业越来越重视法律风险的管控,这让笔者由衷地感到高兴。做好法律尽职调查并非简单的事情,需要在充分理解境内投资者的商业目的、时限要求、成本预算等因素的情况下,为其制定出可行且有效的尽职调查方案,其中包括法律尽职调查范围的确定、尽职调查方法的选择、尽职调查资料的获取及如何对尽职调查中遇到的问题快速作出应对等。只有处理好上述这些问题,才可能圆满地完成尽职调查,才能尽可能多地发现目标公司或目标项目潜藏的法律风险。

一、法律尽职调查范围的确定

(一)影响尽职调查范围确定的因素

尽职调查极为重要的一步就是对调查范围的确定。在确定调查范围时,需要考虑诸多因素。尽职调查最重要的目的是发现风险,所以首先要明确投资者的商业目的和重点关注风险。其次,需要考虑目标公司所属行业,不同的行业尽职调查的内容也会有不同的侧重。比如,如果目标公司是一家技术型公司,那么对其拥有的知识产权的权属、许可情况及可转让情况进行调查是重点调查的内容;如果目标公司是一家房地产公司,那么对其拥有的土地、房屋及工程项目的权属情况、是否存在他项权利限制等进行调查则是重点。

再次,尽职调查范围的确定还需要考虑尽职调查的具体时限要求。一般来说,境外投资与并购项目,会有多个买方参与竞标,特别是当目标公司为上市公司时更是如此,因为上市公司的董事会有信义义务(fiduciary duty)要求,即为了寻求股东利益最大化,董事会应为目标公司股份出售找到最高卖价,同时考虑到严格保密问题,目标公司都会对买方的尽职调查时间有严格要求,短则 2 周,长也一般不会超过 2 个月。因此,在如此短的时间内,境内投资者几乎不可能对目标公司做非常完整、全面的尽职调查。这就意味着,尽职调查范围的确定就显得无比重要,一方面要能满足为境内投资者作出投资决策提供充分参考的需求,另一方面要在有限的时间内通过事前周详的安排,通过尽职调查以获得更多有价值的信息和发现更多有关目标公司的法律风险。因此,境外投资与并购中的尽职调查都是在时间非常紧迫、工作强度很大的情况下完成的。

最后,境内投资者的成本预算也是影响尽职调查范围的重要因素。据统计,大部分境外投资与并购项目,在完成尽职调查后都没有再继续完成交易。因此,对于境内投资者来说,为了尽可能减少成本,他们对尽职调查部分给予的成本预算都是相当有限的。基于投资方的有限成本，境内外律师事务所只能通过减少尽职调查范围，为其配置一份量身定制的"套餐"。此外，由于买卖双方信息的不对称，卖方为了促成交易，他们很可能会对提供的资料与信息进行倾向性的披露，甚至可能隐瞒一些对买方准确判断交易风险很有帮助的重大信息，而尽职调查律师除了通过公开渠道查询信息外，主要是依赖于目标公司提供的资料开展尽职调查。当然，如果目标公司是一家上市公司的话，由于其所有重要资料均需在交易所网站进行全面披露，对境内投资者来说更容易获得有关目标公司的重要资料与信息。

因此，笔者理解详尽、全面地尽职调查只能是一种理想的状态，实务中，要想通过全面尽职调查获得所有有关目标公司的风险内容几乎是不可能的，加上境内投资者可能对尽职调查设有预算上限，则进一步缩小了尽职调查的范围。

（二）尽职调查范围的取与舍

由于上述因素，对尽职调查律师如何有效确定尽职调查范围提出了更多挑战。一方面，我们需要通过尽职调查尽可能多地发现目标公司潜藏的法律风险，特别是重大法律风险；另一方面，我们无法对目标公司进行全面、详尽的尽职调查，这就需要我们非常准确地对尽职调查的范围进行有效筛选，从而尽可能使尽职调查能实现其应有价值与作用。虽然律师只要尽到勤勉尽责的义务，按照境内投资者要求的尽职调查范围完成尽职调查，并如实地对其中隐藏的法律风险在尽职调查报告中进行披露即已完成约定职责，但基于律师的职业道德和对客户投资负责的角度来说，我们仍会竭力通过自己的努力，旨在通过尽职调查能发现目标公司更多风险，从而能为境内投资者做出投资决策提供更有价值的参考。

因此，实务中，如何有效确定尽职调查的范围是一件极有挑战性的工作。实务中，其实上述影响尽职调查范围确定的各项因素中，最为重要的一个是境内投资者的有限预算，特别是对于民营企业来说，他们的任何支出都会严格考虑成本投入与收益的问题，他们既想最大限度防范风险，但同时预算的成本又相当有限，两者之间本身就充满矛盾。平时媒体报道的境外投资与并购都是一些大型或巨型交易，当然可能不会存在这些问题，但现实中大部分的境内投资者特别是民营企业对成本的预算是有严格要求的，特别是在尽职调查环节，他们不想投入成本过大，因为很可能在尽职调查之后就放弃了交易，其花费在尽职调查上的支出不会产生任何收益。基于这样的现实情况，笔者结合处理的境外投资法律尽职调查项目,对尽职调查范围的确定方法作如下分享。

1. 充分理解境内投资者的投资方式、投资目的、目标公司所属行业等是确定尽职调查范围的前提

不同的投资方式、投资目的,会直接影响尽职调查范围的确定。比如,境内投资者是采取认购股权的方式或是可转债的方式,还是收购资产,抑或是采取债权投资的方式。不同的投资方式,其尽职调查的重点也会不同,从而对尽职调查范围的确定产生直接影响。如果境内投资者是财务型投资,只认购目标公司的小部分股权,那侧重对目标公司的债权债务、重大合同、重大诉讼等方面内容的调查,对于目标公司的管理与运营、劳工情况则没有必要作为重点调查内容。如果目标公司是一家房地产企业,那尽职调查的重点则是该家企业主要资产情况、重大诉讼情况、获得开发房地产许可的相关情况,以及目标公司拥有的土地、房地产的权属真实性、他项权利情况,比如是否存在抵押、查封、地役权或相邻权等。上述任何一项如存在重大风险,则对投资者决定是否投资与收购将产生重大影响。由于尽职调查是为了发现风险,特别是那些对交易可能构成重大障碍的实质性风险,应是调查的重中之重,所以在有限的时限或成本预算的情况下,尽职调查范围的确定应紧紧围绕上述目的进行筛选。

2. 尽职调查范围的确定可以分两步走

笔者前文中提到,境外投资与并购,全面、详尽的尽职调查很多情况下都是一种比较理想的状态,很多时候受限于时限要求及成本考虑,境内投资者都无法实现对目标公司的详尽的尽职调查。一般情况下,目标公司给予境内投资者进行尽职调查的时间都比较短,一般就 2 ~ 8 周时间,根据交易规模和尽职调查的复杂程序不同而有所区别。而且对于境内投资者来说,在未确定是否投资之前,也想尽可能节约成本。为了满足上述条件,我们通常建议境内投资者将尽职调查分成两步来走。第一步,可对目标公司或目标项目进行核心尽职调查,对目标公司是否存在可能阻碍交易的重大风险进行调查,比如目标公司是否存在重大负债、或有负债、重大合同风险、重大诉讼风险以及其他阻碍投资目的实现的重大风险。第二步,在完成重大风险尽职调查后,如果未发现目标公司或目标项目存在上述重大风险而决定继续推进交易时,境内投资者可再根据第一次尽职调查了解的情况,对其中需要进一步查明或需要补充了解的信息进行第二次补充尽职调查,从而对目标公司的风险情况有了更为全面的了解。这种分两步走的方式有两方面的优势:一方面,核心尽职调查可以节约大量时间,可以满足项目

时间上的要求；另一方面，可以满足境内投资者在未确定是否投资前节约成本的要求。通过核心尽职调查，可以给境内投资者决定是否投资提供较好的参考。当决定投资后，第二步是为了实现更为全面的风险防范而进行的补充尽职调查。在进行补充尽职调查的同时，境内投资者聘请的律师可以草拟投资或收购协议。因此，实际上补充尽职调查并没有额外延长交割时间。因此，这种分两步走的尽职调查方式为很多境内投资者所青睐。

3.尽职调查范围的筛选

对于我国大部分民营企业来说，他们对境外投资并购方面的经验是比较缺乏的，与很多大型国企的境外投资与并购不同，这些民企对成本的控制要求更严，但他们走出去的意愿是相当强烈的。虽然我们经常看到一些大型的境外投资与并购案例，比如美的收购德国机器人企业库卡、中国化工收购瑞士先正达等，但这样的巨型交易毕竟是极少数，大部分的境外投资与收购仍是标的额在1亿美元左右的交易。特别近几年，越来越多西南民营企业开始走出去，民营企业一般都对成本比较敏感，他们对尽职调查的费用预算都有严格的控制。因此，在帮助这些企业走出去的过程中，如何在他们有限预算的情况下，帮助他们通过尽职调查发现更多潜在法律风险是境内外律所必须面对的问题。

比如，笔者曾帮助一家大型民企收购一家美国纳斯达克某上市企业的部分股权，由于目标公司只给了该民企不到1个月的时间完成交易，分配给尽职调查的时间只有2周左右，在如此短的时间内完成对目标公司的全面、详尽尽职调查几乎是不可能的。而且该民企提供的尽职调查预算比对类似规模交易进行全面尽职调查的市场价格的一半还要低。我们通过浏览该上市公司披露的资料发现，全部资料有好几千页，如此大量的文件资料审查工作量是相当大的。如需对目标公司进行全面尽职调查，除时间上不允许外，该境内投资者可向中外律所支付的尽职调查费用也是相当有限。通过预估，我们与美国合作律所对该目标公司进行全面尽职调查的费用几乎高出该民企预算的一倍。我们再次审阅目标公司披露的文件资料后发现，目标公司的主要经营活动发生在2年前一位新的投资人进入之后。两年前的文件审查对本次投资决策的作出意义不是很大，而且该民企业主是财务型投资，投资后其不会实际参与到目标公司的经营管理中去。经与境内投资者充分沟通后，我们把尽职调查重点关注的内容限定在如下两方面：

其一，审查目标公司的公司章程、附则及目标公司的注册信息，确保目标公司主体设立与存续的合法性。

其二,审阅目标公司最近 2 年在美国证券交易委员会(SEC)网站上披露的申报文件,目标公司提供的董事会会议备忘录,以及未在 SEC 上披露的对目标公司运营产生重大影响的知识产权许可协议、股东协议,以确定目标公司是否有任何重大不诚信行为或是否存在任何针对目标公司的诉讼或潜在重大诉讼,以及对目标公司退市的风险进行评估。

通过对尽职调查范围的上述筛选和调整,使审阅的资料范围大大缩小,审阅资料的目的性也更为明确。在满足境内投资者投资需求和能实现境内投资者投资目的的前提下,对尽职调查范围作出筛选与取舍,从而使尽职调查更具有针对性与目的性。这种方式虽然不一定是最理想的方式,但其为民营企业的境外投资提供了很好的参考。由于民营企业资金实力较弱,在帮助民营企业实现境外投资目的的同时,又能高效、快速地完成尽职调查,这不乏为一种值得参考的尽职调查方式。

二、尽职调查方法

(一)中外律所组成团队共同完成尽职调查已成为标准配置

由于中外法律、文化、思维方式等方面存在较大差异,境内投资者一般会聘请由中外律所组成的团队共同完成境外投资与并购法律尽职调查。由于境内投资者对国内律所更加信任,他们对境内律所的工作方式更熟悉,沟通起来会更加顺畅,境内律所更能准确、深刻理解他们的投资逻辑、商业目的,所以由境内律所作为总法律顾问,他们更加放心。因此,境内投资者习惯于将整个项目都统一委托给境内律所,然后由境内律所将部分尽职调查工作转委托境外律所,共同组成团队完成尽职调查。如境内律所在目标国开设有分所,则一般由分所主要负责完成尽职调查。由于境内律所不具有国外执业许可,其不能对国外法律法规进行解释或出具法律意见书,即使少数境内大型律所有少数律师取得了外国法律执业资格,除非其已在该国执业多年,否则也需要委托目标公司所在地的律师进行合法性审查与把关。因为他们对当地文化比如工会文化、企业文化更为熟悉,有当地律所的参与能更加容易发现目标公司的重大风险,并对尽职调查中发现的问题能更加有效地制定解决方案。而且根据笔者的经验,一般情况下由中外律所组成团队开展尽职调查,不但不会增加境内投资者的成本,还可能成本更低(境外投资与并购中为何要组建中外律师团队完成交易,可以参阅本书第三章第三节的内容)。

(二)虚拟数据室与物理资料室

一般情况下,目标公司都会邀请多家潜在买家进行竞标,以让目标公司能卖个好价钱。但由于国内外距离遥远,而且尽职调查前期阶段,为了防止公司保密信息外泄,目标公司都会严格限制接受信息的人员范围。因此,对于非上市公司的尽职调查资料,实务中会分为虚拟数据室与物理资料室。虚拟数据室是指目标公司在网上建立数据室,并设置登录账号与密码,潜在投资方在签署保密协议后通过登录该账号查阅数据室中上传的有关目标公司的主要资料。虚拟数据室会在规定的尽职调查期限内对潜在投资方开放,目标公司会对潜在买方使用数据室资料制定相关规则,比如资料是否可以下载与打印,或者只允许部分下载与打印,或者只允许查阅但不允许下载与打印等。因此,境内投资者要首先认真阅读资料使用规则。物理资料室是指目标公司在规定地点(如公司办公室)放置有关目标公司的主要资料,潜在投资方在签署保密协议后,对保密协议中获准授权的境内投资者或其委托的中介机构人员可以进入该资料室进行查阅或摘录相关资料。同样,目标公司也会制定资料使用规则,比如是否允许复印资料,或只允许进行摘录而不允许拍照与复印等。境内投资者需要严格遵守资料使用规则,以避免产生误会。通常情况下,对于第一轮尽职调查,目标公司只开放虚拟数据室,如完成第一轮尽职调查,境内投资者的报价位于目标公司能接受的范围之内,目标公司一般会开放物理资料室以让进入第二轮竞标的潜在投资方进行补充尽职调查。因此,相比之下,物理资料室的资料会比虚拟数据室的资料更为全面,并包括了目标公司更为实质性的资料,以让潜在投资方通过第二轮尽职调查能对目标公司的情况有更加深入的了解。一般在进行第二轮尽职调查后,目标公司允许潜在投资方进行第二轮报价。

如果目标公司是上市公司,则境内投资者获得目标公司资料的途径要简单得多。因为上市公司为遵守交易所的交易规则,所有有关目标公司的重大事项都需要在交易所网站进行披露,境内投资者很容易就能查询到目标公司的重要信息。但董事会会议记录一般是不会在交易所网站上进行披露的,这需要目标公司另行单独提供。同时,对于未正式生效的文件,比如目标公司发展规划等文件,则需要境内投资者通过其他调查方式(如高管访谈等)才能获得相关信息。

(三)公开渠道查询与检索

网络时代,通过公开渠道查询与检索的方式越来越成为一种重要的尽职调查方法。公开渠道主要包括两类:一类是官方机构网站,另一类是非官方的搜索途径。比如,对一家位于美国某州的目标公司进行尽职调查,则只能通过目标公司所在州的州务卿网站查询到有关的基本工商登记信息,以确认目标公司是否在其成立州合法设立,是否存在信用不良记录以及历史沿革情况;通过美国专利局(USPTO)可以查询该目标公司拥有的知识产权情况;通过美国法院电子记录公共访问系统(Acronym for Public Access to Court Electronic Records)(以下简称PACER)法院案例查询系统,可查询到目标公司是否存在重大诉讼。同时,可通过其他非官方网站,比如通过Google等搜索引擎可以查询到有关媒体对目标公司的相关报道。但由于公开渠道查询与检索的信息更多是一些有关目标公司的基础信息,建议境内投资者还需要使用其他尽职调查手段,对公开渠道查询与检索到的信息进行更为深入的尽职调查,从而能发现更多有关目标公司的风险。比如,通过工商登记信息查询发现了一条有关目标公司不良信用记录,则可以通过与目标公司高管访谈询问有关该不良信用记录的详细信息,或要求目标公司提供更多与该不良信用记录相关的资料,以确认该不良信用记录是否会构成重大风险。

(四)高管访谈

无论是通过虚拟数据室,还是物理资料室的尽职调查,境内投资者都只能通过审阅书面文件资料的方式了解目标公司的相关情况,但对文件资料制定的背景及缘由只有通过与目标公司的高管进行访谈后才能更加清楚地了解。因此,高管访谈也是一种必不可少的尽职调查方法。高管访谈的方式与审阅书面资料不同,审阅书面资料是单方面的对资料审阅后作出的判断,但访谈则更具有互动性。如何通过与高管的访谈获得更多想了解的信息,如何让被访谈的高管愿意提供境内投资者想了解的重要信息,这更需要境内投资者事先更加周全的准备,特别是问题的设计与沟通的技巧。对于被访谈者来说,他们可能不愿意披露更多可能对目标公司不利的信息,当出现这种情况时,境内投资者或其聘请的中介机构如何通过沟通技巧让被访谈者告知真实情况,这就需要访谈人员有很好的沟通能力。同时,在被访谈人员的范围与级别的选择上也很重要,可以选择不同岗位与级别的人员进行访谈,从各个角度去了解目标公司的相关情况,从而获得目标公司更为准确的信息。

(五)到相关主管机关进行查询与确认

这种尽职调查方法主要适用于需要对目标公司拥有的相关证书的真实性及

是否存在相关权利限制情况进行查询和确认，比如目标公司拥有的土地、房屋、知识产权等权利，以及就某些专业问题在法律法规未有明确规定或法律、法规规定与实际执行情况可能不同的情况下，需要向主管机关咨询确认的相关问题；比如，向土地登记机关查询与确认目标公司拥有土地使用权或所有权，或者房屋所有权的真实性，以及是否存在抵押、查封等权利限制情况，向知识产权登记主管机关查询目标公司拥有的相关知识产权的真实性，以及询问是否存在法律转让上的限制情形等。如果目标公司属于发展中国家，在法律法规不太健全，或者实务中主管机关未严格按法律法规执行时，则通过向主管机关咨询与确认，从而为境内投资者提供明确的意见。比如，我们曾经对埃塞俄比亚投资环境、法律法规与政策等进行项目前期尽职调查，为了给境内投资者到埃塞俄比亚投资流程、所需资料、时限以及是否存在外国投资限制等情况提供准确建议，我们的尽职调查团队专程到埃塞俄比亚的外商投资主管部门，比如投资委员会与工业部专门进行咨询与确认。通过向主管机关咨询，可以对法律法规的实际执行情况及法律法规规定与实际操作之间存在的差异有了更为准确的了解，从而能为境内投资者提供更为准确的风险防范建议。

三、法律尽职调查内容解析

由于各个目标公司或目标项目的实际情况不同，加上境内投资者的投资商业目的不同，所以，每个目标公司尽职调查的内容也存在较大差别。笔者在本部分中主要就法律尽职调查涉及的主要内容进行简要的解析。

（一）目标公司设立及存续的合法性

目标公司设立与存续的合法性是境内投资者首先重点关注的问题。如果目标公司设立或存续存在重大法律瑕疵，则境内投资者可能直接放弃交易。当然，在实务中，一般情况下，目标公司设立与存续的合法性存在重大法律瑕疵的情况不多见，但这并不排除存在上述风险的可能性，这是交易推进的前提与基础，所以对收购方来说该项风险仍不能大意。通常情况下，判断目标公司是否合法设立，主要审查目标公司的相关设立文件，比如对公司章程、股东会决议及其他公司登记信息等资料进行审查；对于目标公司存续合法性审查，则主要审查目标公司相关历史沿革文件，比如章程修正案、股东会或董事会决议等资料。在美国内华达州，可以申请让其州务卿出具关于目标公司是否合法存续的证明（Certificate of Good Standing），则能直接查明目标公司是否合法存续。

（二）目标公司股权结构及股东持股情况

目标公司的股权结构根据其是上市公司还是非上市公司有着很大区别。如果是上市公司，则需要了解目标公司小股东的人数、持股情况及持有的股票类型，这直接关系到大股东表决权的行使。比如，在美国，公司股份分为很多种类，持有不同的股份种类意味着享有不同的权利。持有普通股股份的股东享有投票权和参加公司管理的权利，而持有优先股股份的股东享有优先于普通股股东的分红权和清算优先受偿权，但却不享有投票权和参加公司管理的权利。普通股根据投票权的不同又可分为不同类别的普通股，比如A类普通股与B类普通股。在不违反法律强制性规定的情况下，股东可以在公司章程中对普通股的类别或优先股享有的具体权利进行自由约定，即同股不同权。这也是为什么阿里巴巴选择在美国上市而不是在我国香港特区联交所上市的关键原因，创始股东虽然持有公司少数普通股股份，但却对公司拥有绝对的控制权。笔者曾对一家设立于特拉华州的上市公司进行尽职调查，该公司章程规定，优先股股东比起普通股股东享有清算优先受偿权，但不享有投票权和股息分配权，优先股不能转换成普通股，但约定目标公司在特定情形下可以以约定价格回赎全部或部分优先股股份。因此，尽职调查过程中，就需要对目标公司的股份种类、投票权分配、每类股份享有的权利、是否可以进行相应转换等情况调查清楚，从而为境内投资者投资后持有的股份种类以及要求享有的相关权利提供参考。此外，境内投资者投资股份种类的不同还可能涉及向交易所进行披露的具体要求以及是否需要获得证券交易所审批的问题，这都需要在尽职调查中查明。

如果目标公司是非上市公司，通常情况下，其股权结构要简单一些，了解清楚目标公司股权结构与各股东的持股数量，为境内投资者投资后持有目标公司的股权数量及要求享有的相关权利提供参考。同时，为其投资后是否参加目标公司管理和在目标公司享有的股东权利范围有更清楚的了解，也为其与目标公司或现有股东谈判提供依据。

（三）目标公司主要业务及运营情况

目标公司从事的主营业务是境内实业投资者拟投资或收购目标公司的前提，正如我国现行境外投资政策要求境内投资者的主营业务应与目标公司的主营业务一致，从而使境内投资者投资或收购目标公司后能产生协同效应或能获得相关技术等。因此，对目标公司从事的主营业务进行尽职调查，不仅是境内投资者作出投资决定的需要，也是境内监管机关进行备案或审批审查时需要境内投资者通过尽职调查查明的内容。主营业务与运营情况调查,一般需要查明目标公司的经营范围包括哪些业务内容,目标公司的产业链结构,各大板块业务的收益情况及其在整个公司盈收中的占比,特别是对于境内投资者从事的主营业务之间的互补性及产生协同效应的可能性。同时,调查清楚目标公司从事的主营业务是否已获得政府机关的授权许可及许可是否合法有效,这些信息的查明能为境内投资者作出最终投资决策提供重要参考。

目标公司运营情况调查主要是对目标公司的如下内容进行分析,包括商业计划、拥有的技术特点、生产及产品情况、研发能力、产品质量管理、生产安全、主要客户和销售渠道、供应链管理和采购管理、物流、信息技术等。通过上述各方面的分析,从而对目标公司的运营情况作出准确判断,使境内投资者对自身与目标公司在运营方面是否互补以产生协同效应的可能性作出更为准确的评估。

(四)目标公司主要债权债务情况

目标公司主要债权债务调查包括其享有的主要债权比如应收款等,以及欠付的债务比如其向银行的贷款、对外欠付的借款等。对于享有的债权,要调查其合法性、有效性与收回的时间;对于欠付的债务,如果是银行贷款,则要调查清楚其具体的还款安排、违约责任与是否依约履行了还款义务等;对于其他类型的金钱债务,则要了解其真实性、合法性、履行时限与违约责任,如果已经构成了违约,则需对其发生诉讼风险的可能性和依约可能承担的法律责任作出评估。另外,需要特别注意目标公司对外的担保情况,调查目标公司的不动产、动产、股权、知识产权等是否设置了抵押、质押担保,目标公司是否提供了保证责任担保,以及担保的方式为一般担保还是连带责任担保。如果目标公司位于美国,根据美国《统一商法典》(The Uniform Commercial Code, UCC)第 9 条(以下简称 UCC -9)规定,美国不动产设定抵押或者股权质押,只有在向州务卿(Department of State/Secretary of State)递交了抵押或者质押文件以后才生效。如果没有递交,则无法向州务卿查询。美国是邦联制国家,50 个州的州务卿系统是互相共享的,所以一般需要向相应州的州务卿按其规定的方式进行查询。比如,某些州务卿需要通过填表以后邮寄查询(该种方式现在已经比较少了),有些州务卿通过电话查询,有些则是建立了专门的系统可供查询。查询都要支付手续费,一般这类查询都交给代理来做,这样成本更低。如通过查询了解到目标公司的不动产、动产、股权、知识产权等设置了抵押、质押担保,则还需要调查其所担保的主债权违约的可能性,以及当主债权发生违约情形后,目标公司作为担保方需承担什么担保责任。通过对目标公司主要债权债务的调查,发现其是否存在阻碍交易的重大债务风险,并为后续进行风险评估与防范提供依据。

(五)目标公司主要资产情况

目标公司的资产情况直接决定了境内投资者所投资金能占到的股权比例,或至少作为持股比例多少的重要依据。调查目标公司的主要资产包括目标公司拥有的房地产、设施设备、原材料、车辆、知识产权、股权等。首先,要核实上述资产权属的真实性,确认是否为目标公司所有;其次,调查上述资产取得的合法性,目标公司持有的土地是否依约全部缴付了购买价款,其取得的程序是否符合目标公司所在国的法律法规;最后,还要调查上述资产是否设定了抵押、质押等权利限制情况。对目标公司对外投资持有的股权,除确认其权属的合法性、真实性外,同样需要调查其是否进行了质押。此外,境内投资者还需要对其持有的股权价值进行一定的了解,但对其持有的股权价值作出准确评估是比较困难的。如果持有的是上市公司的股权,则通过了解该上市公司的股价而作出评估;但如果持有的是非上市公司的股权,在未对该公司进行全面尽职调查前,也很难准确评估其持有股权的具体价值。而法律尽职调查主要是从法律角度确认资产权属的真实性与合法性,对其价值评估一般由会计师事务所作出。因此,尽职调查过程中,律师还需与会计师事务所进行密切配合与沟通,从而为境内投资者提供更多有价值的信息。

(六)目标公司重大合同情况

目标公司重大合同法律尽职调查几乎是所有境外投资与收购的主要调查内容。目标公司可能不会持有大量资产,但肯定有很多重大合同。如果目标公司签署的合同太多,无法对所有的合同进行调查的情况下,则只能对重大合同进行尽职调查。但何为重大合同很难有一个明确的界定标准,不同的行业、不同性质的合同都会对其重要性产生影响。实务中,我们通常还是以合同的标的额大小作为评估标准。一般情况下,合同标的额占目标公司总资产额5%及以上的合同视为重大合同。同时,其他对目标公司运营可能产生重大影响的合同,虽然标的额达不到重大合同的标准,但鉴于其对目标公司发展上的重要性,一般也将其列入重大合同范围。重大合同尽职调查包括采购合同、销售合同、不动产买卖合同、租赁合同、投资协议、知识产权许可或转让协议,股权转让协议、贷款协议、担保协议等。根据目标公司性质的不同,需对重大合同的标准作相应调整,对公司业务发展能产生重大影响的合同更需要着重调查。具体到某一份合同来说,我们一般要重点调查合同的权利义务条款、法律责任条款、价款及其支付条款、违约责任条款、争议解决条款、合同履约情况等。通过审阅上述条款，从而对合同违约的风险进行评估，着重调查合同的具体履行情况，以及对违约后可能产生的法律责任提出具体建议。

（七）目标公司的知识产权情况

知识产权调查是境外投资与并购尽职调查中的重要内容，很多境内投资者到欧美等发达国家进行投资与收购的重要原因之一就是为了获得目标公司持有的知识产权，这包括专利、专有技术、商标、品牌等。我国为了实现从“中国制造”到“中国智造”的转型升级，最为有效的途径就是到欧美等发达国家收购能帮助其实现技术转型升级的拥有高新技术的目标企业。例如，在德国有很多家族企业，他们世代从事某个业务领域或做精某项技术，虽然企业的规模不是很大，但在该领域，这些家族企业掌握了最前沿的技术，这些企业通常被中国投资者称为“隐形冠军”。自 2008 年金融危机与后来的欧债危机之后，欧洲市场越做越艰难，很多像这样的“隐形冠军”受限欧洲不景气的经济环境，想到国外寻求更为广阔的发展空间，而中国广阔的市场正是他们寻求的目标市场。此外，像法国、意大利、英国等欧洲国家在消费品、餐饮、服装等行业拥有很多知名品牌，持有这些品牌的企业也非常看好中国正不断崛起的中产阶段消费市场，拟寻求与中国投资者合资、合作，从而扩大他们的市场空间。因此，中国市场与欧美先进技术、品牌的结合是这几年中国企业境外并购的明显特征。基于这样的目标，尽职调查中对目标公司知识产权的调查就显得尤其重要，这包括需要对目标公司拥有的专利、专有技术、技术秘密、商标权属的真实性、有效性与合法性进行调查，特别是对投资与收购后技术、商标权的转让与许可等的可行性进行调查，比如像欧美国家对某些高新技术的出口与转让有着严格的限制。如果存在法律上的限制，那意味着，即使能收购成功，但由于境内投资者想获得的先进技术无法转移到中国境内，使境内投资者的最初收购目的无法得以变现。

对知识产权的尽职调查中还要特别关注其有效期，像专利的有效期通常为 10 年，如果目标公司持有的核心专利技术的有效期即将届满，那这样的专利对投资者来说意义不大。对于境内投资者而言，对国外的技术不要盲信其先进性。很多境内投资者在欧美国家收购的技术很多都是已经濒临被市场淘汰的技术，境内投资者不要轻易相信目标公司对其持有技术价值的夸大，要时刻保持着火眼金睛，建议聘请该领域的技术专家对目标公司持有的技术在市场中所处的地位、市场价值与应用前景等进行判断与评估,从而避免高价收购的技术最终变得毫无价值。当初TCL在收购法国汤姆逊(Thompson)时,TCL就是对汤姆逊拥有的DLP技术的先进性过于盲信,其相信汤姆逊花了高额成本开发的数字光亮电视能给彩电市场带来革命性变化,但殊不知,由日韩引领的液晶显示屏彩电技术即将带来一场彩电行业的革命性变化。TCL后来发现其斥巨额资金收购的DLP技术最终给其造成了巨大亏损。

对于收购一些还不太成熟的技术,境内投资者也要特别小心。由于其尚未成熟,后续可能需要长时间和高成本的继续开发才可能真正产生高价值,但继续开发的风险是相当高的,而且对其在中国市场转化为市场应用的风险也要有足够的估计。由此可见,对目标公司拥有的知识产权进行尽职调查是相当复杂的过程,其有太多方面的因素需要考虑。只有通过事先周密的安排并借助专业人士的力量,才可能尽量减少知识产权方面的风险。

(八)目标公司重大诉讼情况

很多境内投资者对目标公司存在的重大诉讼法律风险缺乏足够的重视,这源于他们对境内外争议解决文化的理解上存在的较大差异。在国内,我们有耻于诉讼的传统,各方当事人除非是迫不得已的情况下,才会通过诉讼的方式解决争议,而在欧美国家,诉讼或仲裁只是解决争议的一种手段,迫使对方在权衡利弊和风险后回到谈判桌上。诉讼或仲裁中,双方当事人照样能谈笑风生,不会因为双方的争议正在仲裁或诉讼而处于一种敌对的状态,因为这是他们文化中的一部分,仲裁或诉讼只是解决争议的一种手段,能让双方更为理性地面对问题,解决争议。此外,由于中外法律上存在的巨大差异,很多在国内看似毫无关联的境外诉讼请求,最终因境内投资者的不在意或大意而承担了巨大损失。面对境外诉讼,境内投资者习惯性的做法就是消极的应诉或干脆置之不理。由于对对方提出的诉讼或仲裁请求与举示的证据未能进行有效、及时的答辩与抗辩,从而使仲裁庭或法院仅凭单方的请求与举示的证据作出了裁定或判决,这种情况下作出的裁判毫无疑问会对境内投资者极为不利,很多境内投资者因此付出了沉重的代价。因此,对目标公司进行诉讼风险尽职调查是境外投资与并购中必不可少的部分。无论是英美普通法系国家,还是像德国、法国这样的大陆法系国家,均可通过电子化的方式检索到所有已生效的法院案例。比如,在美国,联邦法院案例可以通过PACER来进行调查。州法院的判例原则上要通过各州自己的系统来排查,没有统一的系统。但是,现在有一家叫Courtlink的服务公司,他们把所有存在案例电子数据库的州(美国还有少数几个州没有案例电子数据库)系统进行了整合。在 Courtlink 上搜索,可以很快查出几乎美国所有州法院是否存在相关案例的查询结果。另一个系统是 LexisNexis,该系统也是对存在案例电子数据库的州的系统进行了整合。上述 2 个法院案例检索系统是美国律所进行法律尽职调查时的常用检索系统,都是付费系统。之所以对诉讼风险给予高度重视,是因为某个诉讼可能会使目标公司遭受重大损失甚至破产。比如,美国对产品质量责任采取惩罚性赔偿,虽然销售的产品的金额不大,但法院判决的赔偿金额可能是天文数字。法院判决的金额可能与产品本身的价值毫无关联,这和我们国内的情况存在巨大差异。因此,境内投资者对目标公司重大诉讼风险要予以高度重视,而不能用我国的诉讼思维对待。

(九)目标公司的劳工情况

由于各个国家劳工法律差异很大,对劳动者的保护程度及工会组织的作用也大相径庭,再加上宗教信仰与当地的风俗习惯对劳工权利与义务产生的影响,在境外投资与并购中,境内投资者要特别注意对目标公司劳工方面的尽职调查。劳工尽职调查主要包括如下几方面的内容:

1. 目标公司所在国劳工法律方面的特殊规定

一个国家的劳工法律立法与该国的经济发展水平、劳工社会福利情况、劳工就业情况等方面密切相关。因此,各个国家的劳工法律存在巨大差异,而这些差异可能会对境内投资者投资或收购目标公司后产生重大影响。比如,笔者曾经参与对一家意大利公司进行尽职调查,就发现意大利的劳工法律与国内的劳工法律存在诸多重大不同。根据意大利法律,劳动关系受到成文法、个人劳动合同与集体劳动合同的规范。集体劳动合同包括国家或公司层面的集体劳动合同。国家集体劳动协议是在国家层面上由工会和员工不时协商制定的,每个行业都有国家集体劳动协议,其中包括了劳动关系所涉及的各个方面的约定,比如工资、工作职责、工作时间、休假、劳动关系解除、解除理由、解除程序、社会保险、养老金、劳动仲裁、工会代表等所有法定事项条款,国家集体劳动协议会对该行业劳动者应享有的基本权利与劳动保护条件作出约定。公司一般选择适用其所属行业的国家集体劳动协议作为协议版本,与员工个人签署个人劳动合同。个人劳动合同中,对劳动者的权利与劳动保护一般不得低于国家集体劳动协议。因此,境内投资者对目标公司所属行业的国家集体劳动协议内容要仔细审阅,看其中是否有一些特殊的对劳动者的保护条款。比如,根据意大利劳动法,对于员工人数达到 15 人的公司有强制义务根据其雇用员工总数的一定比例雇用残疾员工和其他被保护的员工，比如孤儿与难民；对雇用超过 50 名员工的公司需要雇用相当于其员工总数 7% 的残疾员工和相当于员工总数 1% 的其他被保护员工。如果公司违反上述规定，可能会遭受如下处罚：对有权被雇佣的每一位残疾员工按一定的标准支付罚金，自其负有上述雇佣义务之时开始计算；目标公司可能因此不得参加公开投标。因此，境内投资者在尽职调查过程中应调查目标公司是否履行了当地法律规定的强制性义务。否则，可能在交割完成后，这些合法与合规性风险会逐渐暴露出来，境内投资者可能会为此付出沉重代价。比如，当初 TCL 在收购法国汤姆逊时，对法国的劳工文化与劳工法律制度尽职调查不充分，在完成对汤姆逊的收购后，由于整合失败公司不得不裁员，但根据法国劳动法规定，裁员应首先保留老、弱、病、残员工，且裁员后如公司再招聘员工时，要首先雇用原来裁员裁掉的老、弱、病、残员工，如严格按法规执行，意味着目标公司最终剩下的全部是老、弱、病、残员工了。迫于无奈，最终 TCL 不得不支付了数亿多欧元的遣散费解除了目标公司所有员工的劳动关系，并另行成立新公司将原公司的核心人员和公司发展需要的员工合法招聘回来，而 TCL 在收购当初对这笔巨额遣散费肯定是始料未及的。

2. 高管的聘用合同是否约定了“降落伞”等特殊条款

为了防止恶意收购，目标公司在其与员工签署的聘用合同中约定，当目标公司控制权发生变更的情况下，其员工可以根据聘用合同要求目标公司支付一笔高额的离职补偿金，以让员工因目标公司控制权变更后能平稳地实现“着陆”。因此，国际上将这种制度称为“降落伞”制度。根据员工的层次不同，境外投资与并购中，将“降落伞”分为三种不同的类型：“金色降落伞”主要适用于目标公司董事与高管；“银色降落伞”主要适用于目标公司中层管理人员；“锡色降落伞”则主要适用于目标公司基层员工。后来“降落伞”制度出现了多种变样，但其核心内容仍保持不变，即当目标公司发生控制权变更时，需向员工支付高额的补偿。如果聘用合同中作出了“降落伞”条款的约定，则会大大增加境内投资者的收购成本。因此，在境外投资尽职调查中，要特别关注是否存在“降落伞”条款。比如，笔者对一个意大利目标公司的尽职调查中，发现目标公司与高管签署的聘用合同中就设置了类似的“金色降落伞”条款。其约定，如目标公司出售或目标公司的控制权发生变更，且上述变更会对管理层员工的工作内容造成不利的影响，管理层员工有权在该等事项发生之日起 180 日内提出辞职且立即生效，且有权要求目标公司按其工作年限,每满一年支付相当于2个月收入的标准,向该辞职员工支付离职补偿金,但最高不得超过12个月。上述约定的“金色降落伞”补偿金算是很温和了,很多“金色降落伞”约定的补偿金要高得多。某些情况下,聘用合同中可能还会约定,在目标公司出售或控制权变更的情况下,其高管将自动获得目标公司发行的一定比例的股份。此种情况下,境内投资者可能会面临更为高额的收购成本。

3. 关注股权激励计划风险

很多欧美公司均对公司某些高管、董事、技术人才授予了股份期权,以作为对他们的激励。股权激励作为一种有效留住公司发展所需核心高管、专业技术人才的有效方式,经常会被纳入公司人才战略的重要组成部分。境内投资者在投资或收购目标公司后,如何留住目标公司的核心人才是收购成功与否的关键。由于中外企业文化、企业管理模式、思维与工作方式等方面存在重大差异,一旦目标公司控制权发生变更,没有妥善处理好高管与技术人员的留任问题,很可能使得目标公司成为一个空壳公司。因此,在尽职调查阶段就很有必要对目标公司是否实施了股权激励及其具体执行情况进行详细尽职调查。一方面是了解清楚目标公司现行的股权激励的具体内容和执行情况,以便对其中潜藏的法律风险作出判断;另一方面也能为下一步在收购目标公司后制定人才留任方案时提供重要参考。比如,笔者参与对一家美国公司进行尽职调查时发现:该公司与10余位高管均签署了股票期权协议,公司拿出15%的股权分配给高管,股票期权期限为3年,分三次行权,每次行权的比例为三分之一。在收购目标公司时,已经行权一次,还有三分之二的期权在接下来的两年完成行权。但根据签署的股票期限协议,如果目标公司发生控制权变更,未到期的奖励将全部到期,即意味着一旦境内投资者收购目标公司后发生控制权变更,则上述高管有权要求其余2次股票期权到期,这意味着境内投资者收购的股权比例会减少10%。针对上述风险,境内投资者则可要求对收购对价进行调整,或让目标公司先行解决上述10%的股票期权的行权问题。但从留住目标公司的上述核心高管的角度来说,对于收购后继续留任的高管所持股票期权继续保持有效,会对留住该部分高管具有重要意义。

4. 劳工尽职调查其他注意事项

绝大多数国家的劳动法规都规定了公司需要为员工缴纳社会保险或类似保险,以对员工提供社会与劳动保障。因此,尽职调查中要对公司是否依法为员工缴纳了社会保险以及对未依法缴纳社会保险需要承担的法律责任进行调查。特别是针对实习生员工,由于他们与公司的固定期限员工不同,实习生员工一般是签署无固定期间的聘用协议,虽然针对这部分员工法律有所区别对待,且赋予公司随时解约权,但仍会要求公司需要为其缴纳最低数额的社会保险。某些国家法律还规定了公司对实习员工负有的其他义务。比如,根据意大利法律,雇佣公司对实习员工负有培训义务,如公司未履行培训义务,则实习员工有权要求将其重新认定为一般无固定期限的员工。此种情况下,实习员工有权要求公司支付未付的额外工资、未付的社会保险费以及相当于社会保险费一倍的罚款。

此外,对于劳动争议也是劳工尽职调查的重要内容。可以通过公开可查询的途径,查询目标公司是否存在已作了判决但未执行的重大劳动诉讼,以及根据目标公司提供的资料审查其未决的劳动争议风险。劳动争议与其他类型争议不同,其具有一定代表性和示范效应。如因目标公司违反劳动法律遭受起诉,如果目标公司败诉,一旦公司出售或控制权变更,其余的劳动者也会以类似的方式起诉公司要求赔偿,这将对目标公司造成重大影响。这也是为什么在国外劳动争议案件与其他类型的诉讼案件律师的收费方式不同的原因。虽然劳动争议案件的涉诉标的额不是很大,但公司仍愿意支付远比劳动者起诉金额高得多的律师费,因为劳动争议案件一旦败诉,可能会带来示范效应,公司的其他员工也会以同样的方式起诉公司。

劳工尽职调查虽涉及的金额可能不是很大,但由于关乎目标公司最重要的板块之一即人力资源,这不仅会涉及对目标公司现存的法律风险作出识别,而且还会涉及在对目标公司进行投资或收购后核心管理人员与技术人才的留任问题。因此,劳工尽职调查是境外投资与并购中极为重要的部分。

(十)目标公司的环保情况

每每看到朋友圈晒的欧美国家照片,我们除了感叹就是羡慕。反观我国最近几年报道的空气质量指数(AQI)显示,雾霾已经不仅仅是北方的“专利”了,全国各大城市无一幸免。造成环境不断恶化的因素是多方面的,但如何治理环境污染和防范环境污染的进一步恶化则更为重要,而法律制度的完善与有效执行是最为重要的手段之一。欧美国家之所以环境方面保持得这么好,一个重要原因就是完善立法与严格执法,以及对违反环境保护法律的行为进行严惩。因此,在境外投资与并购过程中,对目标公司环境保护情况进行调查也是重要的内容。比如笔者曾参与对一家位于美国佐治亚州的目标公司进行尽职调查,根据美国联邦《资源保护和恢复法》(RCRA)与佐治亚州的《有害废弃物管理法案》,目标公司厂房一直以来处于严密的环境保护调查中,美国环境保护部门也采取了各种整治行动,要求目标公司应对某些轻微的违反环境保护的行为采取纠正措施。同时,根据美国环境保护署(EPA)网站披露的信息显示,目标公司需要取得《清洁空气法》规定的空气排放主源头许可,其应遵守严格的空气排放控制。我们调查发现:目标公司属于《资源保护和恢复法》项下大量有害废物的生产者,其已获得有害废弃物处理、储存和处置的许可;但目标公司的两处厂房存在多处轻微的违法行为,环境保护部门要求其对上述违法行为采取纠正措施,包括但不限于对目标公司工厂排放的地下水进行监控与整治。此外,目标公司还应当遵守州雨水排放许可的相关要求。根据目标公司提供的资料载明,目标公司在过去 30 年内,因纠正环境保护违法违规行为支付的费用超过了 100 万美元。针对上述环境治理风险,笔者建议收购前目标公司应先解决好上述风险,并在拟签署的收购协议中要求目标公司的控股股东作出承诺,如收购后目标公司因此遭受行政处罚或经济损失,目标公司控股股东应承担赔偿责任。

因此,境内投资者如收购的是欧美等发达国家的企业,一定要对目标公司的环境保护事项进行尽职调查,通过公开渠道或非公开渠道以确认目标公司是否存在违反当地环境保护相关法律法规的情况。如存在违法违规情况,则需确认目标公司是否已经采取措施纠正了上述违法违规行为。并通过了解目标公司过去的环境保护违法违规情况,对目标公司后续经营过程中可能存在的违法行为的概率与风险作出评估。相比之下,虽然我国最近几年特别是北方城市深受雾霾的困扰,环境问题已成为直接影响全国人民正常生活的重大问题,在此背景下,我国不断在完善相关的环境保护相关方面的法律法规,也加大了对违反环境保护相关法律法规行为的惩处力度,但在法律规定的可执性和有效性方面仍然无法与欧美等发达国家相比。因此,在境外投资中,对环境方面的尽职调查很有必要。境内投资者一定不要有侥幸心理,一定要了解清楚目标公司所在国的环境保护方面的法律法规,对目标公司可能存在的违法风险进行评估,并对纠正违法行为可能产生的成本作出预估,从而防范在投资与收购目标公司后可能存在的环保法律风险。

(十一)关联交易情况

在境外投资与收购中,关联交易也是境内投资者需要特别关注的问题。关联交易是指目标公司和其公司股东、实际控制人、管理人员、董事或是其他关联方发生的交易。从法律角度来看,并不是不允许企业之间从事关联交易,但关键是关联交易的对价是否遵循了公允市场交易原则。按照一般情况和行业规则来说,关联交易都是重点调查内容,以防止存在欺诈行为。很多跨国公司,其利用不同国家的税收制度,通过关联交易和转让定价的方式实施税收筹划,但其关联交易是否公允直接关系到上述交易是否合法的问题。因此,关联交易会涉及交易合法性,交易欺诈及偷逃税等重大问题。

笔者曾对一家美国纳斯达克上市公司进行尽职调查,调查内容就包括了目标公司的关联交易是否存在重大法律风险问题。我们在审阅了目标公司在 SEC 网站上披露的资料后发现,在目标公司 2015 年的 10 - K 年度报告和相关的公司委托声明书中提到,目标公司参与了许多关联交易。在其披露的公司委托声明书中,目标公司披露了 2014 年财政年度的交易和当时将要进行的交易的明细表。这些交易目标公司都参与其中,交易金额都比较大,都超过了目标公司的年平均总资产(近两个财政年的按年底日结算的年平均总资产)的 1% 。与目标公司进行交易的相对方都是直接或者间接在目标公司有股份或者与其存在利益关系的相关人员,比如目标公司的管理人员、董事、控制人或是其他关联方等。我们不是说这些关联交易存在重大欺诈行为或者是目标公司参与了不正当的交易行为,但关联交易很容易出现交易不公允问题,控制人可能会把自身的利益置于公司的股东之上,从而通过关联交易谋取私人利益。又如,笔者曾对一家韩国公司进行关联交易调查,发现目标公司和其最大股东以及子公司等之间发生了几宗关联交易,根据韩国垄断规制及公平交易法的规定,如果目标公司在无合理理由的情况下,以向关联方提供有利条件进行交易,参与做出同意该交易决定的董事将可能产生违反其信义义务(Fiduciary Duty)的情形,该行为属于"不当支援行为",依法可能被监管机关责令改正和处以交易金额 5% 以内罚款的处罚。而该项目的另一起关联交易的情况则不同,根据目标公司做出的董事会决议,目标公司的大股东向目标公司转让了几项知识产权,转让价格根据目标公司聘请的外部会计师事务所对上述知识产权价值进行评估后的结果确定,由于该关联交易价格系根据独立第三方专业机构评估后的价值进行确认,则该关联交易更符合公允市场交易原则。因此,尽管各国可能对关联交易的立法有所不同,但基本原则是只要该关联交易行为没有违反公允市场交易原则和目标公司内部的决议程序,则该关联交易应是合法的。但不可否认,实务中的很多关联交易并未遵循上述原则与程序,从而有必要对目标公司的关联交易进行调查。从另一个角度来说,通过关联交易的调查很容易发现目标公司的经营和管理是否规范,从而能对目标公司的合法性与合规性有更清楚的认识。

一个完整的法律尽职调查远不止上述几个方面,每个项目的情况不一样以及境内投资者的投资目的不同,各个项目的尽职调查范围也会存在较大差别。笔者仅对尽职调查的几项核心内容进行简要的介绍,境内投资者需要根据项目的具体情况、尽职调查时限等因素与境内外律师共同商定尽职调查范围。正如笔者前文中提到,详尽、完善的尽职调查只是一种理想的状态,但实务中受限于各种因素,我们需要根据项目的具体情况制定合适、可行且能最大限度帮助境内投资者发现和识别目标公司风险的尽职调查方案,并在具体尽职调查中始终围绕境内投资者的商业目的对尽职调查内容作适当调整。根据笔者处理的诸多法律尽职调查来看,一项成功的尽职调查应是运用各种尽职调查方法,根据投资者的投资方式与商业目的,尽可能发现与识别目标公司或目标资产存在的重大风险,并对其可能产生的法律风险提供参考意见,从而能为投资者做出是否投资与并购的决策提供有价值的参考。

【法律尽职调查案例分享】

笔者曾参与对一个纳斯达克上市公司进行尽职调查。由于该上市公司的股价不高,而且在最近一年一直处于下滑状态,境内投资者非常担心目标公司可能存在强制退市风险,所以,要求对目标公司的退市风险进行尽职调查。我们联合美国律所对目标公司在 SEC 网站上披露的资料进行审阅后,发现了几个可能威胁到目标公司维持其在纳斯达克证券交易所挂牌上市的风险。

一、目标公司维持在纳斯达克证券交易所上市的条件

目标公司是一家纳斯达克证券交易所上市公司,其需要遵守纳斯达克证券交易所的规则和 SEC 的相关规定。想要保证在纳斯达克证券交易所的上市地位,目标公司就需要持续满足纳斯达克的交易规则 Rule 5550。

(一)根据 Rule 5550 (a),目标公司必须持续满足所有以下要求:

1. 至少有两个注册在案和运营中的做市商,其中一个必须是稳定出价做市商;[①]

---

① 做市商是券商的一种,根据 Rule 5550 (a)规定,在纳斯达克上市的企业至少有两个做市商,其中一个是稳定出价的做市商。意思是做市商受到纳斯达克上市公司雇用,在上市初期,以相对稳定的价格对公司在二级市场发行的股票进行回购,以此来稳定股价。比如说,发行股票以后,稳定出价的做市商会在特定条件触发的情况下,以一个稳定的股价回购股民手中公司发行的股票。

2. 股价至少要超过每股1美元的底线；

3. 至少300位“公众股东”；①

4. 至少50万“公持股”；②

5. 公持股“市值”至少为100万美元。③

（二）除了上述五项维持上市的基本要求以外，根据Rule 5550（b），目标公司必须满足以下至少一个要求：

1. 资本要求：股东股本超过250万美元；

2. 交易所挂牌证券市值标准：挂牌证券市值至少为3500万美元；④

3. 净收益标准：在最近的财政年度或是最近三个财政年中的两个财政年的净收益要达到50万美元。

通过审阅目标公司在SEC上披露的资料发现，目标公司存在违反一项或者多项纳斯达克证券交易所Rule 5550的可能，任何一项转化为现实风险，都有可能会致使目标公司在纳斯达克证券交易所退市。我们经进一步调查分析认为，根据目标公司显示的不良财务业绩，最有可能首先违反的是股价不能低于每股1美元的规定。

目标公司聘用的会计师事务所出具了“持续性经营不确定性”审计意见，载明会计师对目标公司的持续经营能力存有重大怀疑。在目标公司2015年的10－K年度报告中，目标公司的财务报告和相关附注表示目标公司在2015年和2014年出现重大亏损。目标公司披露并承认了公司本身没能吸引到足够的流动资金来维持其经营。因此，目标公司只能持续依靠以债券和增发股票的方式来融资并维持其经营。在目标公司2016年3月31日的10－Q季度报告中，目标公司披露公司仍在持续亏损中，这份季度报告也表示对目标公司自身的持续经营能力抱有严重怀疑。

① “公众股东”包括实益持股人和记录持股人，但是不包括任何直接或间接与目标公司有关的管理人员、董事会成员，或是超过10%持股的实益持股人，比如说“关联方”。实益持股人是在券商、银行或者其他保管机构（这些保管机构就是记录持股人，他们为实益持股人代持股票）有电子账户以行号代名持有股份的人。通常情况下，上市公司有许多持股人属于实益持股人，这些并不会被算进记录持股人中。

② “公持股”指不直接或间接被目标公司的管理人、董事或任何持股超过10%的实益持股人持有的股份。

③ “市值”指收盘价格乘以所要计算市值的股份数量（比如说，一个公司的公持股市值就等于收盘价格乘以公持股数量）。

④ “交易所挂牌证券”指在纳斯达克证券交易所或是其他美国证券交易所挂牌交易的证券。目标公司在纳斯达克证券交易市场挂牌的是普通股。

在我们与美国律所出具尽职调查报告当日，目标公司普通股的市场收盘价格为每股不到 2 美元。因此，此股价与纳斯达克证券交易市场规则 Rule 5550(e)规定的每股 1 美元的底线就只剩下很薄的缓冲距离了。如果目标公司的股价持续下跌，甚至只是少许下滑，这个下滑也有可能造成整个股价跌破每股 1 美元的底线。如果出现这种情况，目标公司的普通股将在纳斯达克证券交易所退市。

目标公司股票的市场价的持续低迷可能造成其股票退市，更糟的是目标公司的普通股交易流动性不足且波动剧烈。在目标公司的 2015 年 10－K 年度报告中，目标公司披露其普通股的交易情况有时候可以用“零星的和有限的”来形容。低迷的成交量导致交易的时候其交易价格容易出现大幅波动。因此，鉴于目标公司十分有限的股票成交量，目标公司股票的交易价格更加有可能出现大幅动荡。因此，目标公司的股票交易价格现在在小幅高于每股 1 美元的底线上徘徊，一次单独的大宗股票交易所产生的动荡就有可能使其股价跌破纳斯达克证券交易所的规定底价，从而造成退市。

此外，目标公司也存在公持股“市值”低于 100 万美元而退市的风险。尽职调查中我们发现，目标公司的公持股数量超过了 900 万股，在出具尽职调查报告的当天，纳斯达克证券交易所显示的目标公司收盘价格为 1.56 美元每股。因此，目标公司现公持股市值超过了 1500 万美元，远远大于 Rule 5550(a)(5)的 100 万美元的要求。但是，我们注意到，这个数值的锐减程度非常厉害。在 2015 年 6 月 30 日的报告中，当时的公持股市值达 4000 万美元，超过现在的两倍。如果这个数值持续锐减，目标公司有可能在未来无法满足 Rule 5550(a)(5)要求的 100 万美元标准而被要求退市。

二、纳斯达克退市过程介绍

根据纳斯达克证券交易所交易规则 Rule 5550 (a)的规定，挂牌上市企业的股价必须超过每股 1 美元的底线。在现实中，如果公司的股价低于了每股 1 美元的底线，导致的法律后果会在纳斯达克交易规则 Rule 5800－5899 中体现。[①] 这些系统性的规则非常复杂，我们在此无法特别详细地对每一条规则的内容和适用性进行展开和分析。同时，退市的过程跟违反相应法律法规的严重程度有

① 纳斯达克的交易规则涵盖了一系列在纳斯达克证券交易所的挂牌规则，这些都是管理纳斯达克股票交易的核心规则和规定。

关。针对这些问题纳斯达克证券交易所有完全的裁量权。以下是对因股价低于每股1美元造成在纳斯达克证券交易所退市的整个过程的概括性介绍。[①]

如上市公司出现未能满足其股票价格不低于每股1美元的底线规定,且此情况持续了30个工作日以上的,上市公司会被纳斯达克证券交易所进行退市处理。[②] 如果出现上述情况,纳斯达克当局会及时向公司发送股价不足的违规通知书。[③] 当公司收到通知书后,需要按照美国SEC的规定[④]和纳斯达克证券交易所的交易规则。[⑤] 向SEC递交8-K文件,披露其收到了纳斯达克当局出具的股价不足的违规通知书。这个8-K的披露文件必须要在收到通知书的4个工作日内递交SEC。[⑥] 在8-K文件中,公司必须披露:(a)公司收到通知书的具体日期;(b)公司具体违反了哪条或者哪些规定;(c)在递交这份披露文件的时候,公司是否会有任何后续动作或者是否准备对此通知书做出回复。[⑦] 除了在8-K文件中披露收到通知书以外,根据纳斯达克证券交易所挂牌规则Rule 5810(b),公司还需要就此事向纳斯达克市场监察部进行汇报。

在收到股价不足的违规通知书后,公司可以通过相关努力使股价重新回到每股1美元以上的水平,并避免最终被退市。[⑧] 需要提醒的是,虽然存在这一救市方式,但这种方式不能视作为对违反纳斯达克证券交易所交易规则的一个补救措施。根据我们的经验,按照美国SEC的规定,在8-K文件中披露公司已经收到通知书并且存在短期内退市风险,会对公司股价造成进一步的负面影响。在向公众披露此信息以后,持有公司股票的投资人会对公司的财务状况失去信心,并且在市场上大量抛售所持的公司股票。因此,这一披露的行为会使救市措施的实行更加困难,令股价再难回到每股1美元以上的标准。根据经验,一般公司在收到股价不足的违规通知书并披露此事以后,则很难遏制股价的进一步恶化。

---

① 注意,退市过程会因违反不同的纳斯达克证券交易所规定而出现变化。

② 纳斯达克证券交易所挂牌规则Rule 5810(c)(3)(A)(ii)。

③ 纳斯达克证券交易所挂牌规则Rules 5810(c)(3)(A)(ii)和5810(b)。

④ 美国证监会SEC 8-K披露表格第3.01项。

⑤ 纳斯达克证券交易所挂牌规则Rules 5810(b)。

⑥ 美国证监会SEC 8-K披露表格第(B)小节和纳斯达克证券交易所挂牌规则Rule 5810-1。

⑦ 纳斯达克证券交易所挂牌规则Rule 5810(b)。

⑧ 我们这里提到的都是关于因为股价低于了每股1美元的底线而收到违规通知书以后所产生的后果,而不是关于因为违反其他规定所造成股价低于每股1美元的情况。

在最终退市以前,被退市公司可以向纳斯达克管理方进行申诉。在收到了股价不足的违规通知书以后,公司有180日的时间可以通过努力来使股价重新回到纳斯达克证券交易所规定的每股1美元以上的水平。[①] 公司只有在连续10个工作日的观察期间,其股价都达到每股1美元以上,纳斯达克官方才能认定公司重新符合了纳斯达克证券交易所的上市要求。[②] 如果公司未能在180日内让纳斯达克官方认定公司重新符合了纳斯达克证券交易所的上市要求,但是公司可以用最近一次披露的SEC文件向纳斯达克官方证明,在过去的180日中公司符合纳斯达克证券交易所关于上市的其他条件,[③]并且向纳斯达克官方说明会尽其最大努力弥补股价的不足,[④]纳斯达克当局会酌情再给予公司180日的救市时间。如果公司未能向纳斯达克证明其有计划来弥补股价不足,或是纳斯达克认定公司已经没有能力来弥补股价不足的问题,并且认为公司无可避免的在近期还会因为连锁反应违反一系列的纳斯达克相关规定的话,纳斯达克官方完全可以不给与公司额外的救市时间,并直接让公司退市。[⑤]

如果公司未能在规定期限中重新符合纳斯达克证券交易所的上市要求,纳斯达克官方将会立即向公司出具一份退市决定书,里面会说明因公司无法满足纳斯达克证券交易所的上市要求的条件,纳斯达克官方决定把公司的股票进行摘牌和退市处理。[⑥] 除非公司进行申诉,否则公司股票将被立刻退市,股票交易也将被即刻终止。[⑦] 但是,无论是否进行申诉,公司都会收到美国SEC的通知,要求其在收到退市决定书的4个工作日内向SEC递交8-K文件,[⑧]对收到纳斯达克官方的退市决定书这一事实进行披露。[⑨] 因为公司对退市决定书进行了披露,所以,即使申诉的话,股价还是不可避免地会受到进一步的打击。

公司在收到了纳斯达克的退市决定书的7日以内,有权向纳斯达克当局提

---

① 纳斯达克证券交易所挂牌规则Rule 5810(c)(3)(A)。

② 纳斯达克证券交易所挂牌规则Rule 5810(c)(3)(A)。纳斯达克官方有权按照实际情况延长10个工作日的观察期。

③ 纳斯达克小型资本市场属于3个纳斯达克的证券交易市场之一。

④ 纳斯达克证券交易所挂牌规则Rule 5810(c)(3)(A)(ii)。

⑤ 纳斯达克证券交易所挂牌规则Rule 5810(c)(3)(A)(ii)。

⑥ 纳斯达克证券交易所挂牌规则Rule 5810(c)(3)(A)和5805。

⑦ 纳斯达克证券交易所挂牌规则Rule 5815(a)(2)。

⑧ 美国证监会SEC 8-K披露表格第(B)小节和纳斯达克证券交易所挂牌规则Rule 5810-1。

⑨ 请注意,纳斯达克提醒:公司在符合纳斯达克的披露要求的时候,同时也要符合美国联邦证券法对于披露的要求。

出举行听证会的请求,并且要求对决定书内容进行重新评估。[①] 申请举行听证会,公司需要花费 1 万美元的听证费,[②]听证会有非常详细的规定和流程。[③] 在听证会上,公司可以向听证委员们展示其弥补股价不足的全盘计划。[④] 根据经验,通常情况下,这会是一个反向股票分割的方案。如果公司对听证会的决定不满,可以向纳斯达克上市委员会提出书面上诉,并交纳 1 万美元的上诉费。[⑤] 纳斯达克上市委员会的决议为最终决议。但是纳斯达克董事会成员可以动用董事权利,对上市委员会的决议进行审查。[⑥] 最后,当纳斯达克做出了最终裁决,决定对公司做出退市处理的,纳斯达克证券交易所会举行新闻发布会,并在网站上正式宣布对公司的退市处理。[⑦]

纳斯达克证券交易所提出,反向股票分割方案[⑧]是公司使股价重新回到纳斯达克证券交易所规定的每股 1 美元以上的水平的可行性方案。但是,反向股票分割是否对公司本身有利,或者公司是否有能力执行这样的方案,却是一个非常复杂的分析过程,要查看很多方面的要素,这里不做详细介绍。比如说,反向股票分割方案需要所有的股东进行投票决定等。但是,请注意虽然反向股票分割除了可以短期内提升股价,还会在未来很长一段时间内对公司的股价造成负面影响。因为大部分的投资者认为反向股票分割属于上市公司的惯用救市方案,这个方案会在后期很长一段时间里对股民的信心和公司的股价造成负面影响。

第三节　财税尽职调查

要想对目标公司进行全面了解,除了通过聘请律师事务所对目标公司进行法律尽职调查外,另一项重要的尽职调查就是财税尽职调查,财税尽职调查一般

① 纳斯达克证券交易所挂牌规则 Rule 5815(a)(1)。
② 纳斯达克证券交易所挂牌规则 Rule 5815(a)(4)。
③ 纳斯达克证券交易所挂牌规则 Rule 5815。
④ 纳斯达克证券交易所挂牌规则 Rule 5815(a)(5)。
⑤ 纳斯达克证券交易所挂牌规则 Rule 5820。
⑥ 纳斯达克证券交易所挂牌规则 Rule 5825。
⑦ 纳斯达克证券交易所挂牌规则 Rule 5830。
⑧ 通过回购公司已发行的全部股份并发行少量股份的方式从而减少公司的总股份数量,该种方式可以提升股价,但会对投资者产生负面影响。

由会计师事务所完成。法律与财税尽职调查作为两项最重要的尽职调查,两者之间相互独立,但同时又具有互补性。因为很多调查项目是相同的,只是两者调查的侧重点与角度不同,两者之间具有明显的互补性。律师主要从法律层面对目标公司的各方面进行合法性调查,以发现与识别其中潜藏的法律风险,而会计师事务所则从财务和税务的角度对目标公司财务与税务情况进行调查,以发现和识别目标公司财税情况及存在的风险。在尽职调查过程中,律师与会计师通过相互配合,对两者共同调查的内容从各自角度进行充分沟通后,更有利于发现目标公司在这些项目可能存在的风险,两者的配合和沟通也更有利于增加对某些问题的深度调查。因此,在大部分的境外投资与并购项目中,境内投资者都会聘请律师事务所与会计师事务所同时对目标公司展开尽职调查。由于笔者是律师,财税并不是笔者的专业领域,所以,本节中笔者只对财税尽职调查的内容与流程作简要的介绍,以便大家对这方面有一个粗略的了解。

一、财税尽职调查范围确定

与法律尽职调查类似,一项详尽、完善的财税尽职调查的范围也是相当广泛的。财税尽职调查的工作量相当大,笔者认为,财税尽职调查的工作量在大部分情况下比法律尽职调查的工作量还要大,这从参与尽职调查的团队人员安排便可以看出。大型公司的尽职调查,往往会计师事务所都会安排 10 人以上的团队,律师相对要少些。因此,在财税尽职调查范围的确认上极为重要,财税尽职调查主要是针对目标公司的财务报表和其他财务相关信息进行审查,并识别和发现其中潜藏的相关风险。一般情况下,财税尽职调查范围主要包括如下几方面的内容:

(一)财务尽职调查范围

1. 目标公司的基本情况

这部分调查主要是了解目标公司组织结构,包括与交易相关的目标公司的股权结构与持股比例等。同时,了解目标公司的主要业务,包括生产设施设备、销售及分销网络、重点服务市场、主要产品介绍和高级管理人员等。此外,还需要汇总分析尽职调查过程中发现的对净资产和盈利状况的潜在调整,并汇总影响 EBITDA 的潜在风险因素。

2. 目标公司主要财务与会计政策情况

对目标公司财务报表的编制方法与编制基础进行调查,了解目标公司财务与会计政策制度及其变更情况，以及目标公司重大负债的识别、管理和会计处理流程等内容。

3. 利润表、资产负债表与现金流量表情况

这是财务尽职调查的核心部分内容，通过对利润表、资产负债表与现金流量表三类财务报表相关要素的调查，从而对目标公司财务数据构成及其中存在的相关风险有较全面的了解。就利润表而言，主要审查目标公司的盈利能力，了解影响盈利能力和经营现金流的主要驱动因素；审查目标公司的收入与毛利率以及对其构成较大影响的相关因素，比如公司的销售订单情况，原材料价格的变动情况及其对毛利率的影响，以及审查目标公司成本和相关费用情况，了解目标公司的主要成本，对成本的构成要素进行分析，比如原材料、人工成本、研发成本、市场营销费等在总成本中占比等。就资产负债表的调查，主要包括两部分内容：一是目标公司拥有的资产情况，这包括运营资金比如存货、应收账款、固定资产与无形资产情况，特别是对目标公司拥有的知识产权情况及其资本化的方法、标准和摊销内容进行调查；二是目标公司的债务情况，主要包括审查目标公司的债务构成情况，比如目标公司的融资方式、贷款或借款的偿还情况，着重了解未偿还情况及偿还计划，以及目标公司未来的融资需求等。现金流量表主要审查目标公司运营资本变化、经营、投资、融资行为产生的现金流情况，从而判断目标公司现金流是否正常。

（二）税务尽职调查

由于各国税制存在重大区别，而税收情况直接影响境内投资者收购目标公司后的投资回报问题，而且通过税务尽职调查对目标公司的税收具体情况有了准确了解后，能为投资后进行税务筹划做好准备。因此，税务尽职调查是境外投资与并购中必不可少的一部分。税务尽职调查的目的主要是确认目标公司完成此交易可能需要承担的税款，对目标公司的纳税情况与税收情况进行详细了解，发现与识别目标公司是否存在阻碍此次交易的重大税务风险，目标公司的税收筹划情况以及为交割后对目标公司进行进一步税收筹划需要了解的信息等内容。

税务尽职调查主要包括如下几个方面：

1. 目标公司的税务合规情况。比如，审查目标公司是否依法缴纳了各种税款和是否存在遭受税务机关行政处罚的情况。

2. 目标公司享受的税收优惠情况，并审查其合法合规性以及是否存在补交

税款的风险。比如,在收购目标公司后,如果目标公司的控股结构发生变化,则可能对目标公司享受的企业税税率和税收优惠政策产生影响。

3. 目标公司是否进行了税收筹划并确认其合法合规性。比如,笔者曾参与的一家美国公司的尽职调查,目标公司将其雇佣的一些自然人从税务处理上将其归为独立承包商,则可能存在将雇员归类为独立承包商而产生的工薪税筹划风险。

4. 目标公司是如何处理关联交易、预约定价安排和转移定价税收安排的,并确认其合法合规性,着重审查目标公司因此签署的关联交易合同、预约定价安排协议与转移定价协议内容。例如,笔者曾参加一家美国公司的尽职调查,该美国公司在加拿大设有公司并是该公司的合同制造商,该加拿大公司在直接成本的基础上赚取了超过10%的加成。此种情况下,则需要对该加拿大公司作出的上述预约定价安排是否符合当地税法规定以及上述交易是否符合独立交易原则进行调查。根据加拿大的转移定价原则,如果转移定价调整额超过收入总额的10%或500万加元的情况,纳税人应就转移定价调整额支付10%的罚款。因此,在转移定价安排中需要审查签署的相关协议,以识别和发现目标公司实施的转移定价税收安排是否合法和可能遭受罚款的风险。

如果针对大型跨国公司的境外投资与收购,则可能会涉及多个国家或税域的尽职调查,因为目标公司可能在多个国家设立了法律实体,且相互之间会发生复杂的关联交易,这无疑增加了税务尽职调查的难度。此种情况下,境内投资者需要对目标公司在其他各国设立的实体进行税务调查后,才能为下一步的税务筹划打下基础。

二、财税尽职调查方法

财税尽职调查与法律尽职调查的方法存在一定的区别。法律尽职调查中可通过很多公开途径查询目标公司的相关信息,比如通过企业登记信息系统可以查询到目标公司的工商登记材料、征信信息,通过PACER案件检索系统可以查询到美国联邦法院与州法院的诉讼案例信息。但目标公司的财税信息一般只能由目标公司提供,很难通过公开途径进行查询。因此,财税尽职调查方法包括:审查目标公司上传到网络数据库的涉税资料;通过电话会议或视频会议或见面的方式,与目标公司的财务与税务人员进行访谈;通过电子邮件向目标公司的财务与税务人员进行询问;目标公司聘请的第三方独立审计师就其出具的审计报告及工作底稿,向目标公司供应商行等合作方询证和向目标公司的当地税务部门进行查询等。上述方法既可分开使用,也可合并使用,其目的是为了获得目标公司尽可能多和准确的财税信息,从而识别和发现目标公司可能存在的重大财税风险。

第四节　人力资源尽职调查

人力资源尽职调查对于境内投资者收购目标公司后的整合极为重要。很多境内投资者并没有对此给予足够重视,往往习惯于在收购交割之后进行公司整合时才做尽职调查,但其实为时已晚。人力资源尽职调查应在做法律与财税尽职调查时一并进行,这样才不至于在整合阶段很匆忙,甚至可能因前期准备不充分而出现关键人才流失的风险。人力资源调查一般包括如下几个方面的内容:

一、人事评估

这一步主要目的是对目标公司现行的高级管理人员、中层管理人员及普通员工的情况进行摸底,了解清楚他们对收购的期望、担忧、收购后的去留意愿以及对他们产生的影响等情况进行调查。三个层级的人员对目标公司的重要性不同,因此在人事评估阶段采取的调查方式也会有所区别。

对目标公司最为重要的高级管理人员进行评估是人事评估最为重要的一步,这部分高管人员的范围一般包括对公司运营、管理、技术与服务等最为重要的人员,比如首席执行官、首席运营官、首席财务官,人力资源、销售、市场、运营、产品技术、财务、法务副总,以及各个关键部门总监等岗位,这小部分人员构成了目标公司人才的核心,只要能留住这部分核心人员,那么就能保证目标公司人才的稳定性。

中层管理人员也是境内收购方要重点留任的对象。这部分人员一般是公司各个业务部门经理、副经理和团队负责人,他们起到了承上启下的作用,对上向高管人员进行汇报,对下对接普通员工,因此这中间层也非常关键。而且他们中的一部分人通过培养还会成为目标公司的高管人员。

鉴于高管人员与中层管理人员的重要性,境内投资者要对他们的情况逐个进行摸底,了解清楚他们的优势和劣势以及对公司的重要性,为下一步如何进行人员安排打下基础。

吸引与留住普通员工特别是技术人员也是人事评估的重要一环。除了对目标公司的普通员工对收购的心态与担忧进行调查外,还需要对周边竞争对手的人员情况进行了解,因为说不定竞争对手正在想方设法挖走目标公司的员工。

二、了解目标公司现行的人力资源制度与存在的相关风险

(一)了解人力资源制度与人才激励制度及其执行相关情况

对目标公司现行的人力资源制度与人才激励制度进行调查是为下一步如何进行优化与改善做好准备。比如,目标公司是否已有薪酬和股票期权计划、退休金计划及其具体内容。上述计划一般针对公司不同层级员工进行设置,虚拟股权计划一般适用于副总及以上级别的高管人员,如目标公司已设置虚拟股权计划,则需了解目标公司控制权的变更是否会加速股权计划的实现。薪酬激励计划可适用于高管与中层管理人员,根据职位的不同,激励的程度也会有所区别,其方法是以管理人员的基本工资为基数,并设置一定业绩要求,年末根据完成业绩的情况不同给予不同比例的薪酬奖励。养老金计划是针对即将退休的员工而设置,其对吸引和留住老人员工有一定的帮助。因此,了解清楚了目标公司现行的激励制度,才能更好设计收购后的人才激励制度。

(二)识别人力资源方面存在的风险

该部分调查内容主要是通过与目标公司高管访谈,审查人力资源相关制度及其执行情况,审查聘用合同条款以及调查是否存在劳动争议等内容,从而识别和发现目标公司是否存在重大的人力资源风险,进而为下一步防范风险和制定新的人力资源制度做好准备。

首先,通过与目标公司主要高管人员访谈,了解他们对此次交易的期望与担忧,通过访谈了解上述主要高管人员的业绩情况、领导能力及适应中国文化的能力等情况,从而确定并购后需要着重留用的高管人员。

其次,审查目标公司与高管人员、中层管理人员签署的聘用合同中有关控制权变更遣散费用支付条款、股票期权变现等重要条款。

再次,调查目标公司是否存在或者存在潜在的劳动争议。如存在劳动争议,需要对其可能对目标公司产生的负面影响进行评估。

最后,还需要对目标公司存在的可能对本次交易产生重大影响的其他人力资源风险进行调查。

三、评估人力资源风险因素

了解清楚目标公司现行人力资源情况、相关制度及发现相关人力资源风险后，需要对其中潜藏和发现的风险作出评估。这是在深入分析现行的人力资源状况后，为下一步设计新的吸引和留住人才的必要程序。笔者曾参与对一家美国企业进行尽职调查，境内投资者聘请了专业的人力资源公司对目标公司的人力资源尽职调查后发现了如下风险：

1. 目标公司与高管人员、中层管理人员签署的聘用合同中约定：如目标公司控制权变更，他们有权提前通知目标公司后解除合同，并有权要求目标公司支付遣散费用；同时，高管人员持有的虚拟股票期限未执行的部分提前到期。

2. 目标公司连续 4 年没有给员工涨工资。面对这种情况，如想留住和吸引人才，该人力资源公司建议境内投资者考虑在收购目标公司后每年保持 3% 左右的工资增长。

3. 目标公司在过去 10 年关闭了多家工厂，目标公司员工普遍担心此次在中国投资者收购后可能会继续关闭目标公司一些运营差的工厂，这必然会引起目标公司现有员工的跳槽，而且目标公司周边的竞争对手也势必会利用员工的此种恐慌心态挖人。因此，人力资源公司建议中国投资者聘请专业公关顾问对目标公司员工开展公关工作。

4. 目标公司高管层缺乏多元化人才。目标公司 80% 以上高管人员为男性，此种人才结构可能会被美国政府认定为不符合人才多元化发展目标。美国政府要求企业保持少数族裔和女性人才的晋升，以体现企业人才的多元化要求。因此，目标公司需提高女性高管和少数族裔高管的人数比例，以使其符合政府要求的人才多元化目标。

5. 目标公司员工特别是核心管理人员可能对中国投资者收购目标公司的此次交易存有偏见和误解，其中部分管理人员可能在收购后离职，这必然增加目标公司整合失败的概率。因此，该人力资源公司建议收购方尽快制定人才激励计划，并在交易之前或之后尽快与目标公司的现有核心管理人员达成聘用协议。

四、制定有效人才保留计划

对目标公司人力资源现状的调查及识别、评估人力资源方面存在的风险后，紧接着就制定有效的人才保留计划，从而吸引和留住目标公司的现有员工。国际常用的人才保留计划包括拨付款项作为奖金、设立奖金池、制定员工共享计划、虚拟股权激励计划或养老金计划等。紧接着,上述美国公司收购项目人力资源尽职调查发现的风险,该人力资源公司制定了如下几方面的人才保留措施:

1. 在收购目标公司后的 2 年内,拨付一定款项作为对员工的奖金,以减缓目标公司员工对中国企业收购目标公司后可能关闭部分营利差的工厂的担忧,并承诺会长期投资美国市场。因为目标公司担心中国投资者仅仅是为了获得技术收购目标公司,一旦收购完成获得目标公司的技术后会关闭部分工厂。

2. 根据前期对目标公司核心管理人员的人事评估,制定具体的留住上述核心管理人员的激励计划。包括对目标公司最为重要的 3 名核心团队成员,即首席执行官、首席运营官、首席财务官,在收购后 2 年获得一次性等同于他们现行一年工资加上收购后 2 年的平均奖金的一半作为保留奖励。对目标公司其他管理人员,根据其工作的重要性与工作业绩的完成情况分别给予不同比例的保留奖励。通过这种奖励方式以期留住目标公司的所有管理人员。

3. 根据现行虚拟股票期权规定,目标公司在控制权变更后将自动到期,这意味着现行的虚拟股票期权将在本次收购完成后兑现。因此,境内投资者需考虑在收购目标公司后制定针对核心团队高管的新的虚拟股权计划,以留住目标公司的核心高管人员。

4. 为留住普通员工和调动他们工作的积极性,目标公司可在被收购后制定长期激励计划,即约定在收购后目标公司新增业绩的一部分可以拿出来作为奖金池分配给全部员工,从而将公司股东与员工利益捆绑在一起,充分调动员工的工作积极性,在为公司创造更多价值的同时,能分享公司增值收益部分。

5. 取消员工养老金计划,而以利润共享计划进行替代。因为原来的养老金计划并没有实现留住员工的目的,而利润共享计划将比养老金计划更有效,更能留住员工。

上述系列人才保留计划的实施,将有助于收购目标公司的成功整合,从而为投资者商业目的和业务协同效应的实现打下基础。

除了法律、财税及人力资源尽职调查外,对于一些特大型项目,则还可能会聘请专业的中介机构开展其他尽职调查,比如聘请会计师事务所进行运营尽职调查,聘请媒体公关公司开展公关与传媒尽职调查等。上述所有尽职调查的目的都围绕着一个共同的目标展开,即从多方面、多角度对目标公司潜在的各种风险进行把脉,从而为境内投资者后续在交易文件中设置相关条款防范风险,为制定并购后的整合方案提供全面、充分依据，以及在并购后目标公司的管理和运营过程中提前防范尽职调查过程中发现的相关风险。

附：法律尽职调查清单参考模板

LEGAL DUE DILIGENCE CHECKLIST

NO.	ITEM	STATUS
1. STATUS OF COMPANY		
1.1	Latest corporate structure of the Company with the following information: (1) The shareholders of the Company (2) The relationship between the Company and its holding company (ies), subsidiary and associated companies and the percentage of interest held; and Partnerships, joint ventures and other incorporated or unincorporated business associations in which any of the Company is a participant.	
1.2	Structure chart, including all subsidiaries of the Company and each of their respective subsidiaries, indicating the state of organization of each such subsidiary, providing the names of each equity holders of such subsidiary and the percentage of his/her/its ownership interests in the Company or its subsidiaries.	
1.3	The Statutory Books and Registers of the Company (including Register of Members, Register of Substantial Shareholders, Register of Director and Register of Mortgages).	
1.4	The latest Notice of Situation of Registered Office and of Office Hours and Particulars of Changes (or its equivalent), the latest Return Giving Particulars in Register of Directors, Managers and Secretaries and Changes of Particulars (or its equivalent) and a list identifying the executive, non-executive and alternate directors (or equivalent) of the Company.	
1.5	Actions by written consent, minutes of the Company's meetings of the board of director and all committees thereof and meetings of the stockholders, and written notices (if given) or waivers thereof, for the past five years.	
1.6	Memoranda and Articles of Association of the Company together with all relevant certificates required by law to be annexed.	

续表

NO.	ITEM	STATUS
1.7	Certificates of Incorporation (including change of name and/or status) and Business Registration Certificates (if any) of the Company.	
1.8	Statement of Particulars to be Lodged with Charge (or its equivalent) and Certificate of Registration of Charge (or its equivalent) and where relevant, all discharge forms, i. e., Memorandum of Satisfaction of Registered Charge (or its equivalent) Memorandum where Property or Undertaking is released from Registered Charge or has ceased to form part of Company's Property or Undertaking (or its equivalent) and Certificate of Registration of Satisfaction of Release from Charge (or its equivalent).	
1.9	Particulars of the substantial shareholders of the Company, including: 1.9.1 name and background information; 1.9.2 nationality/ country of incorporation; and 1.9.3 direct and indirect shareholding in the Company and to state the ultimate benefits.	
1.10	The Return of Allotment of Shares (or its equivalent) and Statement Containing Particulars of Shares Allotted Otherwise Than For Cash (or its equivalent) setting out the historical changes in the share capital of Company.	
1.11	Notice of Increase In Share Capital (or its equivalent) for the Company.	
1.12	Notice of Interest of Substantial Shareholder (or its equivalent), Change in Interest of Substantial Shareholder (its equivalent) and Notice of Person Ceasing to be a Substantial Shareholder (or its equivalent) received by the Company.	
1.13	List of all shareholders and beneficial owners of shares in the Company together with details of the number of shares held by any nominee or pursuant to any trust arrangements.	
1.14	Particulars of any limitation to own securities, including limitation on the right of non-resident or foreign shareholders to hold or exercise voting rights on the securities imposed by law or by the constituent documents of the Company.	
1.15	All form of transform of Securities(or its equivalent).	
1.16	All stock option plans and employee stock purchase plans and the forms of option award agreements, exercise notices, or purchase agreements, which have been or may be usedthereunder.	

续表

NO.	ITEM	STATUS
1.17	Any agreements and other documents relating to repurchases of stock or equity interests by the Company, redemptions of stock by the Company, exchanges or conversions of stock or equity interests by the Company or any stockholder or similar transactions involving the Company's securities.	
1.18	Any other agreements relating to the sale of securities by the Company.	
2. LICENCES		
2.1	All licences, permits, approvals, certifications, consents and other authorisations from any Regulatory Body required for the proper carrying out of the business(es) of the Company ("Licences") together with all correspondences relating to the terms and conditions attached thereto.	
2.2	In relation to the Licences, a confirmation on: 2.2.1 The validity of such Licences and the compliance of the conditions thereof; 2.2.2 Whether there are any amendments, modifications or variations made to the terms of the Licences by the relevant Regulatory Body; and 2.2.3 Whether payment of all relevant fees, rates or charges have been made.	
2.3	Correspondences and particulars of any applications by the Company including application(s) for waiver, amendments, transfer or alteration of the terms or conditions of any of the Licences. Please specify if any Licences have been revoked.	
2.4	All guarantees or performance bonds issued in favour of the Regulatory Bodies by or on behalf of the Company in relation to the Licences and details of the amounts of such guarantees or bonds, details of any invocation or threatened invocation of such guarantees or bonds and any renewals thereof.	
2.5	A copy of all reports, returns or submission of information as required by the Regulatory Bodies and made by the Company.	
2.6	Correspondences and particulars of any investigation (including details as to the alleged violation or infringement for which the investigation was made), enforcement, proceedings or such other action (current, threatened, pending or which has taken place) against the Company by any of the Regulatory Bodies. Please provide any supporting legal opinions issued to the Company in relation thereto.	

续表

NO.	ITEM	STATUS
2.7	Particulars of any dispute with any Regulatory Body in relation to the affairs of the Company or fact which may give rise to such disputes.	
2.8	A list of countries in which any Company is registered or permitted to do business as a foreign corporation (or in any similar designation or position).	
2.9	A list of countries in which any Company owns, operates or leases property or has an office or branch or maintains an agent or representative to transact or solicit business.	
2.10	Particulars of any investigations carried out on the Company by any national, supranational or other bodies for contravention(s) or alleged contravention(s) of any anti-trust, anti-monopoly or any similar legislation or regulations.	
2.11	Permits required in connection with occupational health and safety.	
2.12	Details of any registration with any government ministry, authority or body in relation to the land/plant/facilities and the business operated by the Company.	
3. BORROWINGS/CAPITAL COMMITMENTS		
3.1	Particulars on all borrowings of the Company (whether presently drawn down or otherwise), including: 3.1.1 Any overdraft, other credit facilities or financing arrangements, whether secured or unsecured, including advances made by the shareholders or directors or employees of the Company; 3.1.2 Any issuance of bonds, notes or other similar debt instruments, whether secured or unsecured; 3.1.3 Copies of facility letters/letters of offer, facility agreements, trust deeds, guarantees (including personal guarantees provided by a shareholder or a director of the Company), indemnities, debentures, mortgages, charges or other documents relevant to such credit facilities, financing arrangements or issuance of debt instruments; 3.1.4 Any other guarantee, indemnity or suretyship (whether or not legally binding) given by the Company in respect of the obligations or solvency of any person or any similar obligation (including letter of comfort/support given by or on behalf of the Company); 3.1.5 Any other guarantee, indemnity or suretyship (whether or not legally binding) given by any third party in respect of the obligations of the Company;	

续表

NO.	ITEM	STATUS
	3.1.6 List of any outstanding indebtedness of the Company which has become repayable before its stated maturity or where the creditor now has the right to require the repayment before its stated maturity together with default notices in relation thereto; and 3.1.7 Any other mortgage, charge or debenture or any obligation (including a conditional obligation) to create a mortgage, charge or debenture in favour of any party.	
3.2	A copy of the certificates of compliance or legal opinions delivered by or on behalf of the Company as to compliance with the terms of any of the agreements to be provided under paragraph 3.1.	
3.3	A copy of all agreements for any hire-purchase transaction, conditional sale or credit sale agreements, factoring arrangements, derivatives transactions and hedging arrangements involving the Company.	
3.4	Particulars on any past breaches of any of the indebtedness of the Company or non-compliance with the terms and conditions or covenants associated with the credit agreements or bank loans inrelation thereto which can materially affect the Company's financial position and results or business operations, provide: 3.4.1 A statement of fact; 3.4.2 Details of the credit arrangement or bank loan. Also specify any anticipated breaches, including any documentation relating to waivers or cures thereof.	
3.5	Particulars of total outstanding borrowings, classified into long term and short term, interest bearing and non-interest bearing and all foreign borrowings, to be separately identified with the corresponding foreign currencies amount. Specify if there has been any default on payment of either interest and/or principal sums for any payment of either interest and/or principal sums for any borrowings throughout the past one financial year and the subsequent financial period.	
3.6	All documents and agreements evidencing borrowings by the Company, whether secured or unsecured, documented or undocumented, including loan and credit agreements, indentures, promissory notes and other evidences of indebtedness, and any amendments, renewals, notices, waivers, etc.	
3.7	All documents/agreements evidencing other material financing arrangements (e.g., capital leases, sale and leaseback arrangements, installment purchases, etc.).	

续表

NO.	ITEM	STATUS
4. MATERIAL CONTRACTS & AGREEMENTS		
4.1	Copies of the following: 4.1.1 any contracts entered into by the Company not in the ordinary course of business (whether subsisting or otherwise) specifying: (i) date; (ii) parties; (iii) subject matter; (iv) consideration passing to and from the Company; (v) the mode of satisfaction of the consideration; 4.1.2 any material contracts entered into by the Company in the ordinary course of business; 4.1.3 any shareholders' agreements, joint venture agreements or arrangements or understanding (whether legally binding or not) or other documents relating to: (i) the ownership, control, management or operation of the Company's businesses; (ii) the appointment or removal of directors or equivalent in the Company; (iii) the ownership or transfer of ownership or use of any of the material assets of the Company; (iv) registration rights, pre-emptive rights, or rights of first refusal for securities or interests in the Company; or (v) otherwise relating to the Company's affairs or business; 4.1.4 any agreements entered into by the Company which provides for profit-guarantee conditions; 4.1.5 any power of attorney that is subsisting, if any, given by or to the Company; 4.1.6 any agreement relating to marketing, distribution and agency entered into by the Company; 4.1.7 any material collaboration or joint research or development agreements, relating to products or development projects; 4.1.8 any: (i) standard form of contract; or (ii) policy on the minimum standard terms or conditions, used by the Company in any of its agreement; 4.1.9 any material documents or information to the business of the Company or which prospective investors in the Company would consider and review in respect of the business or financial condition or results of the operations of the Company; 4.1.10 All long term or significant agreements currently under negotiation by the Company; 4.1.11 Any related party transaction entered into by the Company; and 4.1.12 Any letter(s) of intent issued and/or received by the Company.	

续表

NO.	ITEM	STATUS
4.2	A brief outline of the methodby which the Company documents its arrangements with its customers together with copies of any long term contracts with customers having a duration of more than 6 months and a copy of the standard supply form used by the Company.	
4.3	A brief outline of the method by which the Company documents its arrangements with its suppliers together with copies of any long term contracts with suppliers having a duration of more than 6 months and a copy of the standard purchase form used by the Company.	
4.4	List of principal types of contracts entered into in the operation of the businesses of the Company and its subsidiaries (including purchase orders) and specimen copies of each contract.	
5. ASSETS & PROPERTIES		
5.1	A schedule of all properties owned, to be acquired and/or occupied or used by the Company in relation to its business(es) or activities or from which the same is/are carried ("Landed Properties") on together with full descriptions and particulars of the following: 5.1.1 in the case of Landed Properties owned by the Company, the address, description, present use, approximate area, name and address of owner, market value (where valuations have been carried out for inclusion in the prospectus) and/or net book value, any recent valuation and significance to the Company together with a copy of all agreements relating to the acquisition of such Landed Properties; 5.1.2 in the case of Landed Properties not owned by the Company, address, description, present use, approximate size, name and address of the owner/lessor and the tenant/lessee, market value and/or net book value, term, rent, any provisions or procedures for rent review, any recent valuation and significance to the Company, any subsisting breaches of covenant.	
5.2	A list of all occupiers of the Landed Properties owned by the Company where any of them are occupied other than the Company together with full descriptions and particulars of the address, description, present use, approximate size, name and address of tenant/lessee, net book value, term, rent, any provisions or procedures for rent review, any recent valuation and significance to the Company, any subsisting breaches of covenant.	

续表

NO.	ITEM	STATUS
5.3	In respect of the Landed Properties and/or any assetsmaterial to the operations of the Company: 5.3.1 all Certificates of Completions and Compliance or Occupational Certificate; and 5.3.2 all Certificates of Fitness for Occupation/Temporary Certificates of Fitness for Occupation.	
5.4	All leases, sub-leases, tenancy agreements and licences to which the Company is a party, and in the case where these documents are not in the possession of the Company, please specify the location of the same.	
5.5	All issue documents of title for each of the Landed Properties owned by the Company and in the case where no separate issue document of title has been issued, the relevant sale and purchase agreement(s) in respect of such Landed Properties.	
5.6	All planning permission, re-zoning applications and redevelopment plans by government affecting the Landed Properties.	
5.7	Copies of all the quit rent, assessment, service charge and other outgoings in respect of the properties of the Company which have been paid.	
5.8	Particulars of any unusual or adverse matter or notice from any public authority or any third party affecting any of the Landed Properties or their use, e.g. compulsory acquisition orders, onerous covenants etc.	
5.9	Correspondences and details relating to any dispute and any potential dispute involving the Landed Properties or its/their use.	
5.10	Particulars of the Landed Properties subject to: 5.10.1 any covenants, easement, restrictions, licences, agreements, assignment in which the company has an interest (whether legal or beneficial) or other encumbrances in favour of third person, including all properties where the Company has a property development project, plant or office located. If so, please provide full details and the relevant documentation; 5.10.2 Charge, mortgage lien, fixed or floating pledge, retention of title or such other third party right and any other forms.	
5.11	A list of and, where material, copies of any equipment leases or rental agreements for assets used or made available to others by the Company.	
5.12	All agreements as to the making of any alterations or additions to the Landed Properties.	

续表

NO.	ITEM	STATUS
6. INTELLECTUAL PROPERTIES		
6.1	Patents Please provide: 6.1.1 details of all patents applications and/or grants issued in any country for products and/or services of the Company including application forms and/or registration certificates for the patents; 6.1.2 any agreements dealing with the patents in relation to consents, transfer/assignment of rights, termination dates, restrictions, limitation, or non-compete obligations; 6.1.3 any licences issued for the use of the patents and revenues or royalties deriving from such licences and copy of the licence/licence agreement; 6.1.4 any notice of infringement of the patents by third parties; and 6.1.5 notice of any adverse claim received from third parties in relation to the rights of the Company in the patents.	
6.2	Copyright Please provide: 6.2.1 all promotional material for products and/or services offered by the Company, such as designs of packaging, posters, catalogues, brochures and advertisements; 6.2.2 whether any third party(s) has been commissioned to create or prepare any promotional material for products and/or services offered by the Company, such as designs of packaging, posters, catalogues, brochures and advertisements, details of such party(s) and copies of the agreements entered into; 6.2.3 extracts from websites of the Company; and 6.2.4 any third party(s) commissioned to create or design the websites of the Company, details of such party(s) and copies of the agreements entered into.	
6.3	Industrial Designs Please provide: 6.3.1 details of all designs applications and/or grants issued in any country for products of the Company including application forms and/or registration certificates for the designs; 6.3.2 any licences issued for the use of the designs and revenues or royalties deriving from such licences and copy of the licence/licence agreement; 6.3.3 any consent or co-existence with third parties in relation to use of the designs;	

续表

NO.	ITEM	STATUS
	6.3.4 any notice of infringement of the designs by third parties; and 6.3.5 notice of any adverse claim received from third parties in relation to the rights of the Company in the designs; 6.3.6 sample packaging of products offered by the Company.	
6.4	Confidential Information Please describe/provide details of: 6.4.1 any confidential information/documents created in the course of the creation and/or production of products and/or services offered by the Company; and 6.4.2 confidential information/secrecy agreements with employees or independent contractors.	
6.5	Trademarks Please describe/provide details of: 6.5.1 all trade mark registrations and/or applications for the trade marks that are used, owned, applied for and/or registered by the Company in any country including application forms and/or registration certificates for the marks; 6.5.2 any licences issued for the use of the marks and revenues or royalties deriving from such licences; 6.5.3 any consent or co-existence with third parties in relation to the use of the marks and copy of the licence agreement; 6.5.4 any opposition and/or cancellation proceedings against the marks; 6.5.6 period of use of the marks worldwide; 6.5.7 list of products bearing the marks which are exported and the countries of export thereto; 6.5.8 any prior assignment of the marks and records of such assignments/assignment agreement; 6.5.9 any notice of infringement of the marks by third parties; and 6.5.10 notice of any adverse claim received from third parties in relation to the rights of the Company in the marks.	
6.6	Details and a copy of all: 6.6.1 franchise agreements; 6.6.2 distribution agreements; 6.6.3 research and development agreements; 6.6.4 licence agreements (other than those abovementioned); and 6.6.5 agreements pertaining to ownership of intellectual property owned and/or used by the Company.	

续表

NO.	ITEM	STATUS
7. LITIGATIONS & DISPUTES		
7.1	In this section, references to "Litigation" shall mean all actual, threatened or anticipated investigations, court proceedings or other litigation including prosecutions, other legal or administrative hearings, enquiries (including tax audits) by or before Regulatory Bodies, arbitration, mediation or other disputes.	
7.2	A list of the Company's solicitors on record and a list of litigation [together with the details of such litigation or threatened litigation or other disputes (including arbitration and industrial tribunal actions)] in which the Company is or may become involved, together with details or copies of any statement of claim made, opinions from counsel in respect of the suit, settlement levels and estimated legal costs.	
7.3	Particulars of any matters or circumstances which may likely to or will threaten to cause the Company to be engaged in any litigation (whether as plaintiff, defendant or otherwise) or arbitration.	
7.4	Particulars of list of judgments, decrees, orders or injunctions to which the Company is presently or has been subject.	
7.5	A copy of the letters to the Company from their solicitors in respect of any litigation and other contingent liabilities and which have been issued to external public accountants in connection with the audit of the financial statements of the Company.	
7.6	Specify any material litigation and arbitration, including those pending or threatened, and of any fact likely to give rise to any proceedings which may materially affect the business/financial position of the Company.	
7.7	All letters from counsel sent to auditors for year-end and current interim audits (e.g., "litigation letters").	
7.8	Complaints, orders or other significant documents in pending or threatened matters involving material claims or seeking injunctive or other equitable relief, or involving the intellectual property of the Company or any third parties.	

续表

NO.	ITEM	STATUS
8. EMPLOYEES		
8.1	Organizational charts by department and by legal entity.	
8.2	A schedule of all employees, independent contractors and temporary workers employed by the Company, including job title, department designation, location, function, current wage/salary, total compensation for the prior year and current year-to-date (including bonus and commissions), exemption status and date of hire.	
8.3	List of all retirement benefit and life assurance schemes and all voluntary pensions currently payable, copies of the trust deeds and rules and all announcements to employees and employee booklets.	
8.4	All material employment agreements, including independent contractor service agreements, and any form employment agreements or offer letters used by the Company and all employment agreements that depart from the Company's form agreements.	
8.5	Forms of employee confidentiality and invention assignment agreements used by the Company, including consultant or contractor agreements, and agreements that depart from the Company's form agreement or note any exceptions to the form agreement related to intellectual property matters.	
8.6	All employee benefit plans, pension plans, profit sharing plans, deferred compensation plans, bonus plans and other plans, including retirement savings plans and any management incentive plans.	
8.7	All material correspondence, memoranda, rulings, determinations, etc. relating to any of the above-referenced plans and their compliance with applicable law, their status under tax laws or audits of such plans for the last three years.	
8.8	A summary of all employment-related claims, including workers' compensation claims or accommodations.	
8.9	A list of all employees who are on disability, maternity or other authorized leave or who are receiving workers' compensation or short- or long-term disability benefits.	
8.10	A summary of any recent lay-offs or terminations within the past 2 years.	

续表

NO.	ITEM	STATUS
9. OFFICERS AND DIRECTORS		
9.1	Any founders agreements, management employment agreements, indemnification agreements, "golden parachute" agreements and change of control agreements.	
9.2	Employment, change-of-control, non-competition, invention assignment and any other agreements with each officer and key employee, including agreements for loans, whether or not now outstanding.	
9.3	Description of any transactions between the Company and any "insider" (e.g., any officer, director, or owner of a substantial amount of the Company's securities) or any affiliate of an "insider" or between or involving any two or more such "insiders".	
10. ACCOUNTING & TAX INFORMATION		
10.1	Schedule of any off-balance sheet commitments and contingencies, indicating parties, nature of commitments and contingencies and time periods.	
10.2	All management letters or special reports by auditors and any responses thereto.	
10.3	To the extent not described in the footnotes to the applicable financial statements, description of and reasons for any change in finance and accounting methods or principles.	
10.4	Any notices, elections, or other correspondence with state, local or foreign tax authorities.	
10.5	Sstate, local and foreign tax returns for the previous five years, including sales tax returns, and supporting schedules, extensions requests and waivers of the statute of limitations, as well as drafts of returns not filed and other workpapers. In addition, all income tax returns for any year with respect to which an extension or a waiver of statute of limitations has been executed.	
10.6	All closing agreements with state, local and taxing authorities for closed years.	

续表

NO.	ITEM	STATUS
10.7	Information with respect to any state, local or foreign audit of the Company's or its predecessors' returns and the results of each audit.	
10.8	To the extent not otherwise provided, all other material agreements, memoranda, opinions and other documentation relating to taxes, including any tax sharing agreements, tax stabilization agreements, or fiscal investment incentives.	
10.9	Details of any taxation disputes or any notice, demand, assessment, letter or other document issued or action taken by the tax authority or other statutory or governmental authority, body or official whatsoever where by the Company is or may be placed or sought to be placed under a liability to make a payment or of any relief, allowance, credit or repayment.	
11. INSURANCE		
11.1	All significant insurance policies of the Company covering property, general or specific liabilities and operations, including all policies with premiums in excess of $1,000,000 (on an annual basis).	
11.2	Schedule of any other material insurance policies in force, including all "key person" policies, director and officer indemnification policies and products liability policies.	
11.3	Schedule of all insurance claims made in past five years and/or loss history under current policies.	
11.4	A list of all insurance policies maintained by the Company and the insurance companies from whom the policies are taken.	
11.5	Details of any insurance claims made from incorporation, including all claims which are outstanding and unsettled.	
11.6	List of any risks which the Company has designated as self- insured.	
12 CAUTIONS AND REPRIMENTS		
12.1	Details of any disputes with any public authorities in relation to the affairs of the Company or any facts which may give rise to any dispute.	

第六章　中国企业境外投资交易文件解析

境外投资与并购交易中，境内投资者为严格把控风险，不是在交易各方签署正式的投资或并购协议时才开始防范风险，而应自交易双方初步接触后，境内投资方对目标公司或目标项目感兴趣，双方拟进一步推进交易时，就应该聘请专业的境外投资与并购律师把控风险。为了方便理解，笔者以尽职调查为分界线：尽职调查前，交易双方拟签署的文件笔者称之为前期交易文件，包括保密协议（Confidentiality Agreement or Non-Disclosure Agreement）、投资意向书（Letter of Intent）、谅解备忘录（Memorandum of Understanding，MOU）、条款清单（Term Sheet）等；尽职调查之后，交易双方拟签署的正式文件笔者称为交易文件，包括投资协议或收购协议、运营协议、股东协议、担保协议、公司章程等。

前期交易文件中，保密协议是交易双方最先需要签署的协议。目标公司为了让境内投资方对其披露的任何有关交易的相关信息严格保密，特别是当目标公司拥有诸多知识产权时，一般在境内投资者与目标公司开始接触后，目标公司董事会就会要求与境内投资者签署保密协议。当交易双方接触后，境内投资者对目标公司感兴趣，有意向投资或收购目标公司股权或资产，这时双方会对前期商谈的内容通过书面的形式确认下来，一般会签署意向书或 MOU，对投资或收购的形式比如是收购股权还是资产、意向书或 MOU 的有效期、是否具有排他性、后续工作安排、适用法律与争议解决等基本内容作出约定；交易双方也可能会签署法律约束力更强的条款清单，对交易的核心内容，比如目标公司估值、初步的投资或收购价款、交易的时间安排、交易条件或政府监管机关审批安排、费用承担等有关交易的核心内容进行简要约定。

通常情况下，意向书或 MOU 的法律约束力比条款清单要弱一些，一般不会涉及有关交易的核心条款内容。交易双方拟签署何种前期交易文件，会与拟收购项目的复杂程度、交易双方商谈的进度、合作意愿等因素密切相关。如双方对交易涉及的重要内容，比如目标公司估值、境内投资方拟投资或收购价款、交易条件等均达成了初步共识,则交易双方可以签署条款清单,但如果双方并未对上述重要内容达成任何共识,只是有合作的意愿,则建议交易双方签署意向书。当然,无论是意向书、MOU 或条款清单,都只是为了称呼方便,对其中应包括的条款内容并没有国际统一的标准,交易双方可以自由约定。比如,交易双方可以在意向书或 MOU 中约定双方达成共识的有关交易的核心条款内容,以及双方拟签署的上述前期交易文件是否具有法律约束力,或者部分条款具有法律约束力等内容,交易双方均可自由作出约定。

在对目标公司或目标项目完成尽职调查后,境内投资者会根据尽职调查结果,对目标公司存在的法律、财税等方面的风险进行评估与分析,如果目标公司或目标项目不存在阻碍交易的重大风险,或者虽存在风险,但经评估后境内投资者认为这些风险均可控,并决定进一步推进交易,则境内投资者与目标公司会签署一系列正式交易文件。由于各个项目的具体情况不同,则签署的正式交易文件类型与内容也存在较大区别。如果是认购目标公司新发行的股份,则境内投资者与目标公司需签署股份认购协议;如果收购目标公司股东持有的股份,境内投资者则与目标公司的股东需签署股份收购或转让协议;如果收购目标公司的部分资产,则需签署资产收购协议。除了收购协议外,如境内投资者在收购股份或资产后需参与目标公司经营和管理,则境内投资者还需要与目标公司的其他股东签署股东协议,对股东之间的权利与义务进行约定,签署公司章程修正案或新公司章程,对境内投资者完成交割后如何参加目标公司的经营和管理进行明确约定。

本章中,笔者将对境外投资与并购交易中常用的交易文件的相关条款及约定注意事项进行解析,并根据国际通常的交易习惯,附上主要的交易文件范本供参考。

第一节　保密协议主要条款解析

很多境内投资者可能会认为,保密协议都是一些格式条款,所以对保密协议约定的内容不会给予足够的重视,但境外投资与并购实务中,因为保密协议发生纠纷的案例不在少数。而这些纠纷的产生都源于这样的想法,在签署保密协议之前,没有认真审阅条款,对其中一些重要条款没有引起足够的重视,没有约定明确,或约定的内容对境内投资者不利,最终因为交易失败或因保密信息的泄露而发生纠纷。总的来说,保密协议主要解决两个问题:一是对保密信息的接收方来说,对提供方提供的保密信息要严格保密,并同意只会将保密信息披露给有必要知晓交易相关情况的人员,比如股东、董事、参与项目的人员、专业顾问等;二是保密信息的接收方只能将保密信息用于与交易相关的约定用途,而不得用于其他任何目的。笔者下面将对保密协议的主要条款进行简要介绍。

一、签署主体

在境外投资与并购交易中,境内投资者一般都需要在境外离岸法域设立离岸公司,并以离岸公司作为投资主体与目标公司签署交易协议。如果境内投资者已在境外设立了离岸公司,则从法律风险防范的角度来说,建议以境外离岸公司作为签署保密协议的主体,从而防范如因保密协议发生纠纷而使境内母公司受到牵连。以离岸公司作为签署主体,能起到很好的风险隔离的作用,但很多境内投资者在决定对目标公司进行投资与收购之前,其不一定已在境外设立了离岸公司。在此情况下,则境内投资者要选择适合的主体签署保密协议,最好不要以境内集团公司作为签署协议的主体,以防范后续可能因保密协议产生纠纷而使境内集团公司整体受到不利影响。但从目标公司的角度来说,其会要求境内投资者的集团公司本身作为签署保密协议的主体,因为其担心离岸公司缺乏资金实力与独立承担法律责任的能力,而且目标公司也很清楚境内投资者使用离岸公司签署保密协议的目的。当出现这种情况时,则境内投资者需要根据双方在交易中所处的谈判地位作出选择。一旦保密协议的签署主体确定后,后续前期交易文件的签署主体也就很自然地会继续沿用,除非出现特殊情况,双方都可能不愿意在签署的主体上花费过多的时间反复进行讨论。此外,由于我国境外投资监管机关加强了对我国企业境外投资的监管力度,其总体原则是支持有能力、有实力的境内企业进行主业领域的境外投资与并购。此种情况下,为了后续向政府监管机关办理境外投资与并购备案或审批手续时,能顺利通过备案或审批,则建议在签署保密协议之前,事先与监管机关进行咨询与确认,以境内投资方在境外设立的离岸公司或境内单独设立的子公司作为投资主体和签署保密协议的主体是否符合监管机关要求,以避免后续不能通过监管机关备案或审批的风险。

二、保密信息范围界定及除外情形

对于信息提供方来说,肯定希望将保密信息的范围界定得越广泛越好。境外投资与并购交易中,主要是目标公司向境内投资者披露有关目标公司的信息。保密信息应是指目标公司向境内投资方提供的具有非公开性、保密性或专有性的所有信息,包括:(1)不为公众所知悉;(2)对目标公司具有经济利益,或一旦未经授权公布会对提供方造成实质性的不利影响;(3)目标公司已对其采取保密措施的信息。总体而言,可以将保密信息分成三类:第一类是与交易相关的商业保密信息,比如业务计划和方案、客户信息、产品信息、资产、债权债务、重大合同、知识产权、专有技术、流程、业务信息等;第二类是与交易相关的财务信息,如财务报表、审批报告、银行贷款、财务预算等;第三类是由上述商业与财务保密信息衍生的相关信息。在保密信息提供的方式上,包括了书面、口头或其他方式。因此,保密信息的范围界定极为重要,如因保密信息泄露发生争议,那首先要确定泄露的信息是否属于保密信息的范围。对于境内投资者来说,则需要了解清楚保密信息的具体范围,从而避免在后续交易过程中发生泄露保密信息的情况而引发争议。

在明确保密信息范围以后,对于不属保密信息的除外情形要约定清楚。一般来说,如下这些信息和技术资料不应被视为保密信息:(1)根据信息接收方所了解,在信息提供方披露给接收方之前,已经为非保密信息且被接收方通过合法的途径所掌握;(2)非因接收方或其代表违反协议的过错造成泄露而被公众知晓;(3)在未使用或依赖于保密信息的情况下,接收方或其代表独立开发取得的;(4)接收方在非保密基础上,从提供方或其代表之外的第三方通过合法的途径所获得的。

三、保密信息的归属与使用

为了明确保密信息所有权的归属,保密信息提供方会要求在保密协议中约定,所有由信息提供方披露的保密信息,以及基于保密信息研究和开发衍生的信息的所有权和相关权利应归属提供方所有,且信息接收方不得基于保密信息去研究和开发新的保密信息。通过上述约定,明确了保密信息及其衍生信息的归属。

针对保密信息的使用,其包括几个方面的内容:其一,保密信息接收方只能将保密信息用于与本次境外投资与并购交易相关用途，而不能用于任何其他用途；其二，为了防止保密信息的泄露，信息提供方一般要求接收方对保密信息的知悉人群范围进行严格的限制，一般包括接收方及直接参加交易的董事、职员、代理人、关联机构或专业顾问，比如律师、会计师、技术顾问、财务顾问等（以下简称代表）。否则，保密信息无论以任何方式，作为全体或部分，直接或间接，都不可被任意一方或其代表用于除评估该次交易之外的任何目的，而且信息接收方还需要为其代表遵守保密协议条款负责。

此外，对依法需要披露的保密信息情形应作出明确约定。如果相关政府机构、法院、仲裁机构、证券交易所或类似机关，或适用的法律法规要求披露保密信息的全部或任何部分，根据适用的法律法规规定，迫使保密信息接收方或其代表必须披露上述机构要求提供的相关资料的，信息接收方应在法律许可之范围及合理可行的时间内将此要求通知提供方，以使提供方能够寻求适当的保护或其他补救措施，并将采取提供方所合理要求的步骤以抗拒披露或公布或者缩小其范围，并将满足提供方有关此类披露或者公布的合理要求。

四、保密信息归还与处置

如果境外投资与并购交易失败，保密信息提供方特别是目标公司为了防止后续境内投资者或其代表泄露保密信息，从而可能会对目标公司出售给其他潜在投资者造成不利影响，目标公司通常会在保密协议中约定在交易终止后保密信息的归还与处置条款。实务中，考虑到归还与处置保密信息的便利性与成本，目标公司可选择要求：(1)境内投资者应及时将其或其代表持有的由目标公司提供的所有保密信息归还给目标公司，并应立即删除境内投资者以电子形式储存的保密信息与资料；(2)境内投资者立即直接销毁由目标公司以物理形式提供的由境内投资者持有的所有资料，并删除以电子形式储存的所有保密信息与资料。对于目标公司的上述要求，境内投资者在审查该条款时一定要注意，虽然目标公司的上述要求属正常要求，但关键是如何向目标公司证明其已按约定归还或销毁了所有由目标公司提供的物理性资料（包括复印件或摘要文本等），以及删除了所有电子文件。如未约定清楚，后续如发生目标公司保密信息泄露的情况，那目标公司很可能会把矛头指向境内投资者，境内投资者很可能会因此“躺枪”。实务中，很多境内投资者对该条款不够重视，认为只是走走形式，所以当交易终止后，他们对保密信息的归还与处置可能只是走形式。由于接触项目的人员比较多,很难保证每个知悉交易相关信息的人都会严格遵守保密要求,如境内投资者对此不引起足够重视,那么其代表也很可能不会认识到泄露保密信息的严重性,一旦真的发生保密信息泄露并可能因此给目标公司造成损失的,那境内投资者很可能会因此承担赔偿责任。因此,如果目标公司要求在保密协议中约定归还与处置保密信息条款,那建议境内投资者对归还的形式、标准及具体要求约定清楚,以避免因此发生争议。

五、陈述和保证

相对而言,保密协议中的陈述与保证条款比较简单,通常包括两方面的内容:

其一,保密信息提供方应对其提供的保密信息的完整性、准确性和合法性作出保证。在境外投资与并购中,由于考虑到成本与便利性等因素,境内投资者一般不会跑到目标公司获取其提供的保密信息,绝大多数情况下,都是通过虚拟数据室或电子邮件的形式提供电子版本资料。因此,目标公司应对其提供的保密信息的完整性、准确性与合法性作出保证,以便境内投资者依赖于保密信息作出准确的判断。此外,对于境内投资者提供给目标公司的信息,比如公司简介信息、投资与收购目标公司实力的证明资料等一定要认真对待,也要确保其真实、准确,以免误导目标公司。实务中,部分境内投资者因宣传公司制作的简介资料一般都带有一定的水分,境内公司可能直接就将这些不准确的信息提供给目标公司,如后续被目标公司发现了,目标公司对境内投资者的诚信度评价会大打折扣。在欧美等国家,企业与公众对企业合法、诚信、遵守规则的操守非常看重,境内投资者在与目标公司交流过程中一定要注重这些基本规则,以避免因此产生误解而影响双方合作与交易的顺利推进。

其二,交易双方要对其签署和履行保密协议所需的必要授权、许可和批准(包括公司内部与监管机关的要求),以保证在保密协议签署生效后,双方能依约履行保密协议约定的义务。

六、不得引诱条款(Non-solicitation)

境内投资者与目标公司董事会与管理层接触过程中,相互之间会增进了解与信任,但境内投资者最终是否会决定投资与收购目标公司,取决于很多因素。如目标公司存在阻碍交易的重大风险,境内投资者放弃了收购目标公司,但其可能看上了目标公司的某位或某几位高管人员或技术人才，因此其可能会花重金将这些被看上的高管人员或技术人才挖过来。说不定无须通过收购目标公司，就达到了境内投资者的目的。比如，境内投资者收购目标公司的目的是想获得某些先进技术或管理经验，如能将目标公司负责该等技术的人才或高管人员挖过来，这等于变相达到了收购的目的，而且成本更低。为了防止上述情况的发生，目标公司会要求在保密协议中约定不得引诱条款（Non-solicitation），即要求境内投资者或其关联企业不得在终止交易后一定年限内引诱目标公司的员工。此种情况下，境内投资者就要注意约定明确，其可以不主动去引诱目标公司的高管与技术人才，但如果是他们主动加入境内投资者团队中来，则不受上述限制。当然，目标公司也可能直接要求境内投资者在一定年限内不得以任何形式招聘目标公司离职之后的员工，那境内投资者要视情况决定是否同意该条款要求。

七、暂停购买（Standstill）条款

暂停购买（Standstill）条款适用于目标公司是上市公司的情形，其基本含义是，当交易双方签署保密协议或在交易失败终止后的一定期限内，境内投资者不得购买目标公司的股份。该条款约定的目的是防止境内投资者利用与目标公司接触或谈判过程中掌握的内部信息而低价购买目标公司的股份，特别是防止境内投资者在与目标公司董事会无法就收购达成友好收购的情况下启动敌意收购。实务中，很多敌意收购开始时都是先与目标公司的董事会进行友好商谈，希望能获得董事会的支持，然后通过董事会向股东会推荐，这种方式能够提高收购的成功概率，毕竟在收购目标公司后的整合过程中，董事会和管理层的支持对整合的成功至关重要。因此，收购方即使有敌意收购的决心，一开始都会采取友好收购的方式与目标公司董事会商谈。如果收购方发现通过友好收购的方式行不通的情况下，但他们决意要收购目标公司时，他们会利用与目标公司商谈或尽职调查的这段时间，悄悄在市场上买进目标公司的股份，并在持股比例达到法律规定的要求后，直接向目标公司股东会发起要约收购，企图通过这种敌意收购的方式达到收购目标公司的目的。如果目标公司是上市公司，为了防止上述情况的发生，其一般都会要求在保密协议中约定暂停购买条款，以防患于未然。

八、补偿条款

与国内收购不同，对于违反保密协议的情形，国内企业习惯于约定赔偿条

款，即当一方违反保密协议约定时，守约方有权要求违约方直接支付违约金或赔偿损失。在英美普通法系国家，针对违约情形，一般习惯于采取补偿(Remedies)的方式作出约定，即如果因保密信息接收方或其代表未按协议约定用途或违反协议约定的方式使用或泄露保密信息，则该方应对保密信息提供方或代表因此遭受的损害、损失或费用作出补偿，上述损失一般会约定包括律师费、仲裁或诉讼费以及因实现上述补偿支出的全部费用。此外，保密信息提供方还会要求，如果法院或仲裁机构裁判确定的给付金钱的补偿方式不足以弥补其因此遭受的损害，比如保密信息提供方的名誉权遭受损害，则保密信息提供方还有权依法申请法院禁令或采取其他合法救济方式。对于该条约定，有两点内容境内投资者要注意：一是损失包括律师费、仲裁或诉讼费及实现上述补偿支付的全部费用是否能接受，因为在国外聘请律师进行诉讼或仲裁可能会支付高额的律师费和诉讼费或仲裁费，境内投资者要考虑清楚是否能接受该约定。二是虽然该补偿条款感觉杀伤力不是很大，对于信息提供方来说，需要举示充分的证据证明其损失，其主张才可能得到支持，但在境外投资与并购中，一般会约定适用目标公司所在国的法律，而且目标公司还可能要求约定争议解决机构为目标公司所在地的仲裁机构或当地法院。此种情况下，如果境内投资者对目标国法律和对仲裁机构仲裁规则不熟悉而同意该条款，则可能会承受更大的风险。对此，境内投资者需要认真考虑后作出约定。

九、保密期限与后协助义务

一般情况下，当协议约定的权利义务履行完毕，则协议也就随即终止。但保密协议的有效期与其他类型协议不同，其会在境外投资与并购交易终止或交割完成后一定年限内仍然有效。因为保密信息接收方从交易中获得的保密信息仍处于保密状态，所以接收方仍需要对保密信息严格保密。但对于保密期限的长短，则是接收方与提供方重点讨论的内容。对于提供方来说，肯定是希望保密状态持续的时间越长越好，甚至希望是永久保密；但对于信息接收方来说，则希望保密义务越短越好。实务中，考虑到双方的利益诉求与担忧，一般约定在交易终止或交割完成后2~5年的期限内，接收方的保密义务仍然有效是双方能接受的期限。

此外，双方也会对后续保密期限内的协助义务进行约定，比如接收方发现保密信息被泄露后要及时通知保密信息提供方，并与提供方共同商量对策，以减少因此产生的负面影响或损失。

十、法律适用与争议解决

法律适用与争议解决条款几乎是所有境外投资与并购交易协议中主要的风险条款，也往往是很容易被境内投资者忽视的条款。在约定该条款时，需要考虑的因素有很多，比如境内投资者对目标公司所在国或地区的法律法规是否熟悉，如果发生争议，聘请律师需要花费大概多少费用，对目标公司所在国或地区的司法体制或拟选择的仲裁机构的仲裁规则与仲裁程序是否了解等。当考虑清楚上述因素并作出权衡后，才能确定适用哪国或哪个地区法律和选择哪种类型的争议解决机构。如果境内投资者仍以国内思维方式对待该条款，则可能会因此承担风险。一般情况下，国内收购不会涉及外国法律适用的问题，而且争议解决机构如果是法院，也都在国内，相对而言风险不会那么大。如果选择仲裁机构，也一般约定在中国国际经济贸易仲裁委员会或其他国内仲裁机构进行仲裁裁决。因此，对国内收购的交易双方来说，承受风险的差异不会像境外投资与并购那么大。在境外投资与并购交易中，目标公司一般都要求适用目标国或地区法律，考虑到交易主要发生在目标国或地区，所以大部分情况下，境内投资者会同意适用目标国或地区的法律，双方往往着重讨论的是争议的解决机构。如果目标公司很强势，其一般都要求由目标公司所在地的法院管辖。此种情况下，境内投资者则需要承受非常大的风险，一旦双方发生争议，因境内投资者对目标国或地区的法律和目标国的司法制度与规则不熟悉，则败诉的风险会更高，而且参加诉讼支付的成本也会更高。如目标公司不是很强势，为了公平起见，境内投资者可以要求由国际公信力很好的第三国或地区仲裁机构解决争议。在很多境外投资与并购交易中，这是交易双方为了促成交易妥协后选择的争议解决方式。

国内交易中，交易双方对选择适用我国法律是不会存在争议的，但在境外投资与并购交易中，则情况完全不同。如约定适用某国或地区实体法律时，则在程序规则上建议排除适用冲突法规则。否则一旦发生争议，可能因为适用冲突法规则而大大增加争议解决成本。

此外，如果目标公司所在国实行陪审团制度，比如美国，且约定选择由该国（州）有管辖权的法院作为争议解决机构的情况下，一定要明确约定排除陪审团审判。因为陪审团审判是一种耗时长、程序复杂且审判成本相当高的审判方式，就连很多美国律师都会认为，很少有企业愿意把其命运交给 12 位不具有任何法律背景和经验的人凭着所谓的良知作出裁定。而且，当争议一方为中国企业时，陪审员在对方律师的煽情下很容易对中国企业产生偏见，从而进一步增加了境内投资者败诉的风险。据统计，在美国陪审团审判中，中国企业一般都是败诉的。排除陪审团审判条款建议表述如下：

Each of the Parties hereto irrevocably waives any right it may have to jury trial in connection with this Confidentiality Agreement/MOU/Term Sheet or the transactions that are the subject hereof.

因此，在适用法律的选择特别是争议解决机构的选择上，境内投资者一定要给予足够重视。如约定不利，一旦发生争议，境内投资者将会处于非常被动的处境。也许境内投资者会想，反正现在只是签署保密协议，又不是最终交易协议，所以约定适用什么法律和选择何种争议解决机构都影响不大，其实未必然。如笔者上文中所述，交易双方因保密协议发生纠纷诉诸法院或仲裁的案例不在少数，很多境内投资者因此遭受了重大损失。另外一旦保密协议等前期交易文件中约定的一般性条款，比如法律适用与争议解决机构等确定下来后，后续双方都会按之前确认的内容在正式的交易文件中作出类似或相同的约定，双方都不愿意花太多时间重复讨论这些基本条款。因此，境内投资者应从一开始就建立起很强的规范和风控意识，除了防范自身风险外，也能给目标公司留下规范和守法的印象，这对后续与目标公司顺畅沟通和顺利推进交易很有帮助。

十一、通知条款

笔者之所以将通知条款单独出来进行介绍，是因为实务中交易双方都容易忽视该条款的约定，但如果后续双方发生争议，通知条款将会成为重要的条款。因为一方向对方送达的通知、文件或函件等（以下统称通知）是否依约进行送达，会决定其是否依约履行了通知义务，通知的接收方可能会以其并未收到通知为由进行抗辩。因此，为了避免出现上述情形，建议在保密协议中专门约定通知条款，对交易双方的通知接收地址、文件送达方式及视为送达的期限等作出明确约定。通知条款通常会约定如下几方面的内容：

其一，拟送达给对方的通知的书写语言要求，一般约定会采用中外双语拟定。

其二，对通知的送达方式及视为送达的期限作出明确约定。例如约定：

1. 专人递交的通知在专人递交之日视为有效送达；

2. 以挂号信发出的通知，在寄出日（以邮戳为凭）后的第【　　】日视为有效送达；

3. 以快递发送的通知，在发送日（以快递公司出具的收据为凭）后的第【　　】日视为有效送达；

4. 以传真方式发出的通知，在发送日后的第一个工作日视为有效送达；

5. 以电子邮件方式发出的通知，在发出之时起24小时内即视为有效送达。

其三，对协议双方的详细收件信息比如地址、收件人、联系方式作出明确约定，并明确约定上述送达地址为双方诉讼或仲裁文书的送达地址，一旦双方发生纠纷，则有管辖权的法院或仲裁机构可以将相关诉讼或仲裁文书通过上述地址送达给双方当事人。

十二、其他条款

除上述条款外，保密协议中还会约定费用承担条款、保密协议修改条款、可分割条款、签署与生效条款、副本条款等内容。由于上述条款都是一些格式条款，笔者在此就不再详细介绍。

附：保密协议参考模板

CONFIDENTIALITY/ NON-DISCLOSURE AGREEMENT

THIS AGREEMENT (this "**Agreement**") is made as of [date], by and between [the full name of one corporation], a corporation incorporated under the laws of [a state or a country] (hereinafter referred to as "Party A"), and [the full name of the other corporation], a corporation incorporated under the laws of the People's Republic of China (hereinafter referred to as "Party B").

BACKGROUND:

A. [Party A] and [Party B] (together the "**Parties**" and each a "**Party**") are interested in entering into negotiations concerning [the purpose] (the "**Permitted Purpose**") and, in connection therewith. Both Parties has agreed to provide the other Party and certain of its employees, representatives and agents with certain confidential, non-public information, on the basis that all such information is to be kept confidential by Parties. The Party disclosing Confidential Information shall be the "Discloser" and the party receiving Confidential Information shall be the "Disclosee".

B. For the purposes of this Agreement, every reference to Confidential Information of Parties, also means Confidential Information of all corporations related to or affiliated with Parties, including, without limitation the corporations set out in Schedule A hereto [All and any entities of Party A and Party B in all global locations].

THEREFORE IN CONSIDERATION of the premises and covenants herein contained, the sum of Ten Dollars ($10.00) now paid by each Party to the other Party, and for other good and valuable consideration, the receipt and sufficiency of which are hereby acknowledged the Parties agree as follows.

1. **Confidential Information**. For purposes of this Agreement, the term "**Confidential Information**" means any and all information which is disclosed by one Party to the other Party, or any shareholder, officer, director, employee, representative, agent, subsidiary or other affiliate of one Party, to the other Party or to any shareholder, officer, director, employee, representative, subsidiary or other affiliate of one Party, whether in oral, written, electronic form or any other form or medium, however documented (or not documented) and whether or not marked "Confidential". Confidential Information includes, without limitation, Work Product, Production Processes, Other Proprietary Data, Business Operations, Marketing and Development Operations, and Customers, as well as historic and projected financial information, trade and other secrets, business opportunities, contracts, agreements, names, addresses and any other characteristics of one Party existing or potential customers, employees, agents and suppliers and other information acquired by the other Party in connection with the Permitted Purpose. The following terms shall have the following definitions:

(a) **"Work Product"** means work or product resulting from or related to work or projects performed or to be performed for one Party or for customers of the Party, of any type or form in any stage of actual or anticipated research and development;

(b) **"Production Processes"** means processes used by One Party in the creation, production and manufacturing of the Work Product, including but not limited to formulas, compositions, patterns, molds, models, methods, techniques, specifications, processes, procedures, equipment, devices, programs, designs, sketches, photographs, graphs, drawings, samples, inventions and ideas;

(c) "**Other Proprietary Data**" means information relating to one Party's proprietary rights prior to any public disclosure of such information, including but not limited to the nature of the proprietary rights, production data, technical and engineering data, technical concepts, test data and test results, simulation results, the status and details of research and development of products and services, and information regarding acquiring, protecting, enforcing and licensing proprietary rights (including patents, copyrights and trade secrets), computer software and programs (including object code and source code), computer software and database technologies, systems, structures and architectures (and related processes, formulae, composition, improvements, devices, know-how, inventions, discoveries, concepts, ideas, designs, methods and information);

(d) "**Business Operations**" means internal personnel and financial information, vendor names and other vendor information (including vendor characteristics, services and agreements), purchasing and internal cost information, internal services and operational manuals, and the manner and methods of conducting one Party's business;

(e) "**Marketing and Development Operations**" means marketing and development plans, price and cost data, price and fee amounts, pricing and billing policies, quoting procedures, marketing techniques and methods of obtaining business, forecasts and forecast assumptions and volumes, and future plans and potential strategies of one Party which have been or are being discussed; and

(f) "**Customers**" means names of customers of one Party, actual and/or prospective, and their representatives, contracts and their contents and parties, customer services, data provided by customers, anticipated customer requirements, customer segmentation, and the type, quantity and specifications of products and services purchased, leased, licensed or received by clients, at any time during the term of this Agreement.

2. **Exceptions.** Confidential Information shall not include any information that: (a) is or becomes available to the public other than as a consequence of a breach by Parties of their obligation to keep such information confidential, (b) information that became available to Parties, legally and as a matter of right, by third parties without restriction on disclosure, (c) information that was developed independently by Parties prior to the date of this Agreement and without reference to or consideration of the Confidential Information, or (d) is approved for release by written authorization of the other Party.

3. **Protection of Confidential Information and Confidentiality.** Confidential Information constitutes, as between the Parties, proprietary rights and property of Parties, which the other Party is entitled to preserve and protect. Parties agrees to hold all Confidential Information in the strictest confidence and trust and agrees not to use, disclose, or otherwise provide or transfer, directly or indirectly, any Confidential Information to any person without the prior written consent of the other Party. In addition, each party agrees that, without the written consent of the other party, neither it nor its Representatives will disclose to any other person the fact that the Proprietary Information has been made available to it, that discussions or negotiations are taking place concerning a possible transaction involving the parties or any terms, conditions or other facts with respect thereto (including the status thereof).

4. **Disclosing Information.** Both Parties represents and warrants that the disclosing information to the other Party is in compliance with legal and valid, without any infringement of any third party's commercial secret, intellectual property or any other contractual rights. One Party shall indemnity the other Party, its affiliates and its directors, managers, officers, agents, advisors, representatives, employees, successors and assigns from and against all losses arising out of or resulting from any claim by a third party (whether private or governmental) from any claims, damage.

5. **Permitted Activities.** Notwithstanding Section 4 above, and whether or not such consent has been requested or given, Parties will only possess and use Confidential Information strictly in accordance with this Agreement and for the sole

purpose of evaluating, discussing, negotiating and, if applicable and if the Parties have agreed, implementing, integrating, designing, developing, using, marketing, supplying, selling, operating and/or performing agreed and authorized services, supplies and other activities in respect of the Permitted Purpose in accordance with any and all agreements (now existing or hereafter entered into) between the Parties with respect to the Permitted Purpose (collectively, the "Permitted Activities").

6. **Disclosure to Representatives.** Parties shall only disclose Confidential Information to their directors, officers, employees, agents or professional advisors who have a need to know such Confidential Information in connection with the Permitted Purpose and who are informed of the confidential and proprietary nature of the Confidential Information, and who agree to be bound by the terms of this Agreement (the **"Representatives"**), provided that such disclosure is made only, to the extent necessary, to enable Parties to properly perform the Permitted Activities. Parties will make all reasonable, necessary and appropriate efforts to safeguard the Confidential Information from disclosure to anyone other than a Representative. Any unauthorized disclosure or use of the Confidential Information by a Representative shall constitute a breach of this Agreement. For greater certainty, a Party shall be responsible for any breach of this Agreement by its Representatives and shall take all necessary measures to restrain its Representatives from unauthorized disclosure or use of Confidential Information. In addition, each party agrees that, without the prior written consent of the other party, it will not for a period of one (1) year from the Effective Date directly or indirectly (including through instruction to its agents) solicit for employment any person who is now employed by the other party and who is identified for solicitation as a result of receipt of Proprietary Information of the other party; provided, however, that neither party will be prohibited from making general public solicitations for employment for any position or from employing any current employee of the other party who contacts the party on his or her own initiative and without impermissible solicitation by such party.

7. **Copies.** One Party shall not make, or enable, authorize, permit or acquiesce in any other person making, any copy or abstract of any Confidential Information

without the prior written authorization of the other Party unless such copying or abstracting is done strictly in accordance with this Agreement and for the sole purpose of Permitted Activities.

8. **Permitted Disclosure.** Notwithstanding any other provision of this Agreement, in the event that one Party is requested pursuant to, or required by, applicable law, regulation or any subpoena, order of any court or Governmental Authority or other legal process, to disclose any Confidential Information, the Party shall forthwith notify the other Party in writing of the request or requirement so that the other Party may seek a protective order or other appropriate remedy or, in the sole discretion of the other Party, waive compliance with the terms of this Agreement; the Party will disclose only the Confidential Information that it is legally required to disclose, and will exercise commercially reasonable efforts, at Discloser's expense, to obtain reliable assurance that the Confidential Information so disclosed will be accorded confidential treatment. Notwithstanding any other provision of this Agreement, Confidential Information may be disclosed at any time and from time to time in connection with any dispute, claim or litigation involving this Agreement, the Parties, the Permitted Purpose and/or any Permitted Activities but only for the purposes of any such dispute, claim or litigation.

9. **Announcements.** One Party shall not, without the prior written consent of the other Party, disclose to any person or make any public announcement or release that contains, or directly or indirectly refers to or implies, the existence of any negotiations or discussions taking place between the parties involving the Permitted Purpose, or that the parties have executed this Agreement, or the terms, conditions or other facts with respect to the Permitted Purpose, including the status of the Permitted Purpose.

10. **Remedies for Breach.** Parties agrees that money damages would not be a sufficient remedy for any breach by Parties of this Agreement, and that the Parties shall be entitled to enforce this Agreement by injunctive and other remedies that may be available at law or in equity, including without limitation specific performance, without posting a bond or other security and without proving irreparable harm.

11. **Return of Confidential Information.** If so requested by the Discloser, (a)

the Disclosee (i) shall promptly deliver to the Discloser all documents or other materials (in any media) furnished by the Discloser or any Discloser's Representatives to the Disclosee or the Disclosee's Representatives constituting Confidential Information, together with all copies and summaries thereof in the possession or under the control of the Disclosee or the Disclosee's Representatives, and (ii) shall promptly destroy or delete copies of the Confidential Information stored in electronic form as well as all materials generated by the Disclosee or the Disclosee's Representatives that include or refer to any part of the Confidential Information, without retaining a copy of any such material (unless required to do so by law or regulators or internal policies) or (b) alternatively, if the Discloser requests or gives its prior written consent to the Disclosee's request, the Disclosee shall destroy all documents or other matters constituting Confidential Information in the possession or under the control of the Disclosee or the Disclosee's Representatives. Upon compliance of the above, the Disclosee shall confirm in writing to the Discloser that the obligations under this clause have been fully discharged by the Disclosee and the Disclosee's Representatives (such confirmation must include a list of the materials destroyed). Notwithstanding any such return of the Confidential Information, the Disclosee will continue to be bound by its obligations under this Agreement.

12. **No License.** All right, title and interest in and to the Confidential Information shall remain in Parties. Neither the execution and delivery of this Agreement nor the furnishing of any Confidential Information to the other Party is to be construed as conferring by implication, estoppel, contract or otherwise any license (including any license under any invention, patent, know-how or other technology or concept), or any right to use on a royalty-free or other undocumented basis, the Confidential Information made available to the other Party, except as may otherwise be expressly agreed by the Party.

13. **Jurisdiction.** This Agreement shall be governed by and construed in accordance with the laws of the [State or Country], as applicable; and each party hereby consents to and agrees that Any dispute arising from or in connection with this Contract shall be submitted to [the name of an arbitration commission, such as

China International Economic and Trade Arbitration Commission (CIETAC)] for arbitration which shall be conducted in accordance with the [the name of the arbitration commission] arbitration rules in effect at the time of applying for arbitration. There shall be three (3) arbitrators. The claimants in the Dispute shall collectively choose one (1) arbitrator, and the respondents shall collectively choose one (1) arbitrator. The Secretary General of the [the name of the arbitration commission] shall select the third arbitrator. If any of the members of the arbitral tribunal have not been appointed within thirty (30) days after the arbitration notice set forth in item (a) above is given, the relevant appointment shall be made by the Secretary General of the [the name of the arbitration commission]. The arbitration proceedings shall be conducted in English and Chinese simultaneously. The arbitral award is final and binding upon both parties, and the prevailing party may apply to a court of competent jurisdiction for enforcement of such award. The costs of arbitration shall be borne by the losing party, unless otherwise determined by the arbitration tribunal.

14. **Notices.** Any demand, notice or other communication to be given in connection with this Agreement will be given in writing and will be given by personal delivery, by registered mail or by electronic means of communication addressed to the recipient as follows:

If to Party A:

[Address: ____________________]
[Attention: ____________________]
[Facsimile: ____________________]

If to Party B:

[Address: ____________________]
[Attention: ____________________]
[Facsimile: ____________________]

or to such other address, individual or electronic communication number as may be designated by notice given by any party to the other. Any demand, notice or other communication given by personal delivery will be conclusively deemed to have been given on the day of actual delivery thereof; and, if given by registered mail, on the 5th Business Day following the deposit thereof in the mail; and, if given by electronic communication, on the day of transmittal thereof if given during the normal business hours of the recipient and on the Business Day during which such normal business hours next occur if not given during such hours on any day. If the party giving any demand, notice or other communication knows or ought reasonably to know of any difficulties with the postal system that might affect the delivery of mail, any such demand, notice or other communication may not be mailed but must be given by personal delivery or by electronic communication.

15. **Amendment; Waiver**: This Agreement may be amended or modified only by a separate agreement in writing signed by both Parties. No act or failure to act or delay in the enforcement of any right hereunder constitutes a waiver of any right under this Agreement, and any such act, failure to act or delay does not constitute an approval of or acquiescence in any breach or continuing breach under this Agreement except as expressly agreed to in writing; and no waiver of any breach of any provision of this Agreement constitutes a waiver of any preceding, continuing or succeeding breach of such provision or of any other provision of this Agreement.

16. **Entire Agreement.** This Agreement constitutes the entire agreement between the Parties with respect to its subject matter and supersedes all previous communications, representations, understandings and agreements, either oral or written, with respect to such subject matter. In the event of any conflict or ambiguity between this Agreement and any other agreement or understanding between the Parties, this Agreement shall prevail unless such other agreement or understanding specifically states in writing that this Agreement is subject to such other agreement or understanding.

17. **Further Assurances.** Both Parties will do, execute, acknowledge and deliver or cause to be done, executed, acknowledged and delivered such further documents, assurances or things, and secure all necessary consents and

authorizations, as may be reasonably requested by the other Party for the more complete and perfect observance and performance of the terms of this Agreement.

18. **Other Obligations.** The obligations of confidentiality set forth in this Agreement are in addition to, and not in substitution for, any and all other obligations and duties of confidentiality which either party may from time to time owe to the other of them whether at law, in equity, under statute, under contract or otherwise.

19. **Binding Effect.** All of the terms and provisions in this Agreement shall be binding upon and shall ensure to the benefit of the parties and their respective successors and permitted assigns.

20. **Termination or Expiration.** The Disclosee agrees that the obligations of the Disclosee and the Disclosee's Representatives under this Agreement shall survive the termination or expiration of this Agreement.

21. **Person.** The term "person" means any individual, corporation (including any non-profit corporation), general or limited partnership, limited liability company, joint venture, estate, trust, association, organization, labor union, or other entity or governmental body.

22. **Counterparts / Facsimile Signatures.** This Agreement may be executed in any number of counterparts, each counterpart of which will constitute an original and all of which counterparts, taken together, shall constitute one and the same instrument. This Agreement may be delivered by facsimile transmission and receipt of a facsimile copy of any party's signature shall be considered to be receipt of an original copy thereof; provided that any party executing this Agreement by facsimile shall, as soon as practicable following execution of this Agreement, provide an originally executed counterpart of this Agreement to the other party; an provided further that any failure of a party to provide an originally executed counterpart of this Agreement to the other party shall not affect the validity or enforceability of this Agreement.

Signature page follows

IN WITNESS WHEREOF the Parties have executed this Agreement by their proper officers, duly authorized in that behalf on [date].

SIGNED, SEALED AND DELIVERED
in the presence of

THE FULL NAME OF PARTY A

____

Per:________________

By:________________

I have authority to bind the corporation

THE FULL NAME OF PARTY B

Per:________________

By:________________

I have authority to bind the corporation

SCHEDULE "A"

AFFILIATES OF Party A AND Party B

第二节　条款清单主要条款解析

当境内投资者与目标公司签署保密协议后,目标公司会向境内投资者提供有关目标公司的基础资料与信息,比如注册登记材料、股权结构与股东持股情况、主要业务及运营情况、上年度财务报表、主要债权债务、主要资产(包括不动产、固定资产与知识产权)、重大合同、重大诉讼、高管与核心技术人员等。通过目标公司提供的上述核心资料与信息,境内投资者对目标公司的基本情况有了进一步的了解,使其对是否继续推进对目标公司的投资与收购也有了初步判断。在此过程中,境内投资者与目标公司会进行多次的接触与谈判,对有关收购目标公司的交易结构(收购资产还是股权,如是股权则明确是普通股还是优先股以及具体的股权比例)、目标公司的估值、收购价格、交割时间安排、交割条件、费用承担、排他性、无重大不利变化、法律适用与争议解决、是否具有法律约束力等基本内容进行商谈。交易双方会根据商谈的情况,将双方商定的内容通过意向书、MOU 或条款清单的形式进行确认。通常情况下,双方倾向于约定意向书与 MOU 不具有法律约束力,而赋予条款清单具有法律约束力。但是否赋予上述前期交易文件具有法律约束力完全取决于双方的意愿,国际上并没有统一的标准。上述前期交易文件只是在对目标公司有初步了解的情况下签署,是对双方前期商谈的内容以书面形式进行确认。对境内投资者而言,从风险防范角度,一般不希望赋予前期交易文件具有法律约束力,以免给予自身太多的束缚;但对目标公司而言,肯定希望赋予交易更多确定性,一般要求前期交易文件具有法律约束力。因此,境内投资者要根据项目的具体情况和自身的谈判条件作出选择。笔者下面将对条款清单中通常会约定的内容进行简要的介绍。

一、交易结构条款

首先,交易双方会对前期通过接触与商谈确认的交易相关情况进行概述,对目标公司股东及其持股情况、股票价格(如为上市公司)进行描述。然后,对本次交易结构进行约定,即境内投资者是采取股权收购还是资产收购方式。如为股权收购,则明确收购的是普通股还是优先股,以及拟收购的具体股份数量等内容;如为资产收购,则要明确拟收购的资产范围和具体内容。通过上述内容的约定,双方基本上对该次投资与收购的核心交易结构内容达成了初步约定。

二、收购价格条款

收购价款无疑是双方谈判的重中之重。如果目标公司是上市公司,交易双方会根据目标公司最近一段时间的股价变动情况,取一段时间内股价的平均价格作为双方交易的股票价格。如果目标公司是非上市公司,则通常情况下,目标公司会让评估公司对目标公司的股权价值进行评估并出具评估报告以作为确定目标公司股权价值的基础,目标公司也可能会根据上年度经审计的财务报表或审计报告载明的目标公司净资产价值为确定其股权价值的参考。如果境内投资者收购的是目标公司的部分资产,则双方会对资产的具体范围作出明确约定,目标公司要聘请评估公司对拟出售资产的价值作出评估,以作为出售资产的价值参考。但无论是以哪种方式确认目标公司的收购价格,都只是双方初步商量的价格。双方会在条款清单中约定标的股权或股份或资产的价格需满足的前提条件,比如境内投资者对目标公司后续进行尽职调查且对尽职调查的结果感到满意,尽职调查查明的内容与目标公司前期介绍与提供的资料中载明的信息相一致或差异很小,目标公司(如为上市公司)股价的变动范围不得超出一定的幅度等作出约定,并对发生上述情形时的收购价款的调整机制达成一致。上述约定一方面对拟收购价款作出原则性约定,以让交易双方推进交易后续程序有了基础;另一方面,又赋予一定的灵活性,拟议收购价款最终是否能成为实际的交割价款需取决于约定的相关前提条件后续能否得以满足,即赋予了双方可根据约定对拟议收购价款作出调整的机制。该种方式是在考虑交易双方利益诉求的情况下作出的,既对双方通过前期谈判商定的内容和阶段性成果进行确定,同时又赋予双方在后续交易中保持一定灵活性的折中处理,对解除双方的后顾之忧和采取商业上的合理努力推进交易具有重要作用。但在有些交易中,目标公司明确要求上述确定的收购价款不得进行调整,即排除了因目标公司债务或其他负债变化等因素对收购价款作出调整的情形。此种情况下,境内投资者需要承担更大的风险。因为在未对目标公司进行尽职调查的情况下,境内投资者对收购价款的预估只可能是初步的预估,对目标公司不允许进行价格调整的要求要慎之又慎。

三、交易时间安排

作为阶段性谈判成果,双方都希望在签署条款清单后,尽快按节奏推进交易的后续进程,包括法律、财务等尽职调查的时间安排,正式交易文件比如股权或资产收购协议、股东协议、运营协议、修订的目标公司章程等文件的草拟、审查与修改时间安排,双方签署正式交易文件的时间节点,以及交割时限等内容,双方均需在条款清单中作出明确约定,并制作后续交易流程与时间安排表,以使双方按照时间表约定的时间节点高效推进交易的后续相关事项。如果目标公司为上市公司,则在其发出出售公告之时就已经对交割的完成时间作出了规定,那双方在安排后续交易相关事项时就必须要在上述规定时间内完成所有事项,因为出售公告载明的出售价款只有在上述规定期限内方为有效。为了使交割能在时间表约定的时限内完成,双方还会进一步约定,双方承诺应为该交易的如期交割提供所有必要的协助,并尽最大努力严格按照交易时间表约定时限完成交易相关事项。

四、交割条件

为了明确完成交割需要满足的各项条件，双方通常会在条款清单中对完成交割各方需要满足的条件进行明确约定。这些交割条件主要包括如下几个方面：

1. 境内投资者完成对目标公司的法律、财税等方面的尽职调查，且境内投资者对尽职调查结果感到满意。该条款更多是从保护境内投资者的角度作出约定。因为很难对境内投资者对尽职调查结果是否感到满意的标准作出明确的约定，所以实际上为境内投资者后续退出交易时留了一个敞口。

2. 交易双方对正式收购协议应包含的主要条款，比如交易双方及目标公司的陈述和保证条款、承诺条款、交割条件、补偿条款、无重大不利变化条款等达成一致意见，且签署了正式收购协议。

3. 交易双方通过合理努力获得了相关政府监管机关的审批或备案，包括但不限于境内投资者通过了发改委、商务部门的审批或备案，获得了外汇管理局批准的购汇额度。如果是大型交易，境内投资者与目标公司通过了相关国家的反垄断审查，以及目标公司通过了国家安全机关的审查等。

4. 交易双方按照其公司章程规定，已经获得了股东会或董事会对此次交易的审批。

通过明确完成交割需要的相关条件，以使交易双方采取合理程度的努力提前与相关政府监管机关进行沟通，提前准备获得上述审批或备案所需的相关资料，以便后续顺利且高效完成境外投资与并购交易的各项交割条件。

五、排他性条款

为增强交易的确认性，特别是境内投资者为了防止在其与目标公司谈判的过程中，目标公司继续向第三方招揽竞争性报价，或在此期间处置目标公司的重大资产，境内投资者一般都要求目标公司给予排他权，但目标公司则会设定一个具体的期限(排他期)，而不可能给予境内投资者永久的独家谈判权。在排他期内，境内投资者与目标公司应尽商业上的合理努力，按条款清单约定共同推进与完成各项约定的事项；同时，要求目标公司不得直接或间接通过任何关联方、高管人员、董事、代表等招揽、发起或鼓励任何第三方提出任何有关收购目标公司或其子公司的全部或部分资产、股份的要约或提案，并且要求目标公司不得参与向第三方投资的交易或处理目标公司或其子公司的任何重大资产或股份。排他性主要是基于诚信原则,赋予交易双方一个合理的期限,共同推进和促成交易。对境内投资者来说,排他条款约定极为重要。如没有约定排他条件,很多不太诚信的目标公司,可能同时与多家买方进行竞争性谈判,其会充分利用多个买家信息上的不对称,让他们之间进行恶性竞价,最终看谁的出价条件更好就选择谁。这就如同目前很多国际工程招标项目,境外业主通过公开招标的方式,让多家投标人之间直接进行PK,投标人为了赢得投标相互之间进行恶性竞争,纷纷报出更优惠的投标报价,几乎项目的全部风险都转移给了中标的承包人,招标人看似成为了赢家,但这种最低价者中标的方式肯定选不出优质的中标人,后续在服务的过程中会出现各种各样的问题,最终还是招标人自己吞下苦果。因此,境内投资者在境外投资与并购中,一定要尽最大努力向目标公司拿到排他权,否则在后续的谈判过程中将非常被动,更加难以控制谈判的进程。

此外,排他期限的约定也是双方争论的焦点,境内投资者肯定希望能获得更长时间的排他期,而目标公司则希望尽可能缩短排他期。排他期内,交易双方需要尽商业上的合理努力,共同完成双方在签署正式交易协议前需要谈定的相关事项,比如,境内投资者需要完成对目标公司的尽职调查,并根据尽职调查的结果对决定是否投资与收购目标公司作出决定。如果决定收购,则交易双方及聘请的律师需要共同谈定正式交易文件的具体条款,并在排他期内就交易文件达成一致。因此,排他期的长短与交易的复杂性以及交易双方的工作效率等因素相关。通常来说,排他期限为1~3个月的时间,要在上述这么短的期限内完成尽职调查、交易文件的谈判等重大内容,时间是相当紧的,而且工作量也相当大,这需要境内投资者及其聘请的中外中介机构团队的密切配合与高效工作才可能完成。因此,在约定排他期时,境内投资者需要与中介机构团队进行充分沟通与协商,对排他期的工作安排做出详细的时间表,并要求目标公司积极进行配合,方能在排他期内完成各项重大事项。而且建议对排他期约定赋予一定的灵活性,即交易双方可根据交易进展的实际情况,在双方都尽到合理努力后仍然未能在排他期内完成所有重大事项的,可以延长排他期限。

六、费用承担

由于排他期内交易双方特别是境内投资者的工作量相当大,除自身团队开展工作需要为此支出大量费用外,而且需要聘请律师事务所、会计师事务所、投行、公关与传媒顾问等中介机构开展尽职调查和前期工作而需支付中介机构的服务费。根据国际通行的惯例，一般情况下，交易双方是各自承担在推进交易过程中产生的相关费用，例如，因条款清单、股份购买协议或资产收购协议草拟、修改与谈判、尽职调查等产生的费用与开支。为避免因此产生争议，交易双方需在条款清款中对相关费用承担事宜作出明确约定。

七、无重大不利变化

在具有法律约束力的条款清单中，一般会约定收购价款，而收购价款是基于对目标公司拟出售股份或资产价值进行评估后确定的，因此，为了确保在排他期内，目标公司拟出售的股份或资产价值不会发生重大变化，境内投资者会要求对目标公司在排他期内不会发生重大不利变化的情形作出约定。对于哪些情形属于重大不利变化情形是交易双方商讨的重点。由于各个交易的具体情况都不相同，所以各个重大不利变化情形包含的具体内容也会存在区别。通常情况下，重大不利变化包括有关目标公司的任何财产、资产、业务或其他目标公司或其子公司权益的剥离、出售、转让或其他方式进行处置，或发生任何在目标公司及其子公司按照以往惯例进行目标公司日常业务经营之外的责任或债务。不同于正式交易协议中的无重大不利变化条款，受限于双方的谈判时间和对目标公司情况的初步了解，条款清单中的该条款内容相对而言会约定得更加简单，在后续的正式交易文件中，交易双方会对交割过渡期内目标公司无重大不利变化的情形作出更为具体的约定。从目标公司角度来说，其会要求对因不可抗力、国家法律法规或政策变化、普遍性的市场变化等情形的发生不应包括在重大不利变化的情形之内，比如目标国或地区出现影响经济状况或金融市场的普遍变化；公认会计准则、适用法律法规或国家政策的变化；目标公司或其子公司经营所在的金融、信贷或证券市场的变化等。由于每宗交易的具体情况不同，所以交易双方在界定重大不利变化的范围时可能会作出不同的约定，但其目的是避免目标公司在排他期内发生对其估值和收购价款产生重大影响的不利情形的出现。

八、法律适用与争议解决

如笔者在本章第一节中所述，法律适用和争议解决条款是交易文件中极其重要的条款，通常情况下，交易双方会沿用双方在保密协议中已选择适用的法律与争议解决方式和管辖机构。在此，笔者就不再重复阐述。

九、关于法律约束力条款

毫无疑问,法律约束力条款是意向书、MOU 和条款清单等前期交易文件中极为重要的条款。不同于正式交易文件,除非交易双方特别约定,正式交易文件的条款内容无可争议地会对双方具有法律约束力,而前期交易文件是否具有法律约束力则赋予交易双方更多的自由选择权,从而具有更多的灵活性。通常情况下,交易双方习惯于选择意向书对双方不具有法律约束力,大多数情况下,选择 MOU 也不具有法律约束力,而选择条款清单具有法律约束力。无论双方如何选择,为了避免因此产生争议,笔者强烈建议一定要在上述前期交易文件中明确其是否具有法律约束力。如部分条款具有法律约束力,比如保密条款、法律适用与争议解决条款、通知条款等,则双方也需要在其中明确约定。实务中,部分境内投资者因为疏忽,未约定该条款或约定不明确,从而导致后续发生法律纠纷。如笔者在前文中提到,由于国际上并没有统一的标准,完全取决于交易双方的自由约定,双方需要根据交易的具体情况,以及各方在交易谈判中所处的地位,对前期交易文件是否具有法律约束力,或是部分具有法律约束力作出明确约定,从而有效避免因约定不明后续发生争议的风险。

附:条款清单参考模板

BINDING TERM SHEET

This binding term sheet (this "**Term Sheet**") summarizes the relevant terms of the proposed transaction whereby [the Investor Corporation] and additional purchasers to be designated by [the Investor Corporation] (collectively, the "**Investor**") will acquire a certain number of ordinary shares of [the Target Corporation] (the "**Target**") currently held by the persons identified on Schedules A as the "**Sellers**" (the "**Transaction**"). The Investor, on the one hand, and the Seller, on the other hand, shall be referred to individually herein as a "**Party**" and collectively as the "**Parties**".

The Parties intend that the provisions of this Term Sheet (the "**Binding**

Terms") will be binding and enforceable against them, subject to the entering into of the Share Purchase Agreement (as defined below).

Condition & Approvals:	The Transaction is expressly subject to (A) the completion of due diligence process to the satisfaction of both parties, (B) the execution of definitive documents, to include terms, conditions, covenants and mutually satisfactory to both parties, (C) any required regulatory approvals and governmental consents consistent with a transaction of this nature; and (D) final approval by the respective authoritative bodies of the Investor and the Seller.
Overview of the Transaction:	Currently, the Sellers hold a total of [a number] ordinary shares of the Target, par value [a price] per share (the "**Ordinary Shares**"), comprising approximately [a percentage] of Target's issued and outstanding share capital as further identified on Schedules A. The Sellers intends to dispose of their [a number] Ordinary Shares (the "**Sale Shares**"). Subject to the terms and conditions of the Share Purchase Agreement (as defined below), the Investor proposes to make an offer to acquire the Sale Shares from the Sellers at a price of [a price] cash per Ordinary Share. The detailed terms and conditions regarding the Transaction contemplated in this Term Sheet shall be promptly negotiated in good faith by the Parties as soon as practicable and within the time frame provided herein and set forth in a mutually satisfactory definitive share purchase agreement for the sale and purchase of the Sale Shares (the "**Share Purchase Agreement**"), which will contain customary and appropriate closing conditions, representations, warranties, indemnities and covenants including, without limitation, conditions precedent to the Investor's obligation to purchase the Ordinary Shares contemplated by the provisions of this Term Sheet under the headings "Share Capital," "Board Composition and Management," "No Material Adverse Change" and other terms to

be negotiated in the Share Purchase Agreement. For the avoidance of doubt, the Share Purchase Agreement and other definitive documents contemplated in this Term Sheet shall not include any condition under which the Investor's obligation to close the Transaction shall be subject to its success in raising or borrowing funds to acquire the Sale Shares. The Parties will endeavor to effect the closing of the Transaction by [the closing date]. Notwithstanding any other provisions in this Term Sheet, neither Party is obligated to enter into the Share Purchase Agreement, or to close the Transaction unless the Parties have reached a mutually satisfactory Share Purchase Agreement and all the closing conditions thereunder have been satisfied.

Termination Fee: The definitive Share Purchase Agreement shall provide that:

(A) if the closing under the agreement shall not have occurred by [the closing date] for any reason other than a failure by either the Sellers or Investor to perform the covenants and agreements set forth therein to be performed by them or to satisfy the conditions set forth therein to be satisfied by them, either Party may terminate the agreement and neither Party shall have any liability or obligation to the other; 813 6A635

(B) if the Sellers shall have performed the covenants and agreements and satisfied the conditions set forth therein to be performed or satisfied by the Sellers and the closing under the agreement shall not have occurred by [the closing date] solely due to a failure by the Investor to perform the covenants and agreements or to satisfy the conditions set forth therein to be performed or satisfied by the Investor, the Sellers may terminate the agreement and, upon such termination, the Investor shall pay the Sellers a Termination Fee of [a price]; and 8136A635

(C) if the Investor shall have performed the covenants and agreements and satisfied the conditions set forth therein to be performed or satisfied by the Investor and the closing under the agreement shall not have occurred by [the closing date] solely due to a failure by the Sellers to perform the covenants and agreements or to satisfy the conditions set forth therein to be performed or satisfied by the Sellers, the Investor may terminate the agreement and, upon such termination, the Seller shall pay the Investor a Termination Fee of [a price].

Escrow Amount: The Investor will deposit [the Escrow Amount] in cash (the "**Escrow Amount**") in an escrow account under the name of the Investor (or any of its designated affiliates on its behalf) with [the name of the Escrow Agent] (the "**Escrow Agent**") for the purchase of the Sale Shares (or in the event that a termination fee is payable by the Investor to the Sellers, for the payment of the termination fee to the Sellers), pursuant to a mutually satisfactory escrow agreement to be entered into by the Investor and the Sellers with the Escrow Agent. The Escrow Amount will be deposited within [a number] business days of the later of the execution of this Term Sheet and execution of the escrow agreement. The Escrow Agreement shall provide that the Escrow Amount shall be (i) released to the Sellers upon the closing of the Transaction, together with any interest earned thereon, and the Escrow Amount and any such interest shall be credited against the purchase price for the Sale Shares to be purchased from the Sellers, or (ii) refunded to the Investor together with any interest earned thereon in the event that the closing of the Transaction has not occurred by [the closing date], unless the Investor is obligated to pay a termination fee to the Sellers under the conditions set forth in clause (B) under "Termination Fee," above, in which case the Escrow Amount shall be paid to the Sellers in full satisfaction of the Investor's obligation to pay such Termination Fee, and any interest on the Escrow Amount shall be paid to the Investor.

Transaction Fees and Expenses: The fees, costs and expenses(including, without limitation, the fees and expenses of its legal counsel, accountants, investment bankers, brokers and other representatives or consultants) incurred by each Party in connection with the due diligence process or otherwise incurred prior to execution of definitive and final documentation for the Transaction, the negotiation of the Term Sheet, the Share Purchase Agreement, and other transaction documents contemplated hereunder or thereunder shall be borne by such Party.

Share Capital: It shall be condition tothe Investor's obligation to enter into and perform its obligations under the Share Purchase Agreement that there shall have occurred no changes to the share capital structure of the Target prior to the closing of the Transaction. The Sale Shares to be acquired by the Investor under this Term Sheet shall represent not less than [the percentage] of the total number of Ordinary Shares outstanding on the closing of the Transaction.

Board Composition and Management: The board of directors of the Target currently consists of [a number] directors. It shall be condition tothe Investor's obligation to enter into and perform its obligations under the Share Purchase Agreement that there shall have occurred no changes to the board of directors (the "Board") or executive officers of the Target and its subsidiaries prior to the closing of the Transaction. Any Seller or affiliate thereof that is a director of the Target shall resign upon the closing of the Transaction. The Sellers, or their respective affiliates who are directors of the Target, shall recommend for appointment to the board of directors to fill the vacancies caused by such resignations with persons designated by the Investor. In the event Investor wishes to designate additional members to the Board and/or specified executive officers of the Target, the Sellers shall consult with the Board and recommend to the Board the appointment of such designees as additional directors or as executive officers of Target, as the case may be.

Upon the signing of the Term Sheet and the Investor's payment of the Escrow Amount, subject to applicable laws, the Sellers shall cause the Target to provide the Investor with such periodic reports of the Target's financial condition and results of operations as may reasonably be requested by the Investor during the period between execution of this Term Sheet and the closing of the Transaction.

No Material Adverse Change: From the date of this Term Sheet until the closing of the Transaction, there shall not have occurred and be continuing any event, change, circumstance, effect or other matter that has, or would reasonably be expected to have a material adverse effect on Investor's ability to timely consummate the transactions contemplated by the Share Purchase Agreement or result, either individually or in the aggregate with all other events, changes, circumstances, effects or other matters, in a material adverse change in the business, financial condition, compliance position and results of operations of the Target and its subsidiaries taken as a whole including, without limitation, any spin-off, sale, transfer or otherwise disposition of any properties, assets, business and other interests of the Target or its subsidiaries, or incurrence of any liability or debt other than, in each case, in the ordinary course of the Target's business, consistent with past practices of the Target and its subsidiaries (the "**Material Adverse Change**"), provided, that in no event shall any of the following, either alone or in combination, constitute or be taken into account in determining whether there has been a Material Adverse Change: (A) changes affecting the economic conditions or financial markets generally in any country or region in which the Target or any of its subsidiaries conduct business; (B) changes in GAAP or any interpretation thereof after the date hereof, or to applicable laws or the interpretation or enforcement thereof; (C) changes that are the result of factors generally affecting the industries in which the Target and its subsidiaries operate; (D) changes affecting the financial, credit or securities market in which the Target or any of its subsidiaries operate, including changes in interest rates or foreign exchange rates; (E) changes resulting from the public announcement of the Transaction; (F) natural disasters, declarations of war, acts of sabotage or terrorism or armed hostilities, or (G) actions taken (or omitted to be taken) at the request of the Investor (except, with respect to clauses (A) through (D) and (F), to the extent that any such event, change, circumstance, effect or other matter, alone or in combination, disproportionately has a greater adverse impact on the Target and its subsidiaries, taken as a whole, as compared to other companies operating in the same industries and markets in which the Target or any of its subsidiaries operates).

Exclusivity: The Parties will work on the Transaction contemplated under this Term Sheet (or a transaction similar to this Transaction) exclusively from the date hereof until [the closing date] (the "Exclusivity Period"). During the Exclusivity Period, unless otherwise mutually agreed by both Parties, neither Party will, directly or indirectly, through any affiliate, officer, director, agent or otherwise, (i) make, solicit, initiate or encourage submission of any proposal or offer from any third party relating to an investment in/purchase or sale of, or other significant transaction relating to, the Target or its subsidiaries or the Sale Shares by such third party, (ii) participate in an investment in/purchase or sale of, or other significant transaction relating to, the Target, its subsidiaries, its equity interests or assets by any third party, or (iii) dispose of any equity interests in the Target held by such Party [any of (i), (ii) or (iii), a "Prohibited Act"]. Each Party agrees (a) to terminate or procure the termination of all ongoing contacts or negotiations, if any, with any third party with respect to any Prohibited Act with immediate effect, and (b) to promptly notify the other Parties if any proposal or offer from any third party relating to a Prohibited Act, or any inquiry or contact with any third party with respect thereto, is made, and shall provide the other Parties with such information regarding such proposal, offer, inquiry or contact as the other Parties may request. The Parties further agree that the Exclusivity Period under this Term Sheet may be reasonably extended based on the progress of the Transaction upon mutual agreement by the Parties.

Confidentiality: Each of the Parties hereto agrees that this Term Sheet is being transmitted to the other Party with the express understanding that the other Party will keep its contents and the fact that it has been transmitted to such Party strictly confidential, and each Party shall not, without the other Party's express prior written consent, disclose such confidential information to any third party or issue a press release or make any public announcement; provided that (i) each Party may disclose such confidential information to its officers, directors, partners, employees, affiliates and advisors on a need – to – know basis in connection with the Transaction and such officers, directors, employees, partners, affiliates and advisors shall keep such information strictly confidential; and (ii) each Party may disclose such confidential information to the extent that it is required to be disclosed by law or regulation, pursuant to a legal action, legal proceeding or arbitration, by order of a court of competent jurisdiction or by a governmental or regulatory authority, provided further that the disclosing Party shall provide copies of any filings, announcements and disclosures permitted by the preceding sentence to the other Parties for review with a reasonable opportunity to comment prior to filing or disclosing the same. In addition, each Party shall not use the name of the other Parties or any of the other Parties' affiliates in any manner, context or format (including reference on or links to websites or press releases) without obtaining in each instance the prior written consent from the other Parties, except as may be required by applicable law, regulation, stock exchange rules or requirements or legal process. The Sellers agree to use their best commercial efforts to cause the Target to observe the foregoing limits on publicity.

Governing Law/Dispute Resolution: This Term Sheet shall be governed by the laws of [a state or a region], without regard to the conflicts of law principles thereof. Any dispute, controversy, claims or differences of any kind whatsoever arising out or in connection with this Term Sheet shall be resolved exclusively through arbitration administered by [the name of an arbitration commission, such as the Hong Kong International Arbitration Centre in Hong Kong] which shall be conducted in accordance with the then effective [rules, such as Hong Kong International Arbitration Centre Administered Arbitration Rules].

Language: This Term Sheet is written in [languages, such as both English and Chinese], and both versions shall have equal effect.

Schedule A The List of the Sellers and Their Ordinary Shares

For and on behalf of

[name of the Seller]
Date
Name
Signature

For and on behalf of

[name of the Investor]
Date
Name
Signature

第三节　收购协议主要条款解析

根据收购的标的不同,境内投资者与目标公司或目标公司股东签署的股份或资产收购协议约定的内容会有所区别,但包含的主要条款类似,比如定义条款、股份或资产收购条款、价格条款、买卖双方与目标公司的陈述和保证条款、承诺条款、交割条件条款、终止条款、补偿条款、法律适用与争议解决条款,以及其他一般性条款等内容。本节中,笔者对收购协议的主要条款内容进行介绍。

一、收购协议签署主体

首先,协议需明确约定签署主体。对境内投资者来说,确定协议的签署主体需考虑多方面的因素,包括法律风险隔离、符合投资目标国的法律要求、税收筹划等因素。为了与之前已签署的前期交易文件的签署主体保持一致,除非特殊原因,或交易双方在已签署的前期交易文件(如 MOU 或条款清单)中作出特别约定,一般交易双方会直接沿用前期交易文件的签署主体。如果境内投资者在签署前期交易文件时未确定好交易架构,或未认真考虑上述因素,则在签署收购协议时一定要综合考虑法律风险隔离、符合投资目标国的法律要求、税收筹划等因素后确认收购协议的签署主体,将更有利于境内投资者投资目的的实现。

二、鉴于条款(Recitals)

在英美普通法系中,鉴于条款(Recitals)也是收购协议的必备条款,该条会对买卖双方开展本次交易的背景和原因进行简要介绍,交易双方明确表示开展本次交易是买卖双方的真实意思表示,比如约定卖方同意卖和买方同意买,并表明双方愿意遵守和执行收购协议中双方达成的约定和承诺。虽然鉴于条款本身不会有实质性内容且是一些格式化的表述,但其也是收购协议不可或缺的一部分,使协议的结构更加完整。

三、定义条款

为了避免协议正文对相关专业术语、概念、简称等内容的具体含义产生歧义,因此收购协议会有专门的定义条款,对正文约定的专业术语、概念、简称等内容进行明确定义。定义条款对准确理解协议条款内容极为重要,由于境外投资与收购中涉及至少两个国家的交易主体,不同国家法律体系存在很大差异,加上不同的交易习惯,对于同一个专业术语,交易双方可能存在不同理解,比如关联方的具体含义,不同国家的法律对其含义可能有不同的规定。因此,为了准确界定相关专业术语的具体含义,这就很有必要在定义条款中,对其具体内涵作出明确约定。定义条款中约定的所有定义本身首写字母均用大写,以区别于非定义的一般表述。协议正文中适用的所有定义都与定义本身约定的内容具有相同含义,这对准确理解协议内容具有重要作用。

实务中,笔者看到很多境内投资者对定义条款并没有引起足够重视,他们认为定义条款都是约定俗成的表述,没有必要进行审查与修改,误以为交易双方不会对定义条款的理解产生歧义。但在境外投资与并购交易中,一旦投资与并购失败,交易双方发生纠纷,很多情况下就是因为定义条款约定的具体内容不明确或不清晰,从而对相关方的权利与义务产生重大影响。由于每个交易的情况不同,交易双方就有必要根据交易的实际情况,对某些定义的具体含义作出更符合交易实际情况的具体约定。根据交易习惯,收购协议一般由境内投资者聘请的律师草拟。因此,作为境内投资者的境内外律师在草拟收购协议的过程中,对每个定义的具体约定,就不能是完全复制格式条款,而需要根据交易项目的具体情况,站在更有利于保护境内投资者权益的角度,对相关定义的具体含义作出明确约定,以避免后续交易相关方发生争议后因定义内容不清而使境内投资者处于不利的境地。比如,"重大不利影响"的具体情形约定将对交易双方的权利与义务产生重大影响,通常情况下,重大不利影响指任何发展或变化对,或可以被合理预见对,所指的交易相关方的一般事务、业务、前景、经营、资产、责任、经营结果或状况(财务或其他)造成重大不利影响的情形。对境内投资者而言,肯定希望将重大不利影响的范围约定得更为广泛一些;而对于目标公司而言,则希望能更加具体明确,以防止境内投资者以该条款作为其随意解约的理由。又比如"可赔偿损失"的定义,一般会约定,可赔偿损失的范围包括任何种类或性质的诉讼、成本、损害、支出、费用、责任、损失、亏空、价值减损、义务、罚款,但违约一方现在或之前没有理由预见该违约可能造成的间接损失除外。具体而言,"可赔偿损失"包括:(1)可能向该交易方征收的或该交易方发生或遭受的因调查、收集、起诉或辩护过程中合理发生的利息、任何其他费用、罚款、法律、财务或其他专业费用和开支;(2)该交易方由于赔偿收购协议项下任何可赔偿损失可能支付的任何税收。对境内投资者来说,其肯定希望,如卖方违约,可要求卖方承担因此聘请律师支出的相关诉讼费或仲裁费、律师费等费用,从而能最大限度上减少向卖方追偿的成本。将律师费或追偿产生的合理费用纳入可赔偿范围一般也是国际通行的做法。由此可见,定义条款并非只是一些格式条款,境内投资者要对定义条款给予足够的重视,可根据交易的具体情况,在遵循适用法律和国际惯例的情况下,对相关定义条款的内容作出更有利于保护自身合法权益的约定。

四、收购标的与交割条款

(一)收购标的条款

该条会对收购标的的性质及具体内容作出约定。比如,境内投资者是收购股份还是资产?如是收购股份,则需明确是普通股还是优先股,以及具体的股份数量;如是收购资产,则需明确资产的类型与具体范围。

(二)交割条款

交割条款一般需对以下几方面的内容作出约定:

其一,交割时间与交割地点。为了节约成本和提高效率,境外投资与并购交易的交割时间与地点可能不是物理性的,特别是当目标公司为上市公司时,交易双方习惯于采取虚拟的交割方式,即交易双方无需约定在具体某个时间与某个地点到现场共同签署纸质版交易文件,而是采取电子传签的方式完成交易文件的签署,然后目标公司将电子版交易文件上传到证券交易所官网完成披露与登记即视为完成交割。如果目标公司是非上市公司,交易双方还是习惯于采取现场会签的方式完成交割,但也不排除交易双方约定采取虚拟交割的方式。无论采取物理性还是虚拟性交割,交易双方均需在该款中约定明确具体的交割日期(“交割日”)与交割地点。

对于虚拟交割,由于国内外法律、交易习惯与社会诚信体系的不同,很多境内投资者可能难以接受。他们经常会问,我们如何保证在交易文件上签名的人是有权签字人,以及如何保证交易文件上的签名就是有权签字人本人的真实签名,因为在国内很多纠纷就是因为签名的真实性问题产生的。国内公司都有公章,而很多国家根本就没有公司公章制度,协议一经交易双方签署便产生法律效力。关于授权签字人,国内公司有法定代表人,所以一般情况下交易文件由法定代表人签署,欧美等国家根本就没有法定代表人一说,一般由董事签署。为了保护交易安全,国际通常的做法是,法律交易文件只要由公司的管理人员签署即生效,这和国内的情况存在很大的区别。因此,境内投资者在境外投资与并购中,需要对投资目标国的法律有清楚地了解,并尽可能遵循国际惯例。这样不但可以提高效率,还能更顺畅地与目标公司进行沟通,这对促进、促成交易具有重要作用。

其二,明确交易双方已满足协议约定的各项交割条件。由于交割条件的满足极其复杂,一般都会另行设置专门的交割条件条款,对交易双方在完成交割前需满足的各项条件作出明确约定。

其三,交割条件满足后,对境内投资者交易价款的支付方式、支付时间等内容作出约定。如是分期支付,则需明确各期具体的支付时间与金额。对于境内投资者而言,一定要约定明确支付价款的前提条件是交易双方的各项交割条件已经满足,否则目标公司会以境内投资者未按约支付收购价款为由而主张赔偿责任。

其四,明确交割完成后目标公司和境内投资者需向对方或目标公司交付的文件。目标公司向境内投资者提交的文件通常包括:(1)股份或股票凭证,明确收购的股份或股票是否存在禁售期等权利限制情形,以及股份或票据依约已完成注册登记的证明;(2)目标公司出具的以证明其已满足收购协议约定的各项交割条件的证明等。境内投资者向目标公司提交的文件通常包括:(1)其出具的已满足收购协议约定的各项交割条件的证明;(2)已按交易文件约定支付了收购价款的凭证。

其五,如境内投资者与目标公司约定投资款的具体使用用途,为了防止目标公司将投资款用于非约定用途,则一般建议在协议中明确投资款的具体用途。

五、收购价格条款

收购价格条款主要包括两个方面的内容:一是收购价格的构成与具体金额;二是收购价格的调整机制。通常情况下,收购价格由初始价格(一般为投标价)加上或减去按照约定的价格调整机制对初始价格作出的调整金额进行确定。因此,在境外投资与并购中,卖方是否接受价格调整机制对境内投资者来说非常重要。由于竞标时境内投资者并没有对目标公司进行尽职调查,其仅根据目标公司和卖方提供的初步资料进行报价,由于资料与信息的不对称,该种报价方式对境内投资者来说具有很大的风险,所以境内投资者要尽可能争取在交易文件中约定价格调整机制或方法,对影响收购价格的关键因素作出约定,并最终按照约定的调整机制对初始价格进行调整后确定收购价格。

(一)收购价格

如收购标的为股份,则需明确每股的价格及收购的股份数量,从而确认收购初始价格,并约定价格调整机制或方法,以便后续按照约定对初始价格进行调整。

(二)价格调整机制

价格调整以交割日作为分界线,可分为交割前价格调整与交割后的价格调整。

交割前收购价格调整一般按如下方法进行:(1)卖方在约定的交割日前一定期限内(一般为3~5个工作日),将按照公认会计准则计算的预估交割日运营资本金[①]告知境内投资者,并将该运营资本金与交易双方对一定期限内(一般指交割日上一年度)的平均运营资本金("目标运营资本金")进行比较,如果预估交割日运营资本金高于目标运营资本金,则对收购价格相应调高,如果预估交割日运营资本金低于目标运营资本金,则对收购价格相应调低。(2)卖方在约定的交割日前一定期限内(一般为3~5个工作日)将目标公司应付欠款和应付款项(目标公司的交割日债务)提供给境内投资者,并由卖方在交割日前向债权人付清上述债务。

交割后收购价格调整一般按如下方法进行:卖方在交割日后一定期限(如90日)内向境内投资者提供交割日运营资本金调整计划,其中列明目标公司当前的全部资产与债务,以及交割日运营资本金与预估的交割日运营资本金的差额。境内投资者应向卖方提供目标公司的会计账簿、报表等资料,使卖方根据上述资料制定出交割日运营资本调整额,并对收购价格进行相应调整。此外,交易双方还会约定,如境内投资者对卖方制作的交割日运营资本调整额不认可时,双方可

① 交割日运营资本金指目标公司交割日的全部资产(现金及现金等价物除外)减去全部负债后的金额。

聘请外部独立会计师对境内投资者提出异议的内容进行审计,以作为交易双方交割后收购价格调整的依据。

理论上而言,价格调整机制对买卖双方来说都是公平的,是交易双方在交割前后对目标公司的价值未能进行准确评估的情况下,根据目标公司交割前后的实际运营情况对收购价格进行相应调整的机制,这更有利于交易双方促成合作。但在实际交易中,价格调整机制对境内投资者更为重要,因为在未对目标公司充分了解的情况下,境内投资者报出的收购价格可能会与目标公司的真实价值存在重大差异,价格调整机制实际上赋予了境内投资者在交割前后根据目标公司的表现情况和在确认其真实价值后对收购价格进行相应调整的权利。但在实务中,境外卖方不一定会同意在收购协议中约定价格调整机制,因为卖方对目标公司肯定更熟悉,对目标公司的真实价值也很清楚,大部分交易中都是境内投资方高估了目标公司的价值,所以价格调整机制看似是一种对交易双方都很公平的方式,但实际上更有利于保护境内投资者的利益。

六、陈述和保证条款

陈述和保证条款是整个收购协议中篇幅最长的条款,也是保护境内投资者权益极为重要的条款。即使通过对目标公司进行尽职调查可以对目标公司获得一定程度的了解,能够识别和发现部分风险,但对境内投资者来说,都不可能发现目标公司的全部风险。此种情况下,要求目标公司和(或)卖方作出充分的陈述和保证就变得极为重要。收购协议中还会设置相关的违约赔偿责任条款,即当任何一方违反其作出的陈述与保证内容时,守约方有权按照协议约定要求违约方承担赔偿责任。作出陈述和保证的主体包括目标公司和(或)卖方以及作为买方的境内投资者,由于各方在交易中的立场不同,其作出的陈述与保证的内容会存在较大区别。下面笔者分别对目标公司、卖方和境内投资者各自的陈述与保证的内容进行介绍。

(一)目标公司的陈述与保证

对于境内投资者来说,希望目标公司作出更为详尽的陈述与保证,通常情况下,目标公司需就公司存续、子公司、公司授权、同意与批准、法律约束力、公司负债、守法与许可、诉讼、环保、税款、资产所有权与租赁权、劳工关系与员工、保险、知识产权、关联交易、董事会批准、充分披露等内容作出陈述与保证。

1. 公司主体资格及其存续的合法性

目标公司首先需要对其主体资格与存续的合法性作出如下陈述与保证：

(1)公司是依据某国(该州或地区)法律依法组建、有效存续且具有良好声誉的公司；

(2)公司具有拥有和运营其资产、作为承租人租赁物业以及开展计划之业务所需要的所有必要公司权力和权限；

(3)公司具有签订、交付和履行收购协议项下义务的所有必要公司权力和权限；

(4)公司拥有合法资质，可在其开展业务的各个司法管辖区内开展业务。

2. 子公司情况

目标公司需要对其设立的子公司情况，包括但不限于其设立、存续的合法性、开展业务的资质与能力等内容作出陈述与保证，通常约定如下：

目标公司拥有的各家子公司均依据其所在司法管辖区法律依法组建、有效存续且具有良好声誉，具有拥有和运营其资产、作为承租人租赁物业以及开展计划之业务所需要的所有必要公司权力和权限，且拥有合法资质，可在其开展业务的各个司法管辖区内开展业务。对各个子公司全部已发行的股份均合法授权和有效发行，不存在任何权利限制情形。

3. 公司授权

该款主要就目标公司获得签署和履行收购协议及完成交割所需的适当授权等内容作出陈述与保证。通常约定如下：

公司签订、交付和履行收购协议以及完成收购协议项下交易：

(1)均已通过所有必要公司行动和获得合法授权；

(2)未违反目标公司及其子公司的章程或组织文件；

(3)未授权任何人购买公司股份的法定或合同约定的优先权。

目标公司无任何事件或不存在任何条件将构成或导致：

(1)违约、控制权变更或导致公司回购或赎回标的股份；

(2)公司或任何子公司资产的任何留置；

(3)终止任何一方权利，或丧失任何权利或施加任何处罚；

(4)变更或加速任何一方的权利或义务，公司或其子公司的重大合同义务(或对其各自资产或财产加以约束的义务)，或违反其子公司的章程或组织文件。

4. 同意与批准

目标公司需对其签署和履行收购协议已获得所需的同意和批准作出陈述和保证。一般约定如下：根据适用法律规定和合同约定义务，公司签署、交付或履行收购协议及完成协议项下的交易无须任何政府机关或任何人的批准、备案、同意、授予资质、指令、豁免、授权或其他行动（包括但不限于发行、销售、交付本次公司股份）。

5. 法律约束力

目标公司应保证已经获得适当授权，收购协议一经签署和交付即构成对公司合法、有效且具有法律约束力的义务，并可根据约定内容进行执行。

6. 无重大不利变化

目标公司需保证，除已披露的情形外，其及其子公司处于正常运营状态，未发生重大不利事件，不存在会产生重大不利影响的事实、事件、情况或变化。

7. 无重大负债

无重大负债是对境内投资者极其关键的问题。由于尽职调查是基于目标公司提供的相关材料，如目标公司因故意或疏忽有未披露的重大负债，则境内投资者可能需在收购完成后承担上述未披露的重大负债的风险，而且上述重大负债的有无还可能直接影响境内投资者作出是否收购目标公司股份的决定。为了防范上述风险，目标公司需要对其不存在除披露外的重大负债的情况作出陈述和保证。一般约定如下：目标公司或其子公司无任何重大负债或义务，但披露的如下负债除外：（1）在收购协议签署之前，向证券交易委员会申报的报告中披露或保留的负债或义务；（2）在该报告日后，公司在正常业务过程中产生的符合过去惯例的负债或义务；（3）与拟议交易相关且未违反收购协议的负债。境内投资者需把目标公司披露的重大负债列出清单，并作为收购协议的附件。

8. 遵守法律与许可

目标公司需对其经营和管理的合法性作出陈述和保证，比如未违反法律法规的规定，其开展业务已依法获得了必要的许可，并保证上述许可持续有效等，以防范目标公司在实际的经营和管理过程中并未严格按照法律的规定开展业务，从而使境内投资者在投资或收购目标公司后需为目标公司之前的违法违规行为承担法律责任。一般约定如下：目标公司或其子公司在开展业务过程中不存在任何违反适用于公司或子公司或其员工的任何法律、裁决、法令、法规、禁令或政府机关指令的情形。目标公司及其子公司已获取开展业务所需的所有批准、授权、指令和批准以及向政府机关进行了所有申报、申请和注册("许可")。上述许可不受任何限制或条件约束,不会限制目标公司或子公司的正常运营。每份许可均已合法获取、有效且具有法律效力,且不存在任何会限制、修改、中止、撤销、作废或宣布此类许可证失效的诉讼。公司或其子公司未违反此类许可要求,未发生任何事件构成,或在发出通知后或随着时间的推移会构成公司或子公司违反此类许可。

9. 诉讼和仲裁

诉讼和仲裁风险是境内投资者最为关注的重大问题之一。如果目标公司存在重大诉讼或重大诉讼威胁,则境内投资者一定要认真评估其可能给目标公司带来的风险。如一个重大诉讼处理不好,可能会改变企业的命运。因此,目标公司需保证除已披露的诉讼或仲裁案件、诉讼或仲裁威胁外,不存在针对其或其子公司、与收购协议或拟议交易相关,或针对其高管、董事或员工提起的任何诉讼、仲裁,或其他法律、行政、政府调查或索赔。对目标公司披露的诉讼或仲裁案件、威胁,境内投资者应和境内外法律顾问一起对其可能出现的法律后果及目标公司可能承担的法律责任进行评估,并在收购协议中设置相应条款转移或防范上述风险。

10. 环境

很多境内投资者的境外投资或收购因未对环境保护的合法性与合规性可能支付的成本及违反环境保护方面的法律产生的法律后果的严重性引起足够重视,导致其在投资或收购后为了满足环境保护方面的合法合规要求而支付了高额的成本,甚至因违反环境保护方面的法律法规而遭受高额的罚款。因此,境内投资者一定要要求目标公司对其过去运营遵守了环境保护方面的法律法规作出保证。一般约定如下:目标公司及其子公司均已遵守环境保护相关法律。公司或其子公司并未收到宣称其违反环境法的书面通知,将来也不会出现违法违规情况。目前无针对目标公司或其子公司的运营、业务、针对由目标公司或子公司承担责任的实体提起的未决或可能的违反环境法律的索赔。目标公司或其子公司目前或之前拥有、租赁、运营或控制的物业中并未释放任何污染环境的物质。

11. 税务

目标公司已依法缴税也是必须作出保证的内容。这包括几方面的内容:其一，目标公司应保证其已经根据适用法律向税务机关缴纳了税款；其二，如目标公司获得了政府机关的税收优惠待遇，则要确保上述税收优惠或减免符合法律法规的规定；其三，如因目标公司违反税收法律法规而遭受税务机关处罚的，应由目标公司来承担因此产生的法律责任。一般约定如下：目标公司及其子公司需要申报的所有申报表均已及时申报，且所有此类申报表均在所有方面正确、完整、准确。目标公司及其子公司应纳的所有税款均已及时缴纳。目标公司及其子公司不存在与税款或申报表相关的提议、主张或可能出现的评估、检查、索款、留置权或其他诉讼。公司及其子公司在账簿和记录中计提的应计款项和准备金足以满足全部征税。目标公司及其子公司目前并非税务申报单延期的受益人。公司或其子公司收取或代扣的所有金额均已收取或代扣，需要支付给税务局的此类金额均已及时依法付出。公司与其子公司不受税务共享、税务分配或类似合同义务的约束。公司及其子公司无须因以下任何原因而在交割日期后的任何纳税期纳入任何收入条目或排除任何抵扣条目：(1)交割日当日或之前签订的交割协议；(2)在交割日当日或之前开展的分期销售或公开交易；(3)交割日当日或之前收到的预付金额；(4)交割日之前获得的税收优惠或减免。

12. 资产所有权

目标公司需对其拟出售、转让或增发的股份及其资产拥有合法的所有权或合法权利，且不存在任何权利瑕疵或权利限制情形作出保证。一般约定如下：目标公司及其子公司拥有全部资产的所有权或相关权利，且不存在权利限制情形。公司或其子公司作为租赁一方的所有物业租赁均有效，且上述租赁具有法律约束力。目标公司或其子公司或任何其他方未出现实质性违约事件或上述事件在租赁期间正在持续。

13. 劳动关系与员工

由于国内外劳工文化存在巨大差异，很多境内投资者由于对投资目标国的劳工文化和法律制度了解不够充分，对其潜在的法律风险没有引起足够的重视，最终为劳工关系处理支付了昂贵的额外成本，甚至导致收购的失败。所以，为了防范劳工法律风险，在收购协议中，目标公司需要对其不存在劳动争议诉讼、违反劳动法律法规的情形，依法依约缴纳了劳动报酬、社保等内容作充分的陈述与保证。一般约定如下：

目标公司及其子公司不属于任何集体劳资协议、工会合同(以下简称集体劳资协议)的一方,不存在任何工会组织针对公司或子公司员工的诉讼;目标公司或其子公司未开展集体劳资协议,无针对目标公司或其子公司的罢工、停工或怠工。

目标公司及其子公司已遵循雇佣方面的所有适用法律(包括但不限于与工资、工作时间要求、雇用歧视、员工健康和安全以及集团劳资相关的适用法律)。

目标公司及其子公司已代扣适用法律要求从工资、薪水和其他员工付款中代扣的所有款项,不存在因未遵循前述法律而需要承担拖欠工资、税款或罚款的法律责任情形。在失业赔偿福利、社保或其他员工福利方面,目标公司或其子公司概不负责向政府机关支付任何信托或其他资金。

14. 贿赂

如投资目标国是欧美等发达国家,反贿赂条款几乎是收购协议的必备条款,很多国家专门出台了境外反腐法律,以加强对境外投资与经贸合作中存在的贿赂与腐败行为进行严厉制裁与处罚,比如美国早在1977年就制定了《境外反腐败法》。因此,收购协议中目标公司需要对其及其员工等不存在贿赂行为作出保证。一般约定如下:目标公司或子公司或代表其行事或与之相关的任何董事、管理人员、代理人、员工或其他人员未直接或间接:(1)出于以下目的而向任何人(无论私下还是公开,无论以任何形式,无论是以金钱、房产或是服务形式)提供任何缴款、礼物、贿赂、回扣、支付、折扣或其他付款:①在保留业务的过程中获得优待;②为获取业务优待而付款;③为目标公司或子公司或其关联公司获取优惠或已经获取的优惠。(2)创建或保留未在公司账簿和记录中记录的资金或资产。

15. 知识产权

很多境内投资者到欧美等发达国家投资和收购的主要目的就是为获得目标公司的知识产权,所以目标公司对其拥有的知识产权权属的完整性、合法性和有效性均需要作出充分的陈述和保证,以确保在境内投资者收购完成后获得的目标公司知识产权不存在权属和法律上的重大瑕疵,以实现其投资商业目的。一般约定如下:目标公司及其子公司拥有充分的许可或其他权利来使用知识产权,包括但不限于专利、商标、服务商标、商号、商业机密、版权、域名、计算机软件(包括但不限于代码、数据、数据库和文件)以及专有技术("知识产权")。目标公司及其子公司:(1)已采取所有商业合理的措施来保护和维护其知识产权,包括但不限于支付所有必要的费用和税款来维护所有此类知识产权的注册和申请;

(2)未收到关于知识产权的使用侵犯他人权利或与之冲突的书面通知;(3)在其业务过程中并未侵犯第三方权利;(4)已采取商业合理的预防措施来保障和保护通过其计算机网络、软件、硬件和其他系统来保存或传输数据的可用性、保密性、安全性与完整性。

16. 重大合同

尽职调查中,对目标公司签署的重大合同进行调查是重中之重。境内投资者均会要求目标公司披露所有的对目标公司的经营、管理、资产价值和负债等产生重大影响的所有合同,而且均会以列表的形式列出。为了防止目标公司隐藏披露重大合同而带来的重大风险,境内投资者会要求目标公司作出如下陈述和保证:(1)目标公司已向其披露了全部重大合同,为了避免产生歧义,交易双方对重大合同范围的界定标准非常关键,实务中确定是否属于重大合同一般适用两个标准:如果合同约定了标的额的,即以合同的标的额作为评判标准,比如合同标的额超过目标公司总资产额5%或以上的合同视为重大合同;某些合同未约定明确的标的额,但其能否适当履行将会对目标公司的经营、管理和发展产生重大影响,比如其对目标公司的经营范围作出某些限制,与目标公司建立重大合伙、合资法律关系,或构成对目标公司重大资产的处置,或对目标公司的雇员作出重大补偿等,这些合同虽然没有约定具体标的额,但其能否适当履行将对目标公司产生重大影响,所以,也归入重大合同的范畴。(2)所有目标公司的重大合同均合法、生效、具有法律约束力且可适当履行。

17. 关联交易

目标公司应保证其从事的关联交易应符合独立、公允交易原则,符合公司过去的惯例,至少比独立第三方交易更对公司有利且不存在损害小股东利益的情形。

18. 董事会批准

董事会作为目标公司的经营管理层,其对公司股东负有信义义务(Fiduciary Duty),即董事会有义务为了公司和股东利益的最大化找到的买家为最佳买家。因此,目标公司应作出保证,在依法召开的董事会会议中,董事会已一致认定拟议交易符合公司及其股东的最大利益,并批准了拟议交易且董事会已采取所有必要举措。

19. 披露

当目标公司是非上市公司时,境内投资者对目标公司进行尽职调查时所依据的材料主要是目标公司提供的资料。为了防范目标公司有选择性地向境内投资者披露资料(此种情况下,境内投资者收购完成后则很可能因未充分披露而承受重大风险),境内投资者应要求目标公司对其披露的充分性、真实性、有效性和完整性作出保证,并保证向买方提供的任何证明、文件或书面声明中并未包含对重要事实的虚假陈述,或疏忽陈述重要事实,且此类陈述不具有误导性。

除了上述陈述与保证条款外,目标公司还会根据适用法律和交易的具体情况向境内投资者作出其他陈述与保证。比如,如果目标公司是一家美国公司,则一般情况下,其还需保证其不属于美国投资公司法项下的投资公司,其在股票销售过程中未使用公开招募或广告形式,其销售的股票无须根据美国证券法的规定进行登记注册(当销售的股份比例低于5%时),其未委托代理人、经纪公司或商业银行等中介机构为拟议交易提供中介服务并向其支付佣金,以及遵守了《雇员退休收入保障法案》(ERISA)规定等。对境内投资者而言,目标公司充分的陈述与保证是为了防止目标公司未进行充分披露的情况下,境内投资者无法对目标公司存在的潜在风险进行充分的识别和发现时所采取的防范措施,特别是当后续交易双方发生争议时,陈述和保证条款是境内投资者保护其合法权益的重要依据。

(二)卖方的陈述与保证

卖方需对其设立与存续的合法性,获得适当授权、批准和同意,不存在违法行为,法律约束力,拥有拟出售股份所有权等内容作出陈述和保证。

1. 卖方主体资格及存续的合法性

卖方应保证其遵守成立时所在管辖区的法律,合法设立并有效存续,且拥有一切必需的权利和权限来签署、交付和履行收购协议约定的各项义务。

2. 授权与无违法违约行为

卖方应保证,其签署、交付和履行所有卖方签署的协议以及拟议交易:(1)均已获得所有必要公司授权和采取所有必要行动;(2)未违反卖方的公司章程或组织文件;(3)未违反任何卖方与第三方签署的合同义务或适用于卖方的法律规定,未与卖方的上述合同或法律义务形成冲突,也未产生任何权利限制。

3. 同意与批准

卖方应保证,没有任何事件会对卖方的合法权利或出售拟议股份的权利产生重大不利影响。卖方签署、交付、履行收购协议,及完成拟议交易无须任何政府机关和第三方的批准、备案、同意、豁免、授权,也不存在需要满足法律规定的等待期的情形。

4. 法律约束力

卖方应保证其已经适当授权签订、交付和履行收购协议,一经签署,其将构成对卖方合法、有效且具有约束力的义务,且可根据其约定条款对卖方具有执行力。

5. 标的股份所有权

卖方应保证其是标的股份的合法所有权人和受益人,标的股份不存在任何权利限制情形。卖方有权出售、转让和向买方交付标的股份,一旦完成交付,买方将获得标的股份完整的所有权,免受任何权利限制。

(三) 买方的陈述与保证

买方的陈述与保证内容与卖方类似,其除了对其设立与存续的合法性,已获得适当授权,其签署和履行收购协议及完成拟议交易无须获得政府机关或第三人批准和同意,不构成对其已签署协议的违约和适用法律违反,一旦签署收购协议,将对其构成合法、有效和具有法律约束力的义务等一般性陈述与保证外,买方还需对其不存在禁止、限制和延迟完成拟议交易的重大诉讼或诉讼威胁,以及买方拥有足够的资金用于支付收购协议约定的收购价款和相关费用等内容作出陈述和保证。

在买方的陈述与保证条款中,卖方可能要求增加一项“As is, where is”(按现状交付)的陈述与保证内容,一般约定如下:买方已对目标公司的业务、运营、资产、法律责任、财务状况等内容进行了独立的审查和分析,买方已获得了与目标公司的人事、资产、物业和记录相关的全部资料。买方签署收购协议依赖于其对目标公司及其业务、现行和潜在价值作出的独立尽职调查、评估和分析,以及目标公司和卖方在收购协议中作出的具体陈述和保证。买方承认并同意,目标公司是按交割日当时的“现状”完成交付,买方除根据收购协议约定要求卖方或目标公司承担违约责任外,其不得以卖方或目标公司违反此种陈述与保证内容要求赔偿。如果卖方要求买方作出“按现状”交付的陈述与保证,则买方对此要谨慎对待。“按现状”交付的约定实际上是卖方免除自己责任的一种方式,由于买方无法通过尽职调查发现目标公司的全部法律、财税等风险,如“按现状”交付,境内投资者可能会面临重大风险。之所以要求目标公司和卖方在收购协议中对各项内容作出全面的陈述与保证，其实就是防止买方在尽职调查过程中可能因为疏忽而未能发现目标公司的重大风险，但如果买卖双方约定“按现状”进行交付，则会大大削减目标公司和卖方作出的陈述与保证内容的价值与意义。因此，买方尽可能不要接受“按现状”交付的陈述与保证条款。

七、承诺条款（Covenants）

承诺条款是指目标公司、卖方和买方在收购协议签署后至交割完成前的过渡期间或在交割完成后的一定期间可以作出或不得作出的行为进行承诺，交易各方通过商业上的合理努力，获得反垄断与国家安全审查等政府监管机关的批准，尤其是防止目标公司或卖方在过渡期内对目标公司作出某些重大不利行为而对目标公司价值或标的股份价值构成重大减损。承诺条款一般包括目标公司在正常经营过程中可以开展的业务行为、监管机关的批准、无重大诉讼、获取目标公司资料与信息、不竞争与招揽、通知与补充披露等内容。

（一）过渡期业务行为承诺

过渡期业务行为承诺指的是目标公司在收购协议签署后至交割完成或交割完成后一定时间的期间内可以作出和不可以作出的相关行为作出承诺，以防止目标公司利用过渡期间作出有损买方依据已签署的收购协议可以获得的相关权益的行为。其一般约定如下：

除非收购协议明确约定或买方以书面形式同意，否则，自收购协议签署之日起至交割日与收购协议因故终止日较早出现的日期止（“限制期”）这段时间内，目标公司在开展日常经营活动过程中，应当符合惯常的做法，且对于目标公司所管理的事项，应当遵守其所作出的各项陈述和保证，在交割日及自交割日起，在所有重要方面继续真实、准确。目标公司应当及时将其知道或了解的、在限制期内发生的可能会导致违反或违背收购协议签署之日与交割日所作出的任何陈述和保证，或目标公司在收购协议中所作的任何承诺的任何事件或状况通知买方。但是，任何上述通知均不应解除或免除目标公司任何违反或违背任何上述陈述、保证或承诺的责任，或以其他方式影响任何目标公司或卖方所作陈述或保证的准确性。在不影响上述一般性规定的前提下，除非收购协议另有明确约定，或买方以书面形式同意，限制期内，目标公司不得作出如下行为：

1. 超过【　　】金额的资本支出，但按照目标公司在收购协议签署之日前所签署的协议所进行的资本支出或收购协议另行约定允许的情况除外；

2. 签署或修订任何超过【　　】金额的合同或协议，但日常经营过程中所发生的支付或收购协议另有约定的除外；

3. 签署、修改、续展、延长或以其他方式修改任何目标公司作为一方的信贷协议、票据或其他类似协议，或以其他方式承担总额超过【　　】金额的任何债务，但日常经营过程中发生的、符合惯常做法的应付账款除外；

4. 承担任何有关收购任何重大业务、资产或财产（包括但不限于不动产、动产、无形资产、股票和其他权益）的合同性义务；

5. 成立任何合资或合伙企业，但在收购协议签署日前披露的项目除外；

6. 出售、租赁、许可使用、提供、放弃、抵押、质押、转让、修改、让渡或以其他方式处置任何具有重大市场价值的业务、财产或资产；

7. 未能按照目标公司的现行维修政策对目标公司或其子公司的任何重大资产进行维修，但正常损耗除外；

8. 中止或以其他方式未使任何重要保单保持完全有效，或允许其失效，或故意采取任何将会导致任何上述保单在其载明的期限届满前终止的行动；

9. 除非适用法律要求，制定或变更目标公司的任何重要报税选择，变更目标公司及任何年度计税期，以严重不符合惯常做法的方式进行与目标公司的税务有关的任何纳税申报、报告、申请退税或资料申报，签署与目标公司的重要税务有关的任何结算协议，处理任何政府主管机关所作的任何重要纳税要求，授予任何请求退还与目标公司有关的税款的权利，同意延长或放弃适用于任何纳税要求或与目标公司有关的估税的限制期，或签署与目标公司有关的税款分担协议或作出类似安排；

10. 直接或间接购买、回赎或以其他方式收购、分拆、合并或重新划分任何普通股或其他股本证券，或发送任何表示要行使任何购买、回赎或以其他方式收购、分拆、合并或重新划分任何普通股或其他股本证券之权利的通知；

11. 除股份证书中所规定的豁免发行外，发行、出售或以其他方式变更目标公司的股票和其他证券的权利；

12. 直接或间接宣布或支付普通股股息或进行其他分配（包括通过现金、股票、财产或组合的方式）；

13. 修订《组织大纲》《公司章程》等组织文件，收购协议另有约定的除外；

14. 就针对目标公司提起的超过【　　】金额的重大索赔达成和解；

15. 变更目标公司所使用的任何会计方法或会计实务，但通用会计准则（GAAP）、任何政府主管机关或法律的变更需要进行的任何变更除外；

16. 通过任何作为、不作为造成或允许任何重要许可证到期或被撤销、暂停、修改，或采取可能会导致任何政府主管机关暂停、撤销任何重要许可证或对之进行不利修改之程序的行动；

17. 对股市或其他投机证券进行任何重大金额的投资或交易。

（二）监管部门批准

在一些大型投资与并购交易中，目标公司及交易双方在完成交割之前需通过反垄断审查和国家安全审查。随着最近几年中资企业在境外的收购交易迅猛增长，很多国家的监管部门在反垄断审查与国家安全审查方面要求越来越严。比如，三一集团收购美国俄勒冈州 Butter Creek 风电项目被美国外国投资委员会（Committee on Foreign Investment in the United States，CFIUS）否决，福建宏芯基金收购德国企业爱思强（Aixtron）一案中，德国联邦经济及科技部在颁发“无异议证明”后又撤回并重启审核程序，美国总统奥巴马认为该收购会威胁美国国家安全从而否决了该交易，最终福建宏芯基金不得不放弃该收购。因此，反垄断审查与国家安全审查已成为交易双方不得不重点考虑的问题。因此，目标公司和交易双方应尽商业上的合理努力以获得相关国家反垄断与国家安全审查批准也是重要的承诺条款。笔者以美国反垄断审查与国家安全审查为例，解析该承诺条款通常会约定的内容。

1. 反垄断审查

为了使反垄断审查机关美国司法部反托拉斯局和联邦贸易委员会批准拟议交易，买卖双方及目标公司（如需要）需对目标公司在申请反垄断审查过程中各方应履行的义务和协助工作作出承诺。买卖双方及目标公司（如需要）一般约定如下：（1）应在签署收购协议后【　　】日内，根据《反托拉斯法》规定，向美国司法部反托拉斯局和联邦贸易委员会提交拟议交易进行反垄断审查所需的全部文件资料。（2）应共同合作准备、修改与补充进行反垄断审查所需的文件资料，以及相互配合共同解决反垄断审查监管机关提出的有关申报材料和拟议交易的相关问题与询问。（3）应尽商业上的合理努力向其他方提供所需资料与信息，并及时告知其他方与反垄断监管机关口头或书面沟通的内容。（4）应尽商业上的合理努力解决反垄断审查监管机关针对拟议交易提出的异议。如有针对拟议交易提起的诉讼或诉讼威胁，认为拟议交易违反了反垄断法，买卖双方应相互合作并尽最大努力通过合法途径和程序进行抗辩与答辩，除非买卖双方认为诉讼不符合双方的最大利益。(5)应尽商业上的合理努力，采取所有必要步骤避免和消除可能由美国或其他国家的反垄断审查监管机关根据适用法律提出的针对拟议交易的任何阻碍或障碍，包括但不限于按照反垄断审查监管机关要求采取处置或剥离目标公司的部分资产等方式，从而使反垄断审查监管机关批准拟议交易。

2. 国家安全审查

与反垄断审查类似，为了使国家安全审查机关批准拟议交易，买卖双方及目标公司(如需要)需对目标公司在申请国家安全审查过程中各方应履行的义务和协助工作作出承诺。买卖双方及目标公司(如需要)一般约定如下：

(1)应在签署收购协议后【　　】日内，根据埃克森－弗罗里奥条款(Exon-Florio Provision)，[①]向 CFIUS 提交拟议交易进行国家安全审查所需的全部文件资料；

(2)应共同合作准备、修改与补充进行国家安全审查所需的文件资料，以及相互配合共同解决 CFIUS 提出的有关申报材料和拟议交易的相关问题、调查与询问；

(3)应尽商业上的合理努力向其他方提供所需资料与信息，并及时告知其他方与 CFIUS 口头或书面沟通的内容；

(4)应尽商业上的合理努力解决 CFIUS 针对拟议交易提出的异议。如有针对拟议交易提起的诉讼或诉讼威胁，认为拟议交易违反了克森－弗罗里奥条款，买卖双方应相互合作并尽最大努力通过合法途径和程序进行抗辩与答辩，除非买卖双方认为诉讼不符合双方的最大利益；

(5)如认为有必要，针对国家安全审查机关开展的调查或询问，委托外部法律顾问或专家对敏感资料与信息进行审查与评估并提供专业意见；

(6)买卖双方应尽商业上的合理努力获得 CFIUS 对拟议交易作出的国家安全审查批准，其中包括买方同意就目标公司从事的业务领域与 CFIUS 指定的美

① 埃克森－弗罗里奥条款由 CFIUS 提出并于 1988 年施行，其规定在《1950 国防生产法》第 721 条中。根据该条款规定，美国总统可以拟议交易构成国家安全威胁为由中止或阻止外国投资者收购美国公司。

国政府机构签署缓和协议(Mitigation Agreement)。

(三)其他政府监管机关批准或备案

除了反垄断审查与国家安全审查外,在境外投资与并购交易中还可能需要获得其他政府监管机关的同意,比如境内投资者需获得发改委、商务部门、外汇管理局等政府机关的批准或备案登记。特别是自2016年11月28日起,我国政府监管机关加强对中企境外投资与并购的监管后,资金出境成为境内投资者面临的最为棘手的问题。在此背景下,卖方或目标公司一般会要求境内投资者获得上述监管机关的批准或备案,同时将时限在承诺条款中作出约定。比如,约定买方同意其将尽商业上的合理努力采取为实现拟议交易而需从政府主管机关取得所有必要的同意、批准或备案。对于该项承诺,境内投资者要特别小心。因为卖方一般要求该项承诺与反向分手费相关联,即如果境内投资者未能按约定获得中国相关政府监管机关的批准或备案,特别是未能获得外汇管理局批准的外汇额度和完成外汇登记,则境内投资者需向卖方或目标公司支付一定比例的反向分手费。该种情况下,境内投资者可能需承受很大的风险。

(四)获得相关资料的权利

限制期内,境内投资者为了能及时了解有关目标公司运营、管理、财务和业务开展等方面的情况,目标公司还需对买方获得和查阅上述资料的要求积极配合和协助。一般约定如下:

限制期内,经合理通知,目标公司应当允许买方的高级职员、员工、会计师、律师、财务顾问和其他代表在交割日前的正常营业时间内合理查阅和接触其所有账簿、记录、财产、厂房和工作人员。在此期间,目标公司应当及时向买方提供:(1)其在上述期间按照适用法律要求所提交、出版或收到的每份报告、附录、登记表和其他文件的副本;(2)买方可能合理要求的与目标公司业务、财产和工作人员有关的所有其他信息。买方所作的任何调查均不应影响目标公司所作的陈述和保证或完成拟议交易之义务的条件。

限制期内,目标公司应当及时将其业务的任何重大进展通知买方及其代表。限制期内,目标公司应当责成其高级职员与买方的代表进行商讨和合作,以便完成交割。

此外,根据交易的实际情况与需要,买卖双方和(或)目标公司还会作出其他方面的承诺。比如,是否可以公开宣传拟议交易,卖方在限制期内不得在目标公司所在国的其他地方拥有、管理、运营或从事与目标公司业务相同或相似的业务，不得开发、生产、销售与目标公司生产产品相同或相似的产品等，以及卖方不得引诱或鼓励目标公司客户终止或削减与目标公司的合作等承诺内容。

八、交割先决条件条款

交割先决条件是买卖双方履行其交割义务的前提条件，也是后续确定买卖双方是否构成违约的依据，所以该条款约定的内容极其重要。根据交易主体的不同，该条款可分为买方履行交割义务需满足的先决条件和卖方履行交割义务需要满足的先决条件。

（一）买方履行交割义务的先决条件

通常情况下，买方签署并履行交割义务以在交割日或之前如下条件（买方可以放弃下述任何一个或多个条件）得到满足为前提：

1. 陈述和保证。卖方和目标公司在收购协议中所作的陈述和保证在所有重要方面均真实、准确，卖方和目标公司已在所有重要方面履行并遵守了收购协议要求其在交割日或之前所履行或遵守的所有承诺和约定，且其已向买方交付了由卖方和目标公司的负责人于交割日所签署的有关已履行并遵守上述承诺和约定的证明。如上述陈述和保证存在不真实、不准确的情形，其不会导致重大不利影响。

2. 秘书证明。买方已收到目标公司秘书出具的证明下列文件系真实、完整副本的证明：(1)目标公司的最新组织大纲和公司章程；(2)董事会通过的决议已授权签署、交付和履行收购协议和完成拟议交易。

3. 良好存续。交割日前【　　】日，目标公司已向买方交付了一份由【　　】国或州公司注册登记处出具的证明目标公司合法设立和有效存续的《公司存续证明》。

4. 无诉讼。不存在任何政府主管机关、任何第三方针对目标公司、其任何董事或卖方提起的未决诉讼或诉讼威胁，上述诉讼或诉讼威胁可能会限制或禁止开展拟议交易，或对上述诉讼进行抗辩支付的费用和开支会使目标公司遭受重大损失。且任何政府主管机关执行、颁布或实施的法律、命令、法令、规章未禁止开展拟议交易。

5. 无重大不利影响。卖方或目标公司未发生及存在任何会产生重大不利影响的事件或情形。

6. 同意和批准。为完成拟议交易，以及目标公司开展其当前正在开展的和交割后拟开展的业务所需的从政府主管机关、目标公司董事会或股东会获取的所有同意、批准、命令、许可均已获得，并已交付给买方，且不会对买方从拟议交易中获得的利益产生任何不利影响。根据反垄断法规定，拟议交易适用的等待期已经届满或允许提前终止。

7. 通过反垄断审查与国家安全审查。根据反垄断法律规定，拟议交易适用的反垄断审查程序已经届满或终止，反垄断审查监管机关已出具书面通知，载明拟议交易的审查程序已经终结。国家安全审查监管机关已做出决定，拟议交易不存在国家安全问题。

8. 批准和许可。目标公司开展业务所需的所有监管机关批准和许可均有效，如上述批准和许可无效，其不会导致重大不利影响。

9. 股份的交付。目标公司应将买方股份列入股份登记簿。

10. 法律意见书。卖方或目标公司应在买方支付收购价款前，向买方交付一份由具有投资目标国合法执业许可的律师事务所出具的关于收购协议和拟议交易在程序与实体内容方面均符合适用法律规定的法律意见书。该项承诺旨在保证拟议交易符合适用法律的规定，无论是交割程序还是实体内容上，均不存在违反适用法律的规定。这是从保护买方利益的角度提出此要求。实务中，考虑到交割时限要求和为节约成本，很多情况下买方放弃了该项要求。

11. 附带登记权协议(Piggy-Back Registration Rights Agreement)。交割时，目标公司和买方应当签署并交付一份有关目标公司向【　　】证券交易所登记股份的附带登记权协议，协议的形式和内容应令买方满意。该款适用的前提是目标公司为上市公司，且买方收购的股份低于5%，且未在证券交易所进行注册登记。由于未在证券交易所进行注册登记，所以其无法通过证券交易所进行公开、自由转让，这样会对标的股份的流动性与价值产生一定的影响。因此，买方为了让其收购的标的股份能在证券交易所进行公开、自由转让，则可以要求当后续有第三方收购目标公司股份需在证券交易所进行注册登记时，则一并将买方的标的股份在证券交易所完成登记注册，从而实现可以在证券交易所进行公开、自由转让的目的，这对买方后续实现便利退出极为重要。

(二)卖方与目标公司履行交割义务的先决条件

通常情况下，卖方与目标公司签署并履行交割的义务以在交割日或之前如

下条件(其可以放弃下述任何一个或多个条件)得到满足为前提:

1. 陈述和保证

买方在收购协议中所作的陈述和保证在所有重要方面均真实、准确,买方已在所有重要方面履行并遵守了收购协议要求其在交割日或之前所履行或遵守的所有承诺和约定,且其已向卖方和目标公司交付了由其负责人于交割日签署的有关已履行并遵守上述承诺和约定的证明。如上述陈述和保证存在不真实、准确的情形,其不会导致重大不利影响。

2. 秘书证明

卖方或目标公司已收到买方出具的证明下列文件系真实、完整副本的证明:(1)买方的最新组织大纲和公司章程;(2)董事会或股东会通过的决议已授权签署、交付和履行收购协议和完成拟议交易。

3. 良好存续

交割日前【　　】日,买方已向目标公司或卖方交付了一份由其注册登记地的工商管理机关出具的证明其有效存续的证明文件。

4. 无诉讼

(1)不存在任何中国政府主管机关或任何第三方针对买方、其任何董事提起的未决诉讼或诉讼威胁,上述诉讼或诉讼威胁可能会限制或禁止开展拟议交易,或对上述诉讼进行抗辩支付的费用和开支会使目标公司遭受重大损失;(2)任何中国政府主管机关执行、颁布或实施的法律、法规、规章未禁止开展拟议交易或规定开展拟议交易违法。

5. 无重大不利影响

买方不存在任何产生重大不利影响的事件或情形。

6. 通过反垄断审查

根据反垄断法律规定,拟议交易适用的反垄断审查程序已经届满或终止,反垄断审查监管机关已出具书面通知,载明拟议交易的审查程序已经终结。

7. 同意和批准

为完成拟议交易,买方已获得其董事会或股东会批准,并已交付给买方。买方就拟议交易已获得发改委、商务部门或其他政府监管机关的批准或备案,已获得外汇管理局批准的外汇额度和完成了外汇登记。

九、协议终止条款

终止协议对交易双方来说都是极其严重的后果,由于双方为拟议交易投入了大量时间和成本,基于诚信原则,只有在极其少数的情况下才会赋予交易相关方终止收购协议的权利。因此,交易双方对于终止条款的约定都非常谨慎,以防止任何一方恶意利用该条款损害对方的权利与期待利益。境外投资与并购实务中,通常情况下会约定如下几种情形的协议终止条款:

(一)协商一致终止

买卖双方可以在交割前通过书面协商一致终止收购协议。

(二)共同终止权

由于不符合收购协议所规定的任何先决条件而导致未在【　　】日或之前(如根据适用法律,因反垄断审查与国家安全审查延期导致该期限延长的情形除外)完成交割或双方均有权经书面通知对方后终止收购协议。

(三)买方单方终止权

如卖方或目标公司在任何重大方面违反了收购协议中所作的任何承诺、陈述和保证买方可在交割前书面通知卖方与目标公司终止收购协议。实务中,此种情况下的终止权,一般会给予卖方或目标公司合理的期限纠正其违约行为,如在合理期限内,卖方或目标公司未能纠正违约行为,则买方可终止收购协议。

(四)卖方单方终止权

买方在任何重大方面违反了收购协议中所作的任何承诺、陈述和保证,卖方可在交割前书面通知买方终止收购协议。实务中,此种情况下的终止权,一般会给予买方合理的期限纠正其违约行为,如在合理期限内,买方未能纠正违约行为,则卖方可终止收购协议。

十、赔偿条款与违约责任条款

(一)一般性赔偿条款

如果因一方或双方违反其在收购协议项下作出的任何承诺、陈述和保证,另一方根据收购协议约定终止协议的,则守约方有权要求违约方作出赔偿或承担违约责任。在违约责任方面,英美等普通法系国家遵循的惯例与我国存在较大的区别。比如,国内收购交易中,交易双方都习惯于约定具体的违约金金额,以避免后续守约方主张违约责任时需要证明其具体损失;而普通法系国家约定的违约责任一般遵循损失补偿原则,而且一般都会将实现赔偿支出的合理费用,包括但不限于律师费、诉讼或仲裁费、执行费等一并进行主张。一般赔偿条款约定如下:

一方(“赔偿方”)特此同意,对另一方、其关联公司及其董事、经理、高级职员、代理人、顾问、代表、员工、继承人和受让人(“受偿人”)由于赔偿方在收购协议项下的授权、签署、交付和履约方面的不当作为、不作为或应向另一方履行的任何其他职责或义务而引起的,或导致第三方提起任何索赔而遭受的所有损失(包括但不限于诉讼或仲裁费、律师费、成本、损害、支出、费用、罚款、价值减损等,但赔偿方在签署收购协议时没有理由预见该等违约可能造成的间接损失除外),对受偿人作出赔偿,为其提供辩护,并使其免受损害,但赔偿方的不当作为、不作为系直接由于受偿人严重违反其收购协议项下所作的陈述、保证或义务而导致的除外。

赔偿方履行赔偿义务和责任将以满足下列条款和条件为前提:

(1)受偿人及时地向赔偿方发送有关发生索赔的通知,以避免对赔偿方在就该索赔进行辩护方面造成重大损害,赔偿方将根据该通知,由其所选择的、令受偿人合理满意的代表进行辩护。但是,任何受偿人未发送约定的通知,不应因此免除赔偿方的赔偿义务;

(2)如果赔偿方在收到通知后的合理时间内未进行辩护,该受偿人将有权代表赔偿方以赔偿方的名义,并由赔偿方承担风险开展辩护、和解或解决上述索赔,但同时赔偿方有权在解决、和解或最终决定上述索赔前,随时就该索赔进行辩护;

(3)如果该索赔可能会使受偿人遭受金钱之外的重大不利影响,受偿人有权自费就该索赔进行辩护或联合辩护;

(4)未经另一方事先书面同意,赔偿方和受偿人均不得解决、和解任何索赔,或同意执行任何有关上述索赔的判决;

(5)对于针对受偿人所主张的任何索赔,如果受偿人合理认定受偿人与赔偿方之间就该索赔存在利益冲突,则该受偿人将有权聘请一名其自行选择的律师来代表受偿人。在此情况下,上述单独的律师费用和开支等应当由赔偿方支付。

（二）分手费与反向分手费

分手费（Break Fee）与反向分手费（Reverse Break Fee）本质上属于违约金，即约定当境内投资者或卖方违反收购协议相关约定导致交易终止时，需要向对方支付交易金额一定比例的违约金，以作为对守约方的赔偿。具体而言，分手费指当卖方违反协议约定导致交易终止时，需要按照收购协议约定向买方支付的违约金；而反向分手费指当买方违反协议约定导致交易终止时，需要向卖方支付的违约金。分手费与反向分手费的约定旨在保护交易的确定性，以减少买方或卖方违约导致交易终止的可能性。在最近几年的境外并购交易中，分手费与反向分手费已被广泛采用，特别是中国买方违约导致交易终止时需支付的反向分手费相对交易金额的占比呈逐渐上升的趋势。因此，分手费与反向分手费已成为境外并购交易中买卖双方讨论的重要条款。在约定该条款时，需要注意如下几个方面的问题：

1.关于触发条件的约定

通常情况下，分手费的触发条件是当卖方有更高竞价时，卖方董事会为尽到其信义义务（Fiduciary Duty）而通过向买方支付约定的分手费而终止交易。此外，卖方未能获得投资目标国的反垄断审查与国家安全审查批准也是触发分手费的条件，但在近几年的境外并购实务中，特别当目标公司为美国公司时，获得美国反垄断审查与国家安全审查的义务会根据买卖双方的谈判地位不同而存在将风险转移给买方的趋势。反向分手费的触发条件包括境内投资者未获得足够融资，未通过中国商务部门的反垄断审查或境外投资备案，未获得发改委的批准或备案及外汇管理局的外汇登记和审批外汇额度等。特别是我国当前进一步加强境外投资监管的情况下，境内买方未通过上述审批、备案或登记成为卖方坚持约定的境内买方支付反向分手费的触发条件。比如，在2016年海尔收购美国通用电气家电资产项目中，约定如海尔未能获得中国相关政府监管的批准或备案，则需向通用电气支付高达4亿美元的反向分手费。[①] 但由于近几年中国企业境外投资与并购交易数量迅猛增长，欧美等发达国家的优质资产变更越来越少，使卖方的谈判地位不断上升，卖方甚至将获得目标国的反垄断审查与国家安全审

① 参见熊进、罗海：《从近期中国企业境外并购案例看反向分手费市场趋势》，载 http://mp.weixin.qq.com/s?__biz=MzA4NDMzNjMyNQ==&mid=2653132074&idx=1&sn=8ada7ff09912738a942daf08c02df58e&mpshare=1&scene=1&srcid=0415IcRQJBDSIideLQBLzyl9#rd，2017年4月15日访问。

查义务转移给买方,并约定在未获得上述审批的情况下,卖方有权要求买方支付反向分手费用。比如,中国化工并购瑞士先正达交易中就约定,如果中国化工未能完成该交易所需的反垄断审查和国家安全审查,则需向先正达支付高达30亿美元的反向分手费。①

2. 关于分手费与反向分手费金额的约定

最近几年的境外投资与并购交易中,分手费与反向分手费的金额呈现逐渐上升的趋势。根据交易标的额的不同,分手费与反向分手费的金额占交易金额的比例也会不同。通常情况下,交易金额越大,占比越低,反之越高。目前,国际并购市场上的分手费与反向分手费已经上升到4%左右,但在近几年中国企业作为买方的很多大型并购交易中,反向分手费占比更高。比如,中国化工并购瑞士先正达交易中,约定中国化工需向先正达支付的反向分手费为30亿美元,占交易金额的7%。基于公平原则,分手费与反向分手费的金额通常情况下是对等的。但在当前卖方主导的市场大环境下,少数交易中,反向分手费的金额远远超过了分手费的金额。比如,中国化工并购瑞士先正达交易中,约定的分手费为8.48亿美元,占交易金额的1.9%,但反向分手费为30亿美元,占交易金额的7%。境外投资与并购实务中,分手费与反向分手费金额及其占交易金额的比例除了遵循国际惯例外,更重要的是取决于买卖双方在具体交易中的谈判地位。虽然当前的国际并购市场不利于境内投资者,笔者建议,在约定分手费与反向分手费金额时一定要谨慎,除非情况确实特殊,建议境内投资者不要接受获得境内政府监管机关的备案或审批是支付反向分手费的触发条件,更不能接受获得国外反垄断审查与国家安全审查批准是境内投资者的义务。

3. 明确是排他性还是非排他性救济

通常情况下,收购协议都会约定一般性赔偿条款(Indemnification),即当一方违反收购协议约定条款应赔偿守约方遭受的所有损失。如同时在收购协议中约定分手费与反向分手费条款,则需要明确其是排他性还是非排他性救济方式。比如,如果约定获得中国相关政府监管机关的备案或审批是境内投资者的义务,当境内投资者未能在收购协议约定的期限内获得备案或审批,则卖方是否仅能

① 参见熊进、罗海:《从近期中国企业境外并购案例看反向分手费市场趋势》,载 http://mp. weixin. qq. com/s? __biz = MzA4NDMzNjMyNQ = = &mid = 2653132074&idx = 1&sn = 8ada7ff09912738a942daf08c02df58e&mpshare = 1&scene = 1&srcid = 0415IcRQJBDSIideLQBLzyl9#rd,2017 年 4 月 15 日访问。

根据收购协议主张反向分手费，或是在主张反向分手费之外，是否还有权根据一般性赔偿条款主张赔偿责任。

因此，分手费与反向分手费已经成为境外并购交易双方在收购协议中重点争论的条款。而且当前的卖方主导的市场环境下，境内投资者在谈判中处于不利地位，所以在并购谈判中，境内投资者在争取公平待遇的前提下，应谨慎约定分手费与反向分手费条款。

十一、法律适用与争议解决条款

法律适用与争议解决条款自交易双方在签署保密协议时就是重点讨论的条款，一旦双方商定后，在签署收购协议等正式交易文件时，则一般会沿用之前双方约定的内容，以避免双方重复花费时间进行讨论。因此，笔者建议境内投资者自签署保密协议时，就需对该条款引起足够重视，据理力争，而不要以为保密协议相对而言不那么重要，先按对方要求进行约定，后续签署正式收购协议时再和卖方来谈，这样会大大增加谈判的时间，而且可能会给卖方和目标公司留下不诚信、不守规则的印象。

关于法律适用与争议解决条款，笔者已在第五章第一节“保密协议主要条款解析”中进行了详细简析，在此就不再重复阐述。

十二、其他条款

除了上述主要条款会在收购协议中进行约定外，收购协议还会约定其他一般性条款，比如完整协议、修改与弃权、通知、不可分割条款、生效与副本等。由于这些属于格式性条款，笔者就不在此进行详细解析。

附:股份收购协议参考模板

SHARE PURCHASE AGREEMENT

by and among

A COMPANY

and

B COMPANY

Dated as of ________

4.17 Related Party Transactions

4.18 Customers and Suppliers

4.19 Brokers

ARTICLE V REPRESENTATIONS AND WARRANTIES OF SELLER

5.1 Organization and Good Standing

5.2 Authorization of Agreement

5.3 Conflicts; Consents of Third Parties

5.4 Ownership and Transfer of Shares

5.5 Sole Representations and Warranties

ARTICLE VI REPRESENTATIONS AND WARRANTIES OF BUYER

6.1 Organization and Good Standing

6.2 Authorization of Agreement

6.3 Conflicts; Consents of Third Parties

6.4 Litigation

6.5 Investment Intention

6.6 Availability of Funds

6.7 No Reliance

6.8 Brokers

6.9 "As Is, Where Is" Representations

ARTICLE VII COVENANTS

7.1 Access to Information

7.2 Conduct of the Business Pending the Closing

7.3 Consents

7.4 Filings with Governmental Bodies

7.5 Other Actions

7.6 Indemnification, Exculpation and Release of Sole Director

7.7 Publicity

7.8 Agreement Not to Compete or Solicit

7.9 Confidentiality

7.10 Release of Guaranties, etc

7.11 Responsibility to Notify

12.8 Waiver of Jury Trial

12.9 Table of Contents and Headings

12.10 Notices

12.11 Severability

12.12 Binding Effect; Assignment

12.13 Disclosure Schedules

12.14 Counterparts

12.15 Facsimile or Electronic Signatures

SHARE PURCHASE AGREEMENT

THIS SHARE PURCHASE AGREEMENT (this "**Agreement**"), is made as of [**date**], by and among [the full name of Buyer], a [ ] company organized and existing under the laws of [ ], ("**Buyer**"), [the full name of the Company], a [ ] company organized and existing under the laws of [ ] (the "**Company**"), and [the full name of the Seller], a [ ] Company organized and existing under the laws of [ ] ("**Seller**"). Each of Buyer, the Company and Seller may be referred to herein individually as a "**Party**" and collectively as the "**Parties.**"

PRELIMINARY STATEMENT

The Company is engaged in the business (the "**Business**") of [such as designing, marketing, manufacturing, producing, selling and supporting the Products] (as defined herein);

Seller owns[ ] shares of common share, par value [ ], of the Company (the "**Shares**"), which constitute all of the issued and outstanding shares of capital share of the Company; and

Seller desires to sell, assign, transfer and deliver to Buyer, and Buyer desires to purchase, assume and accept from Seller, all right, title and interest in, to and under the Shares, all for the purchase price and upon the terms and subject to the conditions hereinafter set forth.

NOW, THEREFORE, in consideration of the foregoing, the representations, warranties and covenants contained herein and for other good and valuable consideration, the receipt and sufficiency of which are hereby acknowledged, the Parties, intending to be legally bound, hereby agree as follows:

ARTICLE I

DEFINITIONS; CONSTRUCTION

1.1 Definitions. When used in this Agreement, the following terms shall have the meanings assigned to them in this Section 1.1.

"**Affiliate**" means, with respect to any Person, any other Person that, directly or indirectly through one or more intermediaries, controls, or is controlled by, or is under common control with such Person and the term "control" (including the terms "controlled by" and "under common control with") means the possession, directly or indirectly, of the power to direct or cause the direction of the management and policies of such Person, whether through ownership of voting securities, by contract or otherwise.

"**Antitrust Law**" means any Law that is designed to prohibit, restrict or regulate actions having the purpose or effect of monopolization or restraint of trade.

"**Business Day**" means a day other than a Saturday, Sunday or other day on which banks located in [ ] are authorized or required by law to close.

"**Cash Equivalents**" means, in respect of the Company, the sum of cash, cash equivalents and liquid investments, plus all deposited but uncleared bank deposits and cash held by counterparties, and less all outstanding checks and cash posted by counterparties, in each case whether restricted or unrestricted.

"**Closing Date Indebtedness**" means the current and long-term portion of any indebtedness for borrowed money, notes payable and capitalized lease obligations, whether principal, interest, accrued interest, premium, penalties or otherwise, and the amount of any guarantee, letter of credit or similar obligation, owed by the Company to any third party, whether a shareholder, former shareholder, related party, employee, former employee, bank, financial institution, or other third party but excluding such indebtedness (whether principal, interest, premium, penalties or otherwise) payable to [ ] pursuant to a mortgage, dated [ ], between the Company and [ ], and to [ ] pursuant to a purchase loan, dated [ ], between the Company and [ ], all calculated in accordance with [ ] (such as U.S. generally accepted accounting principles) as of the Closing Date. The Closing Date Indebtedness shall include that portion of the indebtedness set forth on [Schedule 1.1.1] that remains outstanding on the Closing Date.

"**Closing Date Working Capital**" means, as of the close of business on the Closing Date, (a) current assets of the Company (excluding Cash Equivalents), less (b) current liabilities of the Company (excluding the current portion of Closing

Date Indebtedness), in each case determined in accordance with [accounting principles in a certain country] (such as US GAAP).

"**Confidentiality Agreement**" means that certain Non-Disclosure Agreement, dated as of [ ], entered into by and among the Company, [ ] and [ ].

"**Contract**" means any contract, agreement, indenture, note, bond, loan, instrument, lease, commitment or other arrangement or agreement.

"**Environmental Law**" means any Law relating to the protection of human health and the environment.

"**GAAP**" means generally accepted accounting principles in [a certain country] (such as US GAAP), as in effect from time to time, consistently applied throughout the periods involved.

"**Governmental Body**" means any government or any governmental or regulatory body or political subdivision thereof, whether federal, state, local or foreign, or any agency, instrumentality or authority thereof, or any court or arbitrator (public or private).

"**Hazardous Material**" means any substance, material or waste that is regulated, classified, or otherwise characterized under or pursuant to any Environmental Law as "hazardous" or "toxic" or words of similar meaning or effect, including friable asbestos, polychlorinated biphenyls and radioactive materials.

"**Intellectual Property**" means all [applicable law] and foreign (a) patents, (b) trademarks, service marks, trade names, trade dress, domain names, brand names, certification marks, corporate names and other indications of origin, together with all goodwill related to the foregoing, (c) copyrights and designs and all rights associated therewith and the underlying works of authorship, (d) all inventions, invention certificates, trade secrets, processes, formulae, methods, schematics, drawings, blue prints, utility models, design applications, technology, know-how, software, discoveries, ideas and improvements, and (e) other proprietary or confidential information and materials.

"**Knowledge of the Company**" means the actual knowledge of [ ].

"**Law**" means any [applicable law] (such as federal, state, local) or foreign law, statute, code, ordinance, rule, regulation or other requirement.

"**Legal Proceeding**" means any material judicial, administrative or arbitral action, suit, litigation or public proceeding.

"**Liabilities**" means debts, liabilities, deficiencies, Taxes, penalties, assessments, fines, claims, causes of action or other losses, fees, costs or expenses.

"**Lien**" means any lien, pledge, security interest, option, right of first refusal, easement, servitude, transfer restriction under any shareholder or similar agreement or similar encumbrance.

"**Material Adverse Effect**" means any (a) event, occurrence, fact, condition, change or development that has had or reasonably would be expected to have a material adverse effect on the business, operations, results of operations, financial or other condition, assets or liabilities of the Company, but excluding any of the foregoing resulting from general economic conditions or from conditions that generally affect the industry of the Company other than changes that have a materially disproportionate effect on the Company, or (b) material impairment of the ability of the Company to perform their respective material obligations hereunder [or under the other documents related to the transaction as applicable].

"**Order**" means any order, injunction, restraining order, judgment, decree, ruling, writ, assessment or arbitration award of a Governmental Body.

"**Ordinary Course of Business**" means the ordinary and usual course of day-to-day operations of the Business as conducted prior to the date hereof.

"**Permit**" means any approval, authorization, consent, license, permit or certificate granted or issued by or obtained from a Governmental Body.

"**Permitted Exceptions**" means (a) any Lien arising in the Ordinary Course of Business with respect to a Liability that is not yet delinquent or the amount or validity of which is being contested in good faith; (b) Liens for taxes, assessments or other governmental charges not yet delinquent or the amount or validity of which is being contested in good faith; (c) the terms and conditions of Contracts to which the Company is a party or by which the Company is bound and the Consents applicable to the Company; (d) any Lien reflected in the Balance Sheet; (e) title of a lessor under a capital or operating lease; (f) zoning, entitlement and other land use and environmental regulations by any Governmental Body, provided that such regulations have not been violated; (g) all defects, exceptions, restrictions, easements, rights of way and encumbrances disclosed (whether or not subsequently deleted or endorsed over) on any survey, in the title policies or in any title commitments, title reports or other title materials, in each case to the extent delivered by the Company to Buyer or otherwise made available to Buyer, and such other imperfections in title, easements, restrictions and encumbrances that do not materially detract from the value of or materially interfere with the present use of the asset or property subject thereto or affected thereby; (h) pledges and deposits made in the Ordinary Course of Business in compliance with workers' compensation, unemployment insurance and other applicable social security Laws; (i) any Lien that is released on or prior to the Closing; (j) statutory or common law Liens in favor of carriers, warehousemen, mechanics and materialmen, and statutory or common law Liens to secure claims for labor, materials or supplies; and (k) [other permitted exceptions can be identified on a particular Schedule]. the matters identified on [Schedule 1.1.2].

"**Person**" means any individual, corporation, partnership, firm, joint venture, association, joint-share company, trust, unincorporated organization, Governmental Body or other entity.

"**Products**" means [ ].

"**Registered Intellectual Property**" means all (a) issued patents, (b) trademark, trade name and service mark registrations (including Internet domain name registrations) and applications therefor, and (c) copyright registrations and applications.

"**Regulatory Authority**" or "**Regulatory Authorities**" means any national, regional or local Governmental Body having jurisdiction over (a) the approval and certification of the Products and (b) the design, manufacture, marketing, production, sale and exporting of the Products, if applicable, in any given jurisdiction.

"**Remedial Action**" means all actions to (a) clean up, remove, treat or in any other way address any Hazardous Material; (b) prevent the release of any Hazardous Material so it does not endanger or threaten to endanger public health or welfare or the indoor or outdoor environment; (c) perform pre-remedial studies and investigations or post-remedial monitoring and care; or (d) correct a condition of noncompliance with Environmental Laws.

"**Subsidiary**" or "**Subsidiaries**" means any corporation, partnership, limited liability company, joint venture, or other enterprise or entity of any nature whatsoever where any of the Parties holds any equity or ownership interest of any kind, whether beneficially or of record.

"**Target Amount**" means [ ].

"**Taxes**" means (a) all federal, state or local taxes, charges, fees, imposts, levies or other assessments, including all net income, gross receipts, capital, sales, use, ad valorem, value added, transfer, franchise, profits, inventory, capital share, license, withholding, payroll, employment, social security, unemployment, excise, severance, stamp, occupation, property and estimated taxes, customs duties, fees, assessments and charges of any kind whatsoever, and (b) all interest, penalties, fines, additions to tax or additional amounts imposed by any taxing authority in connection with any item described in clause (a).

"**Tax Return**" means all returns, declarations, reports, estimates, information returns and statements required to be filed in respect of any Taxes.

1.2 Construction.

1.2.1 For the purposes of this Agreement, except as otherwise expressly provided herein or unless the context otherwise requires: (a) words using the singular or plural number also include the plural or singular number, respectively, and the use of any gender herein shall be deemed to include the other genders; (b) references herein to "**Articles**," "**Sections**," "**subsections**" and other subdivisions, and to Exhibits, Schedules, Annexes and other attachments, without reference to a document are to the specified Articles, Sections, subsections and other subdivisions of, and Exhibits, Schedules, Annexes and other attachments to, this Agreement; (c) a reference to a subsection or other subdivision without further reference to a Section is a reference to such subsection or subdivision as contained in the same Section in which the reference appears; (d) the words "**herein**," "**hereof**," "**hereunder**," "**hereby**" and other words of similar import refer to this Agreement as a whole and not to any particular provision; (e) the words "**include**," "**includes**" and "**including**" are deemed to be followed by the phrase "**without limitation**;" (f) all accounting terms used and not defined herein have the respective meanings given to them under [accounting principles in a certain country, such as the US GAAP]; and (g) any reference in this Agreement to [a currency symbol, such as $] or [name of a currency, such as dollars] shall mean [U.S. dollars].

1.2.2 Time is of the essence in this Agreement. Whenever this Agreement refers to a number of days, such number shall refer to calendar days unless Business Days are specified. Whenever any action must be taken hereunder on or by a day that is not a Business Day, then such action may be validly taken on or by the next day that is a Business Day.

1.2.3 Each Party acknowledges that it and its attorneys have been given an equal opportunity to negotiate the terms and conditions of this Agreement and that any rule of construction to the effect that ambiguities are to be resolved against the drafting Party or any similar rule operating against the drafter of an agreement shall not be applicable to the construction or interpretation of this Agreement.

ARTICLE II

PURCHASE OF SHARES; ASSUMPTION OF LIABILITIES

2.1 Purchase of Shares. Upon the terms and subject to the conditions contained in this Agreement, on the Closing Date, Seller shall sell, assign, transfer and deliver to Buyer, and Buyer shall purchase, assume and accept from Seller, free and clear of all Liens, all right, title and interest in, to and under the Shares.

ARTICLE III

PURCHASE PRICE AND ADJUSTMENTS

3.1 Purchase Price. The purchase price ("**Purchase Price**") for the Shares shall be the sum of:

3.1.1 $ [____________] (the "**Bid Price**"), plus or minus

3.1.2 the amount of any adjustment to the Final Closing Date Working Capital in accordance with Section 3.7.3.

3.2 Pre-Closing Purchase Price Adjustment.

3.2.1 Seller's Estimate. Not later than three Business Days prior to the anticipated Closing Date, Seller shall prepare and deliver to Buyer Seller's written estimate of the Closing Date Working Capital (the "**Estimated Closing Date Working Capital**") which estimate shall be prepared in accordance with (accounting principles in a certain country, such as US GAAP) and consistent with the manner in which working capital was calculated by the Company as at [ ] and [ ].

3.2.2 Adjustment. To the extent that the Estimated Closing Date Working Capital is less than the Target Amount, the amount payable pursuant to Section 3.6 shall be decreased by the amount of such deficiency, and to the extent that the Estimated Closing Date Working Capital is greater than the Target Amount, the amount payable pursuant to Section 3.6 shall be increased by the amount of such excess.

3.3 Schedule of Closing Date Indebtedness. Not later than three Business Days prior to the anticipated Closing Date, Seller shall prepare and deliver to Buyer a written schedule of the Closing Date Indebtedness, together with pay proceeds letters directing payment of the Closing Date Indebtedness set forth in such schedule to the lenders.

3.4 Payment of Indebtedness. Not later than the Closing Date and on behalf of the Company, Seller shall pay, or cause to be paid, to the lenders identified in the payoff letters received from each such lender, the Closing Date Indebtedness.

3.5 Distribution of Cash Equivalents. Not later than the Closing Date, the Company shall distribute all of the Cash Equivalents to Seller or, in its discretion, use all or a portion of the Cash Equivalents to pay off all or a portion of indebtedness for borrowed money or settle the other obligations of the Company.

3.6 Initial Payment to Seller. On the Closing Date, Buyer shall pay to Seller the Bid Price plus or minus any adjustment contemplated pursuant to Section 3.2.2 (the "**Initial Payment**") by wire transfer of immediately available funds to the account designated by Seller prior to the Closing Date.

3.7 <u>Post-Closing Purchase Price Adjustment</u>.

3.7.1 Not later than [ ] days after the Closing Date, Seller shall deliver to Buyer a schedule (the "**Closing Date Working Capital Adjustment**") setting forth in reasonable detail Seller's computation of (i) the Closing Date Working Capital and (ii) the difference between the Closing Date Working Capital and the Estimated Closing Date Working Capital. Buyer shall give Seller and its agents and representatives access to the books, records and relevant employees of the Company to enable Seller to prepare the Closing Date Working Capital Adjustment. Buyer shall have a period of [ ] days after delivery by Seller of the Closing Date Working Capital Adjustment to deliver to Seller any objections that Buyer may have to any of the matters set forth therein, which objections shall be set forth in writing and in reasonable detail, and Buyer's calculation of the Closing Date Working Capital. If Buyer does not deliver any written objections to Seller within such [ ] period, Buyer shall be deemed to have accepted the Closing Date Working Capital Adjustment and Seller's calculations of the Closing Date Working Capital, and Buyer shall have irrevocably waived any right to object thereto. If Buyer does timely deliver such written objections, Buyer and Seller shall, for a period of [ ] days thereafter, attempt to resolve such objections in good faith.

3.7.2 If Seller and Buyer do not resolve all such objections to the Closing Date Working Capital Adjustment within such [ ] period, then any remaining disputes shall be submitted not later than [ ] Business Days after the expiration of the [ ] period to [____________] (the "**Independent Accountant**"). The Independent Accountant shall be instructed to deliver a decision solely with respect to the items to which Buyer has objected, and any other matters referred to it for determination, within [ ] Business Days after the submission of such matters to the Independent Accountant. The Independent Accountant shall be instructed that its decision shall be in writing and shall include (x) a statement describing in reasonable detail the decision of the Independent Accountant with respect to each item in dispute and (y) a computation of the Closing Date Working Capital using the amounts determined by the Independent Accountant. The decision of the Independent Accountant shall be final and binding and conclusive upon Buyer and Seller for all purposes under this Agreement (absent fraud or manifest error by the Independent Accountant); provided, however, that the determination of the Independent Accountant of the Closing Date Working Capital shall not be higher than the amount determined by Seller or lower than the amount set forth in Buyer's objection notice. The fees and expenses of the Independent Accountant shall be shared equally by Buyer, on the one hand, and Seller, on the other hand.

3.7.3 Payment of Adjustments.

(a) The Closing Date Working Capital, as finally determined in accordance with Section 3.7.1 and 3.7.2, based on (i) Seller's computations (if not disputed by Buyer), (ii) the agreement of Seller and Buyer or (iii) the determination of the Independent Accountant, as the case may be, are referred to herein as the "**Final Closing Date Working Capital**."

(b) Not later than [ ] Business Days after the Final Closing Date Working Capital is finally determined, (i) if the Final Closing Date Working Capital is greater than the Estimated Closing Date Working Capital, Buyer shall pay to Seller the amount by which the Final Closing Date Working Capital exceeds the Estimated Closing Date Working Capital, or (ii) if the Final Closing Date Working Capital is less than the Estimated Closing Date Working Capital, Seller shall pay to Buyer the amount by which the Estimated Closing Date Working Capital exceeds the Final Closing Date Working Capital.

3.8 Closing; Closing Deliverables.

3.8.1 Closing. The closing of the transactions contemplated by this Agreement (the "**Closing**") shall take place at the offices of [Buyer or Seller], at [the address], [time], on the date that is [ ] Business Days following the satisfaction or waiver of all of the conditions to closing set forth in Article VIII (other than those conditions that can only be satisfied at the Closing, but subject to the satisfaction or waiver of those conditions), or such other date, time and/or place as shall be agreed upon by Seller and Buyer (the actual date and time being herein called the "**Closing Date**"). At the Closing, Buyer shall pay the Initial Payment in accordance with Section 3.6 and Seller shall, in consideration of such payment by Buyer, transfer to Buyer beneficial, record, legal and valid title to the Shares, free and clear of all Liens. The Closing shall be deemed to be effective as of [ ], on the Closing Date.

3.8.2 Documents to be Delivered by Seller. At the Closing, Seller shall deliver, or cause to be delivered, to Buyer the following:

(a) certificates representing the Shares, duly endorsed in blank or accompanied by transfer powers in a form permitting transfer thereof;

(b) a written resignation of the director of the Company, effective only if the Closing occurs;

(c) [documents required by laws for Seller, such as a duly executed FIRPTA affidavit that complies with Section 1445 of the U.S. Internal Revenue Code of 1986 (Code)];

(d) certificates (dated the Closing Date and in form and substance reasonably satisfactory to Buyer) executed on behalf of the Company and by Seller certifying as to the fulfillment of the conditions specified in Sections 8.1.1, 8.1.2 and 8.1.3, as applicable; and

(e) payoff letters referenced in Section 3.4, which shall include a release of the Company by each lender.

3.8.3 Documents to be Delivered by Buyer. At the Closing, Buyer shall deliver to Seller the following:

(a) evidence of the wire transfer referred to in Section 3.6; and

(b) a certificate (dated the Closing Date and in form and substance reasonably satisfactory to Seller) executed on behalf of Buyer certifying as to the fulfillment of the conditions specified in Sections 8.2.1, 8.2.2 and 8.2.3.

ARTICLE IV

REPRESENTATIONS AND WARRANTIES OF THE COMPANY

Except as set forth in the disclosure schedules of the Company attached hereto and delivered to Buyer concurrently herewith, the Company hereby represents and warrants to Buyer as follows:

4.1 Organization and Good Standing. The Company is a corporation validly existing and in good standing under the laws of [a country or a region] and has all requisite corporate power and authority to own, lease and operate its properties and to carry on its business as now conducted. The Company is duly qualified or authorized to do business, and is in good standing under the laws of each jurisdiction in which it owns or leases real property and each other jurisdiction in which the conduct of its business or the ownership of its properties requires such qualification or authorization, except where the failure to be so qualified, authorized or in good standing does not have a Material Adverse Effect.

4.2 Authorization of Agreement. The Company has all requisite corporate power and authority to execute and deliver this Agreement and each other agreement, document, instrument or certificate contemplated by this Agreement to be executed by the Company in connection with the consummation of the transactions contemplated by this Agreement, and to consummate the transactions contemplated hereby. This Agreement has been duly and validly executed and delivered by the Company and (assuming the due authorization, execution and delivery by the other Parties) this Agreement constitutes a legal, valid and binding obligation of the Company, enforceable against the Company in accordance with its terms, subject to applicable bankruptcy, insolvency, reorganization, moratorium and similar laws affecting creditors' rights and remedies generally, and subject, as to enforceability, to general principles of equity, including principles of commercial reasonableness, good faith and fair dealing (regardless of whether enforcement is sought in a proceeding at law or in equity).

4.3 Capitalization.

4.3.1 The authorized capital share of the Company consists of [ ] shares of common share, par value [ ] per share (the "**Common Share**"). There are [ ] shares of Common Share issued and outstanding, and [ ] shares of Common Share are held by the Company as treasury share. All of the issued and outstanding shares of Common Share of the Company were duly authorized for issuance and validly issued, and are fully paid and non-assessable.

4.3.2 There are no existing options, warrants, calls, rights, commitments or other agreements to which the Company is a party requiring, and there are no shares of capital share of the Company outstanding that, upon conversion or exchange would require, the issuance, sale or transfer of any additional shares of capital share of the Company or other securities convertible into, exchangeable for or evidencing the right to subscribe for or purchase shares of capital share of the Company. The Company is not a party to any voting trust or other voting agreement with respect to any of the shares of the Company or to any agreement relating to the issuance, sale, redemption, transfer or other disposition of the shares of capital share of the Company.

4.3.3 Subsidiaries. The Company does not own, directly or indirectly, a majority of the outstanding voting securities or other voting equity interests of any Person.

4.4 Conflicts; Consents of Third Parties.

4.4.1 Except as set forth on Schedule 4.4.1, neither the execution and delivery by the Company of this Agreement nor the consummation of the transactions contemplated hereby will conflict with, or result in any violation of or default (with or without notice or lapse of time, or both) under (a) the certificate of incorporation, as amended to date, or bylaws of the Company; (b) any Material Contract or Permit of the Company; (c) any Order applicable to the Company or any of the properties or assets of the Company as of the date hereof; or (d) any applicable Law, other than, in the case of clauses (a)-(d) above, any conflict, violation or default that would not have a Material Adverse Effect.

4.4.2 Except as set forth on Schedule 4.4.2, no consent, waiver, approval, Order or authorization of, or declaration or filing with, or notification to (each, a "**Consent**"), any Governmental Body is required on the part of the Company in connection with the execution and delivery of this Agreement or the consummation of the transactions contemplated hereby, except (a) in connection with the Antitrust Laws and (b) for such Consents the failure of which to obtain would not have a Material Adverse Effect.

4.5 Real Property. Schedule 4.5 sets forth all material real property leased by the Company as lessee (collectively, the "**Company Leases**" and the leased premises specified in such leases, being referred to herein collectively as the "**Company Properties**"). The Company Properties constitute all of the material interests in real property currently used or currently held for use in connection with the Business and that are necessary for the continued operation of the Business as currently conducted. With respect to each of the Company Leases, the Company has a valid leasehold interest in, and enjoys quiet and undisturbed possession of, the leased premises specified in such Company Leases. This Section 4.5 represents the sole and exclusive representations and warranties of the Company regarding real property matters.

4.6 Intellectual Property.

4.6.1 To the Knowledge of the Company, the Company has no Registered Intellectual Property and has not filed any applications for registration of Registered Intellectual Property.

4.6.2 To the Knowledge of the Company, there is on the date hereof no Legal Proceeding, pending or threatened, against the Company claiming that the Company interferes with, infringes upon, or misappropriates any Intellectual Property of any other Person.

4.6.3 To the Knowledge of the Company and on the date hereof, (a) no Legal Proceeding is pending; (b) the Company has not received any written claim or written demand since [ ], in either case that challenges the legality, validity, enforceability, use or ownership of any Registered Intellectual Property owned by the Company and material to the conduct of the Business (other than office actions issued in the ordinary course of prosecution of any pending applications for patents or trademarks); (c) no Registered Intellectual Property owned by the Company and material to the conduct of the Business is subject to any outstanding Order; and (d) no Person has interfered with, infringed upon or misappropriated any Intellectual Property owned by the Company and material to the conduct of the Business since [ ] in a manner that would materially impair the enforceability of such Intellectual Property.

4.6.4 The Company has used commercially reasonable efforts to maintain material trade secrets and other material confidential information of the Company, the value of which is contingent upon maintaining the confidentiality thereof, in confidence in accordance with protection procedures customarily used in the aviation industry to protect rights of like importance.

4.6.5 This Section 4.6 represents the sole and exclusive representations and warranties of the Company regarding Intellectual Property matters.

4.7 Litigation; Product Liability. Except as set forth on Schedule 4.7, there is on the date hereof no Legal Proceeding pending or, to the Knowledge of the Company, threatened against the Company that individually or in the aggregate has had a Material Adverse Effect, nor is there on the date hereof any Order outstanding against, or, to the Knowledge of the Company, investigation by any Governmental Body involving, the Company that individually or in the aggregate has had a Material Adverse Effect. The subject matter of each of Sections 4.5, 4.6, 4.8.2, 4.8.3, 4.9, 4.12, 4.15 and 4.16 is excluded from the provisions of this Section 4.7 and the representations and warranties with respect to those subject matters are limited to the statements made in those Sections.

4.8 Compliance with Laws; Permits.

4.8.1 The Company is in compliance in all material respects with all Laws applicable to the Business, except instances of noncompliance that individually or in the aggregate have not had a Material Adverse Effect. To the Knowledge of the Company, there is no investigation against the Company with respect to the violation of any applicable Law. The subject matter of each 4.5, 4.6, 4.7, 4.9, 4.12 is excluded from the provisions of this Section 4.8.1 and the representations and warranties with respect to those subject matters are limited to the statements made in those Sections.

4.8.2 Schedule 4.8.2 sets forth all material Permits held by the Company and are required for the operation of the Business as presently conducted. All material Permits held by the Company are valid and in full force and effect and the Company is not in material default under or in material violation of (and no event has occurred that, with notice or the lapse of time or both, would constitute a material default under or material violation of) any Permit held by it. There are on the date hereof no Legal Proceedings pending or, to the Knowledge of the Company, threatened against the Company that could reasonably be expected to result in the revocation, cancellation, suspension or any other material adverse modification of any material Permit held by the Company.

4.8.3 Except as set forth on Schedule 4.8.3, since [ ], the Company has not received, nor has it been subject to, any adverse inspection, compelled or voluntary recall, investigation, penalty for corrective or remedial action or corrective action plan, in each case relating to the Products or the Facility by any Regulatory Authority, except for such instances that have not, individually or in the aggregate, had a Material Adverse Effect.

4.8.4 Except as set forth on Schedule 4.8.4, as of the date hereof, there is no pending Legal Proceeding or documented hearing, investigation, charge, claim, demand or complaint by any Regulatory Authority relating to the Facility or the Products.

4.9 Environmental Matters. Except for those matters that individually or in the aggregate have not had a Material Adverse Effect, (a) the Company is in material compliance with all Environmental Laws, (b) there is on the date hereof no Legal Proceeding pending or, to the Knowledge of the Company, threatened against or affecting the Company or any of the Company Properties relating to or arising under Environmental Laws, and (c) to the Knowledge of the Company, the Company has not received any written notice of any obligation, liability or violation relating to or arising under Environmental Laws. This Section 4.9 represents the sole and exclusive representation and warranty of the Company regarding environmental matters.

4.10 Financial Statements. The Company has made available to Buyer copies of the unaudited balance sheet of the Company as at [ ] and [ ] and the related unaudited statements of income of the Company for the [ ] fiscal years then ended (such unaudited statements of income and cash flows are referred to herein as the "**Financial Statements**"). Each of the Financial Statements has been prepared in accordance with sound accounting principles and present fairly in all material respects the financial position, results of operations and cash flows of the Company as at the dates and for the periods indicated.

For purposes of this Agreement, the unaudited balance sheet of the Company as at[ ] is referred to as the "**Balance Sheet**" and [ ] is referred to as the "**Balance Sheet Date**".

4.11 Absence of Certain Changes or Events. Except as set forth on Schedule 4.11 and except as required or contemplated by this Agreement, since the Balance Sheet Date, the Company has conducted its business only in the Ordinary Course of Business and there has not occurred any Material Adverse Effect.

4.12 Taxes. The Company has timely filed all material Tax Returns required to be filed by it, and all Taxes required to be paid by it have either been paid by it or have been reserved for on the most recent Financial Statements or reflected on the books and records of the Company. All such Tax Returns are accurate and complete in all material respects, except to the extent that any inaccuracy or incompleteness individually or in the aggregate has not had a Material Adverse Effect. This Section 4.12 represents the sole and exclusive representation and warranty of the Company regarding Tax matters.

4.13 Title to Property. The Company has valid title to, or a valid leasehold interest in, all of the material personal property that is reflected in the Balance Sheet or that has been acquired since the Balance Sheet Date, free and clear of any Liens other than Permitted Exceptions, except for assets disposed of, accounts receivable collected, prepaid expenses realized and Contracts fully performed, expired or terminated in the Ordinary Course of Business since the Balance Sheet Date. The, Facility and the material machinery, material equipment and other material tangible assets of the Company (other than inventory for sale) are in good operating condition, subject to ordinary wear, tear and obsolescence, and are fit for use in the Ordinary Course of Business.

4.14 Material Contracts.

4.14.1 Schedule 4.14.1 sets forth each of the following types of Contracts to which the Company is a party or by which the Company is bound (collectively, the "**Material Contracts**"):

(a) any Contract that involves expected or remaining annual payments by or to the Company of more than [ ] in the aggregate;

(b) any Contract that relates to or evidences third-party indebtedness for borrowed money of the Company in excess of [ ];

(c) any Contract that contains any covenant limiting, in any material respect, the ability of the Company to engage in any line of business or compete with any third party;

(d) any Contract that creates a material partnership or joint venture to which the Company is a party, or pursuant to which the Company has any material ownership interest in any other Person;

(e) any executory Contract that relates to the disposition or acquisition by the Company of any material business or any material amount of assets, other than in the Ordinary Course of Business; or

(f) any Contract that relates to the employment or compensation of any employee of the Company (other than Company Benefit Plans) that are not terminable at-will without material liability to the Company.

4.14.2 The Company has made available to Buyer or its representatives true and complete copies of all of the Material Contracts. Except as set forth on Schedule 4.14.2, all of the Material Contracts are in full force and effect and are the legal, valid and binding obligation of the Company, enforceable against the Company in accordance with its terms, subject to applicable bankruptcy, insolvency, reorganization, moratorium and similar laws affecting creditors' rights and remedies generally and subject, as to enforceability, to general principles of equity (regardless of whether enforcement is sought in a proceeding at law or in equity). Except as set forth on Schedule 4.14.2, neither the Company nor, to the Knowledge of the Company, any counterparty is in default in any material respect under any Material Contract.

4.15 Employee Benefits. (In this Schedule, the example of the U.S. is used)

4.15.1 Schedule 4.15.1 lists each "employee benefit plan" [as defined in Section 3(3) of the Employee Retirement Income Security Act of 1974, as amended ("**ERISA**")] and any other material employee compensation or benefit plan or agreement maintained by the Company, including any material employment agreement, excess benefit plan, top hat plan or other material deferred compensation plan or arrangement, nonqualified retirement plan or arrangement, qualified defined contribution or defined benefit plan, fringe benefit plan or program, bonus or incentive plan, share option, restricted share, share bonus, vacation pay, sick pay, bonus program, service award, salary reduction agreement, change-of-control plan or agreement and each employment agreement or consulting agreement for the benefit of current or former officers, employees or directors of the Company or any Subsidiary or any ERISA Affiliate, whether or not subject to ERISA, which in all cases, is sponsored or maintained by the Company or any ERISA Affiliate. (each, a "**Company Benefit Plan**"). For this purpose, "**ERISA Affiliate**" means any entity treated as a single employer with the Company under Section 414 of the Code or Section 4001 of ERISA. The Company has made available to Buyer correct and complete copies of (a) each Company Benefit Plan, (b) the most recent annual reports on Form 5500 required to be filed with the U. S. Internal Revenue Service or a successor (IRS) with respect to each Company Benefit Plan (if any such report was required), (iii) the most recent summary plan description for each Company Benefit Plan for which such summary plan description is required and (iv) each trust agreement and insurance or group annuity contract relating to any Company Benefit Plan. Each Company Benefit Plan maintained, contributed to or required to be contributed to by the Company or any ERISA Affiliate has been administered in all material respects in accordance with its terms. The Company and all the Company Benefit Plans are all in compliance in all material respects with the applicable provisions of ERISA, the Code and all other applicable Laws.

4.15.2 To the Knowledge of the Company, (a) all Company Benefit Plans that are "employee pension plans" [as defined in Section 3(3) of ERISA] that are intended to be tax qualified under Section 401(a) of the Code (each, a "**Company Pension Plan**") that is maintained, contributed to or required to be contributed to by the Company or any ERISA Affiliate is so qualified and (b) no event has occurred since the date of the most recent determination letter or application there for relating to any such Company Pension Plan that would materially adversely affect the qualification of such Company Pension Plan.

4.15.3 Within the preceding six years, neither the Company nor any ERISA Affiliate has maintained, established, sponsored, participated in, or contributed to, any (a) multiemployer plan [as defined in Sections 3(37) and 4001(a)(3) of ERISA]; or (b) multiple employer plan or to any plan described in Section 413 of the Code.

4.15.4 All Company Benefit Plans are in material compliance, to the extent applicable, with the requirements of Section 4980B of the Code and Part 6 of Subtitle B of Title I of ERISA (or such similar state law). Except as required pursuant to the preceding sentence, no Company Benefit Plan provides for post-retirement medical, life insurance or disability benefits.

4.15.5 There are on the date hereof no actions, disputes, claims (other than routine claims for benefits), legal proceedings or other proceedings pending or, to the Knowledge of the Company, threatened, anticipated or expected to be asserted with respect to any Company Benefit Plan or any related trust or other funding medium thereunder or with respect to the Company, as the sponsor or fiduciary thereof or with respect to any other fiduciary thereof that individually or in the aggregate has had a Material Adverse Effect. No Company Benefit Plan or any related trust or other funding medium thereunder or any fiduciary thereof is the subject of an audit, investigation or examination by a governmental or quasi-governmental agency that individually or in the aggregate has had a Material Adverse Effect.

4.15.6 Neither the Company nor any of its ERISA Affiliates has any commitment, intention or understanding to create, terminate or adopt any material Company Benefit Plan; and (ii) since the beginning of the current fiscal year of the Company, no event has occurred that reasonably would be expected to result in a material increase in the benefits under or the expense of maintaining a Company Benefit Plan from the level of benefits or expense incurred for the most recently completed fiscal year of the Company.

4.15.7 All contributions required to be made by the Company, if any, under the terms of any Company Benefit Plan as of the date hereof have been timely made or, if not yet due, have been fully reserved for and specifically identified in the latest balance sheet. Neither the Company nor any of its ERISA Affiliates has incurred any unfunded liabilities in relation to any Company Benefit Plan that have not been properly reserved for on the Company's Balance Sheet or incurred in the Ordinary Course of Business.

4.15.8 The execution of, and performance of the transactions contemplated by, this Agreement will not (either along with or upon the occurrence of any additional or subsequent events) constitute an event under any Company Benefit Plan or agreement that will or may reasonably be expected to result in any material payment (whether severance pay or otherwise), acceleration, vesting or increase in benefits with respect to any employee, former employee or director of the Company, whether or not any such payment would be a "parachute payment" (within the meaning of Section 280G of the Code). None of the payments described therein is a parachute payment (within the meaning of Section 280G of the Code). No deduction of any amount payable pursuant to the terms of the Company Benefit Plans has been disallowed or is subject to disallowance under Section 162(m) of the Code.

4.15.9 Schedule 4.15.9 lists all "nonqualified deferred compensation plans" (within the meaning of Section 409A of the Code) to which the Company or any of its ERISA Affiliates is a party. Each such nonqualified deferred compensation plan to which the Company or any of its ERISA Affiliates is a party complies with the requirements of paragraphs (2), (3) and (4) of Section 409A(a) of the Code by its terms and has been operated in accordance with such requirements. No event has occurred that would be treated by Section 409A(b) of the Code as a transfer of property for purposes of Section 83 of the Code.

4.15.10 This Section 4.15 represents the sole and exclusive representation and warranty of the Company regarding employee benefits matters.

4.16 Labor. The Company has complied in all material respects will all applicable Laws relating to labor and employment matters, except for instances of non-compliance that have not had a Material Adverse Effect. Since the Balance Sheet Date, the Company has not had any actual or, to the Knowledge of the

Company, threatened employee strikes, work stoppages, slowdowns or lockouts. This Section 4.16 represents the sole and exclusive representation and warranty of the Company regarding labor and employment matters.

4.17 Related Party Transactions. Other than any employment or compensation agreement or arrangement with the director, officers and employees entered into in the Ordinary Course of Business and the transactions set forth on Schedule 4.17, the Company is not a party to any Contract with Seller, and since [ ] no material transactions have taken place between the Company on the one hand, and Seller or any shareholder of Seller, or any officer or director of the Company, on the other hand, that will not have been discharged, terminated or otherwise consummated on or prior to the Closing Date with no further obligation on the part of the Company.

4.18 Customers and Suppliers. Schedule 4.18 sets forth a list of the [ ] largest customers of the Company, as measured by the dollar amount of purchases therefrom or thereby, during each of the fiscal years ended [ ] and [ ] and suppliers who have been paid [ ] or more during either of the years ended [ ] and [ ], showing the approximate total sales by the Company to each such customer and the approximate total purchases by the Company from each such supplier during such periods. Since the Balance Sheet Date, there has not been, to the Knowledge of the Company, any material adverse change in the business relationship of the Company with any customer or supplier listed on [__].

4.19 Brokers. Except as set forth on Schedule 4.19, no agent, broker, investment banker, intermediary, finder or similar firm acting on behalf of the Company is or will be entitled to any broker's or finder's fee or any other commission or similar fee, directly or indirectly, from the Company in connection with the execution and delivery of this Agreement or the consummation of the transactions contemplated hereby.

ARTICLE V

REPRESENTATIONS AND WARRANTIES OF SELLER

Seller hereby represents and warrants to Buyeras follows:

5.1 Organization and Good Standing. Seller is validly existing and in good standing under the laws of the jurisdiction of its formation and has all requisite company power and authority to own, lease and operate its properties and to carry on its business as now conducted.

5.2 Authorization of Agreement. Seller has all requisite company power, authority and legal capacity to execute and deliver this Agreement and each other agreement, document, or instrument or certificate contemplated by this Agreement or to be executed by Seller in connection with the consummation of the transactions contemplated by this Agreement (together with this Agreement, the "**Seller Documents**"), and to consummate the transactions contemplated hereby and thereby. This Agreement has been, and each of the Seller Documents will be at or prior to the Closing, duly and validly executed and delivered by Seller and (assuming the due authorization, execution and delivery by the other Parties) this Agreement constitutes, and each of the Seller Documents when so executed and delivered will constitute, legal, valid and binding obligations of Seller, enforceable against Seller in accordance with their respective terms, subject to applicable bankruptcy, insolvency, reorganization, moratorium and similar laws affecting creditors' rights and remedies generally, and subject, as to enforceability, to general principles of equity, including principles of commercial reasonableness, good faith and fair dealing (regardless of whether enforcement is sought in a proceeding at law or in equity). The execution and delivery of this Agreement and each of the Seller Documents and the consummation of the transactions contemplated hereby and thereby have been duly authorized by all required company action on the part of Seller.

5.3 Conflicts; Consents of Third Parties.

5.3.1 Neither the execution and delivery by Seller of this Agreement and the Seller Documents nor the consummation of the transactions contemplated hereby or thereby will conflict with, or result in any violation of or default (with or without notice or lapse of time, or both) under (a) articles of incorporation or memorandum of association of Seller; (b) any Contract or Permit to which Seller is a party; (c) any Order applicable to Seller; or (d) any applicable Law.

5.3.2 No Consent is required on the part of Seller in connection with the execution and delivery of this Agreement or the Seller Documents, or the consummation of the transactions contemplated hereby or thereby, except in connection with the Antitrust Laws.

5.4 Ownership and Transfer of Shares. Seller is the record and beneficial owner of the Shares, free and clear of any and all Liens other than those that will be discharged at or prior to Closing. Seller has the power and authority to sell, transfer, assign and deliver such Shares as provided in this Agreement, and such delivery will convey to Buyer valid title to such Shares, free and clear of any and all Liens.

5.5 Sole Representations and Warranties. Except for Any Representations and Warranties Set Forth in Article Iv and This Article V, the Company is Sold "As is, Where is," and the Company and Seller Expressly Disclaim Any Representations or Warranties of Any Kind or Nature, Express or Implied, As to the Liabilities, Operations, Title, Condition, Value or Quality of the Properties of the Company, or the Prospects (Financial and Otherwise), Risks and Other Incidents of Ownership of the Company, the Properties of the Company and the Business of the Company. Except as Otherwise Expressly Provided Herein, the Company and Seller Further Specifically Disclaim Any Representations or Warranties Regarding the Absence of Hazardous Substances or Environmental Liability or Potential Environmental Liability. No Material or Information Provided By or Communications Made By the Company, Seller or Any Broker or Investment Banker, Including Financial Projections or Other Information Provided During Due Diligence and Any Oral, Written or Electronic Response to Any Information Request Provided to Buyer, Will Cause or Create Any Warranty, Express or Implied, as to the Liabilities, Operations, Title, Condition, Value or Quality of the Properties or the Prospects (Financial and Otherwise), Risks and Other Incidents of Ownership of the Company or the Properties of the Company and the Business of the Company That is Not Expressly Set Forth Herein. The Representations and Warranties Set Forth in Article Iv and This Article V Constitute the Sole and Exclusive Representations and Warranties of the Company in Connection With the Transactions Contemplated

Hereby.

[This Paragraph is Favorable for the Seller, Please Confirm Whether to Keep it or Not on the Basis of the Actual Circumstance]

ARTICLE VI

REPRESENTATIONS AND WARRANTIES OF BUYER

Buyer hereby represents and warrants to Selleras follows:

6.1 Organization and Good Standing. Buyer is a [____] duly organized, validly existing and in good standing under the laws of [____] and has all requisite corporate power and authority to own, lease and operate its properties and carry on its business.

6.2 Authorization of Agreement. Buyer has full corporate power and authority to execute and deliver this Agreement and each other agreement, document, instrument or certificate contemplated by this Agreement or to be executed by Buyer in connection with the consummation of the transactions contemplated hereby and thereby (the "**Buyer Documents**"), and to consummate the transactions contemplated hereby and thereby. The execution, delivery and performance by Buyer of this Agreement and each Buyer Document have been duly authorized by all necessary corporate action on behalf of Buyer. This Agreement has been, and each Buyer Document will be at or prior to the Closing, duly executed and delivered by Buyer and (assuming the due authorization, execution and delivery by the other Parties) this Agreement constitutes, and each Buyer Document when so executed and delivered will constitute, legal, valid and binding obligations of Buyer, enforceable against Buyer in accordance with their respective terms, subject to applicable bankruptcy, insolvency, reorganization, moratorium and similar laws affecting creditors' rights and remedies generally, and subject, as to enforceability, to general principles of equity, including principles of commercial reasonableness, good faith and fair dealing (regardless of whether enforcement is sought in a proceeding at law or in equity).

6.3 Conflicts; Consents of Third Parties.

6.3.1 Except as set forth on Schedule 6.3.1, neither the execution and delivery by Buyer of this Agreement and the Buyer Documents nor the consummation of the transactions contemplated hereby or thereby will conflict with, or result in any violation of or default (with or without notice or lapse of time, or both) under (a) the organizational documents of Buyer; (b) any Contract or Permit to which Buyer is a party or by which any of the properties or assets of Buyer is bound; (c) any Order of any Governmental Body applicable to Buyer or any of the properties or assets of Buyer as of the date hereof; or (d) any applicable Law, other than in the case of clauses (a)-(d) above, any conflict, violation or default that would not have and would not reasonably be expected to have a material adverse effect on the ability of Buyer to consummate the transactions contemplated by this Agreement and the Buyer Documents.

6.3.2 No Consent is required on the part of Buyer in connection with the execution and delivery of this Agreement or the Buyer Documents, or the consummation of the transactions contemplated hereby, except in connection with the Antitrust Laws.

6.4 Litigation. There are on the date hereof no Legal Proceedings pending or, to the knowledge of Buyer, threatened, that are reasonably likely to prohibit, restrain or delay the ability of Buyer to consummate the transactions contemplated hereby.

6.5 Investment Intention. Buyer is acquiring the Shares for its own account, for investment purposes only and not with a view to the distribution thereof. Buyer understands that the Shares have not been registered under [laws, such as the Securities Act of 1933, as amended (the Securities Act) and cannot be sold unless subsequently registered under [laws, such as the Securities Act] or an exemption from such registration is available.

6.6 Availability of Funds. Buyer has, and will have at Closing, sufficient cash available to enable Buyer to pay when due the full consideration payable to Seller hereunder, to make when due all other necessary payments by Buyer in connection with the purchase of the Shares, and to pay when due all of Buyer's related fees and expenses. Buyer has no reason to believe that such cash will not be available at the Closing. Buyer acknowledges and agrees that notwithstanding anything to the contrary contained herein, its obligation to consummate the transactions contemplated hereby is not subject to any financing contingency or condition.

6.7 No Reliance. The decision by Buyer to consummation the transactions contemplated by this Agreement are based entirely on Buyer's own investigation, analysis, judgment and assessment of the present and potential value and earning power of the Company as well as those representations and warranties by the Company and Seller specifically set forth in this Agreement (including the schedules and exhibits hereto) and in any certificates required to be delivered to Buyer hereunder.

6.8 Brokers. Except as set forth on Schedule 6.8, no Person has acted, directly or indirectly, as a broker, finder or financial advisor for Buyer in connection with the transactions contemplated by this Agreement and no person is entitled to any fee or commission or like payment in respect thereof.

6.9 "As Is, Where Is" Representations. The representations and warranties of the Company and Seller contained in this Agreement are the only representations and warranties made by the Company or Seller in connection with the transactions contemplated by this Agreement and supersede any and all previous written or oral statements made by the Company or Seller. There are no representations, warranties, covenants, understandings or agreements of Seller or the Company regarding Seller, the Company, the Shares or the Business other than those set forth in this Agreement. Buyer has conducted its own independent review and analysis of the Business, operations, assets, liabilities, results of operations and financial condition of the Company and the Business and acknowledges that Buyer has been provided adequate access to personnel, properties, premises and records of the Company for such purpose. In entering into this Agreement, Buyer has relied upon, among other things, its own due diligence investigation and analysis of the Company and the Business, and assessment of the present and potential value and earning power of the Company, as well as those representations and warranties by the Company and Seller specifically set forth in this Agreement (including the Schedules and exhibits hereto) and any certificates required to be delivered to Buyer hereunder and thereunder. Except as Otherwise Expressly Provided Herein, Buyer Acknowledges and Agrees That the Company is Being Acquired "As is, Where is" on the Closing Date, and in Its Condition on the Closing Date. Buyer Further Acknowledges and Agrees That the Representations and Warranties of the Company and Seller Set Forth in This Agreement Terminate as Set Forth in Section 9. 1 or Upon the Termination of This Agreement Pursuant To Section 10. 1, as the Case May Be, and That, Subject to Any Duly Perfected Claims, Following Such Termination of the Representations and Warranties or of This Agreement, Buyer Shall Have No Recourse With Respect to Any Breach of Such Representations and Warranties.

[**This Paragraph is Infavorable For the Buyer, Please Confirm Whether to Keep it or Not on the Basis of the Actual Circumstance**]

ARTICLE VII

COVENANTS

7.1 Access to Information. Subject to applicable privileges, the Confidentiality Agreement, and any prohibition against disclosure under the Antitrust Laws or any other applicable Law, Seller and the Company, prior to the Closing Date, shall permit Buyer, through its officers, employees and representatives (including its legal advisors and accountants) and upon reasonable advance written notice to the Company, to make such reasonable investigation of the properties, books, records and financial condition of the Company as Buyer reasonably requests and to make extracts and copies of such books and records; provided, however, that the foregoing shall not include any environmental testing or access to any information that is of a competitively sensitive nature or that relates to the sale of the Business by Seller. Any such investigation and examination shall be conducted during regular business hours, without disruption to the Business, and under circumstances reasonably determined by Seller, and Seller shall cause the Company to cooperate fully therein. In order that Buyer may have the opportunity to make such physical, business, accounting and legal review, examination or investigation as it may reasonably request, Seller shall cause the officers, accountants, attorneys, investment bankers and other representatives of the Company to reasonably cooperate with Buyer and its representatives in connection with such review and examination.

7.2 Conduct of the Business Pending the Closing. Except as set forth on Schedule 7. 2, as may be authorized by written consent of Buyer, or as may otherwise be contemplated by this Agreement, Seller shall, and shall cause the Company to, (a) conduct the business of the Company only in the Ordinary Course of Business and (b) comply in all material respects with applicable Laws.

7. 3 Consents. Seller shall cause the Company to use its commercially reasonable efforts, and Buyer shall cooperate in such efforts, to obtain at the earliest practicable date the Consents referred to in Section 4. 4. 2 hereof; provided, however, that in no event shall Seller or the Company be required to pay any consideration or incur any obligation in order to obtain such consents and approvals.

7.4 Filings with Governmental Bodies. (In this Schedule, the example of the U. S. laws is used)

7.4.1 Filings under Antitrust Laws.

(a) Each of Buyer, the Company (if necessary) and Seller shall (i) make or cause to be made all filings required of each of them or any of their respective Subsidiaries or Affiliates under the Antitrust Laws with respect to the transactions contemplated hereby as promptly as practicable and, in any event, within [ ] Business Days after the date of this Agreement, (ii) comply at the earliest practicable date with any request received by each of them or any of their respective Subsidiaries from [a governmental Body, such as the U. S. Federal Trade Commission or a successor (the FTC)] or any other Governmental Body under the Antitrust Laws for additional information, documents, or other materials in respect of such filings or such transactions, and (iii) cooperate with each other in connection with any such filing (including, to the extent permitted by applicable Law, providing copies, or portions thereof, of all such documents to the non-filing parties prior to filing and considering all reasonable additions, deletions or changes suggested in connection therewith) and in connection with resolving any investigation or other inquiry of [a governmental body, such as the FTC] or other Governmental Body under any Antitrust Laws with respect to any such filing or any such transaction. Each Party shall use commercially reasonable efforts to furnish to each other Party all information required for any application or other filing to be made pursuant to any applicable Law in connection with the transactions contemplated by this Agreement. Each Party shall promptly inform the other Parties of any oral communication with, and provide copies of written communications with, any Governmental Body regarding any such filings or any such transaction. No Party shall independently participate in any formal meeting with any Governmental Body in respect of any such filings, investigation or other inquiry without giving the other Parties sufficient prior notice of the meeting and, to the extent permitted by such Governmental Body, the opportunity to attend and/or participate in such meeting. Subject to applicable Law, the Parties will consult and cooperate with one another in connection with any analyses, appearances, presentations, memoranda, briefs, arguments, opinions and proposals made or submitted by or on behalf of any Party relating to proceedings under the Antitrust Laws. Seller and Buyer may, as each deems advisable and necessary, reasonably designate any competitively sensitive material provided to the other under this Section 7.4.1 as "**outside counsel only**." Such materials and the information contained therein shall be given only to the recipient's outside legal counsel and outside experts retained for purposes of any investigation or inquiry and will not be disclosed by such outside counsel or outside expert to employees, officers, or directors of the recipient, unless express written permission is obtained in advance from the source of the materials (Seller or Buyer, as the case may be).

(b) Each of Buyer and Seller shall use commercially reasonable efforts to resolve such objections, if any, as may be asserted by any Governmental Body with respect to the transactions contemplated by this Agreement under any Antitrust Law. In connection therewith, if any Legal Proceeding is instituted (or threatened to be instituted) challenging any transaction contemplated by this Agreement as being in violation of any Antitrust Law, each of Buyer and Seller shall cooperate and use reasonable best efforts to contest and resist any such Legal Proceeding, and to have vacated, lifted, reversed, or overturned any decree, judgment, injunction or other order, whether temporary, preliminary or permanent, that is in effect and that prohibits, prevents, or restricts consummation of the transactions contemplated by this Agreement, including by pursuing all available avenues of administrative and judicial appeal and all available legislative action, unless, by mutual agreement, Buyer and Seller decide that litigation is not in their respective best interests. Each of Buyer and Seller shall use commercially reasonable efforts to take such action as may be required or desirable to cause the expiration of the notice periods under the Antitrust Laws with respect to such transactions as promptly as possible after the execution of this Agreement. In connection therewith and without limiting the foregoing, the Company and Buyer shall each use its commercially reasonable efforts to take promptly any and all steps necessary to avoid or eliminate each and every impediment under any Antitrust Laws that may be asserted by any [antitrust or competition authority, such as Federal, state and local and non-United States antitrust or competition authority], so as to enable the parties to consummate the transactions contemplated by this Agreement as expeditiously as possible, including committing to or effecting, by consent decree, hold separate orders, trust or otherwise the sale or disposition of such of its assets or businesses as are required to be divested in order to avoid the entry of, or to effect the dissolution of, any Order in any Legal Proceeding that would otherwise have the effect of preventing or materially delaying the consummation of the transactions contemplated by this Agreement. All expenses incurred by the Parties in connection with filings made by each of them or any of their respective Subsidiaries or Affiliates under the Antitrust Laws with respect to the transactions contemplated by this Agreement shall be borne by [Buyer/Seller].

7.4.2 Filings under Exon-Florio.

(a) Each of Buyer, the Company (if necessary) and Seller shall (i) make or cause to be made all filings required of each of them or any of their respective Subsidiaries or Affiliates under the Exon-Florio Amendment to the Defense Production Act of 1950, as amended by the Foreign Investment and National Security Act of 2007 (Exon-Florio) with respect to the transactions contemplated hereby as promptly as practicable and, in any event, within [ ] Business Days after the date of this Agreement, (ii) comply at the earliest practicable date with any request received by each of them or any of their respective Subsidiaries from any Governmental Body for additional information, documents, or other materials in respect of such filings or such transactions, (iii) ensure that any information furnished in respect of this Section 7.4.2 is true, complete and correct in all material respects and (iv) cooperate with each other in connection with any such filing (including, to the extent permitted by applicable Law, providing copies, or portions thereof, of all such documents to the non-filing parties prior to filing and considering all reasonable additions, deletions or changes suggested in connection therewith) and in connection with resolving any investigation or other inquiry of any Governmental Body under Exon-Florio with respect to any such filing or any such transaction. Each Party shall use commercially reasonable efforts to furnish to each other Party all information required for any application or other filing to be made pursuant to any applicable Law in connection with the transactions contemplated by this Agreement. Each Party shall promptly inform the other Parties of any oral communication with, and provide copies of written communications with, any Governmental Body regarding any such filings or any such transaction. No Party shall independently participate in any formal meeting with any Governmental Body in respect of any such filings, investigation or other inquiry without giving the other Parties sufficient prior notice of the meeting and, to the extent permitted by such Governmental Body, the opportunity to attend and/or participate in such meeting. Subject to applicable Law, the Parties will consult and cooperate with one another in connection with any analyses, appearances, presentations, memoranda, briefs, arguments, opinions and proposals made or submitted by or on behalf of any Party relating to proceedings under Exon-Florio. Seller and Buyer may, as each deems advisable and necessary, reasonably designate any competitively sensitive material provided to the other under this Section 7.4.2 as "outside counsel only." Such materials and the information contained therein shall be given only to the recipient's outside legal counsel and outside experts retained for purposes of any investigation or inquiry and will not be disclosed by such outside counsel or outside expert to employees, officers, or directors of the recipient, unless express written permission is obtained in advance from the source of the materials (Seller or Buyer, as the case may be).

(b) Each of Buyer and Seller shall use commercially reasonable efforts to obtain any clearance or approval required to be obtained from CFIUS in connection with the transactions contemplated hereby (such clearance or approval, the "**CFIUS Approval**"), which actions shall include, in the case of Buyer, agreeing to a mitigation agreement with any agency of the United States Government designated by CFIUS containing customary terms and conditions for transactions in the industry or industries in which the Company operates.

7.5 Other Actions. Each of Seller and Buyer shall use its commercially reasonable efforts to (a) cause the fulfillment at the earliest practicable date of all of the conditions to their respective obligations to consummate the transactions contemplated by this Agreement and (b) consummate the transactions contemplated by this Agreement as promptly as practicable.

7.6 Indemnification, Exculpation and Release of Sole Director. Effective upon the Closing, Buyer shall, and Buyer shall cause its Affiliates (including the Company) and each of their respective representatives, successors and assigns (collectively, the "**Releasing Parties**") to, remise, release and forever discharge the sole director of the Company (the "**Sole Director**"), of and from any and all claims that the Releasing Parties, or any of them, now have, ever had, or at the Closing may have, or hereafter can, shall or may have, against the Sole Director for, upon or by reason of any matter, cause or thing whatsoever, from the beginning of time through the Closing Date. Purchaser hereby agrees that it shall cause the Company to indemnify defend and hold harmless the Sole Director from and against any Losses suffered by him as a result of such suit or claim brought against him in connection with his role as director of the Company, including all attorneys' fees incurred in defending or otherwise responding to such suit or claim. The provisions of this Section 7.6 are intended to be for the benefit of, and shall be enforceable by the Sole Director and that he shall be third party beneficiaries of this Section 7.6.

7.7 Publicity. Neither Seller, Buyer or the Company shall issue any press release or public announcement concerning this Agreement or the transactions contemplated hereby without obtaining the prior written approval of the other Parties, which approval will not be unreasonably withheld, conditioned or delayed, unless, in the sole judgment of Buyer or Seller, disclosure is otherwise required by applicable Law or by the applicable rules of any share exchange on which the Company lists securities; provided that, to the extent required by applicable Law, the Party intending to make such release shall, prior to such release, use its commercially reasonable efforts consistent with such applicable Law to consult with the other Parties with respect to the text thereof.

7.8 Agreement Not to Compete or Solicit.

7.8.1 For the period commencing on the Closing Date and expiring on the second anniversary of the Closing Date (the "**Restricted Period**"), Seller agrees that it and each of its Affiliates shall not, directly or indirectly, own, manage, operate or otherwise engage in any business that develops, manufactures, markets, distributes or sells any Product anywhere in [a state or a region, such as the United States] (each such product, a "**Competing Product**"); provided, however, that it shall not be a violation of this Section 7.8.1 for Seller or any of its Affiliates to (w) own or acquire any equity securities (or securities convertible into equity securities) of any Person that invests in, manages or operates a business that engages in any business involving a Competing Product (each, a "**Competing Business**"), in each case, provided that such equity securities (or securities convertible into equity securities) represent less than [ ] percent of the outstanding capital share of such Person, (x) own or acquire all or a majority of the share or assets of any Person that derives [ ] percent or less of its annual consolidated revenues from a Competing Business, or (y) consummate any of the transactions contemplated by this Agreement and comply with the terms of this Agreement.

7.8.2 During the Restricted Period, Seller agrees that it and each of its Affiliates shall not, directly or indirectly, solicit, influence, entice or encourage any Continuing Employee who at such time is an employee of the Company or Buyer to cease or curtail his or her relationship therewith; provided, however, that the restrictions of this Section 7.8.2 shall not apply to the placement of general advertisements or the use of general search firm services that are not targeted directly or indirectly toward employees of the Company or Buyer.

7.8.3 During the Restricted Period, Seller agrees that it and each of its Affiliates shall not, directly or indirectly, solicit, influence, entice or encourage any customer of the Company who is then a customer of the Company to cease or curtail its relationship therewith.

7.9 Confidentiality.

7.9.1 Prior to the Closing, each of the Company, Seller and Buyer shall, except to the extent required by any Governmental Body or applicable Law, keep confidential, and shall use its best efforts to cause its Affiliates and representatives to keep confidential, all information concerning the other Parties disclosed prior to the date of this Agreement or hereafter to any such Persons in connection with this Agreement, and none of such information shall be used in any manner other than in connection with this Agreement and the other agreements contemplated hereby. If this Agreement is terminated, each of the Company, Seller and Buyer shall return to the other Parties, as applicable (or, if requested by such other Parties, destroy and certify such destruction to such other Parties in writing), all documents and materials (and productions thereof) furnished to it or its Affiliates or representatives in connection with this Agreement or the transactions contemplated hereby.

7.9.2 The provisions of this Section 7.9 shall not apply to information that is or becomes (x) publicly available other than as a result of a disclosure by a Party or (y) available to a Party or any of such Party's respective Affiliates on a non-confidential basis from a source that, to the knowledge of such receiving Person, is not prohibited from disclosing such information by any legal, contractual or fiduciary obligation.

7.10 Release of Guaranties, etc. With respect to each guaranty, letter of credit, indemnity, performance or surety bond, agreement to provide capital or other credit support arrangement issued by or for the account of Seller or any of its Affiliates in relation to the Company or the Business, including all such items set forth on Schedule 7.10 (collectively, the "**Support Obligations**"), Buyer shall provide or obtain, prior to the Closing, substitute agreements and credit support arrangements in replacement for the Support Obligations, and shall procure that

Seller or its Affiliates and, if applicable, sureties or letter of credit issuers be fully and unconditionally released from their respective obligations under the Support Obligations, in each case in form and substance reasonably satisfactory to Seller. Seller will cooperate reasonably with Buyer with respect to the foregoing.

7. 11 Responsibility to Notify. From the date hereof through the Closing Date, each Party shall promptly notify the other Party in writing of any event, condition or circumstances occurring from the date hereof through the Closing Date which would cause any representation or warranty of the notifying party contained in Articles IV, V or VI to become misleading, inaccurate or false or which would constitute a material violation or breach of this Agreement, and the failure of a Party to so notify the other Party shall preclude the Party obligated to provide such notice from asserting any claim against the other Party in respect of such matters.

7. 12 Disclosure Supplements. Prior to the Closing, the Parties may supplement or amend the schedules referred to in Articles I, IV, V or VI with respect to any matter hereafter arising which, if existing or occurring at or prior to the date of this Agreement, would have been required to be set forth or described in a schedule or which is necessary to correct any information in a schedule or in any representation and warranty of the Company, Seller or Buyer, as the case may be, which has been rendered inaccurate thereby. Only the representations and warranties made by the Company, Seller or Buyer, as the case may be, as amended or supplemented pursuant to this Section 7. 12 shall be the basis for any indemnification pursuant to this Agreement; provided that any such supplement or amendment shall not waive, limit or otherwise affect the conditions to Closing set forth in Sections 8. 1 and 8. 2 of this Agreement which shall be based on the representations and warranties, covenants and agreements made as of the date of this Agreement (without regard to any modification, amendment or supplement thereto made pursuant to this Section 7. 12).

ARTICLE VIII

CONDITIONS TO CLOSING

8. 1 Conditions Precedent to Obligations of Buyer. The obligation of Buyer to

consummate the transactions contemplated by this Agreement is subject to the fulfillment, on or prior to the Closing Date, of each of the following conditions (any or all of which may be waived by Buyer in whole or in part to the extent permitted by applicable Law):

8.1.1 The representations and warranties of the Company and of Seller contained in this Agreement shall be true and correct in each case on the Closing Date as though made on the Closing Date, except (a) to the extent such representations and warranties speak as of an earlier date (in which case such representations and warranties shall have been true and correct in all respects as of such earlier date), and (b) for any failure of any such representation and warranty to be true that does not have a Material Adverse Effect;

8.1.2 The Company and Seller shall have performed and complied in all material respects with all obligations and covenants required by this Agreement to be performed or complied with by them on or prior to the Closing Date;

8.1.3 There shall not be in effect any Order restraining, enjoining or otherwise prohibiting the consummation of the transactions contemplated hereby;

8.1.4 The waiting period applicable to the transactions contemplated by this Agreement under the Antitrust Laws shall have expired or early termination in respect thereof shall have been granted;

8.1.5 Seller shall have delivered, or caused to be delivered, all of the items set forth in Section 3.8.2; and

8.1.6 The period of time for any applicable review process by CFIUS under Exon-Florio (including, if applicable, any investigation commenced thereunder) shall have expired or been terminated, CFIUS shall have provided a written notice to the effect that review of the transactions contemplated hereby has been concluded and that a determination has been made that there are no issues of national security sufficient to warrant investigation under Exon-Florio, or the President shall have made a decision not to block the transactions contemplated hereby (In the case of the U.S.).

8.2 <u>Conditions Precedent to Obligations of Seller</u>. The obligations of Seller to consummate the transactions contemplated by this Agreement are subject to the fulfillment, prior to or on the Closing Date, of each of the following conditions (any or all of which may be waived by Seller in whole or in part to the extent permitted by applicable Law):

8.2.1 The representations and warranties of Buyer contained in this Agreement shall be true and correct in each case on the Closing Date as though made on the Closing Date, except (a) to the extent such representations and warranties speak as of an earlier date (in which case such representations and warranties shall have been true and correct in all respects as of such earlier date), and (b) for any failure of any such representation and warranty to be true that does not constitute a material adverse effect on the ability of Buyer to consummate the transactions contemplated by this Agreement;

8.2.2 Buyer shall have performed and complied in all material respects with all obligations and covenants required by this Agreement to be performed or complied with by Buyer on or prior to the Closing Date;

8.2.3 There shall not be in effect any Order restraining, enjoining or otherwise prohibiting the consummation of the transactions contemplated hereby;

8.2.4 The waiting period applicable to the transactions contemplated by this Agreement under the Antitrust Laws shall have expired, or early termination in respect thereof shall have been granted; and

8.2.5 Buyer shall have delivered, or caused to be delivered, all of the items set forth in Section 3.8.3;

8.2.6 Buyer shall have provided substitute facilities for each of the Support Obligations and shall have otherwise complied with the requirements of Section 7.10;

8.2.7 The Liens set forth on Schedule 8.2.7 shall have been discharged; and

8.2.8 The period of time for any applicable review process by CFIUS under Exon-Florio (including, if applicable, any investigation commenced thereunder) shall have expired or been terminated, CFIUS shall have provided a written notice to the effect that review of the transactions contemplated hereby has been concluded and that a determination has been made that there are no issues of national security sufficient to warrant investigation under Exon-Florio, or the President shall have made a decision not to block the transactions contemplated hereby (In the case of the U. S.).

8. 3 Frustration of Closing Conditions. None of the Company, Buyer or Seller may rely on the failure of any condition set forth in Section 8. 1 or 8. 2, as the case may be, to be satisfied if such failure was caused by such Party's failure to use its commercially reasonable efforts to consummate the transactions contemplated by this Agreement, as required hereby.

ARTICLE IX
SURVIVAL OF REPRESENTATIONS AND WARRANTIES

9. 1 Survival. The representations and warranties of the Parties contained in or made pursuant to all provisions in this Agreement shall survive until the Closing Date.

ARTICLE X
TERMINATION

10. 1 Termination of Agreement. This Agreement may be terminated prior to the Closing as follows:

10. 1. 1 by Seller or Buyer if the Closing shall not have been consummated by [ ] (which date shall be extended for any applicable review period in connection with an Antitrust Law or Exon-Florio, for so long as no Party is in default under this Agreement and all other conditions precedent to the Closing have been or are reasonably expected to be satisfied prior to the expiration of such review period); provided, however, that no Party may terminate this Agreement pursuant to this clause 10. 1. 1 if the Closing shall not have been consummated by such date by reason of the failure of such Party to perform, or to cause its Affiliates to perform, in all material respects any of its or their respective covenants or agreements contained in this Agreement;

10. 1. 2 by Seller or Buyer in the event of a breach by the Company, Seller or Buyer, as applicable, of any representation, warranty, covenant or agreement under this Agreement, where the effect of such breach would be to cause the conditions to

the obligation to consummate the Closing of the terminating Party to be incapable of being satisfied, and such breach is not cured by the breaching Party within [ ] days after receiving written notice from the terminating Party of the breach or alleged breach (it being understood that such [ ] cure period shall not under any circumstances extend the date set forth in Section 10.1.1); provided, however, that the terminating Party shall not be entitled to terminate this Agreement if it is then in breach of any of its representations, warranties, covenants or agreements contained in this Agreement;

10.1.3 by mutual written consent of Seller and Buyer; or

10.1.4 by Seller or Buyer if there shall be enacted a Law or imposed any Order restraining, enjoining or otherwise prohibiting the consummation of the transactions contemplated hereby; it being agreed that the Parties shall promptly appeal any adverse determination which is not nonappealable (and pursue such appeal with reasonable diligence).

10.2 Procedure Upon Termination. In the event of termination of this Agreement by Buyer or Seller, or both, pursuant to Section 10.1, written notice thereof shall forthwith be given to the other Party or Parties, and this Agreement shall terminate, and the purchase of the Shares hereunder shall be abandoned, without further action by Buyer or Seller. If this Agreement is terminated as provided herein, each Party shall redeliver all documents, work papers and other material of any other Party relating to the transactions contemplated hereby, whether so obtained before or after the execution hereof, to the Party furnishing the same.

10.3 Effect of Termination. If this Agreement is validly terminated as provided herein, then each of the Parties shall be relieved of its duties and obligations arising under this Agreement after the date of such termination and such termination shall be without liability to Buyer, the Company or Seller; provided, however, that the obligations of the Parties set forth in Sections 7.7 and 7.9, this Section 10.3 and Article XII shall survive any such termination and shall continue to be enforceable hereunder; and; provided, further, that nothing in this Section 10.3 shall relieve Buyer or Seller of any liability for a breach of this Agreement.

ARTICLE XI

TAX

11.1 Tax Returns. Seller shall have the exclusive obligation and authority to file or cause to be filed all [Tax Returns, such as the U. S. federal, state and local Tax Returns] that are required to be filed by or with respect to the income, assets, properties and operations of the Company for all taxable years or other taxable periods (a) ending on or prior to the Closing Date ("**Pre-Closing Periods**") and (b) beginning before the Closing Date and ending after the Closing Date (an "**Overlap Period**"). With respect to each Tax Return of the Company required to be filed by Seller for an Overlap Period, Seller shall deliver, at least [ ] days prior to the due date for the filing of such Tax Return (taking into account extensions), to Buyer, a statement setting forth the amount of Taxes payable by Buyer pursuant to Section 11.5 (an "**Overlap Tax Return Statement**") and copies of such Tax Return. Buyer shall have the right to review each Tax Return prepared by Seller with respect to an Overlap Period prior to the filing of such Tax Return and shall (a) pay to Seller the amount reflected as payable by Buyer on the Overlap Tax Return Statement for such Tax Return as contemplated pursuant to Section 11.5, and (b) cause such Tax Return to be executed by an authorized representative of the Company at least [ ] days prior to the due date for the filing of such Tax Return. Seller and Buyer shall consult with one another and resolve in good faith any issue arising as a result of the review of any Tax Return for an Overlap Period and the related Overlap Tax Return Statement, and mutually consent to the filing as promptly as possible of any such Tax Return. At least [ ] days prior to the due date for the filing of any Tax Return that is required to be prepared and filed by Seller pursuant to this Section 11.1, Buyer shall cause the Company to prepare and provide to Seller a package of Tax information materials, including, without limitation, schedules and work papers (the "**Tax Package**") required by Seller to enable Seller to prepare and file such Tax Return. The Tax Package shall be prepared in good faith in a manner consistent with past practice.

11.2 Tax Controversies. Seller shall have the exclusive authority to control any audit or examination by any taxing authority, initiate any claim for refund, amend any Tax Return, and contest, resolve and defend against any assessment for additional Taxes, notice of Tax deficiency or other adjustment of Taxes of or relating to any liability of the Company for Taxes for any Pre-Closing Period, and Seller shall be entitled to any Tax refund relating to any Pre-Closing Period; provided, however, that Seller shall not, without the prior written consent of Buyer, which consent shall not be unreasonably withheld, conditioned or delayed, enter into any settlement of any contest or otherwise compromise any issue that materially affects or may materially adversely affect the Tax liability of Buyer or any of its Affiliates for any taxable year or other taxable period ending after the Closing Date (the "**Post-Closing Period**") or the portion of the Overlap Period beginning after the Closing Date.

11.3 Notification. Buyer and the Company shall promptly forward to Seller all written notifications and other communications from any taxing authority received by the Company relating to any Tax audit or other proceeding relating to the Tax liability of the Company for which Seller may responsible pursuant to section 11.5. The failure of Buyer or the Company to give Seller such written notice shall excuse Seller from its obligations under Section 11.5 with respect to any increased Tax liability directly or indirectly attributable to any such written notification or other communication if the failure to provide such written notice adversely affected the ability of Seller to contest any claim arising from such Tax audit or other proceeding.

11.4 Amended Tax Returns. Seller may, in its sole and absolute discretion, amend any Tax Return filed or required to be filed for any Pre-Closing Period; provided, however, that Seller shall not amend any such Tax Return that materially and adversely affects the Tax liability of Buyer or the Company for any period ending after the Closing Date, including the portion of any Overlap Period that is after the Closing Date, without the prior consent of Buyer, which consent shall not be unreasonably withheld or delayed.

11.5 Apportionment of Taxes. Any Taxes with respect to the income, property or operations of the Company that relate to the Overlap Period shall be apportioned between Pre-Closing Periods and Post-Closing Periods, as determined from the books and records of the Company, and based on accounting methods, elections and conventions that do not have the effect of distorting income or expenses as follows: (a) in the case of Taxes other than income, sales and use and withholding Taxes, on a per diem basis, and (b) in the case of income, sales and use and withholding Taxes, as determined from the books and records of the Company as though the taxable year of the Company terminated at the close of business on the Closing Date. Any transfer Taxes due with respect to the Real Estate by reason of the consummation of the transactions contemplated by this Agreement shall be borne by Buyer.

11.6 Refunds. Any Tax refund (including any interest in respect thereof) received by Buyer or the Company, and any amounts of overpayments of Tax credited against Tax which Buyer or the Company otherwise would be or would have been required to pay that relate to any taxable period, or portion thereof, ending on or before the Closing Date shall be for the account of Seller, and Buyer shall pay over to Seller any such refund or the amount of any such credit within [ ] days after receipt or entitlement thereto. Buyer shall pay Seller interest at the rate prescribed under [laws, such as Section 6621(a)(1) of the Code], compounded daily, on any amount not paid when due under this Section 11.6.

11.7 Tax Benefit. If Seller makes any payment under Section 11.5 hereof for any Pre-Closing Period or the portion of the Overlap Period ending on and including the Closing Date and the payment of such Tax liability gives rise to a [Tax Benefit, such as the U. S. federal, state or local Tax Benefit] to Buyer, or the Company, then promptly following the filing of the Tax Return (or Tax Returns) reflecting such Tax Benefit, Buyer shall pay to Seller the amount of such Tax Benefit. The determination of any such Tax Benefit shall be made in good faith by Buyer and, if requested by Seller, shall be verified in writing by an independent certified public accounting firm selected by Seller. For purposes of this Agreement, "**Tax Benefit**" means the sum of the amount by which the Tax liability of the Company to the appropriate taxing authority is reduced (including, without limitation, by or as a result of a deduction, increase in basis, entitlement to refund, credit or otherwise) plus any interest (on an after-Tax basis) from such government or jurisdiction relating to such Tax liability.

11.8 Post-Closing Access and Cooperation. Buyer shall cause the Company to provide Seller with such assistance as may be reasonably requested by Seller in connection with the preparation of any Tax Return, any audit, or any judicial or administrative proceeding or determination relating to liability for Taxes of the Company, including but not limited to, access to the books and records of the Company. Buyer shall cause the Company to retain all Tax Returns, schedules, work papers and all material records or other documents relating to Tax matters of the Company for the first taxable year or other taxable period ending after the Closing Date and for all prior taxable years or other taxable periods until the later of (a) [ ] years after the later of filing or the due date of the return or (b) the expiration of all applicable statutes of limitation, and provide Seller with any record or information (including making employees available to such other Party for reasonable periods of time) which may be relevant to such Tax Return, audit, proceeding or determination.

11.9 Certain Taxes and Fees. All transfer, document sales, use, stamp, registration and other such Taxes and all conveyance fees, recording charges and other fees and charges (including any penalty and interest) incurred in connection with the consummation of the transactions complemented by this agreement shall be borne by Buyer.

11.10 No Code Section 338 Election. Neither Buyer, the Company nor any of their respective Affiliates shall make any election under Code Section 338 or comparable state or local Tax provisions with respect to the transactions contemplated by this Agreement (In the case of the U. S.).

11.11 FIRPTA Certificate. Pursuant to Section 3. 8. 2 (c), Seller shall provide a statement that the Company is not a U. S. real property corporation in accordance with Reg. §1. 897-2(g)(ii). Buyer agrees that no withholding shall be made under Code Section 1445 nor under comparable state or local provision (In the case of the U. S.).

ARTICLE XII

GENERAL PROVISIONS

12.1 Payment of Sales, Use or Similar Taxes. All sales, use, transfer, intangible, recordation, documentary stamp or similar Taxes or charges, of any nature whatsoever, applicable to, or resulting from, the transactions contemplated by this Agreement shall be borne by Buyer.

12.2 Expenses. Except as otherwise provided in this Agreement, Seller and Buyer shall each bear its own expenses incurred in connection with the negotiation and execution of this Agreement and each other agreement, document and instrument contemplated by this Agreement and the consummation of the transactions contemplated hereby and thereby, it being understood that in no event shall the Company bear any of such costs and expenses.

12.3 Specific Performance. The Parties agree that irreparable damage would occur and that the Parties would not have any adequate remedy at law in respect of a breach of Section 2.1, Section 3.6, Section 7.5, Section 7.7, Section 7.9 or Section 7.10. It is accordingly agreed that the Parties shall be entitled to an injunction, specific performance or other equitable relief with respect to breaches, threatened breaches, or the non-performance by the other Parties of the terms and provisions of such Sections, this being in addition to any other remedy to which they are entitled at law or in equity.

12.4 Further Assurances. Seller and Buyer shall each execute and deliver such other documents or agreements and to take such other actions as may be reasonably necessary or desirable for the implementation of this Agreement and the consummation of the transactions contemplated hereby.

12.5 Submission to Jurisdiction; Consent to Service of Process.

12.5.1 Each Party hereby irrevocably submits to the non-exclusive jurisdiction of any [court, such as federal or state court located within the State of New York] over any dispute arising out of or relating to this Agreement or any of the transactions contemplated hereby and such Party hereby irrevocably agrees that all claims in respect of such dispute or any Legal Proceeding related thereto may be heard and determined in such courts. Each Party hereby irrevocably waives, to the fullest extent permitted by applicable Law, any objection which he, she or it may now or hereafter have to the laying of venue of any such dispute brought in such court or any defense of inconvenient forum for the maintenance of such dispute. Each of the Parties agrees that a judgment in any such dispute may be enforced in other jurisdictions by suit on the judgment or in any other manner provided by Law.

12.5.2 Each of the Parties hereby consents to process being served by any Party in any Legal Proceeding by the mailing of a copy thereof in accordance with the provisions of Section 12.10.

12.6 Entire Agreement; Amendments and Waivers.

12.6.1 This Agreement (including the schedules and exhibits hereto) represents the entire understanding and agreement between the Parties with respect to the subject matter hereof and can be amended, supplemented or changed, and any provision hereof can be waived, only by written instrument making specific reference to this Agreement signed by the Party against whom enforcement of any such amendment, supplement, modification or waiver is sought. The waiver by any Party of a breach of any provision of this Agreement shall not operate or be construed as a further or continuing waiver of such breach or as a waiver of any other or subsequent breach. No failure on the part of any Party to exercise, and no delay in exercising, any right, power or remedy hereunder shall operate as a waiver thereof, nor shall any single or partial exercise of such right, power or remedy by such Party preclude any other or further exercise thereof or the exercise of any other right, power or remedy. The remedies provided in this Agreement are the only remedies available to the Parties in connection with this Agreement.

12.6.2 Each Party acknowledges and agrees that no representation, warranty, promise, inducement, understanding, covenant or agreement has been made or relied upon by it other than those expressly set forth in this Agreement. Without limiting the generality of the disclaimer set forth in the preceding sentence, (a) no Party nor any of its Affiliates has made or shall be deemed to have made any representation or warranty in any presentation or written information relating to its business given or to be given in connection with the transactions contemplated by this Agreement, or in any filing made or to be made by or on behalf of such Party or any of its Affiliates with any Governmental Body, and no statement made in any such presentation or written materials, made in any such filing or contained in any such other information shall be deemed a representation or warranty hereunder or otherwise, and (b) each of the Parties, on its own behalf and on behalf of its respective Affiliates, expressly disclaims any implied warranties, including warranties of fitness for a particular purpose and warranties of merchantability. Each Party acknowledges that each other Party, as applicable, has informed it that no Person has been authorized by such Party or any of its Affiliates to make any representation or warranty in respect of its business or in connection with this Agreement, unless in writing and contained in this Agreement.

12.7 Governing Law. This Agreement shall be governed by and construed in accordance with [laws in a state or a region].

12.8 Waiver of Jury Trial. Each Party Hereby Knowingly, Voluntarily and Intentionally Waives Any Right Which Such Party May Have to Trial by Jury in Respect of Any Proceeding, Litigation or Counterclaim Based on, or Arising Out of, Under or in Connection With This Agreement or Any Course of Conduct, Course of Dealing, Statements (Whether Verbal or Written) or Actions of Any Party. If the Subject Matter of Any Lawsuit Is One in Which the Waiver of Jury Trial is Prohibited, No Party to This Agreement Shall Present, as a Non-Compulsory Counterclaim in Any Such Lawsuit, Any Claim Based on, or Arising Out of, Under or in Connection With This Agreement. Furthermore, No Party to This Agreement Shall Seek to Consolidate Any Such Action in Which a Jury Trial Cannot Be Waived.

12.9 Table of Contents and Headings. The table of contents and section headings of this Agreement are for reference purposes only and are to be given no effect in the construction or interpretation of this Agreement.

12.10 Notices. All notices and other communications under this Agreement shall be in writing and shall be deemed given when delivered personally, mailed by certified mail, return receipt requested, or delivered by reputable overnight courier to the receiving Party at the following addresses (or to such other address as a Party may have specified by notice delivered as required under this provision):

If to the Company, to:

With a copy (which shall not constitute notice) to:

If to Seller, to:

With a copy (which shall not constitute notice) to:

If to Buyer, to:

[ADDRESS]

Attention:____________________

Facsimile:____________________

With a copy (which shall not constitute notice) to:

12.11 Severability. If any provision of this Agreement or portion thereof is held to be invalid or unenforceable, such provision or portion thereof shall be deemed amended as necessary to make it valid and enforceable while retaining as best as possible its original meaning and intent, and the balance of this Agreement shall remain in effect.

12.12 Binding Effect; Assignment. This Agreement shall be binding upon and inure to the benefit of the Parties and their respective successors and permitted assigns. Nothing in this Agreement shall create or be deemed to create any third party beneficiary rights in any person or entity not a Party to this Agreement, except as otherwise provided in this Agreement. No assignment of this Agreement or of any rights or obligations hereunder may be made by either Seller or Buyer (by operation of law or otherwise) without the prior written consent of the other Parties and any attempted assignment without the required consents shall be void.

12.13 Disclosure Schedules. The specific disclosures set forth in the

Schedules attached hereto have been organized to correspond to certain Sections in this Agreement to which each such disclosure may relate, but each such disclosure will apply to and will be deemed to be an exception to or modification or qualification of all representations and/or warranties contained herein to which such disclosure could relate or be applicable to. None of the information contained in the Schedules attached hereto is intended to constitute, and it shall not be deemed to limit, alter or expand the scope or effect of any representation or warranty contained herein, except as and to the extent explicitly provided in this Agreement. The inclusion of any information in the Schedules attached hereto shall not be deemed an admission or acknowledgement that such information is material, has resulted or would result in a Material Adverse Effect, is outside the Ordinary Course of Business or is otherwise required to be disclosed.

12.14 Counterparts. This Agreement may be executed and delivered in [ ] or more counterparts (including by electronic transmission), each of which will be deemed to be an original copy of this Agreement and all of which, when taken together, will be deemed to constitute one and the same agreement.

12.15 Facsimile or Electronic Signatures. This Agreement may be executed by delivery of a facsimile or electronic mail copy of an executed signature page with the same force and effect as the delivery of an originally executed signature page. If any party delivers a facsimile or electronic mail copy of a signature page to this Agreement, such party shall deliver an originally executed signature page within [ ] business days of delivering such facsimile signature page or at any time thereafter upon request; provided, however, that the failure to deliver any such originally executed signature page shall not affect the validity of the signature page delivered by facsimile or electronic copy, which has and shall continue to have the same force and effect as the originally executed signature page.

[Remainder of Page Intentionally Left Blank]

IN WITNESS WHEREOF, the Parties have caused this Agreement to be executed by their respective officers thereunto duly authorized, as of the date first written above.

Buyer:

[ ]

By:________________________________

Name:

Title:

Company:

[ ]

By:________________________________

Name:

Title:

Seller:

[ ]

By:________________________________

Name:

Title:

第四节　股东协议主要条款解析

正式交易文件除了收购协议外,另一份重要协议就是股东协议,该协议主要就股东之间的权利与义务、公司业务、投资后目标公司的治理、新股东享有的相关权利(如知情权、优先认购权、优先购买权、卖出选择权、强卖权、共同出售权)、股东会僵局、违约责任与赔偿、利润分配等重要内容进行约定。由于国内外法律存在很大差异,本节中,笔者以境内投资者收购目标公司部分优先股为例,根据普通法系公司法的基本原则,为更好地保护境内投资者的合法权益,对作为买方的境内投资者可以享有的主要权利条款进行解析。

一、知情权

如境内投资者收购的是目标公司发行的优先股,则意味着境内投资者不享有投票权,也不会参与目标公司经营和管理。为了使其能及时了解目标公司的运营情况,知情权对境内投资者来说就变得极为重要。

(一)可在股东协议中约定,经境内投资者要求,公司应当向其提供有关公司的运营和财务方面的下述文件和资料:

1. 每会计年度结束后【　　】日内,提交目标公司的年度审计报告和财务报表;

2. 每季度结束后【　　】日内,提交由目标公司首席运营官或其他高管签署的未经审计的季度财务报表;

3. 每月结束后【　　】日内,提交由目标公司首席运营官或其他高管签署的未经审计的月度财务报表;

4. 每会计年度开始后【　　】日,提交经董事会批准后的年度资本支出和运营预算计划。

上述提到的财务报表都应当经董事会认可的会计师事务所按照公认会计准则编制或审计,且应当包括资产负债表、损益表和现金流量表。

(二)境内投资者可以要求在目标公司正常工作时间内享有下列权利:

1. 有权查阅目标公司的会计账簿和会计凭证;

2. 有权查阅工厂、设施设备、存货等资产情况;

3. 经事先提前通知的情况下，有权与目标公司的董事、高管人员、会计师、审计师、财务顾问、法律顾问、投资银行顾问等进行询问与面谈，以了解目标公司的业务、运营和管理情况。

通过上述知情权的行使，使境内投资者及时了解目标公司的财务、经营和管理情况。如通过上述查阅、审阅和面谈发现目标公司存在重大风险或股东权益被侵害时，境内投资者能及时采取措施以维护其合法权益。

二、优先认购权

有经验的境内投资者，为了防范风险，其收购目标公司的股份会采取逐步增加的方式，而不会一步到位，即一次性完成全部股份的收购。第一次收购时，境内投资者一般会收购5% ~15%左右的股份，通过收购少量股份对目标公司的运营情况、财务状况、市场发展前景等进一步了解后，才会进一步增加收购的股份比例。为了实现上述收购目的，在签署的股东协议中，就有必要为后续继续收购股份留下空间，即约定当后续目标公司增发股份时，境内投资者对新增发的股份享有优先认购权。一般约定如下：

(1)境内投资者应当对公司新发行的股份享有优先认购权，但没有义务购买或认购公司为了维持该境内投资者在公司的实益所有者权益的比例而拟发行的任何新股份。

(2)如果公司拟发行新股份，应当在发行前向境内投资者发出拟议发行股份的书面通知。通知应包括拟议发行的条款和条件(包括该新股份的拟发行数量和价格，如果有的话，还应包括拟发行新股份的对象)，以及境内投资者可以选择购买的新股份数量。上述通知内容应当构成向境内投资者在同等条件下发行新股份的要约。

(3)境内投资者可以在收到公司拟议发行的通知后【　　】日内，向公司发出接受该要约的书面承诺通知。任何行使优先认购权的股东有权按其持股比例认购新股，以维持其在公司的实益所有权益比例。

通过对公司新发行股份时境内投资者享有优先认购权的约定，并对其认购条件与程序进行明确约定，从而为其拟维持或增加其在目标公司中的持股比例留下了充分的空间。

三、优先购买权(Right of First Refusal)

优先购买权是公司股东享有的一项基本权利，但在实务中，由于股东之间未对优先购买权的行使条件、程序等事项作出明确约定,股东之间因此发生纠纷的情况不在少数。根据我国公司法规定,优先购买权一般由股东享有,公司自身只有在4种情形下享有收购本公司股份的权利,即减少公司注册资本,与持有本公司股份的其他公司合并,将股份奖励给本公司职工,以及股东因对股东大会作出的公司合并、分立决议持异议,要求公司收购其股份。在普通法系国家,法律一般不会对上述情况作出限制。因此,实务中,当公司股东拟转让其股份时,公司一般都要求享有优先购买权,相当于对公司股东对外转让股份时作出的限制。只有当公司不行使优先购买权的情况下,公司的股东才享有优先购买权。如境内投资者拟通过循序渐进的方式收购目标公司股份时,如果在境内投资者与公司及其他股东签署股东协议或相关协议时发现有上述对其享有优先购买权作出限制性规定的,则境内投资者要谨慎处理,否则可能直接影响其长远收购战略的实现。

此外,为了避免争议,对股东出售、转让或处置其持有的公司股份时的通知程序需要作出明确约定。首先,拟转让股份的股东应向公司发出书面通知,并在其中载明拟出售、转让或处置股份的意思表示,拟转让股份的数量,拟转让股份的价格,转让条件,公司主张优先购买权的期限等基本信息。公司应在上述通知载明的时限内,书面回复确认是否主张优先购买权。如果在上述期限内不回复或回复确认不主张优先购买权,则公司其他股东享有优先购买权。如果公司发行的股份有优先股和普通股之分,则股东还可以对持有优先股与普通股股东主张优先购买权的顺序作出约定。当公司和其他股东均不主张优先购买权的情况下,拟转让股份的股东才可以向股东之外的第三人转让股份,且转让条件与价格均不得低于向公司和其他股东转让的条件与价格。

上述有关优先购买权的约定内容均是通常情况下约定的条款,但由于普通法系国家的法律对股份转让一般不会作出限制性规定,所以股东之间可以根据交易的实际情况对优先购买权条款作出符合交易需要的不同约定。境内投资者可要求对公司其他股东转让的股份享有优先于公司的认购权,以为其实现继续增持目标公司股份的商业目的。

四、卖出选择权(Put Option)

卖出选择权是指当公司的股票价格低于限定价格或公司出现符合约定的条件时,新投资股东有权将其持有的公司股票或股份出售给公司或原股东的行为,其赋予了新投资股东在无法知晓公司某些重大风险和对公司发展前景不太确定的情况下，有权要求公司或原股东按约定价格购买其股份的选择权。如境内投资者为新股东，其在股东协议中约定该条款时，应注意如下几个方面的内容：

1. 明确境内投资者主张行使卖出选择权的条件

比如，公司的股票价格低于限定价格，或是公司原股东拟出售其持有的公司股份时，境内投资者根据其享有的共同出售权而享有的卖出选择权等。只有当行权条件约定明确了，才可能在出现上述条件时进行行权。

2. 明确境内投资者行使卖出选择权的程序

当行权条件满足后境内投资者主张行权时，其首先应向潜在买方发出通知表明拟出售其持有的股份的决定，并在该出售通知中载明如下内容：

(1)对其主张出售股份的理由；

(2)拟出售的股份比例；

(3)拟出售股份的出售价格；

(4)出售股份的结算日等。

关于出售价格的确定尤其重要，这是很容易发生争议的地方，因此，一定要对出售价格的计算方法或公式作出明确约定。如是根据共同出售权而选择出售股份，则要求对其他股东的出售价格进行确认即可。在其他情况下，要么在协议中约定具体的计算公式，要么根据约定聘请各方认可的评估公司对拟出售股份的价值进行评估后确定。无论采取哪种方式，出售价格一定明确具体或根据公式能准确计算出来，否则，很可能因此而影响权利的行使。如果公司为上市公司，则在行使出售选择权时，还要遵守适用法律的规定和交易所的交易规则。

五、强卖权(Drag-along Right)

强卖权在私募股份投资中经常使用，是指私募投资人与目标公司原股东约定，当约定条件成就时，比如目标公司未能在私募投资人投资后一定年限内实现上市，则其有权强制要求目标公司的原股东和他一起将持有的目标公司全部股份出售给潜在买家，从而实现退出的目的。当境内投资者在股东协议中约定强卖权条款时，应注意如下几个方面的内容：

(一)出售限制性条件

普通法系的强卖权的适用条件与国内私募股权投资存在较大的区别。目标公司原股东为了防止境内投资者滥用强卖权，一般都会设置一些限制性条件，比如境内投资者需要在投资目标公司一定年限后才能行使,境内投资者行使强卖权时其持有目标公司股份的比例要达到一定比例或获得持有目标公司半数股份比例以上股东的同意,而且还可能要求目标公司的估值不得低于一定限额等,当满足上述条件后,境内投资者可以强制要求目标公司原股东将其持有的目标公司全部股份一并出售给潜在买方,原股东不得对出售价格与条件提出异议,且应采取一切合理必要的行动以促使目标公司出售交易顺利完成。如果任何原股东不同意出售其股份,那么该被行使强卖权的股东就有义务购买境内投资者持有的全部股份,且其购买股份的各项条件与由本次公司出售交易的潜在购买人所提供的各项条件一致。

(二)被强制出售股份股东的陈述和保证

在强卖权条款中,被强制出售股份股东应对其出售股份无权利瑕疵作出陈述和保证,保证其出售的股份所有权、出售权没有任何瑕疵。同时该股份也没有设置任何质权或其他财产权益负担。承诺向任何政府机构或任何第三方取得所有所需的与股份出售相关的同意、批准、授权、许可等。

(三)行使强卖权程序

首先,如境内投资者要求行使强卖权时,其应提前一定期限,向公司和被强卖股份的股东发出书面通知("行使强卖权通知")。书面通知应包括以下内容:

(1)潜在买方的名称和地址;

(2)拟支付的出卖股份价款和形式,以及潜在买方提供的付款条件;

(3)交易日期;

(4)在发出强卖权通知的当日,所记载的强卖权股东所持有的将要转让、出售或者另行处置的股份数量;

(5)被强卖股份的股东所持有的股份数量等。

其次,在批准的出售交易日,境内投资者及被强卖股份的股东应当以《行使强卖权通知》中所指明的方式和地址向第三方购买人送达或安排送达转让文书及证明其股份已被纳入经批准的公司出售事项的证明书。应保证这些证书被妥善核准并签字以备转让。

强卖权是境内投资者在投资目标公司后,目标公司未能达到约定的条件而有权要求目标公司原股东一并转让其持有的股份的退出机制。当然,目标公司原股东是否接受该条款,这完全取决于双方谈判地位的强弱,如果交易各方是出于真诚合作的目的,那建议各方站在公平公正的立场,对强卖权的行权条件、行权时的价格确认和计算方式等关键内容约定清楚。即使当强卖权触发条件成就，境内投资者要求行使强卖权时，被强卖股份的股东也能获得比较公平的对价。

六、共同出售权

共同出售权是当目标公司的原股东拟部分或全部出售其股份时，新投资人有权按对应比例向潜在买方出售其持有的部分或全部股份。实务中，境内投资者投资目标公司主要是看重目标公司的原股东或管理团队，如果目标公司的原股东都打算转让其持有的股份，那对境内投资者来说则意味着失去了继续持有股份的动力。在此情况下，境内投资者有权要求潜在购买方按原股东出售股份比例出售其部分或全部股份，从而实现退出。在约定共同出售权条款时，需要对公司原股东的通知义务及境内投资者同意或拒绝行使共同出售权的情形及其法律后果作出明确约定。

如公司原股东拟出售其持有的目标公司股份，则其应及时通知公司境内投资者，且应在通知中载明：(1)潜在买方的名称和地址；(2)拟出售的股份比例和价格，以及潜在买方提供的付款条件；(3)交易日期等。境内投资者应在收到出售通知的【　　】个营业日内，通过向公司原股东送达表明其同意参与出售股份的书面通知行使其共同出售权，该通知中应具体说明拟向受让方出售的股份比例。原股东应当确保拟受让方将向该共同出售股东支付全部股份的购买价款。在出售股份比例与数量上，每个共同出售股份的股东都应有权共同出售其数量等于共同售出的股份乘以一个分数的股份，其分子为该共同出售股东所持有之股份数量，其分母为由原股东及所有共同出售股东持有的股份数量。如果拟受让方拒绝购买境内投资者拟出售的股份，则公司原股东也不得将任何股份出售给拟受让人，除非在出售或转让的同时，公司原股东也将根据在转让通知中所规定的相同条款和条件从该共同出售股份的股东处购买该等股份。而且，境内投资者还可要求，任何公司原股东违反协议出售、转让其股份的行为均为无效。

共同出售权一般与原股东股份禁售期条款一并约定。境内投资者投资是基于对原股东的信任，因此其一般要求投资后的一定期限内原股东不得转让、出售或处置其持有的目标公司股份。禁售期过后，如原股东拟向受让方转让、出售其持有的部分或全部股份时，则境内投资者享有上述共同出售权，如境内投资者拒绝行使共同出售权或拟受让人不同意购买境内投资者拟出售的股份时，则境内投资者有权要求原股东也不得转让股份,以作为对原股东转让股份的限制。共同出售权赋予了境内投资者更灵活的退出机制,其有权根据拟购买方向公司原股东提出的购买条件决定是否同意行使共同出售权,以最大限度上实现其投资商业目的。

七、公司重大事项同意权

由于很多境内企业未搭建好境外投资团队,其在境外投资后,更多只能依赖目标公司现有的管理团队对公司进行管理。在欧美等发达国家,职业经理人制度已非常成熟,股东会作为所有权人与董事会作为经营管理层的职权划分很清楚,这与国内所有权与经营管理权相混同的情况存在很大区别。因此,境内投资者在境外投资中,如何在遵守国际惯例与有效保护自身合法权益方面寻求平衡就显得尤为重要。根据笔者处理的境外投资与收购案例来看,对自身团队比较弱的境内企业,他们一般认购目标公司发行的优先股,更多属于财务型投资,即不参与目标公司的经营和管理。对团队要求比较强的境内企业,一般要求享有投票权或对目标公司的重大事项享有同意权。由于项目各异,笔者建议境内投资者根据其持有的股份比例决定是否参与目标公司经营和管理、是否享有投票权和对公司重大事项的同意权。例如,如境内投资者投资目标公司后持有10%以下的股份,则可以不参与目标公司的管理,但对股东享有的知情权、分红权等基本权利一定要约定清楚,以最低保障境内投资者的合法权益。如境内投资者投资目标公司后持有多数股份,则建议参与目标公司的经营和管理,或至少对目标公司的重大事项享有决定权或同意权,从而防范目标公司原股东或管理团队做出重大损害境内投资者权益的行为。上述重大事项包括但不限于:

(1)修改公司组织大纲和章程;

(2)变更公司的授权股本,发行股份或债权证券,变更股东或股本数量及其权益;

(3)授予与股本有关的任何权利、期权、员工持股计划或其他承诺或变更股份所属之权利;

(4)对公司董事数量、选举方式或任期作出变更,或对委任、替换任何董事或高管人员作出变更;

(5)公司股份赎回或回购,分配红利、股息或其他权益;

(6)公司合并、收购、重组、兼并、联合、协议安排或业务合并等;

(7)转让公司主要资产或业务;

(8)公司清算、接管、清盘、破产、解散或停止业务运营;

(9)公司从事关联交易,但公司与其全资子公司之间的交易除外;

(10)非日常经营性的交易、贷款,为关联公司、高管人员或其他方提供保证、抵押或其他形式的担保;

(11)从事公司章程规定以外的业务,以及变更公司及其子公司的主营业务;

(12)在公司主营业务以外,收购或处置资产或业务,或因前述收购资产或业务而承担债务;

(13)单笔或任何连续12个月内累计总额超过【　　】美元的资本支出,如其以书面形式被明确地规定于相关的年度商业计划中者除外;

(14)发生任何单笔或任何连续12个月内累计总额超过【　　】美元的负债或财务性债务,如其以书面形式被明确地规定于相关的年度商业计划中者除外;

(15)批准、通过或修改公司的年度商业计划或严重偏离年度商业计划的事项;

(16)公司以外投资,包括但不限于成立新的子公司或收购任何公司或商业实体的任何股份或其他证券;

(17)加入任何合资、合伙、联合或其他类似安排;

(18)与公司、子公司或其关联公司的任何股东、董事、高管人员进行单笔交易超过【　　】美元的交易,公司章程中载明的交易除外;

(19)任何资本调整、合并、资产置换或出售、转让知识产权等;

(20)更换外部审计师或变更会计政策;

(21)提起、撤回或和解金额达【　　】美元以上的重大诉讼、仲裁、索赔或其他法律程序;

(22)放弃重大权利或放弃重大债务;

(23)公司募集资金、发行债券、发行基金产品或证券,或进行其他融资行为。

通过明确重大事项的具体范围,并确保境内投资者对目标公司重大事项享有同意权,从而更好地保护境内投资者自身的合法权益。

八、分红权

毫无疑问,分红权是境内投资者极为关心的问题,当境内投资者持有目标公司发行的优先股时,对分红权相关内容的约定就变得尤其重要,分红权条款一般包括如下内容：

1. 境内投资者分配利润的比例

由于投资金额、持股比例及分红比例均可由各股东根据项目实际情况以及各股东对公司的贡献大小进行自由约定，为了避免歧义，则建议对境内投资者可以分配利润的比例作出约定。

2. 境内投资者分配利润的时间

需要明确分配红利的时间是按月、季度还是年度，同时还需对分配利润的具体时间作出明确约定，比如若按年度分红，则需明确在会计年度结束后【　　】日内向股东分配利润。

3. 分配利润的顺序

根据境内投资者持有的股份类型不同，则其分配利润的顺序也会不同。如持有优先股，则应优先于普通股股东分配利润。如优先股份为不同类别时，还需明确各类别优先股的利润分配顺序。

4. 有权决定利润分配的主体和程序

分配公司利润属于重大事项，为了保证其合法有效，一般都要按目标公司章程的规定，由股东会或董事会作出决议。但在某些情况下，公司利润分配决定权在目标公司管理人手中，利润是否符合分配条件、分配比例、金额、时间等均由公司管理人决定。因此，对利润分配的决策主体和具体程序作出明确约定，对后续避免因利润分配产生纠纷极其重要。

5. 公司股东会、董事会或管理人未按约定分配利润时应承担的违约责任也有必要作出明确约定，当利润分配决策主体不按约定分配利润时境内投资者可以要求其承担相应的法律责任。

九、股东会僵局

股东会僵局一般是指当目标公司股东会未能按照公司章程规定的程序和议事规则作出有效股东会决议，上述行为已对公司的正常经营和管理造成严重不利影响，股东之间未能通过协商等方式解决的从而形成僵局的情形。因此，为了防范因出现股东会僵局可能给公司或股东利益造成严重损害情况的出现，这就有必要对股东会僵局出现后的解决方法、流程等内容作出明确约定，从而当出现股东会僵局时尽可能减少因此给公司或股东利益造成的损害。股东会僵局条款一般约定如下几方面的内容：

1. 股东会僵局的定义

如果参加正式召集的股东会会议的股东无法就股东协议项下应由股东会决定的任何事务达成所要求的一致意见，且协议任何一方出于良好意愿合理认为未能达成该一致意见可能会给公司的业务运营和(或)财务结果造成重大不利影响，股东会应在上述首次股东会会议后【　　】日内，举行第二次股东会会议，如果上述局势再次发生，则视为出现“僵局”。

2. 僵局通知

在上述僵局出现时，任何一方可向其他方发出通知宣布出现僵局，并要求和其他方协商(“僵局通知”)。在一方向其他方发出僵局通知后【　　】日内，各方应本着善意开始协商，尽最大努力解决该僵局。各方在该善意协商中应咨询各自的首席运营官或副首席运营官。如果各方在僵局通知后【　　】日内就僵局的解决达成一致，该解决方法应视为被股东会一致通过，对股东会具有约束力。

3. 僵局选择权通知

如果各方无法在僵局通知后【　　】日内就僵局的解决达成一致，任何一方可在之后的【　　】日内向其他方发出通知(“僵局选择权通知”)，说明该方向其他方出售该方和其根据协议约定持有权益的关联公司所共同持有的全部权益，价格为公平市场价格。僵局选择权通知不可撤销。

4. 僵局选择权

在收到僵局选择权通知后【　　】日内，其他方可自行决定(“僵局选择权”)：

(1)根据僵局选择权通知收购或促使他方收购所有该方的权益；

(2)同时采取将公司立即进行清算的所有措施。

5. 如果其他方没有在收到僵局选择权通知后【　　】日内执行僵局选择权，这将视为其选择了对公司进行清算，各方应采取将公司立即进行清算的所有措施。如果选择收购或促使他方收购其权益，各方应在该选择做出后【　　】日内(不含评估机构评定公允市场价格所需时间)完成相关权益从出售方到收购方的买卖。

6. 协议任何一方不得在缺乏善意的理由的情况下，或仅出于从公司或协议中退出的单一目的，而享有上述选择权。

7. 在僵局未解决时，公司应继续执行未涉及僵局的所有其他方面的活动

通过上述对股东会僵局的定义、僵局选择权及其通知等内容的约定，有助于

当出现股东会僵局时各股东能尽最大限度的善意达成谅解,从而减少因此给公司和各股东造成的损害和损失。

普通法系中,股东会一般只对公司的合并、分立、解散、清算,变更公司形式,增加或减少公司股本,修改公司章程等重大事项作出决议,公司的其他重大事项一般由董事会决议,此种情况下则可能会出现董事会僵局。董事会僵局条款设置与股东会僵局条款设置类似,笔者就不对董事会僵局条款内容进行重复介绍了。

除了上述条款外,股东协议一般还会包括诸如股东权利与义务、陈述与保证、违约责任、争议解决条款,以及与公司具体运营和管理相关的条款等,由于上述条款内容与国内投资股东之间签署的股东协议条款比较类似,笔者就不再详细解析。

第五节　公司章程主要条款解析

在境外投资与并购中,一般都会在离岸法域比如BVI、开曼、塞舌尔、我国香港特区等设立离岸公司。虽然各离岸法域的法律法规不同,但基本都属于英美普通法系,其立法理念和基本原则都比较类似。实务中,很多情况下是中国境内投资者与境外投资者共同投资与收购目标公司。此种情况下,当投资者设立离岸公司时,如何在遵守离岸法域法律法规的情况下,根据意思自治原则,设计和制定符合各投资者实际需要的离岸公司章程尤其重要。离岸法域的法律法规对投资者的限制很少,赋予他们充分的自由设计公司章程的权利。这与国内的情况不同,很多境内企业习惯于使用工商局的公司章程格式版本,很多境内企业因为未能根据自身情况量身定制公司章程,使企业在经营和管理过程中投资者之间很容易发生争议。因章程未对可能发生的争议解决方法事先作出规定,一旦投资者之间发生争议,很多情况下都未能理性处理,从而使公司和投资者各方均可能遭受更大的损失。相比之下,离岸法域的法律法规对投资者和公司限制很少,投资者可以根据项目的具体情况,量身定制符合投资者实际需要的公司章程。鉴于此,笔者拟对开曼公司章程的主要条款进行解析,以使大家对离岸公司章程的主要条款有基本的了解。

通常情况下,离岸公司章程一般由两部分组成,第一部分是组织大纲

(Memorandum of Association),第二部分是章程(Articles of Association)。组织大纲主要是对公司的基本信息,比如公司名称、法律性质、股份数量、类型、权利、转让等进行简要的规定。章程内容则详细得多,一般都会包括定义、股份、股份登记与转让、股息与资本化、股东会议、董事会会议、董事与高管人员、利润分配、赔偿、清算等条款。虽然公司章程一般都会对上述主要条款作出规定,但由于离岸法域法律赋予当事人充分的自由根据自身情况作出符合实际需要的规定,所以笔者在对章程的上述主要条款进行解析时,仅对一般性内容进行阐述,以供境内投资者参考。

一、股份条款

离岸法域的法律法规对公司拟发行股份的数量、股份价格、股份类型、股份持有人拥有的相关权利及其权利限制情况等都限制很少,股东可根据其商业目的需要进行灵活约定。关于股份条款,一般会约定如下内容:

(一)股份数量与股本金

各离岸法域要求的离岸公司最低股本数量有所区别。比如,我国香港特区公司股本一般为10,000普通股或以上,每股面值一般为1港元,但无须实缴注册资本;BVI公司与开曼公司注册标准股本为50,000股份,可选择无面值或每股面值1美元或0.001美元。

(二)股份种类与权利

与中国内地的公司法不同,离岸法域对股份种类的规定比较灵活,一般可以将股份分为普通股与优先股两种类型:普通股股东拥有投票权,股东可以根据需要将普通股又分为不种类别,比如,A类普通股、B类普通股、C类普通股等;优先股股东不享有投票权和管理公司的权利,但股东享有优先于普通股股东分红和公司清算时的优先受偿权,股东也可以根据需要对优先股股份进行不同的分类。股东之间还可以根据交易的具体需要,对普通股与优先股的具体权利作出不同的约定。实务中,由于中国大陆公司法与离岸法域公司法对股份的上述规定存在重大区别,很多境内投资者要抛开中国大陆法有关股份的相关概念,充分利用离岸法域赋予股东的自治权利对股份的种类与权利在章程中量身定制条款。

二、股份收回

为了保证所有股东能按章程约定向公司缴纳投资款,公司章程中会明确股东缴纳出资的具体期限，以及股东未按章程约定向公司缴纳投资款时，公司可通过适当程序收回该未缴纳投资款的股东的股份，以保护已按章程规定缴纳投资款股东的权益和保障公司的正常运营，而不至于公司因个别股东欠缴投资款而无法正常运营。

三、股份登记与转让

（一）股份登记

公司一般都会制作和保存股东名册，股东名册通常记载的信息包括：每位股东的名称和地址，该股东持有的股份数量和类型，该股份上已经缴纳或同意被视为缴纳的金额，以及被记载于股东名册的日期等信息。

（二）股份转让

离岸法域的相关法律对股东转让其持有的股份一般都很少有限制性规定，股东之间可以作出自由约定。实务中，由于境内投资者是基于对目标公司现行股东的信任而作出投资与收购股份，所以境内投资者为了防止在其投资后原股东退出公司，一般都会对公司原股东转让其持有的股份行为作出相应的限制。通常情况下，境内投资方会要求在其投资或收购部分股份后的一定期限内，原股东不得未经公司和境内投资者的同意转让、质押其持有的公司股份，或以其他方式设置其他权益负担，但如果股东向其关联企业转让股份，或者向其关联企业提供质押或设置其他权益负担则不受上述限制。

同时，章程会对股东的优先购买权也作出具体规定，并对拟转让其股份的股东转让股份时的具体程序作出明确规定，以保障在符合章程规定的情况下，任一股东对外转让其股份时不得损害其他股东享有的优先购买权。

四、股息与资本化

（一）股息分配

投资的最终目的是获得利润回报。因此，分配股息的具体流程、金额、支付方式等内容均会在章程中作出明确规定。首先，需明确作出股息分配决定的机构是股东会、董事会还是管理人。股息分配属于公司的重大事项，一般由股东会作出决议，也有由董事会决议的情况。在采取基金管理模式的离岸公司中，管理人承担公司日常经营和管理的职责，对公司的债务承担连带责任，其他股东一般都不参与公司的具体经营和管理，实行这种管理模式的公司，其分配股息的决定一般由管理人行使。因此，公司需根据其股份结构、管理模式等不同情况，选择适合的决策机构。其次，需明确股东分配股息的具体比例，是按持股比例进行分配还是另有约定，以及明确分配的具体顺序。通常情况下，股东应按其持股比例分配股息，但如果某些股东对公司的经营和管理承担更多职责，或对公司作出了某些特殊贡献，股东之间则可能会对股息分配比例作出与持股比例不同的约定。关于分配顺序，这取决于股东持有的股份类型和具体约定，比如优先股股东优先于普通股股东分配股息。如果有不同类别的优先股或普通股，则需明确同一类型中的不同类别股份的具体分配顺序。最后，还需明确支付股息的具体方式，比如是以现金进行支付还是以财产或其他方式进行支付。通常情况下以现金方式进行支付，如果约定采取财产或股份方式进行支付的，则需要对财产或股份的价值确定方式作出明确约定，一般采取由评估公司对其价值进行评估的方式进行确定。

(二)资本化

所谓资本化指将公司的股份溢价或其他储备金账户中存款的金额、利润及其他可用作分配的金额用于缴付公司未发行的股份，并将该等股份作为已缴足出资的分红股按比例配发给股东，以此进行资本化。该条款中除了需明确用于资本化的款项范围外，还需要明确作出资本化决议或决定的公司机构，比如是股东会、董事会还是管理人。

五、股东会议

股东会作为公司的最高权力机关，对公司的重大事项作出决议。股东会会议可分为年度股东大会与特别股东大会，前者一般一年举行一次，后者在必要时，经符合章程规定的董事或其他人员请求召开。有权请求召开特别股东大会的权利人可由股东自由约定，一般包括公司董事长、一定数量的董事、持有 10% 以上享有投票权股份的股东等。为了避免争议和保证股东大会召开和召集程序的合法性与合规性，需要对股东会议通知发送时间、内容、送达方式、举办方式、法定人数、表决方式、投票权行使、有效决议的作出等内容在章程中作出明确规定。

(一)享有投票权的股东范围

通常情况下，持有优先股股份的股东不具有投票权，持有普通股股份的股东享有投票权，在不违反适用法律禁止性规定的情况下，股东可对于普通股与优先股各自的权利内容进行自由约定。持有优先股股份的股东可以要求就公司的某些重大事项决议享有同意权。股东需要根据具体情况作出符合项目要求的规定。作为境内投资者,很多情况下都持有公司的优先股。持有优先股的目的是为了保障其优先分红权,其可以要求对公司的某些重大事项决议享有同意权。由于中外法律制度与文化的巨大差异,境内投资者一般都很难以接受仅享有分红权。特别是当境内投资者持有多数股份而公司采取类似于私募基金的管理模式时,境内投资者一方面由于管理团队没有跟上,需要依赖于管理人股东对公司实施日常经营和管理,但另一方面他们又想对公司的重大事项具有控制权。因此,境内投资者在借助管理人股东对公司进行日常经营和管理的同时,又要求对重大事项享有投票决定权,如果不能享有投票权,对公司的重大事项决议至少应享有同意权。境内投资者在境外投资与收购中,他们可利用离岸法域限制少的优势,对公司投票权、公司的经营和管理权的行使作出各种不同模式的设计。最近几年,随着中国投资者变得更加强势,也进一步享有话语权,笔者建议在境外投资过程中,境内投资者需在尊重国际惯例的基础上,根据交易的具体情况,特别是股东之间谈判地位的强弱,设计出能最大程度上实现境内投资者商业目的的交易结构,而投票权的设计则尤其重要。

(二)股东大会的召开形式

与国内实业公司股东大会召开的形式不同,离岸公司一般是基于风险隔离、税收筹划等原因而设立的,因此股东大会的召开一般是采取电话、电子邮件或其他能使所有参加会议的人员同时并即刻相互交流的通信设施参加股东大会,而无须股东以现场出席的方式参加股东大会。这是因为这种以远程方式召开股东大会的成本会更低、效率更高,而且这也是国际通常采取的方式。这与国内公司习惯于现场召开股东会的惯例存在较大区别。

实务中,股东还可以在章程中对作出股东大会决议的程序作出不同的约定,比如股东可以约定可不召开会议且不发出任何事先通知,经由所有在作出决议之日有权出席会议并就决议进行表决的股东签署后即视为作出有效的书面股东会决议。

(三)股东会决议事项

股东会作为最高权力机关,通常享有对公司的所有重大事项作出决议的权力,但股东需要在章程中对重大事项的范围作出明确约定,以免后续产生争议。由于股东立场不同,对需由股东会作出决议的重大事项范围会有不同的理解。当境内投资者作为财务投资者时,对公司重大事项享有投票权或同意权对其把控投资风险极为重要,因此境内投资者肯定希望将重大事项的范围约定得更为广泛一些。笔者建议,当境内投资者作为财务投资者的情况下,需要兼顾控制权与效率两个方面的因素,既要对公司的重大事项享有控制权或同意权,同时又不会影响公司的日常运营和管理效率。重大事项范围可以参考本章第二节第七款中列出的重大事项范围。

境内投资者需要根据拟实现的商业目的,对上述公司重大事项的范围与内容进行相应调整。同时,境内投资者还需要考虑董事会成员的构成情况,对上述事项在股东会与董事会职权中进行适当的分配。比如,如境内投资者在董事会中占有多数席位,则可把某些重大事项分配到董事会职权中去;如境内投资者更容易控制股东会,则建议把更多的重大事项决议分配给股东会。此外,在股东会与董事会职权的分配中,需要注意两者之间的职权分配不要发生冲突。

六、董事会与董事会会议

董事会作为公司管理层面的权力机构,其主要是配合股东会制定相关方案,经股东会决议后负责具体执行。章程中需对董事会的组成,董事的选举、任期、罢免、报酬,董事会职权,董事会会议通知、法定人数、召集与主持、议事规则等内容作出明确规定。

(一)董事的报酬

与股东会会议的召集情况类似,离岸公司的董事会通常情况下是采取电话、电子邮件或其他能使所有参加会议的董事同时并即刻相互交流的通信设施参加董事会的方式举行,而无须董事以现场出席的方式参加董事会会议。但某些情况下,董事会仍然可能召开现场会议,这时就会涉及董事因出席董事会会议发生的差旅费和其他费用的承担问题。此外,董事在任职期间公司是否需要向其支付报酬,均建议在章程中进行明确规定。

(二)董事会的职权

作为公司管理层面的权力机关,董事会最重要的职责就是履行信义义务,在遵守适用法律法规的情况下,为公司股东争取最大权益。具体而言,董事会通过执行股东会决议的事项,从而实现股东的商业目的和体现股东意志。

(三)董事会僵局条款

董事会僵局是困扰公司正常运营与管理的重要障碍,因此在公司章程中就有必要规定董事会僵局条款,以便于出现僵局时股东会或董事会更易于找到解决方案。

董事会会议的法定人数需要作出明确约定。需要明确出席董事会议的法定人数,在每一次董事会会议召开都必须有法定人数出席。如果在指定召开董事会会议时间之后一定时间内(比如1小时内),出席会议的董事人数未达到法定人数要求,会议可被延期到【　　】日后的同一时间和同一地点举行。公司秘书应以电子邮件、传真通知或其他任何形式通知所有董事延期会议的日期、时间和地点。如果在延期会议上,出席会议的董事人数仍未达到法定人数,任何【　　】名及以上的董事出席应符合法定人数要求。董事会在符合上述法定人数情况下作出的决议应合法有效,对公司具有约束力。

七、赔偿

在董事遵守适用法律、公司章程规定和勤勉履职的情况下,章程中一般会规定,公司应补偿每一董事在实际执行和履行其职责及与职责有关的事项中发生的所有成本、费用和损失。此外,在少数情况下,公司还应承担费用为董事购买适当的保险。

除了上述主要条款外,章程还会规定账簿、审计、利润分配、章程修改等一般性条款,以及股东根据交易的具体情况要求在章程中规定的特别条款。在此,笔者就不再进行详细介绍。

第七章　中国企业境外投资类型及案例解析

随着境内企业境外投资越来越活跃，其投资类型与方式也变得更加多样化。本章中笔者结合操作的多宗境外投资与并购案例，对境内企业境外投资类型进行详细解析，以使大家对各种境外投资类型的关键环节和法律注意事项有更清楚的了解。

第一节　境外投资类型概述

实务中，一般将境外投资类型分为债权投资、股权投资与收购三种类型。根据收购标的的不同，又可将收购分为股权收购与资产收购。投资类型的不同，对于境内投资方来说，其投资后享有的权利和承受的风险均会存在重大区别。在债权投资中，投资者对目标公司享有的是债权，有权要求目标公司按约定支付投资期间的利息或投资期届满后要求目标公司一次性还本付息。在认购目标公司发行的可转债的情况下，则投资者有权在约定期限届满后选择要求目标公司还本付息，或者有权要求将其持有的目标公司债券转换为目标公司的股份，从而实现从债权投资到股权投资的转换。在债权投资中，投资者一般都无权参与目标公司的经营和管理，也无权干涉目标公司的重大决策。在股权投资中，投资者投资后将持有目标公司的股权，只有当目标公司盈利的情况下，投资者才可能分配目标公司的利润，如目标公司出现巨大亏损，则投资者的投资款可能会血本无归。当然当目标公司利润丰厚的情况下，投资者通过分配公司利润获得的投资回报要比债权投资高得多。股权投资中，投资者一般享有目标公司的经营和管理权，根据其持有的股份比例的不同，其享有经营和管理权会存在很大区别。同时，投资者还可能享有参与目标公司的重大决策权。通过上述比较可以看出，与股权投资相比,投资者在债权投资中承担的风险相对而言要小很多,即使在目标公司破产清算时,债权人的受偿顺序也要优先于股权。

因此,境外投资中,境内投资者要根据目标公司或资产的具体情况,以及自身的风险承受能力选择适合的投资方式。一般而言,当投资者对目标公司缺乏足够了解的情况下,可以先选择收益不高但风险相对较低的认购目标公司发行的可转债的方式进行投资;当对目标公司足够了解后,认为持有目标公司的股权将会产生更高回报时,则境内投资者可以选择将持有的目标公司的可转债转换成股份。当然在一开始时对目标公司的发展前景就非常看好,且愿意承受更大风险的投资者,则可以选择股权投资。在境外投资中,绝大部分投资者都选择了股权投资的方式。

此外,在境外投资领域方面,不同时期投资者选择投资的领域也会存在较大区别,矿产能源、房地产、制造业、高新技术、通信技术、生物科技、媒体、消费与健康等领域是近几年境内投资者比较青睐的领域。投资不同领域的投资者承受的风险会存在很大区别,投资者需要把控的重要风险因素也会因投资领域的不同而存在较大区别。

下文中,笔者将结合具体案例,对债权投资、股权投资(包括股权收购与资产收购),以及美国房地产投资与收购的主要风险要点进行简要解析。

第二节　股权收购及案例解析

股权投资是境内投资者进行境外投资的主要形式,股权投资的方式包括绿地投资、认购目标公司增发的股份、收购目标公司或其股东持有的股份等方式。根据目标公司是上市公司或非上市公司的不同,股权投资需重点把控的法律风险因素也存在较大区别。由于上市公司为公众公司,其会受到更多法律法规、交易规则的约束,而私营企业的股权投资,则更多取决于目标公司及其股东与境内投资者之间的自由协商,更具有灵活性。由于每个国家的法律制度、经济发展水平、社会文化等方面均存在很大区别,所以境内投资者在境外股权投资过程中,需要全方位把控风险,才能够有效防范风险,特别是重大法律风险。否则再好的项目,也可能因为某个重大法律风险没有把控好而使境内投资者遭受重大损失。虽然境内投资者都清楚,每个国家的法律不同,但他们往往对这些差异可能潜藏的法律风险预估不足。很多时候他们总习惯性从国内经验出发,对境外投资中遇到的问题作出判断,但很多时候正是境内投资者丰富的国内经验而在交易过程中留下重大风险隐患。因此,在境外投资中,境内投资者要更多听取中介机构的专业意见,减少对国内经验的依赖,才能在关键节点作出理性的选择。笔者下面结合处理的一宗境内投资者认购美国纳斯达克证券交易所某上市公司发行的普通股项目,解析境内投资者赴美进行股权投资时需要重点把控的法律风险。

一、交易背景与交易结构介绍

重庆某公司(以下简称 A 公司)一直在寻找进军文化娱乐行业的机会,经过其高层资源对接和一段时间的调研、分析和跟踪,发现某纳斯达克上市的某创新文化娱乐公司(以下简称目标公司)拟通过增发普通股的方式引进新的投资人,以用于研发产品和开拓市场。目标公司为一家主要提供国内外影视类视频点播内容服务及市场营销服务的创新娱乐文化企业,虽然目标公司在纳斯达克上市,但其实际运营实体位于中国境内。由于我国对影视、娱乐领域并未对外资完全开放,目标公司通过 VIE 构架设计,实现了其对中国境内实际运营实体收益、运营和管理的控制权。目标公司通过与中国手机运营商、制造商、有线电视、IPTV 和互联网电视运营商的合作,为中国手机及电视用户提供优质的视频点播内容服务,其集成众多国内外知名片商内容,通过按次点播、包月点播以及免费点播等多种形式为广大视频观众提供最新和优质的影视内容及服务。在国内,其已进入 2000 多万有线电视用户家庭。从国内网络视频领域的发展来看,网络视频已经成为人们获取电影、电视、资讯视频等数字内容的重要渠道,发展迅猛。网络视频的市场价值快速增长,在互联网行业中的地位不断提升。优酷土豆、爱奇艺、腾讯视频就是其中的典型代表。基于对网络视频领域发展前景的判断,目标公司立足中国消费市场和借力美国资本市场的商业运作模式,以及目标公司处于低位的股价,A 公司认为目标公司是一个可以长期投资的优质公司。

经 A 公司委托,笔者团队和一家美国律所开始了对目标公司的尽职调查。通过审阅目标公司在 SEC 网站上公开披露的资料,笔者发现目标公司存在如下几方面的重大法律风险:

1. 目标公司存在可能违反一项或者多项纳斯达克证券交易所 Rule 5550[①] 的

---

① 有关纳斯达克证券交易所的上市条件请详见第六章“中国企业境外投资尽职调查”中的“法律尽职调查案例分享”的相关内容。

风险，任何一项转化为现实风险，都有可能会使目标公司从纳斯达克证券交易所退市。比如，目标公司的股价存在跌破每股 1 美元的底线和公持股“市值”低于 100 万美元而退市的风险。

2. 本次交易中，由于 A 公司采取认购目标公司定向增发股份的方式，所以 A 公司拟认购的股份为附有限制性内容（Restrictive Legend）的股份（以下简称标的股份）。根据美国 1933 年证券法 Rule 144（以下简称 Rule 144）规定，标的股份存在 1 年的禁售期，禁售期内 A 公司不得转让标的股份，禁售期结束后，标的股份的限制性内容不会自行解除，而需要目标公司董事会出具决议及其法律顾问出具法律意见书后，由股票过户代理人办理限制性内容的移除手续。由于移除限制性内容的程序复杂，需要多方特别是目标公司的配合才能完成，如果目标公司后续不配合，对 A 公司来说则可能面临重大法律风险。

3. 本次交易拟采取虚拟交割方式，即买卖双方拟通过电子传签的方式完成交易文件签署，然后由目标公司按照纳斯达克证券交易所规则完成交易文件披露。对 A 公司来说，虚拟交割方式对其如何确保合法有效签署交易文件、目标公司依法履行披露义务以及整个交易及其流程的真实、合法性存在较大风险。

针对上述重大法律风险，除了按照境外投资与收购交易中通常需在离岸法域设立 2 层以上离岸公司外，经与美国律所商量后，笔者提出了如下几项法律建议和解决方案：

1. 针对上述第 1 点提及的目标公司存在退市的风险，笔者建议要求目标公司提供担保措施，当目标公司发生退市风险后能通过执行上述担保措施挽回损失。经协商后，目标公司的某董事愿意以个人名义与 A 公司或其指定的股份认购方签署《担保和远期回购协议》，承诺如目标公司因不符合纳斯达克证券交易所的上市条件而被迫退市，或目标公司存在违反其与 A 公司指定的关联企业签署的《股份认购协议》约定的情形，A 公司有权要求该董事按约定价格收购 A 公司指定的关联企业持有的目标公司的全部股份，且该董事为目标公司依约履行《股份认购协议》项下约定义务提供连带责任担保。

2. 针对上述第 2 点提及的移除标的股份限制性内容的风险，笔者建议要求在 A 公司与目标公司拟签署的《股份认购协议》中设置专门条款，要求目标公司在禁售期届满后一定期限内出具董事会决议和委托律师出具法律意见书，并负责委托票据过户代理人及时移除标的股份中的限制性内容，使标的股份变更为可以公开交易的股份，以便 A 公司适时便利转让标的股份而退出获利。

3. 针对上述第3点提及的交易真实性与合法性法律风险，笔者建议要求目标公司委托律师就合法有效签署交易文件、目标公司依法履行披露义务以及整个交易及其流程的真实、合法性出具正式的法律意见书。

下文中，笔者将针对本次交易中存在的上述几方面的重大风险及建议的解决方案进行详细解析。

二、关于未披露《担保和远期回购协议》的法律风险分析

根据A公司对该董事的了解，其在业内是一位具有较高知名度的人，A公司相信他完全有这个能力来承担股份回购和连带担保责任。该董事之所以愿意以个人名义为A公司的投资提供连带责任担保，原因在于：首先，是他对目标公司的发展充满信心，虽然他承认目标公司目前急需资金，但他也不至于为了拿到A公司的投资使自己承担连带责任的法律风险；其次，目标公司虽然存在上述两方面被迫退市的风险，但上述风险转变成现实风险的可能性不大，他相信其带领的管理团队能把公司股价在短期之内提升上去。在中国，很多股权投资项目中，特别是私募股权投资中，公司或公司控股股东为引进新的投资人通常都需要对新投资人的投资承担连带责任担保和回购股权的义务。因此，笔者认为，只要该董事同意为A公司的此次投资提供连带责任保证，而且一旦发生违约事件后，该董事本人有足够的能力履行其担任责任，那对A公司来说，其投资风险便可以大大降低。但后来当讨论到如何具体操作时，各方发生了分歧。该董事提出，由于该回购和担保行为是其个人行为，为了不把事情复杂化，要求在SEC网站上不披露该《担保和远期回购协议》。同时，A公司同意该董事提出的不披露该协议的要求。作为本次交易的律师，作出代理人，如果A公司决定不披露该协议，笔者也无法左右委托人的决定。笔者认为，只要如实向A公司披露了相关风险并尽到了勤勉义务，那就应视为已按约履行了代理职责。但让笔者没有想到的是，由于中美法律的巨大差异，如目标公司未按美国证券法和SEC规则披露该《担保和远期回购协议》，A公司及本次交易的相关方可能面临重大法律风险。

（一）目标公司未披露《担保和远期回购协议》的法律风险

美国SEC规则明文规定，需要披露的重要信息包括任何形式的“合同、安排、协议、关系以及其他任何方式……”包括口头约定，或者现存或将来的约定。从上述规定可以看出，美国SEC对披露内容要求非常广泛，包括以任何形式达成的合同、协议、安排等重要信息，以此防止上市公司董事会钻法律漏洞不履行披露

义务。该条非常明确地指出任何有关本次股份认购达成的“合同、安排、协议、关系以及其他任何方式”的重要信息都要进行披露，包括该董事与A公司指定的关联企业签署的《担保和远期回购协议》。如果目标公司不披露该协议，A公司作为此次股份的认购方及本次交易的其他相关方将会面临如下法律风险：

1. 美国SEC会传唤A公司以及A公司的负责人、管理人，要求说明并证明为什么在这次认购中会出现未揭露的重要信息。

2. 如果未能向美国SEC举出有力证据证明A公司与不披露事件无关，美国SEC会对A公司提起行政诉讼，处以罚款以及禁止A公司和其子公司、孙公司在一定期限内在美国证券市场进行任何商业活动。上述诉讼还可以针对A公司负责人和管理人个人提起。也就是说，违反美国证券法和SEC规定，除追究A公司责任外，还可以追究任何负责人和管理人的法律责任。如果被美国SEC提起诉讼，对A公司或其负责人、管理人所处罚金将很可能远远超过此次的投资款，禁止从事证券市场活动的期限可以是无期限的。

3. 根据证券法规定，任何投资人在A公司与目标公司交割完毕以后，在资本市场购买目标公司股票时，未得到关于《担保和远期回购协议》的相关信息而未能做出理性投资决定并因此遭受损失的，则上述投资人都有权利对目标公司以及A公司提起个人私益诉讼或者是集体诉讼。如果被提起集体诉讼，或者多个投资人进行个人私益诉讼的，A公司败诉的可能性非常高，审判法院判决的惩罚性赔偿金额很可能会远远超过此次A公司的总投资款。

4. 由于本次交易中，A公司分别在离岸法域设立了两层离岸公司，即A公司并非直接的投资方，而是以其设立的离岸公司作为直接的投资方。原本设立上述两层离岸公司的目的之一就是为A公司隔离法律风险。但美国律所认为，即使A公司以其在离岸法域设立的子公司或孙公司名义进行此次投资，A公司作为祖母公司也可能因此承担法律风险。因为美国证券法和SEC的规定被故意写得很宽泛，包括了所有的关联企业都可以被审查和被诉讼，以此来防止投资者通过设立离岸公司可以逃避相关法律责任。

5. 除了境内投资者A公司或其关联企业、负责人和管理人可能遭到美国SEC提起行政诉讼和投资人提起民事赔偿诉讼外，根据SEC交易规则规定，甚至为本项目提供法律服务的律所和律师都可能会因此被遭受损失的其他投资人起诉要求承担相应的法律责任。这些责任和赔偿通常来自于民事诉讼，严重的甚至是刑事诉讼。因为其他投资人看到A公司的关联企业认购了目标公司发行的大量股份,他们认为目标公司可能会有重大新项目,所以也会跟着A公司的关联企业一起大量购买目标公司的股份,但他们并不知道该董事与A公司或其关联企业签署了《担保和远期回购协议》。如后续目标公司的股价不涨反跌,从而致使其他投资人遭受重大损失的,当他们后来知道该董事与A公司或其关联企业签署了《担保和远期回购协议》未披露时,他们势必会将本项目的相关方,包括A公司或其关联企业、负责人、管理人,甚至是参加本项目的会计师与律师一起作为被告提起民事诉讼。虽然最终这些投资人不一定能赢得诉讼,但他们深知律师事务所耗不起时间和成本与他们诉讼到底,很多情况下律所不得不做出妥协,而以和解的方式结案,从而可能使为本项目提供法律服务的律师事务所和律师遭受重大损失。

(二)风险防范措施

鉴于未披露《担保和远期回购协议》对参与本次交易的相关方存在的重大法律风险,笔者和美国律所以及目标公司的美国法律顾问进行了多次沟通,并向A公司建议:一方面,A公司的关联企业在《股份认购协议》中明确要求目标公司披露《担保和远期回购协议》;另一方面,目标公司在8-K表中对《担保和远期回购协议》的主要内容进行充分、完整地披露。这就完全满足了美国证券法和纳斯达克证券交易所交易规则的相关规定,A公司将不用承担披露方面的法律风险。

如果A公司按上述要求在《股份认购协议》中明确要求目标公司披露《担保和远期回购协议》,但是目标公司没有按上述约定履行披露义务。此种情况下,美国证监会除了对目标公司进行处罚以外,同时也会传唤A公司和其负责人、管理人进行问话,证实是否A公司与目标公司在交易之初是有过任何形式的秘密协定,使A公司其实知道目标公司不会对《担保和远期回购协议》进行披露。这时证监会会假设A公司跟目标公司存在秘密协定,然后要求A公司举出足够证据证明自身的清白。此种情况下,少有公司或者是个人能在美国证监会的调查下全身而退。基于上述风险,笔者和美国律所商量后,为了进一步降低法律风险,笔者建议:由目标公司的法律顾问就本次交易的合法性出具法律意见书,在该法律意见书中写明,A公司或其关联企业已要求目标公司如实披露《担保和远期回购协议》,以此证明目标公司最终未向美国SEC披露《担保和远期回购协议》是其单方原因,A公司已尽到勤勉义务。此种情况下,A公司的法律风险可以降到最低程度。

在美国,目标公司股东或董事向投资人提供担保以为其投资进行兜底的方式也很常见，法律是允许的。但由于目标公司是上市公司，其就必须要向 SEC 进行真实、充分披露，不披露就可能存在上述法律风险。这也反映美国证券交易所制度最基本的原则，就是真实、充分披露原则。只要真实、充分披露了，即使后续出现任何风险，公司及相关人员就能免责。笔者曾帮助一家境内大型国企赴我国香港特区发行债券，在审阅券商草拟的发债说明书时，就发现境内外机构对信息披露的完整性和充分性的理解方面存在很大区别。从惯常思维角度出发，认为风险披露过多、过度可能会影响投资者的投资信心，所以认为少披露一些风险为好。但境外律所认为风险披露得越充分越好，而且是尽可能地把所有假设的、发生几率非常小的风险都要考虑进去，后续万一出现这些风险，发行人因已尽到充分、完整的披露义务而免责。

通过未披露《担保和远期回购协议》存在的重大法律风险分析，让笔者对美国法律规定的完善和实际执行的严苛程度有了更深刻的理解。美国证券法为什么规定“任何人”，其目的就是故意把范围规定得很宽泛，任何人想通过任何方式违反或规避法律，都可能会遭受严惩，使得所有的企业或个人都不敢以身试法。

在对待披露与不披露的选择上，A 公司、目标公司该董事的处理方式和美国律所的处理态度截然不同。A 公司和该董事是想方设法去规避和绕开法律；但美国律所的态度是在遵守法律规定的前提下找到解决方案，从而把相关方的法律风险降到最低。A 公司这种解决问题的方法在国内也许行得通，但在美国可能会付出沉重代价。因此，笔者建议：境内企业走出去过程中，一定要学会遵守投资目标国(地区)的法律法规，这样才能使得其在境外投资的合法权益受到法律的保护。同时，还要遵守国际惯例、规则和契约精神，这样才能被目标公司和合作伙伴信任与认可。

三、关于认购附有限制性条件(Restrictive Legend)股份的法律风险分析

限制性股份是指投资者通过认购由目标公司通过定向增发的方式向投资者发行的未在 SEC 上进行注册登记的股份，或者从目标公司的关联企业收购的股份。下文中，笔者将对出售或转让限制性股份需满足的条件和移除股票凭证上的限制性内容的程序和具体要求进行介绍。

(一)限制性股份出售需满足的条件

根据 1933 年美国证券法 Rule 144 规定，限制性股份只有在满足规定条件且将限制性内容从股份凭证中移除后才能通过公开市场自由转让。Rule 144 规定

了如下 5 项需满足的条件:

1. 持有期限

如果发行股份的目标公司是一个报告型公司(Reporting Company),则投资者必须持有标的股份至少达6 个月;如果是一个非报告型公司,那投资者必须持有标的股份至少达 1 年。上述期限自买卖双方完成股份交割、买方支付了认购价款之日起算。

2. 信息披露要求

投资者在出售其持有的限制性股份之前,应通过公开途径充分、完整地披露相关信息。如果是报告型公司,则要求目标公司进行了定期的报告;对非报告型公司,要求目标公司披露了其业务性质、高管人员和董事的身份信息、财务报表等有关目标公司的重要信息。

3. 交易量要求

如果投资者为目标公司的关联企业,投资者在任何 3 个月期限内销售的股份不得超过目标公司发行的同类股份的 1%。如果拟出售的股份为交易所上市交易的股份,则投资者在任何 3 个月期限内销售的股份不得超过目标公司发行的同类股份的 1%,或超过自提交 144 表格出售通知之前 4 周内每周的平均交易量。

4. 符合市场交易规则

如果投资者为目标公司的关联企业,则股份出售必须按通常的市场交易规则出售,经纪人收取的佣金水平不得超过市场平均水平。

5. 向 SEC 提交拟出售股份通知

如投资者为目标公司的关联企业,且销售的股份达5000 股以上或 3 个月内合计销售的股份金额达50,000 美元以上,则投资者必须向 SEC 提交拟出售股份通知。

上述5 个项目条件中,第 3 ~5 项目都适用于投资者为关联企业的情形,如投资者不是关联企业,则其限制性条件主要是持有期限与充分的信息披露要求。

(二)移除股票凭证上的限制性内容的程序和具体要求

在本次交易中,A 公司并非目标公司的关联企业,其通过定增方式认购的目标公司发行的股份为附有限制性内容的股份。这就意味着禁售期届满后未移除限制性内容之前,其出售或转让标的股份时,只能自己找到买家后通过私募的方式转让,而不能在交易所通过公开交易的方式进行转让,该限制性条件使其持有的上述股份的价值大打折扣。根据 Rule 144 规定，A 公司应持有标的股份至少 1 年后才能转让，但 1 年禁售期届满后，投资者如想通过公开市场出售其股份，则其还必须首先将该股票凭证上的限制性内容移除后，标的股份才可以通过交易所公开进行交易。但移除限制性内容程序和要求相当复杂，为了让大家对移除限制性内容的程序与要求有更为详细的了解，现笔者将信息介绍如下：

1. 移除限制性内容应由股票过户代理人进行操作，但股票过户代理人移除限制性内容必须获得目标公司的同意，通常的操作方式是目标公司聘请其法律顾问就移除限制性内容的合法性出具法律意见书，股票过户代理人只有在获得目标公司法律顾问出具的移除限制性内容符合法律规定和 SEC 规则的肯定性法律意见书后才能移除限制性内容。

2. 如果限制性内容只写了“限制性股票”，那么根据美国法律规定该股票是否需要通过董事会决议移除限制性内容才可以转让？

一般情况下，Legend 限制性内容不会简单写上“限制性股票”。通常情况下，后面都有一小节文字来阐述这个限制内容具体是什么。为了让股票在公开市场自由交易，前提是必须把 Legend 限制性内容移除。但是移除限制性内容是否需要董事会批准，投资者与目标公司双方可以协商确定，没有法律规定必须要董事会决议才能移除限制性内容。但实务中，移除限制性内容一般都需要通过目标公司董事会决议，因为移除限制性内容需由目标公司的法律顾问出具法律意见书，当目标公司的法律顾问出具法律意见书时，一般都会首先要求提供目标公司董事会决议，以证明该行为已获得目标公司董事会的批准。因此，为了避免在符合移除限制性内容的各项条件后，因目标公司自身或其法律顾问出具法律意见书或股票过户代理人办理移除限制性内容手续时出现障碍，建议 A 公司在认购协议中设置相应条款约定，在符合移除限制性内容的条件后，目标公司董事会必须通过董事会决议，并尽最大努力使其法律顾问出具移除限制性内容符合法律规定的法律意见书，从而使股票过户代理人在获得该法律意见书后能将限制性内容尽快移除。

3. 如果限制性内容没有约定期限，而只约定了该限制性内容的同意要经过目标公司董事会决议和律师出具法律意见书来移除限制性内容，在该种情况下，会不会有董事会迟迟不作出决议和律师不出具法律意见书而导致无法移除限制性内容而使股份无法转让？

从理论上来说，可能存在上述风险，但实务中上述风险很少发生。为了防范该风险，笔者建议在认购协议中约定，标的股份禁售期过后，目标公司董事会应尽快作出决议且其律师应出具法律意见书给股票过户代理人，以帮助A公司移除限制性内容。如果目标公司董事会迟迟不作出决议或其律师迟迟不出具法律意见书，A公司可以提起诉讼，要求目标公司承担违约责任。一般情况下，对诉讼进行辩护和承担违约责任的成本将远远大于出具董事会决议和让其律师出具法律意见书产生的成本，所以目标公司应该不会为了故意不做董事会决议或者不让律师出具法律意见书而承担后续更大的违约责任。

4. 当《担保和远期回购协议》约定的担保责任条款促发，如目标公司该董事个人无能力履行担保责任而导致A公司不得不通过出售股份而减少损失时，在该种情况下，A公司对外转让股份是否需要经目标公司董事会作出决议和需要履行其他程序？

如果该董事个人无法履行担保责任，A公司需要抛售股份减少损失的，标的股份仍需要移除限制性内容以后才能在公开市场上进行自由交易。这就回到了上述介绍的流程，需要在目标公司董事会作出决议且其律师出具法律意见书后，再由目标公司的股票过户代理人完成有关移除限制性内容的相关手续。

5. 如A公司对外转让股份，目标公司章程规定了股东优先购买权，是否可以要求目标公司现有股东放弃优先购买权？

如A公司拟转让标的股份，A公司章程规定了股东优先购买权，则需要A公司现有股东放弃优先购买权后A公司才能将标的股份转让给第三人，但这种情况非常罕见。一般情况下，上市公司的章程中不会有优先购买权条款，因为该规定违背了股票自由交易的基本原则。如目标公司章程有优先购买权条款，即使去掉了限制性内容的股票还是无法进行自由交易。此种情况下，目标公司发行的股票的价值则更低了，因为交易限制越多股票的价值越低。

四、目标公司法律顾问针对本交易的合法性出具法律意见书的必要性与作用分析

由于本次交易的时间很紧，为了在约定时限内完成交割，A公司与目标公司约定采取虚拟交割的方式，即买卖双方通过邮件传签完成交易文件签署，并在签署交易文件后，由目标公司完成在SEC上的披露程序。但A公司担心：(1)如何确保本次交易及交易程序的合法性和有效性？(2)如何确保在交易文件上签字的人是适格的被授权人以及在交易文件上签字的人就是被授权人本人的签名？

(3)本次交易中目标公司的董事为目标公司提供保证担保及远期回购股份担保是否合法?(4)本次A公司认购的是附有限制条件的股份,在禁售期届满后如何合法移除限制性内容?为了"一揽子"解决上述问题,笔者经和美国律所商量后,建议要求由目标公司的法律顾问针对上述问题以及本次交易涉及的其他重要问题出具正式的法律意见书。境外投资与收购中,由目标公司所在国(地区)的律师事务所针对交易与交易流程的合法性或对交易中某些重要问题的合法性出具法律意见书是交易双方通常采取的方式。在选择出具法律意见书的律师事务所时,建议尽可能选择规模较大、诚信度好的律所,特别是当标国是发展中国家或欠发达国家时,委托一家专业水平高和诚信度好的律所出具法律意见书则显得更为重要。但在欧美等发达国家,由于其国内法制比较健全、律师的执业操守良好,律所的选择范围会更广一些。境内外律师在安排交易流程与时间节点时,就应将出具法律意见书的时间考虑进去。因为律所出具法律意见书都很慎重,需要对交易的整个流程、所有交易文件、交易架构设计等方面的内容都了解清楚和目标公司提供充分资料的基础上才能出具。考虑到交割时间的紧迫性,目标公司需要提前聘请律所和其沟通有关出具法律意见书的事情,从而使得交易的交割不会因此受到影响。本项目中,笔者建议要求目标公司聘请律所对交易与交易流程的合法性,目标公司提供保证担保与远期回购保证、移除、交割前置条件的满足、交割的合法性等重大问题出具正式的法律意见书,从而确保整个交易的真实性、合法性和有效性。

虽然A公司投委会对本次交易的商业风险、法律风险、财务风险进行综合分析和评估后,考虑到目标公司存在较大的退市风险,以及对目标公司持续经营能力的担忧,最终A公司放弃了此次认购。然而,笔者在处理本次交易过程中对各交易环节风险的准确把控,以及为A公司提供的专业法律意见为其最终做出理性的判断提供了重要参考。每一个境内投资者当遇到好的境外项目时,都希望能够快速、顺利完成交割。但据统计,大部分中国企业的境外投资都是以失败而告终,更多境外投资是在完成交割后,因为未能成功整合或其他原因而遭受更大的损失。所以笔者认为,境外投资中境内投资者应以最美好的憧憬和最坏的打算推进交易,时刻都要保持强烈的风控意识,并借助专业中介机构的力量,把控好境外投资与收购中的各项法律风险。笔者经常说,境外并购就是一场无硝烟的"战争",看似风平浪静,但其中却潜藏着各种"隐形地雷",稍有不慎,可能就会损失惨重。

第三节　资产收购及案例解析

一、资产收购风险防范要点

近几年,中国境内企业到境外收购资产主要集中在矿产能源、房地产、高新技术与高端品牌等领域。由于收购的目的不同,对于境内投资者来说,其重点关注的法律风险也会不同。但总的来说,境内投资者选择资产收购方式时,应主要关注如下几个方面的法律风险:

(一)资产权属的真实性与完整性

对于境内投资者来说,首先需要关注的是境外资产权属的真实性,即卖方对标的资产是否拥有完整的所有权或处置权,比如卖方是否拥有拟出售矿产许可证、房地产、专有技术、专利、商标等的完整所有权或处置权。如果卖方只是标的资产的共同所有权人,则其需要获得其他共同所有权人的一致同意才可以出售;如果其不是依法登记的所有权人,则其处置标的资产将存在重大风险。为了确认卖方拥有标的资产的所有权,境内投资者需要到标的资产的登记机关进行查询与确认,比如到矿产资源管理机构查询矿产许可证的真实性,到房屋管理局查询房屋产权证是否真实有效,到知识产权管理机关确认拟转让知识产权的权属真实性等。除了标的资产权属的真实性外,还需要确认标的资产权属是否存在权利限制情形,比如标的资产是否已对外进行了抵押、质押或存在已被法院查封等情形。如标的资产存在法律权属上的重大瑕疵,那境内投资者肯定不愿意冒这样大的风险去收购上述标的资产。

(二)资产价值风险

无论是收购矿产、房地产,还是专有技术、专利、商标等知识产权,境内投资者如何准确评估标的资产的价值是一件很不容易的事情。国际比较通行的做法是聘请专业的评估公司对标的资产的市场价值进行评估,并作为境内投资者收购标的资产价格的参考。但在实务中,很多情况下,卖方不一定会给予买方充分的时间对标的资产的价值进行专业评估。此种情况下,境内投资者只能凭经验对标的资产的价值进行初略的评估,但经验判断的可靠性和准确性很难比得上专业评估机构通过科学和客观的评估方法作出的评估结果。即使境内投资者有充分的时间对标的资产进行评估,但受限于卖方提供的数据和资料以及市场波动等因素的影响,专业评估机构也无法对标的资产真实市场价值作出准确的评估,特别像矿产、房地产的价值易于受市场大环境因素的影响,评估结果只能作为收购价格的参考。

(三)税收法律风险

不同于股权收购,资产收购可能需要缴纳很高的税费。对于卖方来说,其可能因为资产大大增值而需要缴纳高额的增值税和所得税。对于境内投资者来说,其担心卖方持有标的资产的过程中是否已经按照适用法律的要求依法向税务部门缴纳了税款。如果卖方存在偷税、漏税的违法行为,在收购标的资产时境内投资者没有发现,则后续该偷税、漏税行为被税务机关发现后需要补交高额的税费。因此,境内投资者需对卖方是否已经依法缴纳了税款进行尽职调查,以发现潜在的税务风险。此外,境内投资者还需要对后续其再次转让或处置标的资产时如何有效降低税赋进行事先筹划,比如境内投资者首先要在“免税天堂”设立离岸公司或控股公司,以达到降低或免除后续转让时需要缴纳高额税款的风险或起到递延税款的作用。

(四)目标国法律法规限制性规定

很多境内投资者到欧美国家收购专利、高新技术、知名品牌等知识产权的目的是想将上述知识产权转移到我国境内,并通过我国广阔的市场从而使其收购价值最大化。但欧美国家的法律法规对外国投资者收购其国内高新技术、专利等可能作出了限制性规定,禁止或限制某些高新技术的出口或转让。因此,境内投资者在收购之前,应了解清楚标的知识产权是否存在上述限制情形。此外,目标企业担心中国投资者收购目标公司的目的是为了获得某些高新技术,他们认为一旦中国境内投资者获得了其想要的高新技术,便会关闭某些工厂,从而会导致很多人失业,所以目标公司一般会在收购协议中约定清楚,境内投资者收购目标公司后一定年限内不得转让目标公司的高新技术、专利、品牌等知识产权。比如,美的收购德国机器人库卡公司时,库卡公司就要求若干年内美的不得转移其知识产权。此种情况下,境内投资者就要考虑清楚是否接受上述附加条件,因为上述附加条件很可能直接导致境内投资者收购目的的落空。

二、资产收购案例解析

为了让大家对境外资产收购中的法律风险要点进行准确把控,笔者下面分享曾处理的一宗境外矿产收购案例。

（一）收购市场背景和签署收购意向协议

中国企业为了加强在全球布局和整合产业链，前10年中国企业的境外收购主要集中在矿业、能源等资源类行业。根据商务部公布的数据，2013年中国企业在境外的矿业投资同比增长达83%，投资金额达248亿美元。[①] 在此背景下，很多境内企业特别是矿业企业开始纷纷到境外寻找矿业投资和收购项目，收购目的地主要集中在澳大利亚、非洲、南美等地区与国家。某一西南大型矿业企业（以下简称A公司）一直在境外寻找矿业收购项目，并已经在境外投资、勘探和开采过诸多矿业项目，通过其国际化的销售网络，在境外矿业市场已经建立起了勘探、开采、销售一体化的平台。A公司经过一段时间的跟踪与了解，其在圭亚那发现了一处可能潜藏巨大锰矿储量的矿山。该矿山的勘探与开采许可等权利为一家在圭亚那设立的矿业公司（以下简称M公司）拥有。2011年，M公司与圭亚那政府、圭亚那地质矿业委员会（以下简称委员会）签署《矿产协议》，从圭亚那政府和委员会获得该矿山的勘探、开采等权利。经与M公司多次沟通，其同意将合法拥有的该矿山的4份勘探许可证、地质图片、钻孔、开采计划、相关报告、数据、专有技术以及其他与该锰矿相关的资产、基础设施、设备（以下简称本项目）转让给A公司。M公司聘请了专业矿业服务公司对本项目进行了可行性调研，并出具了可行性研究报告（以下简称《可行性研究报告》）。该《可行性研究报告》载明：

1. 该锰矿项目由4份勘探许可证（“勘探许可证”）和2份地质理调查许可证（“物理调查许可证”）构成，上述6份许可证均由M公司持有。

2. 2013年2月，M公司宣布了该锰矿矿床无限、已测定以及已推定矿产资源总量达3240万公吨，含锰14.0%。根据这些无限、已测定及已推定矿产资源，对已探明的矿产储量进行了估算，验证了资源到储量的转化率可达81%。

3. 在过去5年里，锰矿生产以5.9%的复合年增长率增长。2012年，锰矿的世界生产毛重达到4930万公吨，转化重量为1620万公吨。与2011年的全球产量相比，呈现出1.9%的同比增长率。随着矿山的扩建以及新项目进入市场，中期供货预测，直到2017年，锰矿生产会持续以4.4%的复合年增长率增长，产量

---

① 《中国海外矿业投资2013年同比增长八成》，载 http://energy.chinairn.com/news/20141021/145909974.shtml，2018年10月1日访问。

会达到6110万公吨。

4. 根据预测，该锰矿项目内部收益率为15.7%，回报期为4.4年。

A公司基于《可行性研究报告》对该锰矿项目权属的真实性、锰矿储量的高转化率、全球及中国市场对锰矿产量不断增长的需求，以及该锰矿项目良好的内部收益率等方面的分析意见，认为从商业角度看，本项目具有很好的市场前景，经过2年多的调研与市场跟踪，初步确定本项目符合A公司拟收购的项目要求，有意向从M公司手中受让本项目，并与M公司签署了《收购意向协议》（以下简称《意向协议》）。《意向协议》对收购时间安排（包括尽职调查时间、正式交易文件准备与签署时限、交割日期）、收购价款、收购前提条件与协议终止情形等核心条款内容作出了明确约定。

（二）法律尽职调查

当A公司通过商业上的可行性调研初步确定拟收购本项目后，A公司找到笔者团队。一开始其并没有打算对该项目进行法律尽职调查，仅要求笔者审查和修改双方拟签署的《资产收购协议》及其他交易文件。通过与A公司见面沟通、审阅其提供的材料和圭亚那的矿业法案、环境保护法案等有关矿业的法律法规后发现，虽然M公司已委托专业机构对该项目进行调研并出具了《可行性评估报告》，但该报告主要从商业可行性的角度进行分析，很少涉及法律层面的调查与分析，其中潜藏的法律风险很大。而且该项目涉及标的金额达1亿美元之巨，如果没有作法律尽职调查便完成交割，对A公司来说风险是巨大的。经反复与A公司进行沟通和法律风险提示，其同意对该项目进行法律尽职调查。由于矿业项目的法律尽职调查相当复杂，加上该项目位于圭亚那，约定适用的法律也是圭亚那法律，根据笔者的经验，要想全面把控风险，需要圭亚那和境内律师的密切合作才可能完成对本项目的法律尽职调查。根据A公司与M公司商量的时间表，离签署《资产收购协议》的时间只剩下3周左右了，要想在如此短的时间内对该项目进行详尽的尽职调查几乎是不可能的了。因此，笔者与A公司及圭亚那的合作律所商量后，A公司同意对该项目作核心内容的法律调查，包括M公司设立和存续的合法性，确认4份勘探许可证和2份物理调查许可证的真实性及是否存在权利限制情形，圭亚那法律对M公司转让上述许可证是否有特别限制性规定，圭亚那有关矿业勘探、开采、矿产品销售等方面的税收法律规定，以及矿产开采过程中A公司或关联企业应该遵守的法律规定（比如环境保护法）等内容进行调查。以防范该项目存在重大法律瑕疵，从而对A公司在收购完成后的具体开采过程中可能存在的重大法律风险进行识别，并在《资产收购协议》中设置相关条款对可能存在的风险进行规避或转移。由于法律调查的时间相当短，调查的工作量相当大，且该项目位于圭亚那，为了有效完成法律调查，笔者团队和圭亚那当地的合作律所分工合作，圭亚那当地的合作律所负责向相关政府机关查询，具体资料的审阅由境内律师团队负责，调查过程中与圭亚那律师保持及时沟通。通过尽职调查，笔者团队核实了重点关注的相关问题及发现本项目存在如下重大法律风险：

1. 四份勘探许可证的有效期为3年，根据《圭亚那矿业法案》规定，勘探许可证可申请2次展期，每次可展期一年。每次申请展期时，M公司应向委员会提交一份工作计划和下年度资金预算计划，并对M公司在许可第一年度在工作计划上的最少花费金额作出了明确规定，许可期内后续年度资金预算应经委员会批准后执行。勘探许可证有效期内，M公司应按规定每年向委员会缴纳租金。《圭亚那矿业法案》规定：如果M公司未履行勘探许可证规定的条件，未遵守该法案或其他法律规定，或未按该法案规定和勘探许可证的规定支付租金及其他约定费用；则经圭亚那政府部长批准后，委员会有权撤销上述勘探许可证。由于M公司未提供其已根据《圭亚那矿业法案》和勘探许可证规定履行了上述各项义务，致使对上述勘探许可证是否合法有效无法作出判断。

2. 根据《圭亚那矿业法案》和勘探许可证规定，委员会应获得政府部长批准后，方可签署有关授予勘探许可、开采许可或对确认上述许可条件的矿产转让协议，以及转让或转租勘探许可或开采许可项下的任何权利。因此，如果M公司转让其持有的勘探许可证及其相关权利，则应获得政府部长及委员会的同意。而M公司并未提供任何资料证明其转让勘探许可证的行为已经获得了政府部长和委员会的同意，因此其转让勘探许可证的行为存在无效的法律风险。

3. 在M公司获得本项目的勘探许可证及其他相关权利后，国际锰矿价格持续走低，使得M公司勘探本项目锰矿的工作计划严重滞后。在M公司两次展期后，M公司再次向委员会申请延期。根据勘探许可证载明的内容，只有在特别情况下并经政府部长批准和委员会董事会审批同意后，才能准予延期。根据委员会向M公司的回函，其并未表明M公司的展期申请已获得委员会和政府部长的批准。因此，如果M公司的展期申请未能获得上述批准，则很可能存在相关勘探许可证失效的法律风险。

4. 如勘探许可证仍然有效，勘探阶段则不需要额外的批准程序，在勘探阶段的任何时间，一旦M公司觉得资源和储量估算以及可行性研究正当合理的时候，都可以申请采矿许可证。但在开始采矿之前，被许可方必须获得环境保护局颁发的环境许可。而本项目能否获得环境保护局的环境许可，存在一定的风险。

5. M公司应优先雇用圭亚那公民从事各个层面的作业，只要此等人员可以从当地招聘、符合资格条件并且同等地适合该工作。M公司应在采矿许可证发证后，尽快为本项目制定详细的培训方案，以确保培养出可胜任公司作业各个层面的合格圭亚那员工。培训方案可包括生产技术、维护技术、财务技能、人事管理技能和国际市场营销技能方面的内容。公司在编制和实施培训方案时，应促使委员会、圭亚那大学、政府和政府技术研究所参与合作。M公司应在每一财政年度结束后90日内，向委员会提交一份报告，说明为本项目之目的而进行的圭亚那公民雇用工作的实现进度，包括目标尚未实现，圭亚那公民尚未担任职位的说明，寻找胜任此等职位的合格圭亚那公民所采用程序的说明、培训方案，在填补这些职位方面所取得的成效或进度的评估等。上述要求优先雇用圭亚那公民将对M公司作业人员的招聘存在相当大的限制，且上述培训方案的实施将会增加大量的成本。

6. M公司草拟的《资产收购协议》对A公司来说存在诸多风险，比如M公司免除其自身的很多责任，将很多风险转嫁给了A公司，对A公司权益的保护条款极为缺乏等。

除了上述重大法律风险外，尽职调查中还发现了有关税收、外籍员工招聘限制、设施设备与原材料采购限制、资本与利润汇出障碍、矿产销售限制等方面的风险。

(三)风险防范建议

基于上述法律尽职调查发现的法律风险，笔者向A公司制定了全面的风险防范建议。

1. 搭建交易架构

建议A公司在离岸法域设立一层以上离岸公司，然后再以上述离岸公司在圭亚那投资设立全资子公司，作为本项目的收购主体。这样的交易构架主要具有如下作用：

(1)为A公司搭建风险防范“防火墙”。即在A公司与收购主体之间设立了一道风险防范的“防火墙”，如后续本项目发生重大法律风险，A公司不会因此被追诉。

(2)为A公司进行有效税收筹划。由于离岸法域不征收利得税,或只征收很低税率的利得税,该交易构架能帮助A公司后续开采锰矿成功后销售锰矿获得的利润所得免交利得税或只缴纳很低的利得税。

(3)便于后续A公司退出。当A公司后续转让本项目时,其可以通过转让离岸公司持有的圭亚那子公司的股权而便利实现退出。根据《圭亚那矿业法案》规定,如A公司转让本项目,需获得政府部长和委员会的同意方为有效。如A公司通过在离岸公司层面转让股权,则可以规避上述审批程序。

(4)符合圭亚那法律要求。圭亚那矿业法律要求持有本项目主体是在圭亚那注册成立的独立法人实体,因此,除了在离岸法域设立离岸公司后,还需要再在圭亚那设立一层全资子公司,以符合圭亚那法律的要求。

2. 与圭亚那政府、委员会和M公司签署《矿产协议》的转让协议或更新协议

根据《圭亚那矿业法案》规定和《矿产协议》约定,M公司转让本项目应获得政府部长和委员会的审批,未获得上述审批之前,M公司向A公司转让本项目的行为是无效或效力待定的行为。鉴于此,笔者建议要求M公司、圭亚那政府、委员会及A公司或其在圭亚那成立的子公司共同签署《矿产协议转让协议》或《更新协议》,并在其中约定如下内容:

(1)圭亚那政府部长、委员会同意M公司将其在《矿产协议》项下的全部权利与义务转让给A公司或其在圭亚那成立的子公司,同意将M公司持有的勘探许可证转让给A公司在圭亚那成立的子公司。

(2)在M公司缴清勘探许可证的租金后,圭亚那政府部长、委员会批准M公司关于勘探许可证的展期申请,并确认勘探许可证的法律效力。

(3)在探矿与开采阶段,本项目不就A公司为本项目直接进口的物资、设备、材料缴纳任何税款,包括关税、增值税和任何其他直接或间接税款。对于A公司所使用的任何车辆、设备与材料,无须支付任何许可费、酬金、税款和其他费用。商业生产开始后,A公司将对生产中所使用的石油产品缴纳10%的消费税。适用A公司的企业所得税税率应为优惠税率。

(4)考虑到A公司会委派高管和技术人员到圭亚那负责本项目的勘探、开采与管理工作,建议明确本项目招聘的所有外籍员工的收入所得享受优惠个人所得税税率,外籍员工在缴纳个人所得税后,有权汇出所得收入。A公司应有权将投入到圭亚那的所有资金以及在圭亚那赚取的所有利润汇给圭亚那境外的人员,同时不受任何类型的限制。

(5)为防止圭亚那政府对A公司开采的锰矿产品销售等作出限制,建议约定A公司应有权不受任何限制地把在采矿区开采的锰矿出售到圭亚那境外并在圭亚那境外储存、租赁、出售、让与或以其他方式转让,并且免于承担支付与此相关的任何费用或税款。

(6)为了防止圭亚那政府颁布新的法律、修改或废除现行法律从而妨碍或限制A公司享有或行使权利,建议约定如果圭亚那政府在本协议期限内的任何时间颁布、通过任何新的适用法律或修改、废除任何现行的适用法律,同时此等行为会妨碍或限制A公司行使协议项下的任何权利或严重增加A公司履行协议项下义务的负担,则圭亚那政府同意采取必要措施,以恢复未采取此等行为时A公司本应所处的状态。

(7)为了防止圭亚那政府对A公司实施国有化或类似措施,建议在协议中约定,圭亚那政府不得采取任何没收任意财产、权利、权益或使其国有化的行动,不论是使其具有没收、国有化特征或其他特征,还是直接或间接剥夺A公司的此等财产、权利和权益。

(8)由于圭亚那政府是协议一方,为了防止在发生争议后,其以享有主权豁免权为由对抗仲裁裁决或法院判决的执行,建议在协议中约定,圭亚那政府特此明确且不可撤销地放弃针对以下各项的主权豁免权:根据协议约定作出的任何仲裁裁决的执行,或者任何具有有效管辖权的法院做出任何判决的执行。

(9)为了防止当A公司后续转让本项目时圭亚那政府作出无理限制,建议在协议中约定,A公司事先获得圭亚那政府的书面批准后,可在任何时候将其在本协议项下的全部或部分权利和义务转让给第三方。政府不得无正当理由地拒绝批准,但受让方均应当遵守协议各项条款。

(10)A公司在后续开采本项目的过程中,为了减轻资金压力,其很可能将勘探许可证、开采许可证或本项目资产进行抵押或质押后获得融资。因此,建议约定A公司有权抵押、质押其不动产和动产或以其他方式对其动产和不动产设定担保权益,以确保能获得融资。

3. A公司与M公司签署的资产收购协议中设置条款防范风险

在境外资产收购中,卖方最为关注的是买方何时能把收购价款全部付清;而对于买方来说,关注的内容则要多得多,比如资产权属的合法性与真实性、资产的质量与价值、目标国的法律法规限制、付款前置条件等。由于《资产收购协议》由卖方草拟,笔者审查后发现该协议对卖方的陈述与保证内容、责任与义务约定

等内容都很简单,比较缺乏对买方权利保护的相关条款。根据尽职调查中发现的风险,笔者对该协议作出如下几方面的修改:

(1)在卖方的陈述和保证条款中,建议增加约定:

①卖方应按照其公司章程规定,通过适当股东会或董事会决议,获得签署该协议、交付协议项下资产和履行本协议约定义务的授权和权力;

②卖方签署本协议不得违反圭亚那法律、公司规章制度、矿产协议和其他协议约定的情形;

③卖方披露给买方的所有信息与资产均真实、准确,不存欺诈和重大失实的情形;

④卖方对本项目资产包括但不限于 4 个勘探许可证、专用技术、设施设备等均拥有完整的所有权,不存在抵押、质押或其他权利限制情形,且上述资产状态良好,符合行业标准并能正常使用;卖方持有的 4 个勘探许可证均合法、有效且可执行;

⑤卖方已根据圭亚那法律和《矿产协议》约定,向税务机关缴纳了全部税款,向圭亚那政府缴纳了许可使用费、租金及其他应付款项;

⑥卖方不存在未决重大诉讼/仲裁或诉讼/仲裁威胁,不存在未执行完毕的法院判决或仲裁裁决;

⑦卖方不存在因违反圭亚那法律(比如环境保护法)等法规规定或《矿产协议》约定而遭受相关政府机关行政处罚的情形。

(2)关于买方履行交割义务应满足的前提条件,笔者建议增加如下重要约定内容:

①圭亚那政府、委员会、M 公司和 A 公司在圭亚那成立的子公司已经签署《矿产协议转让协议》,圭亚那政府部长和委员会均同意 M 公司将本项目项下的四份勘探许可证及其相关权利转让给 A 公司或其子公司。

②A 公司已在委员会办理被许可方的变更登记手续,四份勘探许可证及本项目的其他相关权利的被许可方已登记为 A 公司在圭亚那成立的子公司。

③A 公司已获得中国境外投资监管机关的审批或备案。自 2016 年年末开始,商务部门、发改委和外汇局加强了境外投资的监管,因此获得上述监管机关的审批或备案作为买方履行交割义务的前提条款极其重要。但由于卖方对中国企业境外投资需要获得哪些政府机关的审批或备案,以及获得上述审批或备案的难度也无法作出评估,所以实务中卖方不一定会接受境内投资者提出的该项

要求。境内投资者就需要根据自己在谈判中所处地位的强弱,对是否将获得中国境外投资监管机关的审批或备案作为交割前提条件作出取舍。

④M 公司在转让协议中作出的陈述、保证与承诺在所有重大方面均是真实、准确且未存在违反转让协议约定的情形,M 公司已根据转让协议约定履行了过渡期内的所有承诺内容。

(3)关于买方向卖方支付收购款的时间与方式,考虑到当时外汇监管很严的现实情况,为了给买方留有足够的时间获得外汇额度和办理购汇、付汇手续,笔者建议收购款项分两次支付,第一次支付时间在交割后一定期限内,第二次在交割完成和买方获得本项目项下的所有许可证和相关权利后再支付。

(4)关于争议解决条款,《资产收购协议》初稿中并没有约定争议解决方式和争议解决机构,如发生争议,那该争议应提交圭亚那法院通过诉讼方式解决,该情形显然对 A 公司不利。因此,笔者建议选择在双方都能接受的第三国或地区的国际仲裁机构(比如我国香港特别行政区国际仲裁中心)作为争议解决机构,并通过仲裁的方式解决争议。

经过多轮谈判,圭亚那政府、委员会和 M 公司基本上都同意了笔者提出的上述法律建议。虽然谈判的过程比较艰难,但最终通过努力,有效为 A 公司把控住了重大法律风险。该收购案因此也被评为 2016 年中资十大境外矿业并购案例。[①]

(四)本案件代理经验与建议

从 A 公司委托到最终完成交割,只有不到 8 周时间。虽然最终完成交割,但过程并不是那么顺利,交易相关方经过了多次、反复的谈判与妥协后才最终达成一致。通过处理该宗收购案,笔者有如下几点经验与建议供大家参考。

1. 充分准备是境外投资与收购成功的基本要求

相比于境内投资与收购,境外投资与收购要复杂得多。由于目标企业或资产位于境外,一般适用目标国法律,加上境内投资者对投资目标国市场环境、社会文化、劳工文化、思维方式等方面的不熟悉,上述在境内投资与收购中不会存在的问题,在境外投资与收购中却潜藏着重大法律风险。因此,境内投资者就不能再以境内投资的商业逻辑和思维方式开展境外投资。很多境内投资者缺乏法律风控意识,未经充分准备和前期调研的情况下便匆忙“走出去”,在发现商机后

---

① 载 http://www.sohu.com/a/133090599499009,2018 年 10 月 1 日访问。

未经深思熟虑便匆忙作出投资与收购决定，最终在交割完成后的实务运营和管理过程中，因前期准备不足而留下的风险隐患逐渐显现出来，由于事先没有针对上述可能出现的风险制定应对方案，加上对境外法律法规不熟悉，一旦出现法律风险后，因未能找到有效的解决方案而一度陷入困境，很多境内投资者往往因此付出了沉重代价。A公司本次收购中，也出现了类似的情况。在做出收购决定之前，明显缺乏充分的准备。虽然在笔者团队介入后通过制定全面的法律风险防范方案，为其把控住了重大法律风险。但由于时间太紧，操作过程中也可能因为方案未周全而留下未能发现的法律风险。因此，建议境内投资者出海前，应搭建好境外投资与收购团队，对投资目标国市场情况、存在的各种风险进行充分了解，必要时聘请专业中介机构对目标公司或目标资产进行商业上的调查与可行性研究，并对可能出现的风险制定应对方案。充分的事先准备，才能让境内投资者在境外投资中始终把控主动权，从而做到游刃有余。

2. 尽早聘请中介机构介入，重视尽职调查的作用

聘请中介机构为境外投资与收购提供智力支持是项目成败的关键。根据项目大小与复杂程度的不同，中介机构的范围也会存在较大区别，但律师事务所与会计师事务所必不可少。根据笔者的经验，境内投资者越早聘请律师和会计师介入，越能把风险降到最低，其付出的成本也越低。遗憾的是，实务中经常看到很多境内投资者为了节约中介机构服务费，很多应该由中介机构出具专业意见的事项，境内投资者认为其不重要而省略了，当投资或收购项目后发生重大法律风险，境内投资者因此付出的代价往往是节约的中介机构服务费的几十倍。但遗憾的是，很多境内投资者往往在付出沉重代价后才充分认识到中介机构的价值与作用。笔者服务过很多外国大型企业和外资企业。在风险控制方面，境内外企业对中介机构的重视程度存在巨大区别。大型外国企业或外资企业每年都会按上年度公司营业额的1% ~3%的标准制定当年法律风控预算；但绝大部分境内企业都没有法律风控预算，更不用说有上述比例的预算，他们的理念是法律风控费用能省则省，往往是当企业发生纠纷后才想到律师。但其实一旦风险演变成纠纷后，无论是通过诉讼还是仲裁方式解决争议，最终都只会是两败俱伤，输与赢的区别只是损失的多少不同而已。

境外投资与收购中，风控的价值与作用更是重要。特别是欧美等发达国家，由于其法制健全且严苛，解决法律纠纷的成本相当昂贵，特别是在违反法律规定的情况下，其可能承担的法律后果将远远超出其守法支出的成本。因此，境内投

资者应尽早聘请中介机构介入。通过中介机构的专业服务,一开始就能为境内投资者防范好各种风险,并对可能发生的风险事先制定预防方案和应对方案,从而最大程度上保护境内投资者的合法权益和降低风控成本。A 公司在本次收购中,在其跟踪本项目长达 2 年,拟与 M 公司签署资产收购协议时才找到笔者,而且只留下了极为有限的时间去弥补之前遗留下的风控漏洞。在如此短的时间内,只能凭着其他类似项目的经验,为可能出现的重大法律风险制定防范方案,但不可避免会留下一些法律风险,交易过程中留下的风险漏洞只能在项目的实际运营和管理过程中进行弥补,但相比于事先提前防范产生的效果则要差得多,且成本也要高很多。

3. 搭建交易架构是境外投资与收购极为关键的一步

笔者在前文中对搭建交易架构的重要性进行了解析,但笔者在此仍要再次强调。由于境内投资者在国内投资很少涉及像境外投资和收购那样复杂的交易架构设计和搭建,所以境内投资者在境外投资和收购中对交易架构搭建的重要性往往缺乏充分的认识。交易架构具有防范风险、税收筹划、便于境内投资者后续退出等重大作用。因此,境内投资者要意识到交易架构搭建是境外投资与收购中必不可少的一步。毫不夸张地说,交易架构图就是境外投资与收购的总路线图。由于交易架构搭建可能涉及多层离岸公司设立,其需要花费较长的时间,而且国内境外投资监管机关会对“快设快出”的离岸公司进行严格审查,所以有境外投资与收购意向的境内投资者应尽早在离岸法域设立离岸公司,以便后续需要时能马上派上用场。A 公司本次收购中,由于来不及在离岸法域设立离岸公司,只能在收购协议中设置开口,约定后续在设立好离岸公司后,再将协议项下的相关权利与义务转让给离岸公司。这种后续弥补的方式操作起来要复杂很多,而且过程中还可能会产生一定的法律风险,这是笔者不建议采取的操作方式。

第四节　可转债认购及案例解析

境外投资除了股权投资外,债权投资也是境内投资者较为青睐的投资方式。与认购股份相比,对投资者来说,认购可转债的风险要小得多,特别是当境内投资者对目标公司的真实价值无法做出准确评估时,采取认购可转债的方式将是一种风险更小的投资方式。所谓可转债是指投资者认购目标公司上市发行的可转换债券,约定在一定期限届满后,债券认购方可选择要求目标公司赎回债券和按约支付利息,或者选择行权要求将持有的债券按约定的行权价格转换成目标公司发行的股份。

境内某公司(以下简称 A 公司)通过其广泛的资源网络获知韩国某创新媒体公司(以下简称目标公司)因快速扩张急需资金。目标公司为一家在韩国柯斯达克证券交易所上市的新媒体企业,主要生产和销售广播设备,在高清广播显示屏领域,其韩国国内市场份额超过了 90%,稳居行业翘首。2015 年,目标公司被中国国内某一知名传媒集团收购。借力该传媒集团的全球网络和拥有的知识产权,目标公司迎来了新一轮的快速发展,业务除了广播设备外,新增了虚拟现实平台和 IP 内容发布。目标公司计划通过虚拟现实平台,建立一个全球内容供应商都能参与的系统。在该国内传媒集团收购目标公司后,也向目标公司派出了新的高管团队,自 2015 年收购完成后,目标公司的股票价格一路上涨。通过与目标公司多次接触,A 公司对目标公司在韩国广播设备领域的占有率,虚拟现实平台的商业发展计划,加上该国内传媒集团在知识产权和管理团队方面的强力支持,A 公司对目标公司的发展前景很是看好,A 公司拟通过投资目标公司将其作为进军新媒体和娱乐行业的重要跳板。于是,A 公司委托笔者团队和韩国律所为其拟投资目标公司提供全程法律服务,包括法律尽职调查、交易构架设计与搭建、办理韩国银行的申报程序和银行开户手续、草拟与修改交易协议以及完成交割等法律事务。下面笔者将本案例中的一些关键节点进行详细梳理,以使大家对采取认购上市公司可转债的投资方式有更为清楚的了解。

一、法律尽职调查与交易结构设计

通过尽职调查,笔者发现目标公司自身并不拥有核心知识产权,其通过从该国内传媒集团授权许可获得的知识产权来制作动画、电视节目等内容,然后将内容对外进行发布和授权许可使用获得盈利。因此,目标公司的发展对该国内传媒集团知识产权许可具有很大的依赖性。此外,其搭建的虚拟现实平台的用户量仍然比较小,要想实现用户量的快速增长,还需要投入大量的资金用于开发新产品和用于市场推广。对于 A 公司来说,新媒体与娱乐行业完全是一个新的领域,投资一个新的领域本身风险就较大,加上是在一个不太熟悉的韩国市场进行投资,则进一步增加了此次投资的风险。

基于上述法律风险分析和为了减少风险，笔者建议 A 公司采取两步走的战略，首先通过认购目标公司发行的可转债，约定 1 年后 A 公司有权选择要求目标公司赎回债券和支付利息，或者有权要求将持有的可转债转换成普通股。如果 1 年之后目标公司的发展如其商业计划那样向前推进，比如虚拟现实平台的产品发布量和用户数量稳定增长，该部分收益在目标公司的盈利中占比快速提升，而且目标公司的股价也进一步上涨，则 A 公司可以将其持有的可转债转换成普通股股份；反之，如果目标公司发展不如预期，股份不涨反跌，则 A 公司可要求目标公司购回债券和支付利息。为了防范目标公司 1 年后出现重大风险，而使得其无能力回购 A 公司持有的可转债，笔者进一步建议要求由目标公司的某控股股东提供连带保证，即当1 年后 A 公司要求目标公司赎回债券时，目标公司已丧失赎回的能力时，A 公司可要求该控股股东提供连带担保责任，从而最大限度上将 A 公司的风险降到最低。同时，根据本次交易的实际情况和 A 公司的商业目的，笔者建议 A 公司在 BVI 和我国香港特区搭建两层离岸公司，具体交易构架如下图所示。

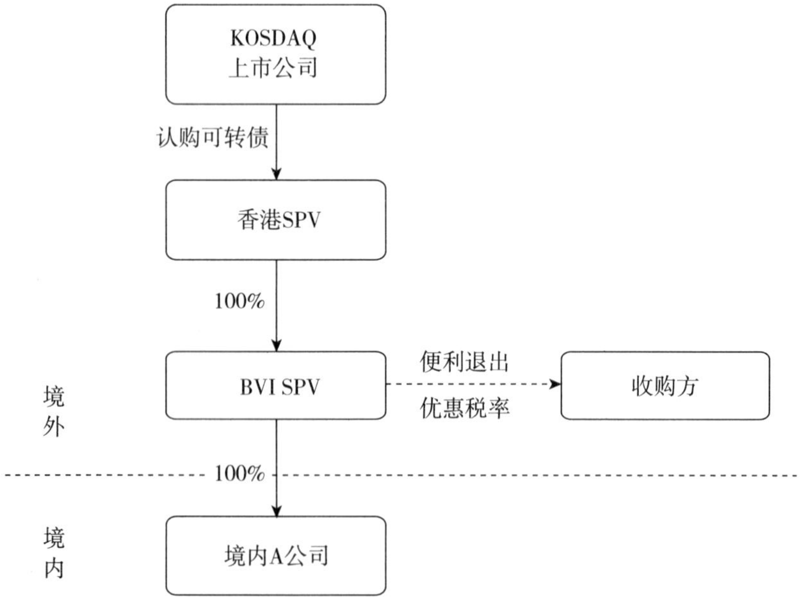

图　交易构架

有关上述交易架构设计的原因说明请详见第四章第二节“搭建离岸交易架构的价值与作用及其注意事项”的相关内容。A 公司采纳了笔者的建议，在韩国律所的密切配合下，A 公司认购了目标公司发行的可转债，并在双方签署的可转债协议中对A公司的行权条件、行权价格与时间以及目标公司的义务作出了明确约定,最终使得本项目得以顺利交割。

二、认购韩国上市公司发行的可转债的相关流程

(一)韩国银行证券取得申报与银行账户开户程序

在不经过证券公司进行认购的前提下,境内投资者(以下简称认购方或境内投资者)认购韩国上市公司发行的可转债之前,需要向韩国银行进行证券取得申报和在韩国开立银行账户。

1. 韩国银行证券取得申报程序

根据《韩国外汇交易法》第7~32条第3款规定,境内投资者欲取得韩国上市公司发行的可转债,需要向韩国银行进行证券取得申报。该项申报为事前申报,需要在可转债认购协议签署前完成申报并获得批准,即只有在申报工作全部完成后才能够签署可转债认购协议。如果境内投资者在未完成申报工作前签署认购协议,将会产生如下风险:

由于目标公司为上市公司,签署认购协议后,目标公司将根据披露要求对与境内投资者签署认购协议的相关内容进行披露。此种情况下,如果签署时间早于向韩国银行申报的时间,韩国银行将不予受理境内投资者的申报;如果在向韩国银行申报申请提交后但在正式批准前签署认购协议,则韩国银行将宣告申报无效。无论上述哪种情况,境内投资者的行为都将被认定为违反《韩国外汇交易法》。根据《韩国外汇交易法》第29条第1款第6项和该法施行令第40条的规定,在未进行申报即进行协议签署且金额超过10亿韩元的情况下,该申报义务人(境内投资者)将被处以刑事处罚(对该公司负责人处以1年以下有期徒刑或对公司处以1亿韩元以下罚金)。

由于认购方为外国公司,韩国的监管部门如何执行该处罚,目前在韩国尚没有先例,但是不能排除境内投资者的负责人进入韩国时被控制或者境内投资者未来投资退出时罚金会从投资收益中进行扣缴的可能性。考虑到上述风险,境内投资者在认购韩国上市公司发行的可转债时,必须在向韩国银行申报获得批准后再与目标公司签署认购协议。

向韩国银行申报从申报提交至获得批准通常需要1周左右的时间,该项申报所需材料如下:

(1)经公证的由认购方出具的授权委托书原件;①

(2)可转债认购协议草案;

(3)目标公司的法人登记簿复印件;

(4)目标公司的事业者登录证复印件;

(5)认购方设立证明书复印件;

(6)认购人签署的誓约书原件;

(7)证券取得申报书和事由书。

2. 韩国银行账户开户程序

需要进行的程序是为了支付认购可转债价款所需的银行账户开户程序。如果是直接从目标公司认购可转债,在这种情况下,开设的账户是“非居民外汇账户”(对外账户),只开这个账户即可完成认购方的付款程序。

实务中,在开设该账户时,各个银行在处理时会有所差异,各个银行要求提交的资料也会有所区别。通常情况下,认购方需要提供如下资料用于开户:

(1)经公证和认证的由认购方出具的授权委托书原件;②

(2)开户人的法定代表人的护照复印件;

(3)开户人的公司设立证明复印件(无须公证认证);

(4)代理人身份证;

(5)存折上需要加盖的印章。

(二)我国香港特区公证程序

如上所述,当认购方不能亲自去韩国办理韩国银行证券取得申报与银行账户开户程序,而需委托韩国律师或其他代理人办理上述手续而出具授权委托书时,上述授权委托书均需要进行公证。由于本次交易中认购方为境内投资者控制的我国香港特别行政区公司,因此需由该我国香港特别行政区公司出具授权委托书,并在我国香港特别行政区完成公证手续。由于我国香港特别行政区的公证程序比较复杂,笔者在此对如何办理我国香港特区公证进行简要介绍。

1. 我国香港特区公证制度简介

跟大陆法系不同,我国香港特别行政区沿用英国的公证制度。我国香港特

---

① 该授权委托书只有当境内投资者不能亲自去韩国办理该申报程序,而需委托韩国律师或其他代理人办理上述手续时,才需要由认购方出具授权委托书。

② 该授权委托书只有当境内投资者不能亲自去韩国办理该开户程序,而需委托韩国律师或其他代理人办理上述手续时,才需要由认购方出具授权委托书。

别行政区的"公证"有三种方式:本地律师的见证,国际公证人的公证,国际公证人公证后由我国香港特别行政区高等法院加签。

我国香港特别行政区本地律师见证时,由我国香港特别行政区本地律师见证当事人宣誓或签名,在可能的情况下辨别文件的真伪,一般不对文件内容的真实合法性负责。见证的程序简便,在我国香港特别行政区本地与律师会见后当场完成。其效力在我国香港特别行政区范围内是有效的。

如果公证的文件需要在我国香港特别行政区以外的地区使用(中国内地除外),需要由我国香港特区的国际公证人进行公证。国际公证人是由我国香港特别行政区高等法院首席法官根据《法律执业者条例》(《香港法例》第 159 章)委任。我国香港特别行政区的国际公证人一般是执业 7 年以上,并在我国香港特别行政区高等法院注册的律师。

根据各国、各机构要求的不同,由我国香港特区国际公证人签署及盖章后的文件,有部分仍需在我国香港特区高等法院加签。我国香港特别行政区高等法院作为政府机构,其加签是对公证的二次认证。我国香港特区高等法院加签过的公证可在 1961 年《海牙免验证公约》(Hague Apostille Convention)的签署成员的国家和地区使用。国际实务中,把政府机构加签的公证通称"Apostille"。如果该国或地区不是《海牙公约》的成员方,则需要把公证文件送至成员方指定的使领馆再次进行认证。

2. 我国香港特别行政区国际公证的一般流程(以我国香港特区公司授权委托韩国律师在韩国开具账户为例)

步　骤	事　项
第一步	向我国香港特区国际公证人咨询公证事宜
第二步	我国香港特区国际公证人会根据需要公证的内容给出公证文件清单,比如,我国香港特区公司委托韩国律师则需要: • 该我国香港特区公司的董事会决议 • 该授权书的适格签署人(一般为公司董事)的身份证明原件和复印件 • 该我国香港特区公司的公司印章及公司钢印 委托人把这些文件扫描后发给我国香港特区国际公证人审阅
第三步	我国香港特区国际公证人根据收到的文件和委托人提供的信息制作公证文书和授权委托书,并与委托人约定公证的时间和地点
第四步	签署人和国际公证人在我国香港特区会面后,当面签署文件并加盖公司印章和钢印,国际公证人会出具公证文书,并与公证文件一起装订
第五步	如果需要我国香港特区高等法院加签的,国际公证人会把公证文件送至我国香港特区高等法院,我国香港特区高等法院加签需要排号,加签完成一般需要 5 ~ 10 个工作日

3. 办理我国香港特别行政区公证的注意事项

(1)是否需要我国香港特区高等法院加签

有的国家或机构只需要我国香港特别行政区国际公证人的公证,有的国家或机构要求国际公证人公证后到我国香港特别行政区高等法院加签。如果国外要求做公证加签的,则需要国际公证人公证后到我国香港特区高等法院加签。

(2)是否需要在我国香港特别行政区本地完成公证程序

国际公证人要求整个公证流程必须要在我国香港特别行政区本地进行,签署人必须当面签署文件。

(3)给国际公证人审阅的文件必须清晰

国际公证人会根据境内投资者提交的文件制作公证文书,所以境内投资提交的文件应该清晰、准确,比如授权委托书,则国际公证人需要委托人提供受托人的具体信息、地址等用于制作公证书。

(4)公证文书必须要单面打印,双面打印的不予接受。如果盖章文件盖骑缝章,需加盖我国香港特区公司的圆形公章。

(5)经公证后的授权委托书和公证书需要由公证机构以密封的形式直接寄送给公证书的国外接收方,而不能由委托人,即我国香港特区公司交给公证书的接收方。

三、可转债认购协议的主要条款解析

可转债认购协议是境内投资者或其控制的在离岸法域设立的离岸公司与目标公司签署的主要交易文件。由于认购可转债与股份是两种不同的投资方式,所以可转债认购协议与股份认购协议存在较大区别。一份完整的可转债认购协议应包括债券认购条款、债券的发行条件、卖出期权(put option)、违约事件、可转债转换、可转债转让、目标公司的陈述与保证、认购方支付认购价款的先决条件、目标公司的承诺条款、协议终止或解除、违约责任、适用法律和争议解决等条款。笔者下面就可转债认购协议的主要条款内容进行解析。

(一)认购条款

该条中会对认购方认购的目标公司发行的可转换债券的种类、数量和债券金额作出约定,如认购的可转换债券是记名可转换债券还是不记名可转换债券,是目标公司提供了担保的可转换债券还是无担保可转换债,认购的债券的数量以及每张债券的面值金额等有关债券的基本信息。

(二)债券发行条件

可转换债券的发行条件都会在债券凭证的背面载明,一般包括如下信息:

(1)目标公司名称;

(2)公司债券名称;

(3)债券类型;

(4)债券面值;

(5)债券发行价值;

(6)债券总额与债券凭证数量;

(7)债券收益率;

(8)利息支付及支付时间;

(9)认购款的用途;

(10)认购协议签署日;

(11)债券认购日;

(12)认购款的支付日期;

(13)债券发行日;

(14)债券到期日等。

(三)卖出期权(put option)

卖出期权是指在符合协议约定条件下,债券认购方有权按协议约定的价格和条件将债券出售给目标公司,目标公司则有义务赎回上述债券。认购方为了降低损失和保护自身合法权益,其会要求在该条中约定,当目标公司股票价格下跌到约定的价格或其持有债券一定期限后,则享有选择要求目标公司赎回债券的权利。为了避免歧义,该条款中需要将认购方行使卖出期权的行权条件、行权地点、付款银行、行权有效期、行权程序等内容约定清楚。如在行权条件方面,可以约定当目标公司的股票价格下跌达百分之【　　】时,或约定认购方持有债券【　　】月或【　　】年以及自该期限起每【　　】月均有权行使卖出期权,并明确不同期限行权时的债券金额。在行权程序上,一般是认购方向约定的行权地点递交卖出期权的声明,在声明中载明卖出期权金额、认购方名称、支付债券本金与利息的时间及付款银行等信息。同时,对目标公司未能按约定支付价款的违约行为约定逾期利息。卖出期权的行权期限与债券有效期不同,债券有效期一般是3~5年,卖出期权的行权期限可由认购方与目标公司根据实际情况进行约定，实务中一般约定为1年。时间过短对目标公司来说，支付本金和利息的压力会过大；对于认购方来说，1年期限会使其有比较充分的时间去深度了解目标公司的发展状况和发展前景，从而对是否行使卖出期权作出合理的决定。

（四）违约事件

该条约定的目的是当目标公司出现重大违约情形时，认购方有权宣布可转换债券提前到期和要求目标公司立即支付债券本金和利息，从而防范自身风险。所以相对而言，违约事件一般都是性质比较严重的情形，其赋予了认购方在特殊情况下可要求终止或解除协议、要求目标公司立即支付本金和利息以及违约金的权利。通常情况下，违约事件包括如下情形：

1. 公司或公司债权人申请破产或启动企业重整程序。

2. 针对公司大量资产实施扣押、发布禁令或启动其他强制执行程序。

3. 因某种原因导致公司解散，例如公司章程所述的存续期期满，或法院宣判解散公司，或股东大会决议解散公司。

4. 如公司签发、背书或认购的支票或票据遭拒付，或活期存款账户的银行交易因其他原因被暂停，或公司接到交易暂停的处理，或公司被认定处于破产状态。

5. 公司未能按时支付利息。

6. 由于公司总负债超过总资产，需要通过展期、豁免或减少本金、债转股或其他类似方式调整信贷。

7. 监督主管部门对公司重要业务做出暂停或取消处理。

8. 公司在除本可转换债券外还背负的第三方债券或其他债务中出现了违约事件、债务的担保权被行使或债务本金到期未付。

9. 公司被认定出现财务困难，或者金融机构对公司开展同样或类似的业务管理程序。

10. 因挪用公款、玩忽职守、欺诈、操作股价或逃税漏税行为而对公司（包括执行官及雇员、大股东及公司关联人士）展开调查，针对上市资格进行实质性审查，启动清算程序。公司大量资产转移给债权人，与其他公司并购，因劳动纠纷、工资拖欠、关联公司破产、管理层纠纷或其他可能对公司管理产生重大影响的法律纠纷而引起的停工严重恶化，致使公司需要收回如债券本金等信贷。

11. 公司的普通股被认定存在行政问题或有被认定存在行政问题的风险。

12. 公司的普通股被认定存在投资预警问题或有被认定存在投资预警的风险。

13. 公司收到外部审计师作出的有保留或否定的审计意见。

14. 公司违反协议约定的陈述和保证条款,或该陈述和保证条款被证明不实。

15. 公司涉及影响公司债券购回能力的重大诉讼或仲裁纠纷。

(五)可转债转换条款

可转债转换条款对认购方来说极其重要。如笔者在前文中所述,境内投资者之所以采取认购可转债的方式,是因为前期对目标公司的发展前景无法作出准确判断的情况下,采取分两步走的战略。但如果目标公司的发展如境内投资者预期的那样,则其希望在一定期限后通过行权,将其持有的可转换债券转换成股份,从而成为目标公司的真正股东。但可转换债券的转换条款极其复杂,其包括转换发行的股票类型、转换股份数量、转换金额、转换价格的调整、转换申请期限、申请地点、申请程序、转换后的登记等内容。只有将上述所有条款约定明确了,才可能当认购方行使转换权利时不会因此产生争议。笔者将该条包含的主要内容介绍如下:

1. 通过转换发行的股票类型

公司记名普通股或优先股份等。

2. 转换股份数量

用每张债券凭证的面值除以转换价格所得出的股票数量的100%应为所转换股票的数量。

3. 转换金额

可转债的转换价格为在公司董事会决议前一日的基础上计算的下列价格中的最高值(参考股价)。也就是说,该参考股价的100%为转换价格。而当转换价格低于公司普通股面值时,该转换价格应为公司普通股的面值。

(1)公司一个月、一周和近期的普通股加权算术平均股价的算术平均价(用证券交易所的总交易额除以总交易量所得出的价格);

(2)公司近期的普通股的加权算术平均股价;

(3)认购日或付款日之前的【　　】个工作日当天的公司普通股的加权算术平均股价。

4. 转换价格的调整

(1)当公司通过有对价增资、股票分红或在本可转债的持有人行使转换或以转换价或低于市场价的行权价发行附认股权证的公司债券之前将准备金转换为资本,以低于市场价的价格发行新股时,转换价应做如下调整,前提是当公司以有对价及无对价形式扩股且有对价增资的每股发行价超过调整前的转换价时，不应使用有对价增资的新发股票数量，而应使用无对价增资的新发股票数量。

$$调整后转换价 = 调整前转换价 \times \{[A + (B \times C/D)]/(A + B)\}$$

A：发行股票数量

B：新股数量

C：每股发行价

D：市场价

(2)上述等式中的股票发行数量为截至调整日而调整理由未出现的前一天的股票总数，而新发股票数量为当所有公司债券在发行日以转换价格转换为普通股，或在发行日以行权价执行所有认购权时新发的股票总数。此外，在拆股、无对价资本增资以及股票分红的情况下，上述等式中的每股发行价应为0；在发行可转债或附认股权证的公司债券时，每股发行价应为转换价或发行价。上述等式中的市场价格应为参考股价或理论除权价格，发行价的计算应以市场价为参考。

当需要通过并购、减资、拆股和并股调整转换价时，转换价应调整至本可转债认购方在此等行为发生前行使转换权的水平。公司应补偿认购方由于公司未能采取此类行动而造成的损失。此外公司不应以可能对认购方的权利造成不利影响的方式并股、拆股或转移业务，且有义务持续作为上市公司。

(3)当股票价格因故上涨时，如出现减资或并股等情况，转换价格也应相应提高，以反映减资及并股等的调整比率。如果计算的转换价格(估算价格)低于股票面值并在记录日(股东大会做出减资及并股决议的前一天)之前已经调整至股票面值(转换价格可以调整至低于面值的情况除外)，那么调整后的转换价格应高于按照减资及并股等的调整比率在估算价格的基础上调高的结果。

(4)除上述第(1)项和第(3)项外，自本可转债发行后每3个月整的起始日期应为转换价格的调整日期，当一个月、一周以及转换价格调整日前一天的加权算数平均股价中的高值低于截至调整日前一日的转换价格时，这个较低的价格应作为新的转换价格。前提是转换价格的调整应高于股票面值。

(5)依据上述第(1)至(4)项调整的转换价低于股票面值时，转换价应为股票面值，通过转换发行的股票总额不得高于所有可转换债券的发行总价。

5. 转换申请期限

该期限应与前述介绍的认购方行使卖出期权的期限相同，一般为认购方持有可转债后1年至可转债有效期(一般为3~5年)届满前一个月。

6. 转换申请程序

认购方应向转换申请地点提交两份包含债券范围、转换行使日期以及其他必要信息在内的转换申请表格。

7. 生效

转换应在申请表以及相关文件提交上述转换申请地时生效。

8. 初期分红和转换发行股票利息

考虑到转换股票在会计年度末发行，且不会影响已支付利息，转换发行股票的分红或利息应该予以付清。前提条件是截至行权日期尚未到期的利息不应因转换而被抹消。

9. 转换增资登记

公司应在转换日当月结束后的【 】日内完成转换增资登记。

10. 转换价调整通知

调整转换价时，应在调整发生后的【 】日内以书面形式通知认购方。

（六）可转债转让

认购方为了便利退出，一般都要求在协议中约定可转债转让条款，认购方可在到期日前将可转债转让予任何第三方，且事先无须征得目标公司同意，认购方将转让事宜告知目标公司即可。目标公司应积极配合转让的必要程序，比如根据证券交易所规则或目标公司章程规定需要经董事会作出决议，则目标公司董事会应按认购方要求及时作出同意转让的董事会决议。如果目标公司拒绝协助认购方转让可转债，从而使得认购方不能通过合法的程序转让可转债的，则认购方有权要求目标公司赎回债券，从而避免目标公司拒绝配合认购方转让债券的情形出现。

（七）目标公司的陈述与保证

目标公司的陈述与保证对保护认购方的权益极为重要，目标公司陈述和保证内容越充分，则越有利于认购方权益的保护。陈述和保证的内容可以分为两部分：一部分是一些通用条款，比如目标公司合法存续与正常运营，不存在重大诉讼、破产、解散、清算情形，目标公司发行债券没有违反法定或约定义务，目标公司对其持有的房地产、动产、机器设备等资产拥有完整的所有权或合法权益，目标公司对其知识产权拥有合法、完整的权利等，该部分通用条款与其他类型的认购或收购协议类似。另一部分条款是根据项目性质的不同，目标公司作出的特殊陈述和保证条款，比如目标公司本次发行的可转换债券符合适用法律、法规和证券交易所交易规则、公司章程的规定，并已履行了必要的发行程序等。由于笔者在第七章第一节中对收购协议的陈述和保证条款进行了详细的解析，在此就不再重复介绍。

（八）认购方支付认购价款的先决条件

对于认购方来说，对其支付认购可转换债券价款的先决条件是其支付价款前的最后一道防线。因此，认购方希望将先决条件约定得更加细致一些。通常情况下，先决条件包括：(1)从可转债认购协议签署之日起，目标公司未发生重大不利变化事件；(2)目标公司在本协议中所做的声明和保证均真实无误；(3)目标公司不存在协议约定的违约事件等。除此之外，如果认购方比较强势的情况下，可以要求获得中国政府监管机关的备案也作为先决条件之一，但目标公司一般难以接受，认购方要根据自身谈判地位的强弱从而决定是否提出该要求。

除上述条款外，可转债认购协议还会约定违约责任条款、目标公司承诺条款、协议终止和解除条款、适用法律和争议解决等重要条款。由于上述条款笔者已在第七章中进行详细介绍，在此就不再重复介绍。

四、认购韩国上市公司可转换债券 Q&A

在认购韩国上市公司发行的可转换债券过程中，境内投资者可能还会遇到很多其他方面的问题，笔者现将其中的部分问题与建议的回复内容汇总如下，以供大家参考。

1. 可转换债券的利率如何确定？

可转换债券的利率原则上根据认购可转换债券协议书的交易相关方协商决定，但是实务中，利率的确定会受到目标公司的信用等级的影响。即若目标公司的信用等级低下时，有可能需要给予较高的利率。

2. 可转换债券行权时的股价如何确定？

韩国证券发行及公示等相关规定，对上市公司发行可转换公司债券时行权股价的确定标准等（一般以购买可转换债券的近期股价为准）进行了详细的规定，并且对股份价格变动时，如何确定行权股价也作出了详细的规定。

根据证券发行公示规定的第5～23条规定，若上市公司发行的公司债券为“行权股价可向下调整的可转换公司债券”的情形，则行权时的股价比当初购买时的价格低时，以行权时的股价为准。同时，根据法律规定，在此情况中，因市价下降导致行权股价调整时，调整后的行权股价必须高于一定的数额。

可转债会有一个确定的票面金额，转换价格将决定日后行权时可以转换的股数。即转换价格越高，行权时可以转换获得的股票数量越少；转换价格越低，行权时可以转换获得的股票数量越多。韩国法律并没有对可转债的持有者在转换可转债时转换价格必须与转换当时股价有关联的规定。

3. 我国香港特别行政区离岸公司和 BVI 等地区离岸公司投资韩国在政府审批和税收方面是否存在差异？

首先在政府审批方面，我国香港特别行政区离岸公司和 BVI 等地的离岸公司不存在任何差异。韩国的行政许可不会因投资主体国籍的不同而有所不同，即使是通过在 BVI 等被认为是避税天堂的地区设立的公司进行投资，也不会受到法律上的不同对待。其次在税收方面，虽然我国香港特区和韩国签署了避免双重征税的协定，但目前该协定尚处于韩国国会批准过程中，尚未生效。因此，目前我国香港特别行政区离岸公司和 BVI 等地的离岸公司投资韩国在税收方面也不存在差异。但是，当我国香港特别行政区和韩国的该税收协定正式生效之后，我国香港特别行政区的税收居民在韩国取得的所有股权收入、利息收入和许可使用费收入等可以适用比韩国税法规定更低的税率进行源泉征收，而其他未与韩国签订税收协定的国家（地区）的离岸公司将不享有该等优惠。

4. 根据韩国法规定，目标公司董事为目标公司履行认购协议项下义务提供连带责任保证的行为是否合法有效？

根据现行韩国相关法律规定，其并未禁止目标公司董事为目标公司履行认购协议项下义务提供连带责任保证。因此，该担保行为应合法有效。另根据《韩国民法》第 430 条的规定，保证人的保证责任不能超过所保证的债务人的责任。即如果向保证人提出的保证责任要求超过债务人所应负担的责任，则超过的部分无效。

5. 根据韩国法律与 KOSDAQ 交易规则，目标公司最终向认购方提供的可转债凭证是电子版还是纸质版的？KOSDAQ 官网上是否会披露该凭证？

发行方向认购方提供可转债凭证电子版亦或是纸质版，主要取决于协议双方的约定。实务中，通常是发行纸质版的债券凭证文件。KOSDAQ 官网不会披露该证明文件，也不会披露完整的可转债协议。但是根据规定，公司会以"主要事项报告书"的形式披露可转债协议的主要内容和本次发行的主要事项。

6. 根据韩国法律、KOSDAQ 交易规则及可转债交易惯例，认购协议通常是以电子形式签署还是应由双方书面签署？

该事项属于协议双方约定的事项，法律并无强制性要求。通常情况下，是双方书面交换签署，但越来越多的交易方同意采取电子签署的方式完成交割。

7. 可转债认购款非由认购方直接支付，而是由认购方指定或委托的第三方支付,是否存在问题?

该种方式并不被禁止,但是该种方式是否能够被目标公司所接受需与目标公司进行协调确定。在实务中,韩国的各个银行对于该问题的观点有所差异。部分银行认为,如果汇款方在汇款文件中记载了类似“本付款是认购方取得目标公司发行的可转债的认购款,本付款人代表认购方支付该款项”之类的内容,便认可该指定付款行为。但也有部分银行持不同的观点,其要求可转债协议和证券取得报告申请书中的认购方必须与实际付款方一致,否则视为本次付款未成功。因此,该问题属于银行实务方面的问题,建议认购方与接受付款的银行事先确认其可接受的付款方式。

附:可转债认购协议参考模板

[ ]

Subscription Agreement of Convertible Bonds

Company

[ ]

Subscriber

[ ]

Execution Date:[ ]

Payment and Issue Date:[ ]

SUBSCRIPTION AGREEMENT OF CONVERTIBLE BONDS

Pursuant tothe resolution of its board of directors on [*date*], [ ] (the "Company") hereby enters into this subscription agreement ("this Agreement") with [ ] (the "Subscriber") under the terms and conditions set forth below, in connection with its issuance of [ ] convertible bonds (the "Notes") to be issued on [date].

RECITAL

WHEREAS, the Company proposes to issue, and the Subscriber proposes to subscribe, the convertible bonds to be issued by the Company; and

NOW, THEREFORE, in consideration of the mutual covenants and agreements set forth herein and for good and valuable consideration, the receipt and adequacy of which is hereby acknowledged, the parties hereto agree as follows:

Article 1 Definitions

"**Business Day**" means any day that is not a Saturday, a Sunday or other day on which banks are required or authorized by law to be closed in [ ].

"**Certificate**" means a certificate issued in respect of the Notes.

"**Company**" has the meaning ascribed to it in Preamble.

"**Claim**" means any claim, action, cause of action, investigation, proceeding, charge, suit, or any other similar right or claim;

"**Loss**" means any and all losses, costs, expenses, damages, fines, interest, penalties or other liabilities of every nature and description, whether joint or several, including without limitation fees and expenses of attorneys, accountants or experts.

"**Noteholder**" has the meaning ascribed to it in Paragraph 11 of Article 4.

"**Notes**" have the meaning ascribed to it in Preamble.

"**Put Option Due Date**" has the meaning ascribed to it in Paragraph 11 of Article 4.

"**Subscriber**" has the meaning ascribed to it in Preamble.

"**Subscriber Indemnitee**" has the meaning ascribed to it in Paragraph 1 of Article 12.

"**Subsidiary**" means any entity more than 50% of the outstanding voting securities of which is owned or controlled, directly or indirectly, by such specified entity or by one or more Subsidiaries of such specified entity, or by such specified entity and one or more Subsidiaries of such specified entity.

"**Intellectual Property**" has the meaning ascribed to it in Item 19, Paragraph 1 of Article 8.

"**Issue Date**" means the date that the Company issues the Notes to be stated in Article 4, paragraph 19.

"**Returns**" means [any return (including any information return), report, statement, schedule, notice, form or other document or information filed with or submitted to, or required to be filed with or submitted to, any governmental body in connection with the determination, assessment, collection or payment of any Tax or in connection with the administration, implementation or enforcement of or compliance with any applicable law relating to any Tax].

"**Tax**" means [any tax, levy, impost, duty or other charge, or withholding of a similar nature (including any penalty or interest payable in connection with any failure to pay or any delay in paying any of the same)].

Article 2　Purpose of the Agreement

This Agreementis entered into for the purpose of stipulating the rights and obligations of the Company and the Subscriber, respectively, in connection with the subscription by the Subscriber of the Notes to be issued by the Company.

Article 3　Subscription of the Notes

The Company shall issue and allocate, and the Subscriber shall subscribe, the Notes in accordance with the terms and conditions set forth herein.

Subscriber	**Amount and Denomination**
[ ]	[ ]

Article 4　Conditions to issue Bonds

The following terms and conditionsshall be printed on the back of the certificates to be issued in respect of the Notes:

1. Name of the Company: [ ]
2. Name of the Notes: [ ]
3. Type of the Notes: [ ]
4. Face Value of the Notes: [ ]
5. Issue price: [ ] of the total face value (Discount rate: [ ])
6. Form and Denomination: [ ]
7. Restriction on split and reverse - split of the Notes: The Notes shall not be split or reverse - split within [ ] year from the Issue Date.
8. Interest rate: The interest rate shall be [ ] from the issue date to the immediately preceding date to the maturity date. The yield to maturity shall be [ ] of the face value from the issue date to the immediately preceding date to the maturity date.
9. Method and date of Repayment: The Notes that are held until maturity shall be repaid in full on the maturity date with respect to [ ] of the principal amount; provided that if the maturity date is not a Business Day, the repayment of the Notes shall be made on the next Business Day and no interest will accrue with respect to such delayed payment. Notwithstanding any of the foregoing, any amount less than [ ] shall be rounded up.
10. Method and date of interest payment: The coupon rate of the Notes is [ ] and there shall be no separate interest payment date.
11. Put Option: A holder of the Notes (a "Noteholder") may demand early repayment of all or any part of the principal amount of the Notes on [ ], which is the one - year anniversary of the issue date, and each three (3) month anniversary therefrom ("Put Option Due Date"); provided that if the repayment date is not a Business Day, the repayment of such Notes shall be made on the next Business Day and no interest will accrue with respect to such delayed payment.

    1) Dates and amounts of early repayment: [ ]

    2) Place for early repayment request: [ ]

    3) Place of early repayment payment: [ ]

4) Early repayment request period: a Noteholder shall make a request for an early repayment at least 30 days prior to the relevant Put Option Due Date.

5) Procedures of early repayment request: To exercise its right to early repayment, the Noteholder in possession of the registered Note certificate(s) shall submit its written request for early repayment (containing the amount, name of such Noteholder and bank information for repayment) and the document which verifies that the submitter is Noteholder within the early repayment request period, at the place of early repayment request.

12. Default Interest: If the Company fails to make a full payment for the principal amount of the Notes or any interest thereon on or before any due date pursuant to Sections 9, 10, 11 and 23 of this Article 4, a default interest shall apply with respect to the period from (but excluding) the respective due date to (and including) the actual payment date for the actual number of days the payment remains overdue. The default interest rate in such case shall be a simple interest of [ ] per annum.

13. Place of principal and interest payment: [ ]

14. Place of payment for the Notes: [ ]

15. Use of subscription proceeds: to fund the Company's acquisitions of securities of companies other than the Company's own securities.

16. Execution date of this Agreement: [ ]

17. Subscription date: [ ]

18. Payment date: [ ]

19. Issue date: [ ]

20. Maturity date: [ ]

21. Issuing method: The bond certificates of the Notes shall be physically issued.

22. Bond securities: Company shall divide or merge the face value of the bond certificates upon request of Subscriber, provided that such bond certificates shall not be divided within one (1) year from the issue date.

23. Events of default

1) Any of the following items shall constitute a default under this Agreement, upon which all issued and outstanding amounts of the Notes, including any

and all interests accrued thereon in accordance with the yield rate set forth in Paragraph 8 of this article, shall become immediately due and payable:

A. If an application for bankruptcy or for the commencement of rehabilitation proceedings under the [ ], or for the commencement of any other similar proceedings, is filed; or

B. If there occurs an event for provisional attachment, provisional execution or other preservative measure with respect to the substantial assets of Company; or

C. If the Company has suspended or closed its business or resolved for dissolution, if there occurs such event for dissolution of the Company as provided in its articles of incorporation, or if a court orders or decides for the dissolution of the Company; or

D. If payment under any note or check issued, endorsed, guaranteed or acquired by the Company is suspended or if any such note is subjected to a clearing house's order of suspension of transaction or the Company receives a disposition of transaction suspension or application for registration in default list from [ ] (including other institutions which act a clearing house), or the Company is recognized to be in a position of insolvency or default or receives a written reminder for overdue tax payment from the tax authority; or

E. If the Company fails to pay any principal or interest due and payable (whether in part or in whole) under the terms and conditions of the Notes; or

F. If the Company proposes to adjust any outstanding credit by extension of due date, exemption or reduction of principal, conversion of loan to investment or other similar manners due to the fact that the amount of total liabilities of Company exceeds that of total assets; or

G. If a competent supervisory authority renders any order or decree of suspension or cancellation of any material business of Company; or

H. If the Company is in violation or default of any obligations arising out of or in connection with the bonds or any other debt which Company bears toward a third party other than the Notes, or the security right for the debt is exercised or the principal of the debt is not paid on maturity date; or

I. If the Company is recognized to be a financially distressed company or the management of the Company's business by a creditor financial institution (or a similar procedure) is commenced under [ ] (including the case where similar procedure is commenced due to establishment or revision of the act); or

J. If an investigation including any issuance or filing of arrest warrant against Company (including executive officers and employees, significant stockholders and other affiliates of Company) is commenced due to embezzlement, malpractice, fraud, stock price manipulation, insider trading or tax evasion or such fact is identified; a substantive examination for listing qualification is commenced; a liquidation procedure is commenced; a substantial assets of the Company is transferred to the creditors; the Company is merged with another company; or the Company needs to collect the credit such as principal of the bonds due to a significant deterioration of the Company's credit from work stoppage according to labor dispute, delay of wage payment, bankruptcy of related company, management dispute or other legal dispute which may influence on the Management; or

K. If the common stocks of Company are designated or threated to be designated as an "administrative issue" pursuant to the [ ] listing regulations; or

L. If the common stocks of Company are designated or threated to be designated as an "investment alert issue" pursuant to the [ ] listing regulations; or

M. If the Company receives qualified, disqualified or denial of opinion from the external auditor for the accounting audit, or if the audit report for Company is not submitted at least seven (7) days prior to its legal submission date; or

N. If the Company breaches the representations and warranties set forth by

Article 8 or such representations and warranties are proved to be false; or

O. If the Company involves in a litigation or arbitration which may materially affect the Company's ability to redeem the Notes.

P. The control person has been changed or [ ] is not a director of the Company.

24. Conversion:

1) Type of stock to be issued by conversion: Registered common stock of Company (based on face value of [ ] per share)

2) Number of stocks to be issued by conversion: The total amount of face value divided by the conversion value (as defined below) shall be the number of converted stocks. Any odd stock below 1 stock shall be paid by cash when the stock certificates are issued and the interest for the odd stock shall not be paid. The partial conversion of each bond certificate shall be prohibited in any event.

3) Conversion Price: [ ] per share

ConversionPrice of the Notes shall be the highest value of the following A, B and C; provided that any amount below [ ] shall be rounded up. However, the conversion price shall be the face value of the common stocks of Company when the conversion price is less than the face value of the common stocks of Company.

A. The arithmetic average price of (i) the weighted arithmetic average of the price of the Company's common stock for 1 - month period immcdiatcly prcccding thc datc on which thc board of dircctors adopts a resolution for the issuance of the Notes, (ii) the weighted arithmetic average of the price of the Company's common stock for 1 - week period immediately preceding the date on which the board of directors adopts a resolution for the issuance of the Notes and (iii) the weighted average of the price of the Company's common stock as of the most recent date.

B. The weighted arithmetic average price of the of the Company's common stock on the most recent date.

C. The weighted arithmetic average price of the of the Company's common stock on the date that is 3 Business Days prior to the subscription date (payment date when subscription date is not applicable) of the Notes.

4) Adjustment of Conversion Price

A. If, prior to the exercise of the conversion right by a Noteholder, the Company issues any equity by declaring a stock dividend, capitalization of reserves, paid - in capital increase at an issue price lower than the market value, or issues a convertible bond or bond with warrant at a conversion price or exercise price lower than the market value, the Conversion Price shall be adjusted as set out below; provided that, where a paid - in capital increase is executed concurrently with a capital increase without consideration and the issue price per share for paid - in capital increase is higher than the pre - adjustment Conversion Price, the number of newly issued shares upon paid - in capital increase shall not, but the number of newly issued shares upon capital increase without consideration shall, be subject to the adjustment of the Conversion Price hereunder:

Conversion price after adjustment = Conversion price before adjustment $\times \{[A + (B \times C/D)] / (A + B)\}$

A: the number of already issued shares

B: the number of newly issued shares

C: Issue price per 1 stock

D: Market value

B. In the above formula set forth in Paragraph A, (i) the "number of already issued shares" shall be the total number of shares issued and outstanding as of the date immediately preceding the date on which the event for adjustment occurs, (ii) in the case of issuance of a convertible bond or bond with warrant, the "number of newly issued shares" shall be the number of shares to be issued in case all convertible bonds are converted into stock at the conversion price as at the date of issuance of the bond or all warrants are exercised at the exercise price as at the date of issuance of the bond with warrants, (iii) the "issue price per share" shall be (Ⅰ) zero (0) in the case of stock split, capital increase without consideration, and declaration of stock dividends, or (Ⅱ) in the case of issuance of a convertible bond or bond with warrant, the conversion price or exercise price as at the date of issuance of such bond, and (iv) the "market value" shall be either a base stock price, that is the base for calculation of an issue price as prescribed by the Regulations on Issuance of Securities and Public Disclosure, or the theoretical ex – rights price of stock (or, in a case other than paid – in capital increase, a base stock price calculated as of the date immediately preceding the date on which the event for adjustment occurs). Any amount less than [ ] in the Conversion Price after adjustment under the foregoing shall be rounded up.

In casean adjustment of the Conversion Price is needed due to a merger, capital reduction, stock split, or reverse stock split of the Company, the Conversion Price shall be adjusted to generate the same effect that the Noteholder would have been entitled to if, immediately before such merger or capital reduction, the conversion right had been exercised and in whole and so – issued shares were acquired. Or, in the case of multiple instances of a merger, capital reduction, stock split or reverse stock split of the Company, the Conversion Price shall be proportionally adjusted in consideration of their respective applicable ratios. If a Noteholder suffers any damages for the Company's failure to take the foregoing measures, the Company shall indemnify the Noteholder from such damages. Further, the Company shall not execute a merger, split or business transfer in a manner adversely affecting the interests and rights of a Noteholder, and shall have the obligation to keep the Company publicly listed.

C. However, of the reasons for adjustment set out in Paragraph B above, in the case of a capital reduction or reverse stock split, if (x) the price calculated, as at the date immediately preceding the date on which a resolution therefor is adopted at a shareholders meeting (as a base date), in accordance with Section 1, Article 5 – 22 of the Regulations on Issuance of Securities and Public Disclosure [but excluding paragraph (3) thereof] (such price, the "Calculated Value") is less than par value of the Company's stock and (y) the Conversion Price had previously been adjusted to the par value prior to the base date (except where the Conversion Price may be adjusted to be an amount less than the par value), the post – adjustment Conversion Price shall be adjusted to be at least an amount increased from the Calculated Value by the adjustment ratio applicable for capital reduction or reverse stock split, etc.

D. Apart from Paragraphs A through C above, each date falling under every 3 months from the issue date of the Notes (i. e.,) shall be the adjustment date of conversion price. With the date immediately preceding each such Conversion Price adjustment date as a base date, if the greater of (1) an arithmetic mean of (i) a weighted average of the price of the Company's stock for a one(1) – month period immediately preceding such base date, (ii) a weighted average of the price of the Company's stock for a one (1) – week period immediately preceding such base date and (iii) a weighted average of the price of the Company's stock as of such base date, and (2) a weighted average of the stock price as of such base date is lower than the Conversion Price applicable on a date immediately preceding such Conversion Price adjustment date, the Conversion Price shall be adjusted to be such lower amount; provided that the lowest adjustment limit of the Conversion Price shall be the par value ([ ] as of the date hereof) (provided that, if prior to the adjustment date, the Conversion Price has been already adjusted for the reason of discounted issuance of new shares, or otherwise, such fact shall be taken into account in the calculation of the Conversion Price).

E. When the conversion price adjusted by above A through D is equal to or lower than the par value of the stock, the par value shall be the

Conversion Price, and the total issue prices of stock to be issued upon exercise of conversion right granted to each Note shall not exceed the issue price of the Notes.

F. The amount less than [ ] after adjustment shall be rounded up.

5) Conversion claim period: shall be from the date [ ], one – year anniversary from the issue date of the Notes to the date [ ], 1 month before the maturity date of the principal.

6) Place of Conversion claim: Head office of the Company.

7) Conversion claim procedures: Subscriber shall exercise the conversion right by submitting 2 copies of prescribed conversion application form containing the amount of the Notes to be converted, date of conversion exercise and other necessary items to the above.

8) Effectiveness: Conversion shall be effective when the application form and related documents are submitted to the above place of conversion claim.

9) The initial dividend on the stock issued by conversion: The dividend for the stocks issued by conversion shall be paid out as if shares of such stock were issued at the end of the business year where the conversion was exercised and shall not influence on the interest already paid, provided that any interest for which its due date is not arrived as of the conversion exercise date shall be eliminated by the conversion.

10) Holding of unissued stocks: the Company shall hold the number of stocks to be issued by conversion out of the number of total stocks to be issued as unissued stocks till expiration of the conversion period.

11) Registration of Capital Increase by Conversion: the Company shall register the capital increase by conversion within 2 weeks from end of the month where the conversion date belongs to.

12) Notice of adjustment of conversion price: When the conversion price is to be adjusted, it shall be notified to Subscriber in writing within 7 days from the occurrence date.

13) Others: Matters not specified in this Article shall be determined via discussion between Company and Subscriber.

Article 5 Repayment

The principal and interest of the Notes shall be paid to the bank account under name of Subscriber (including the successor) designated by Subscriber on the due date of interest and principal respectively.

Article 6 Costs and Expenses

The Company shall be responsible for all costs and expenses arising from or incurred in connection with the issuance of the Notes.

Article 7 Resale of the Notes and Assignment of Rights

1. The Subscriber may resell the Notes to any third party without the consent of the Company; provided, such resale shall not be made to more than fifty (50) purchasers within one (1) year after the issuance of the Notes.
2. The Subscriber may assign or transfer, together with the Notes, its rights and obligations under this Agreement to a third party without the consent of the Company; provided that the Subscriber shall promptly notify the Company of any such assignment or transfer.

Article 8 Representations and Warranties of Company

1. The Company represents and warrants as follows to Subscriber shall survive as of execution date of this Agreement and on the payment date for the Notes (or such other date if otherwise specified):
   1) The Company is duly incorporated and validly existing under the laws of [ ] and has the capacity and qualifications to perform the business that it is currently operating. No proceeding is ongoing or is about to commence for liquidation, bankruptcy or rehabilitation of the Company, or for recognition and management of the Company as an enterprise having a symptom of insolvency under the Corporate Restructuring Promotion Act of [ ], or for any other similar proceeding.
   2) The Company's execution and performance of this Agreement (including the issuance of the Notes to the Subscriber) have been duly approved by the

board of directors and/or the general meeting of shareholders of the Company and through all other approval procedures, if any, required under law or the articles of incorporation of the Company.

3) This Agreement is valid and binding upon, and enforceable against, the Company, and, if the Company fails to perform any of its obligations hereunder, the Subscriber may take all legal measures to enforce Company's performance.

4) There exists no law or regulation, court decision or order or any other such mandate that may restrict the Company's exercise or performance of rights and obligations hereunder, and the execution and performance of this Agreement by the Company does not violate or contravene the articles of incorporation of the Company or any agreement to which the Company is a party.

5) The Company has fully satisfied all tax payment obligations.

6) There is no legal proceeding or dispute, whether pending or threatened, that has a material adverse effect on the financial conditions of the Company or the Company's performance of obligations under this Agreement.

7) Other than the issued common shares, outstanding bonds or stock options that have been disclosed to the Subscriber by public disclosure prior to the execution of this Agreement, the Company has neither (i) issued shares or notes, or certificates or securities granting the right to acquire shares or notes of the Company, nor (ii) entered into any agreement granting such right, such as a stock option agreement.

8) The Company has legal title to, or the right to use, all real property, moveable property, machinery, vehicles and office equipment held by the Company.

9) The Company is not a party to any convention, contract or agreement that may have a material adverse effect on the operations or financial conditions of the Company, and the Company is not bound by any such convention, contract or agreement.

10) The financial statements of the Company for the latest fiscal year were

prepared in accordance with the generally accepted accounting principles of [ ], and fairly and accurately present the financial condition and the operational results of the Company and do not omit any material liabilities (including contingent liabilities). In addition, there has been no material adverse change in the financial conditions and the operational results of the Company, from the date of the financial statements.

11) The Company has duly acquired and holds all governmental and regulatory approvals, permits, patents, trademarks, copyright and any other intellectual property rights relating to its business and assets currently operated or owned, and does not infringe any third party's intellectual property right.

12) The Company is not in a condition in which its liability has been accelerated or has resulted in a circumstance allowing compulsory execution, due to the Company's default.

13) No cause for dissolution has occurred to the Company under [ ] or any other applicable laws.

14) None of the notes or check issued by the Company has been dishonored, and none of the Company's transactions with banks has been suspended or prohibited.

15) No compulsory execution (including execution by provisional order) by judgment or order has been performed or commenced with respect to the Company's property (except for cases in which suspension of execution or cancellation of order has been accepted).

16) The Company will duly complete all administrative procedures, if any, including obtainment of license and approval from government or other regulatory authority, which are necessary for the Company's execution and performance of the Note, including the issue of the Notes, by the Payment date.

17) The Company's issuance of the Unregistered Convertible Bonds without Guarantee has in compliance with all the law, regulations, [ ] article of incorporation and bylaws of the Company, and the Company will complete

all necessary procedures of the insurances.

18) The Company has in compliance with all Tax rules and regulation. All Returns required to be filed by the Company and each of its Subsidiaries have been timely filed (after giving effect to any valid extensions of time in which to make such filings) and all such Returns are true, complete, and correct in all material respects. All Taxes that are due or claimed to be due from the Company and each of its Subsidiaries have been timely paid, other than those (i) currently payable without penalty or interest or (ii) being contested in good faith and by appropriate proceedings and for which, in the case of both paragraphs (i) and (ii), adequate reserves have been established on the books and records of the Company and its Subsidiaries in accordance with related [ ]. There are no proposed, asserted, ongoing or to the knowledge of the Company, threatened, assessments, examinations, claims, deficiencies, liens or other litigation with regard to any Taxes or Returns of the Company or any of its Subsidiaries. To the knowledge of the Company, the accruals and reserves on the books and records of the Company and its Subsidiaries in respect of any Tax liability for any taxable period not finally determined are adequate to meet any assessments of Tax for any such period.

19) The Company and its Subsidiaries own the entire and unencumbered right, title and interest in and to, or possess adequate licenses or other rights to use, all intellectual property, including but not limited to, patents, trademarks, service marks, trade names, trade secrets, copyrights, domain names, computer software (including but not limited to code, data, databases and documentation) and know-how used in, or necessary to, the business as currently conducted or currently contemplated to be conducted by the Company or any of its Subsidiaries (the "Intellectual Property"). The Company and each of its Subsidiaries have performed all commercially reasonable acts to protect and maintain its material Intellectual Property, including but not limited to paying all required fees and Taxes to maintain all registrations and applications of such Intellectual Property in full force and

effect. The Company and its Subsidiaries have taken commercially reasonable precautions to preserve and protect the availability, confidentiality, security and integrity of data held or transmitted by or through the Company and its Subscriber's computer networks, software, hardware, and other systems.

20) Neither this Agreement nor any certificate, instrument or written statement furnished or made to the Subscriber by or on behalf of the Company in connection with the transactions contemplated by this Agreement contains any untrue statement of a material fact or omits to state a material fact necessary in order to make the statements contained herein and therein in light of the circumstances under which they were made not misleading.

21) Except as the materials disclosed to the Subscriber, the Company did not has any off balance sheet arrangements that out of the accounting and auditor's control.

2. The Company shall immediately notify the Subscriber if, at any time prior to the payment of subscription price, any of the Company's representations or warranties hereunder becomes or may become false, in light of the given conditions at the relevant time.

Article 9 Conditions Precedent to Payment

The Subscriber shall subscribe the Notes and pay the subscription price therefor only if the following conditions have beensatisfied.

1. Since the execution of this Agreement, no event shall have occurred that is reasonably likely to cause the issuance of the Notes to have a material adverse effect on the financial or other conditions or ordinary operations of the Company or any its subsidiaries.
2. The representations and warranties provided by the Company under any related agreement shall be true and accurate as of the date of such related agreement, as of the date when such representations and warranties are provided and as of the Payment date.
3. As of the Payment date, no change has occurred that may have a material adverse

effect on the operations or financial conditions of the Company.

4. As of the Payment date, the Company shall not be in breach of this Agreement.
5. As of the Payment date, all documents reasonably determined to be necessary and requested by the Subscriber, including the articles of incorporation and minutes of the board of directors of the Company, shall have been furnished to the Subscriber in form and content satisfactory to the Subscriber.

Article 10 Submission of Information

The Company shall promptly provide information with regard to the financial statements and other data relating to the financial status of the Company upon request by the Subscriber until the Notes (including interest accrued thereon) are completely repaid.

Article 11 Covenants

1. Upon the occurrence of, or the resolution of its board of directors or relevant committee on, any of the following, the Company shall immediately notify the Subscriber of that fact in writing and, if required by the Subscriber, shall provide detailed explanation thereof.

   1) When an internal resolution such as a resolution of board of director is made in order to issue specific securities of Company or exercise the Company's right to issue any such securities;
   2) When Company receives a notice of transaction suspension from any financial institution due to dishonored checks or any other reasons;
   3) When all or any part of material business of Company is changed, cancelled or discarded;
   4) When the business purpose of Company is materially changed;
   5) When a significant damage occurred to Company due to natural disaster such as a fire or flood;
   6) When Company is merged or other company, or is to be divided, or transfers material assets or the whole or a part of the business of Company or there is a material change in the organization of Company;

7) When Company prepares asset revaluation report and reports asset revaluation under [ ];

8) When Company made an internal resolution such as a resolution of board of directors to invest more than 50% of Company's capital to other corporation;

9) When Company made an internal resolution such as a resolution of board of directors to borrow or to make any guarantee over 50% of its equity capital;

10) When Company desires to purchase all or any part of material assets of other company; and

11) When other events that the Company or its Subsidiaries may occur which may materially influence on the management of Company or its ordinary course of business.

Article 12 Indemnification

1. The Company hereby agrees to indemnify, defend and hold harmless the Subscriber, its Affiliates and its directors, managers, officers, agents, advisors, representatives, employees, successors and assigns (each, a "Subscriber Indemnitee") from and against all Losses arising out of or resulting from any Claim by a third party (whether private or governmental) to the extent based upon any allegation of any wrongful action or inaction or any breach by the Company in connection with the authorization, execution, delivery and performance of this Agreement or any other duty or obligation owed to the Subscriber Indemnitee.

2. The Company shall be solely responsible for all problems arising in connection with any non-performance of its obligations under this Agreement and shall indemnify and hold harmless the Subscriber and its directors and officers against any and all claims from third-parties in regard to such non-performance.

3. If within a reasonable time the Company fails to defend, such Subscriber Indemnitee may undertake the defense, compromise or settlement of such Claims on behalf of and for the account and at the risk of the Company, subject to the right of the Company to assume the defense of such Claim at any time prior to settlement, compromise or final determination thereof, and such defense shall

not waive the Company's Indemnification.

4. Upon the Subscriber's request, the Company shall provide the Subscriber Indemnitee reasonable access to all records and documents of the Company relating to any Claim.

Article 13 Termination or Cancellation

1. The Subscriber may terminate or cancel this Agreement by giving a written notice to Company in one of following cases:
   1) After the execution of this Agreement, the [ ] suspends or imposes any significant restriction on its stock markets or the trading of securities issued by the Company or any of its affiliates including subsidiaries has been suspended or becomes subject to a significant restriction on the [ ] or an OTC market;
   2) When a reason for dissolution of Company such as expiration of survival period as set forth by articles of incorporation occurs or the court orders or judges to dissolve Company or general stockholders' meeting resolves to dissolve Company;
   3) The Company sanctioned by regulatory authorities to suspend or terminate any of its businesses;
   4) The Company defaults on any note or check issued by it or its banking privileges are suspended by any financial institution;
   5) A third party or the Company files a petition for the bankruptcy or rehabilitation proceedings of the Company or the Company is designated as a "enterprise having a symptom of insolvency" pursuant to [ ] or enters a workout under the supervision of a financial institution or any other similar event occurs;
   6) When a compulsory execution such as attachment, provisional attachment or default disposition is made for material property of Company;
   7) When Company breaches this Agreement and other applicable laws and regulations related to issuance of the Notes and such breach is not minor that it is difficult for Subscriber to proceed the subscription procedure of the

Notes under this Agreement;

8) The Subscriber determines that the issuance of the Notes is inappropriate due to any occurrence or expected occurrence of a negative event to the Company or in the stock market, the industry in which the Company is in or the domestic economy;

9) The Subscriber determines that the purposes of this Agreement are likely to be frustrated for any other reason; and

10) When Subscriber determines in its sole and absolute discretion that it will terminate or cancel this Agreement by sending written notice thereof to Company on or before the last day of the due diligence.

2. When this Agreement is terminated or cancelled by above Paragraph 1 of this Article, the Company shall pay the amount of all liabilities, costs, expenses, losses, damages and claims paid or occurred arising out of or in connection with this Agreement before termination or cancellation of this Agreement within 7 days from receipt of the notice pursuant to Paragraph 1 of this Article.

3. Any cancellation or termination of this Agreement shall not affect any rights, obligations or claims accrued prior to such cancellation or termination.

Article 14 Governing Law; Consent to Jurisdiction.

1. This Agreement shall be governed by and construed in accordance with the laws of [ ] and the parties to this Agreement hereby irrevocably submits to the exclusive jurisdiction of the courts of [ ].

2. Any dispute, controversy or claim between the parties hereto under or in respect of this Agreement (a "Dispute") shall be resolved at the first instance through consultation between the Parties to such Dispute. Such consultation shall begin immediately after a party hereto has delivered written notice to any other party to the Dispute requesting such consultation. If the Dispute is not resolved within thirty (30) days following the date on which such notice is given, the Dispute shall be submitted to arbitration upon the request of any party to the Dispute with an arbitration notice to each other Party to the Dispute.

3. The arbitration shall be conducted in [ ] under the auspices of the [ ].

There shall be three (3) arbitrators. The claimants in the Dispute shall collectively choose one (1) arbitrator, and the respondents shall collectively choose one (1) arbitrator. The Secretary General of the Centre shall select the third arbitrator. If any of the members of the arbitral tribunal have not been appointed within thirty (30) days after the arbitration notice set forth in item (a) above is given, the relevant appointment shall be made by the Secretary General of the Centre. The arbitration proceedings shall be conducted in English and Chinese simultaneously. The arbitral tribunal shall apply [ ], as administered by the Centre at the time of the arbitration.

4. When any Dispute occurs and when any Dispute is under arbitration, except for the matters in dispute, the parties hereto shall continue to fulfill their respective obligations and shall be entitled to exercise their rights under this Agreement. The award of the arbitration tribunal shall be final and binding upon the parties hereto, and the prevailing party may apply to a court of competent jurisdiction for enforcement of such award. The costs of arbitration shall be borne by the losing party, unless otherwise determined by the arbitral tribunal.

Article 15 Notice

All notices or other communications required or permitted hereunder shall be in writing and shall be delivered personally, telecopied or sent by certified, registered or express mail, postage prepaid. Any such notice shall be deemed given if delivered personally or telecopied, on the date of such delivery, or if sent by reputable overnight courier, on the first Business Day following the date of such mailing, as follows:

1) if to the Company:

2) if to theSubscriber:

Any party may by notice given in accordance with this Article designate another address or Person for receipt of notices hereunder.

Article 16 Matters not Specified

Any disagreement over matters not specified in this Agreement shall be resolved in accordance with customary market practice or upon the agreement of theCompany and the Subscriber.

In witness whereof, this Agreement is prepared in two (2) original copies and each party shall keep each copy after affixing their signatures and seals accordingly.

"Company":

____

Representative Director:

"Subscriber":

____

Representative Director:

第八章　东盟投资法律实务

第一节　东盟投资概述

2017 年 5 月 14～15 日，"一带一路"国际合作高峰论坛（以下简称高峰论坛）在北京隆重举行，其间参会各方共签署了 270 多项具体成果，给"一带一路"沿线国家之间的合作带来新的历史性机遇。国家主席习近平在高峰论坛上指出，中国将加大"一带一路"建设资金支持，向丝路基金新增资金 1000 亿元人民币，鼓励金融机构开展人民币境外基金业务，规模预计约 3000 亿元人民币。中国国家开发银行、进出口银行将分别提供 2500 亿元和 1300 亿元等值人民币专项贷款，用于支持"一带一路"基础设施建设、产能、金融合作。可以预见，未来 5～10 年，"一带一路"沿线国家在基础设施建设、产能与金融领域的合作将会迎来前所未有的新机遇。

根据国家商务部官网[①]披露的信息，2015 年至 2018 年上半年，我国企业在"一带一路"国家对外直接投资情况如表 8－1 所示。

表 8－1　我国企业在"一带一路"国家对外直接投资情况

年　份	投资国家数量	对外直接投资金额	主要投资目标国
2015	49 个	148.2 亿美元	新加坡、哈萨克斯坦、老挝、印度尼西亚、俄罗斯、泰国等
2016	53 个	145.3 亿美元	新加坡、印度尼西亚、印度、泰国、马来西亚等
2017	59 个	投资 143.6 亿美元，并购 88 亿美元	新加坡、马来西亚、老挝、印度尼西亚、巴基斯坦、越南、俄罗斯、阿联酋、柬埔寨等
2018 上半年	55 个	76.8 亿美元	新加坡、老挝、马来西亚、越南、巴基斯坦、印度尼西亚、泰国、柬埔寨等

① 载 http://fec.mofcom.gov.cn/article/fwydyl/，2018 年 10 月 1 日访问。

通过表 8－1 可以看出,2015 年至 2018 年上半年,我国企业在"一带一路"国家的对外直接投资主要集中在新加坡、印度尼西亚、马来西亚、泰国、老挝、越南等东盟国家。其中的原因,首先,包括我国与东盟国家是邻国,对其投资环境、市场、文化更为熟悉,相对于其他"一带一路"沿线国家,更容易把控相关风险;其次,我国与东盟国家在经济合作领域具有很强的互补性。新加坡国立大学亚洲竞争力研究所所长陈企业副教授提出,与美国、欧盟、日本相比,中国作为东盟国家特别是东盟 5 国(印度尼西亚、马来西亚、菲律宾、新加坡和泰国)经济增长的主要引擎的重要性在过去 30 多年中得到了显著提升。① 中国与东盟国家在经贸合作领域存在很强的互补性,从而为加速中国与东盟国家之间的经贸合作提供了充分的市场基础。中国在过去 30 多年大规模的经济设施建设在基础设施建设方面积累了丰富的经验,除新加坡外,其他东盟国家的基础设施建设都比较滞后。因此,东盟国家作为"一带一路"的重要区域,将其打造成"一带一路"的示范区域将对实现"一带一路"政策沟通、设施联通、贸易畅通、资金融通和民心相通的愿景具有重要的示范意义。

除新加坡外,其他东盟国家均为发展中国家,各个国家在经济发展水平、市场环境、法律制度、宗教信仰等方面均存在重大区别,其对外商投资准入的开放程度、设立商业实体的便利程度与时限等方面也存在较大区别。下面笔者将结合帮助中国企业到东盟国家投资的相关实务经验,对中国企业近几年较为青睐的在东盟国家,即印度尼西亚、越南和泰国设立代表处,公司的相关程序,所需资料,注意事项进行简要介绍。同时对到上述国家进行投资需了解清楚的实务问题,比如外商投资准入限制、环保、土地政策、劳工、争议解决等进行解析,以期让大家对上述国家投资应注意防范的相关风险有更为清楚的了解。

第二节　印度尼西亚代表处及有限责任公司设立实务

一、选择适合的法律实体形式

投资前,选择适合的法律实体形式对投资商业目标的实现至关重要。中国

① 参见陈企业:《大中华经济圈 34 个经济体常年竞争力分析,政策模拟和发展概况》,第 39 页。

企业需要了解清楚各种实体形式之间的优劣,在符合投资目标国法律法规的前提下,结合自身的实际情况,并充分利用投资目标国提供的相关优惠政策,从而选择一种适合的法律实体形式。根据印度尼西亚《投资法》《公司法》《禁止类、限制类投资产业目录》等相关法律法规规定,印度尼西亚允许外国投资者设立的法律实体形式包括代表处和有限责任公司(PMA)两种形式。该两种实体形式在设立政府审批或登记程序、设立流程、所需时限、税收政策等方面均存在较大区别。下面笔者对该两种法律实体形式的优劣做一个简单的对比,如表 8－2 所示。

表 8－2　印度尼西亚代表处及有限责任公司对比

序　号	项　目	有限责任公司优劣	代表处优劣
1	经营期限	注册登记期限需符合印度尼西亚国法律法规规定的外资公司的经营期限	一般为 3 年
2	经营范围	可以经营实际业务,创造营收等,可收款或转账,无须通过第三方支付,但需要获得相关行政许可,直接受到当局监管	只能从事信息收集、业务联络、宣传推广等事宜;需要使用第三方支付端;当局无法通过离境操作运营平台进行全面监管
3	设立程序	设立程序比设立代表处更复杂	设立程序简便
4	员工招聘	可以自己招聘员工并支付工资及缴纳社保金	只能委托涉外人事代理机构来招聘员工并交纳保险
5	税收	可以独立开发票,根据实际开票金额交纳增值税或营业税	不能开发票,根据费用成本纳税,相较有限责任公司纳税成本低
6	其他	易于获得当地政府认可,易于在当地形成品牌,可以享受外商投资相关优惠政策	存在诸多限制

根据投资领域不同,如投资者拟设立有限责任公司,某些投资领域投资者还要取得相关监管部门颁发的许可证,方可开展经营活动。比如,投资者拟设立 P2P 公司,则需获得印度尼西亚金融服务管理局(OJK)颁发的许可;如投资行业涉及发电的,则需获得供电许可(IUPTL)等。

二、设立印度尼西亚代表处相关要求

(一)设立代表处所需资料清单

根据印度尼西亚投资协调委员会(BKPM)2017 年颁发的第 13 号《BKPM 主

席条例》,在印度尼西亚设立代表处需向投资协调委员会提交如下资料清单:

1. 外国投资者的公司章程及章程修正案(Articles of Association and Any Amendment);

2. 外国投资者出具的印度尼西亚代表处首席代表任命书(Letter of Appointment);

3. 意向书(Letter of Intent);

4. 印度尼西亚代表处首席代表签署的声明函(Letter of Statement),载明该首席代表仅在印度尼西亚代表处担任首席代表,而未在印度尼西亚从事其他事务;

5. 由外国投资者所在地的印度尼西亚使领事馆出具的推荐信(Letter of Reference);

6. 首席代表的护照复印件(如为外国人)或身份证复印件(如为印度尼西亚人);

7. 首席代表的彩色照片(4cm×6cm,2 张);

8. 授权签署设立代表处申请表的授权委托书(Power of Attorney),授权委托书需在公证机关当面签署,并办理公证手续;

9. 设立代表处的申请表(Application Form)。

根据法规要求,上述资料中第 2 项首席代表任命书、第 3 项意向书、第 4 项声明函及第 8 项授权委托书,必须经外国投资者所在地的公证机关公证,并经印度尼西亚驻外国投资者所在地的使领馆认证后方符合要求。

10. 设立代表处流程及时限

把上述资料准备好后,投资者将上述资料原件寄给印度尼西亚律所或代理公司即可向投资协调委员会提交上述资料申请设立代表处。投资协调委员会审查上述资料后,如认为上述资料不完整,则会要求提交补充资料。提交的资料完整且符合其要求后,投资协调委员会一般在 30 日左右颁发代表处的营业执照。

(二)注意事项

设立代表处的程序虽然不是很复杂,但在准备设立代表处所需资料时涉及公证和认证程序。因此,在准备上述资料过程中,仍有很多注意事项。

中国企业在准备上述文件过程中,一定要严格按照印度尼西亚律所或代办机构的要求填写相关信息和提交相关资料,准备好后将文件全部发送给印度尼西亚律所或代办机构进行最终确认,以确保每份文件均符合要求。如任何一份文件出现问题,后续在公证和认证后又要重新办理上述手续,这将耽搁很长的时间，从而影响代表处的设立进程。

（三）设立文件公证和认证程序及注意事项

如果投资方是中国大陆企业，上述文件公证一般向投资方所在地的公证机关办理，公证程序相对简单。文件公证后再向印度尼西亚驻我国的使领馆办理认证程序即可。如果投资方是我国香港特区注册企业，那文件的公证一般由我国香港特区的律所办理，我国香港特区律所公证文件的要求比较严格，因此向我国香港特区律所办理公证时，要注意如下事项：

1. 投资方要严格按我国香港特区律所的要求准备好拟需要进行公证的文件以及其他办理公证时需要出示的文件，比如我国香港特区律所公证设立代表处相关文件时，除提供需要进行公证的文件外，其还要求由投资方出具董事会决议，载明公司拟设立代表处及授权某某有权代表公司签署相关文件。此外，办理公证时还需要提供授权委托书签署人的身份证明文件，包括护照、港澳通行证及我国香港特区入境时的海关小票，我国香港特区公司的方形章（非圆形章）及公司钢印。建议将上述文件均事先发送给我国香港特区律所进行审查和确认，以避免因文件不符合律所要求而无法办理公证。

2. 文件与我国香港特别行政区律所确认好后，需要事先与我国香港特区公证律师预约时间。建议提前 3 日左右预约时间，切记不能不经预约直接到我国香港特区律所办理公证，这样不但会让人觉得很不礼貌，而且很可能律师有其他安排而无法办理公证。

3. 文件签署人必须亲自到我国香港特别行政区的律师事务所，在国际公证人面前签署有关文件并出示有效的身份证明文件原件；公证文件的签署日期必须是签署当日日期，所以日期最好先空着，在公证人面前签署文件时再填写日期。向我国香港特区律所提交完整文件后，我国香港特区律所出具公证书的时间一般为5～7个工作日。

4. 除了公证外，上述文件还要到印度尼西亚驻我国香港特区的领事馆办理认证程序。根据通常的操作程序，送往印度尼西亚领事馆进行认证的文件一般由办理国际公证的我国香港特区律师将公证文件代为送往印度尼西亚领事馆进行加签。根据印度尼西亚领事馆新的要求，在办理上述公证文件加签前，我国香港特区企业必须先向印度尼西亚领事馆贸易部门申请一封推荐信（Reference Letter）才可以进行文件加签程序。而在申请推荐信时，根据印度尼西亚使领馆的要求，需要我国香港特区公司提交公司商业注册证明（Company's

Business Registration)及设立证明(Certificate of Incorporation)。因此,我国香港特区公司(或其秘书公司)需先向印度尼西亚领事馆贸易部门申请推荐信,我国香港特区律所在收到推荐信后,才能向印度尼西亚领事馆申请办理公证文件加签手续。上述手续办理需要耽搁不少时间,投资者需事先准备好办理上述程序所需文件和预留充分的时间,以免影响代表处的设立。

如上所述,代表处在业务范围等方面存在诸多限制,很多中国企业可以将设立代表处作为一个过渡阶段,即通过设立代表处,经过1~3年的联络、推广和市场宣传,对印度尼西亚市场更为了解后,再设立有限责任公司。该种方式不但可以节约成本,而且可以更加稳妥地开拓印度尼西亚市场和减少风险。

三、设立印度尼西亚有限责任公司相关要求——以设立P2P有限责任公司为例

根据印度尼西亚《投资法》的相关规定,外国投资者可与印度尼西亚的个人、公司成立合资企业,也可以在符合《非鼓励投资目录》的情况下,设立外商独资企业。合资企业与独资企业都为有限责任公司(PT公司,PT是perusahaan terbatas的缩写)。投资的领域不同,设立有限责任公司的具体流程、所需资料和办理时限存在着较大区别。下面笔者以设立P2P有限责任公司为例,介绍在印度尼西亚设立有限责任公司的相关程序。

(一)设立一家P2P公司的基本流程

与印度尼西亚投资协调委员会制度下成立一般外国投资公司不同,P2P公司和大多数金融活动都归印度尼西亚金融服务管理局(OJK)管理。因此,P2P公司必须遵守OJK的监管规定,包括获得OJK颁发的许可。除OJK许可外,每个P2P公司在印度尼西亚开展业务之前,还必须拥有一般的公司许可证,如公司注册、住所证明、纳税人注册号等。下面简要介绍在印度尼西亚设立一家P2P公司的一般流程。

1. 签署《设立协议》

在公证处签署该协议之前,股东应确保所有涉及P2P公司管理方面的问题,如股东保留事项、董事会保留事项、专业委员会保留事项等应该在该协议中作出约定。起草《设立协议》一般需要3个左右工作日。

2. 获得法律和人权部(MLHR)批准

为完善其法律实体地位,每一家印尼公司的成立都需获得MLHR的批准。在签署《设立协议》之后,公证人将在《设立协议》签署之日起的60日内向MLHR提交申

请。MLHR 批准的签发将取决于提交的文件是否完整且符合要求。实际操作中,从公证人提交完整申请文件之日起,获得 MLHR 批准通常需要 7 ~14 个工作日。

3. 开立公司银行账户

公司需要以其名义开立银行账户,以达到注入资本的目的。请注意,注资的证明必须在签署《设立协议》60 日内通过在线系统提交给 MLHR。

4. 申请公司一般许可证

在此阶段,公司需要申请以下许可或证明:

(1)公司住所证明(SKDP);

(2)纳税人注册号和应纳税企业家证书;

(3)公司注册证书(TDP)。

请注意,上述许可是获得 OJK 批准成立 P2P 公司的一些必要文件。

5. 向 OJK 递交 P2P 许可证申请

OJK2016 年第 77 号法规规定了批准的两个阶段:

(1)登记期

P2P 公司从事 P2P 活动需要向 OJK 申请登记注册。

(2)批准期

一旦在 OJK 登记注册,P2P 公司必须在注册后 1 年内向 OJK 提交 P2P 许可申请。

设立一家 P2P 公司,直到获得 OJK 的注册,一般需要 3 ~4 个月时间,这取决于文件准备是否完整和及时,以及相关政府主管机关的审批进度。

(二)外国投资者在印度尼西亚设立 P2P 公司的注意事项

1. P2P 公司限于合资企业

根据 OJK2016 年第 77 号法规规定,P2P 公司的最大外资持股比例不得超过 85%,即中国投资者应在印度尼西亚当地找一位投资者(自然人或公司),其持股比例不得低于 15%。同时,根据印度尼西亚 2007 年《公司法》第 40 条规定,有限责任公司股东在任何时候都不得低于 2 人(自然人或法人)。

2. 最低注册、发行和实缴资本需符合法规要求

根据印度尼西亚相关法规规定,P2P 公司的最低实缴资本在注册期为 10 亿印度尼西亚盾;在批准期,当公司准备申请 OJK 许可证时,实缴资本必须最少为 25 亿印度尼西亚盾。按照印度尼西亚《公司法》的要求,在公司设立阶段,其注册资本的 25% 需完全缴清。在登记注册期,其必须有最低 40 亿印度尼西亚盾作为注册或授权资本;或者在批准许可期,其必须有 100 亿印度尼西亚盾作为注册

或授权资本。

3. 人员资历要求

一家 P2P 公司需要至少任命一名董事会成员和一名委员会成员，并且要求至少有 1 年金融服务业的经验。此外，还必须雇用有技术资格和(或)有信息技术部门背景经历的员工。

4. 技术要求

P2P 公司必须使用位于印度尼西亚的数据中心和数据恢复中心。

(三)印度尼西亚政府进一步简化外商投资设立程序

为了吸引外资，印度尼西亚政府积极采取措施改善外商投资环境，简化外商投资企业或代表处的设立程序。自 2014 年 12 月起，印度尼西亚营业执照和商业许可申请均可在网上办理，但外国投资者仍需向印度尼西亚投资协调委员会提交纸质文件。投资者递交申请之后，可登录服务平台，及时了解进度。自 2015 年起，印度尼西亚投资协调委员会推行外资一站式投资许可发放机制，许可办理时间较之前缩短 80%。2016 年，一站式服务已覆盖印度尼西亚全国所有地区。

为吸引更多的中国企业赴印度尼西亚投资，印度尼西亚投资协调委员会设立了中国投资服务小组，并于 2016 年设立中国投资窗口(China Desk)，工作人员通晓中文，以协助中国投资者处理投资中遇到的问题。

通过简化外商企业设立程序，特别是搭建网络服务平台和中国投资窗口的设立，对吸引中国投资者发挥了积极重要。

第三节　越南代表处及有限责任公司设立实务

根据越南相关法律，越南对财政、金融项目，影响大众健康的项目，如文化、通信、报纸、出版等项目，娱乐项目等领域限制外商投资。对很多领域投资限于中外合资、合作。比如，越南不允许外国公司独资经营互联网行业，外国公司只能选择合资、合作运营，且越南投资方的投资比例不得低于 51%。因此，与新加坡、印度尼西亚、泰国等东盟国家相比，越南的外商投资准入限制更多，这在一定程度上，限制了外资企业在越南的发展。无论是代表处还是公司设立，其设立程序要复杂得多，对相关资料要求也更多，这反映出越南的对外开放程度要比新加坡、印度尼西亚、泰国等东盟国家滞后。

根据越南法律，外国投资者可以在越南设立有限责任公司、代表处、股份公司等。下面笔者对在越南设立代表处和有限责任公司的相关程序、所需资料和相关要求进行简要介绍。

一、设立越南代表处的相关要求

（一）外国投资者设立代表处需满足的条件

如外国企业拟在越南设立代表处，需要向代表处所在地的相关工业和贸易部门申请获得代表处设立许可，且外国投资者需满足以下条件：

1. 依照与越南缔结了国际公约国家或地区的法律设立的；
2. 自设立之日起，已运营达至少 1 年；
3. 其营业执照自提交代表处设立许可申请时，仍有至少 1 年的有效期；
4. 代表处的营业范围与第 1 项条件中越南所缔结的相关国际公约中的承诺一致。

（二）设立越南代表处所需资料

表 8－3　在越南设立代表处需提供的资料

序　号	文件名称	份　数	具体要求
1	设立代表处申请表	2	经外国公司法定代表人签字和盖章
2	关于设立代表处的股东会决议或董事会决议	2	经全体股东或董事签字或盖章，决议内容应包括： 决定在越南设立代表处； 授权公司的某人代表公司签署申请表和其他有关设立越南代表处的文件，通常为公司的法定代表人
3	法定代表人护照照片信息页的复印件（如为外国人）或身份证复印件（如为越南人）	2	如法定代表人为外国人，投资者提供经公证①和认证②的护照复印件；如为越南人，投资者提供经公证和认证的身份证复印件，并向越南公证机关办理将中文或英文认证文件翻译成越南语的翻译公证
4	公司注册证书复印件	1	投资者提供在中国公证和认证的文件，并向越南公证机关办理将中文或英文认证文件翻译成越南语的翻译公证
5	公司章程复印件	1	投资者提供在中国公证和认证的文件，并向越南公证机关办理将中文或英文认证文件翻译成越南语的翻译公证

① 如投资者为中国内地企业，则经中国内地的公证机关进行公证；如投资者为中国我国香港特区企业，则一般由我国香港特区具有国际公证资格的律师进行公证。

② 指由越南驻我国使领馆对公证后的文件进行认证。

续表

序 号	文件名称	份 数	具体要求
6	最新公司财务审计报告(投资者必须存续一年以上,财务报告保留审计师的签名)	1	投资者提供在中国公证和认证的文件,并向越南公证机关办理将中文或英文认证文件翻译成越南语的翻译公证
7	银行支持信(若公司处于盈利状态,则不需要)	1	投资者提供在中国公证和认证的文件,并向越南公证机关办理将中文或英文认证文件翻译成越南语的翻译公证
8	越南代表处办公室的租赁协议	1	原件或经公证和认证的复印件
9	代表处首席代表的任命书	2	经投资者法定代表人签字和盖章
10	代表处首席代表护照照片信息页的复印件	2	如法定代表人为外国人,投资者提供经公证和认证的护照复印件;如为越南人,投资者提供经公证和认证的身份证复印件,并向越南公证机关办理将中文或英文认证文件翻译成越南语的翻译公证
11	授权委托书(授权第三方代为设立代表处)	3	由投资者法定代表人签署并盖章,然后办理公证和认证

(三)设立越南代表处的相关流程

在越南设立代表处,外国投资者需要向相关行政主管机关办理设立登记手续:

1. 向计划投资部(MPI)获得投资登记证书(Investment Registration Certificate,IRC)。

外国投资者准备好上述清单中列明的文件后,外国投资者自己或委托越南律所或代办机构向 MPI[①] 提交上述文件。MPI 是越南监管包括外国投资在内的所有投资活动的中央行政机构。省或市人民委员会下属的计划投资局(DPI)直接监管外国投资活动,并在相应的省或市范围内为几乎所有类型的外国投资发放 IRC。每个外商投资项目都需要获得 IRC。对于某些项目,特别是所谓的"附条件"项目、重要项目或大型项目,在发放 IRC 之前需要进行原则上的审批,该审

① MPI 负责起草法律、制定政策、提供指导和咨询,以及与其他部门进行协调。如果出现问题,MPI 还可作为外商投资企业(FIE)的联络机构。

批一般由省或市人民委员会进行，也可能由国会或总理进行。总理下设管理委员会，以监管位于工业区、高新区、经济区或出口加工区（以下简称 IZ）的外商投资企业。IZ 管理委员会有权为其辖区内的项目发放 IRC。经 MPI 或 DPI 审核后，如外国投资者提交的资料符合要求的，其会向外国投资者颁发 IRC。

2. 取得 IRC 后，外国投资者应向 DPI 申请并获得企业登记证书（Enterprise Registration Certificate，ERC）。

IRC 允许外国投资者在越南进行投资，而 ERC 允许外国投资者建立和运营公司。外国投资者只有在获得 IRC 和 ERC 后才能开展业务。

（四）设立越南代表处的注意事项

通过上述列出的设立越南代表处所需资料清单可以看出，越南法律法规对设立代表处所需文件的要求很高，对外国投资者来说，为了满足其要求所需办理的手续更复杂，耗时也会更长。因此，我国投资者在准备有关设立越南代表处的相关文件时要更加仔细，从而避免在准备上述资料过程中耽搁更多时间和影响代表处的设立。

1. 考虑到后续首席代表在越南的纳税和入保问题，上述文件中提到的“设立代表处的申请表”，其中关于“首席代表的地址”，宜填写为越南代表处的地址，其中关于“公司的银行账户”，宜填写一个记录公司与越南项目相关交易情况的账户。

2. 上述文件中提到的“租赁协议”，其中关于“代表处的办公地址”应具体到街道、楼层、门牌号，且该协议应为越南语版本，如为外文签署的，则应同时签署越南语版本，落款处应有真实的签章，非电子签名。

3. 上述所有需要在中国进行公证和认证文件的出具时间，与第三方代为提交代表处设立文件给审批或登记机关的日期之间的间隔不得超过 3 个月，即公证与认证文件的有效期为 3 个月，如果超过了 3 个月时间，则需要重新办理文件的公证和认证手续。

4. 上述经公证和认证的文件为英文版本的，可由第三方委托越南翻译机构翻译成越南语，并针对翻译成越南语的版本在越南公证处进行公证。

5. 在办理上述设立文件的公证与认证过程中，一定要事先将进行公证和认证的文件与越南律师事务所或代办机构进行确认，以确保上述文件符合越南相关审批机关的要求。有关公证和认证注意事项请参阅印度尼西亚代表处“设立文件公证和认证程序及注意事项”部分的相关内容。

二、设立越南有限责任公司的相关要求

根据越南法律,外国投资者可以在越南设立外商独资企业或与越南当地企业设立合资企业,外商独资企业与合资企业都可以以有限责任公司形式设立,但越南法律法规规定某些领域只能设立中外合资企业的,则只能设立中外合资企业。

(一)审批权限

越南法律将投资项目分为审批类与登记类。审批类项目是指外国投资者的投资额达3000亿越盾(折合美元约1500万美元)及以上的投资项目;登记类项目指外国投资者的投资额为3000亿越盾(折合美元约1500万美元)以下的投资项目。[①] 越南法律又将审批类项目分成A、B两类,两类项目的审批部门不同:A类投资项目,无论项目大小均由政府总理审批,然后由MPI按总理审批结果决定是否颁发IRC;B类投资项目是指A类以外的需要审批的项目,B类投资项目由MPI或政府授权的省市人委会或MPI授权的工业区、出口加工管理委员会审批后签发IRC。

(二)设立有限责任公司所需资料

1. 登记签发IRC的投资项目,应提交下列文件:

(1)申请登记书(根据MPI统一表格办理);

(2)合资合同及合资企业章程,或独资企业章程,或合作经营合同。自收到合格文件之日起15个工作日内决定是否颁发IRC。

2. 审核签发IRC的投资项目,应提交下列文件:

(1)签发投资申请书;

(2)合资合同及合资企业章程,或独资企业章程,或合作经营合同;

(3)经济技术可行性研究报告;

(4)合资各方、合作经营合同各方、外国投资者营业执照或类似主体资格证明文件、财务状况等证明文件;

(5)有关工艺技术转让资料的其他相关资料。

A类投资项目,自收到合格文件之日起30个工作日内,MPI将审核意见呈报总理;自收到MPI呈报书之日起10个工作日内,政府总理作出对投资项目的

---

① 商务部:《对外投资合作国别(地区)指南·越南》,2017年版,第76页。

决定;自收到政府总理决定之日起5个工作日内,MPI对投资项目作出决定,如符合要求则颁发IRC。B类投资项目,如属于MPI审核的项目,则MPI自收到合格文件之日起30个工作日内,完成对投资项目的审核,如符合要求则颁发IRC。如属于各省市人委会审核的项目,自收到合格文件之日起30个工作日内,各省市人委会完成对投资项目的审核,如符合要求则颁发IRC。

第四节　设立泰国代表处和有限责任公司设立实务

根据泰国《外商经营企业法》等相关法律法规规定,外国投资者可在泰国设立有限责任公司、合伙企业、代表处、分公司等商业实体。下面笔者对外国投资者比较常用的代表处与有限责任公司设立相关程序、要求等进行简要介绍。

一、设立泰国代表处相关要求

(一)设立泰国代表处所需资料清单

以下为外国投资者设立泰国代表处所需资料清单:

表8-4　在泰国设立代表处需提供的资料

序　号	文件名称	份　数	具体要求
1	外国公司设立证明	1	设立证明应包含外国公司的以下内容: 名称 注册资本 实缴资本 股东名单(包括各个股东持有的股权比例和股东的国籍) 营业范围 营业地 董事名单和被授权签字的董事名单 该文件需经外国公司所在地的公证机关公证或①经泰国使领馆认证

① 与印度尼西亚或越南设立代表处不同,泰国主管机关只要求进行公证"或"认证任何一项即可,而非公证"和"认证两项都需要,这反映出泰国对设立代表处和有限责任公司对文件的要求更为宽松。

续表

序　号	文件名称	份　数	具体要求
2	代表处首席代表的护照复印件,并附上最近一次入境泰国的签证页的复印件	2	经代表处首席代表签字认证
3	表明泰国代表处位置的地图	1	由代表处首席代表签字认证
4	代表处首席代表的任命书	1	由外国公司有权签字的董事签署,并经外国公司所在地的公证机关公证或经泰国使领馆认证
5	代表处设立申请书	1	由代表处首席代表签字
6	关于保存会记账簿和相关证据位置的通知	1	由代表处首席代表签字
7	授权委托书(授权第三方代为设立代表处)	1	代表处首席代表需亲自入境泰国签署该授权委托书,并附上经代表处首席代表签字认证的护照复印件和最近一次入境泰国的签证页的复印件

外国投资者将上述资料准备好并提交给泰国商业部登记局注册处申请注册登记后,经商业部登记局审查上述资料完整且符合其要求的,一般自收到资料之日起 15 日向外国投资者颁发代表处注册许可证。

(二)设立泰国代表处注意事项

在准备泰国代表处设立所需文件过程中,应注意如下事项:

1. 若泰国代表处的设立文件是外文的应翻译成泰国语,若上述文件是在泰国境外制作或签署的,则应经过公证处公证或泰国使领馆认证,两种方式择其一即可。

2. 上述所有需要签字文件的落款日期(需要公证或认证的文件除外),应是代表处首席代表在泰国境内签署文件的日期。

3. 上述文件中提到的“护照复印件经代表处首席代表签字认证”,意指由首席代表本人用黑色签字笔在其护照复印件上签上与其在护照上签名一样的签名。

4. 在提交代表处注册申请时,所载明的代表处办公地址应精确到单元号或门牌号。

二、设立泰国有限责任公司相关要求

与设立泰国代表处的流程类似,设立泰国有限责任公司的相关流程稍微复杂一些。一般而言,设立泰国有限责任公司的基本流程如下:

第一,申请泰国公司名称核准。由投资者拟定公司名称后,向政府商业部登记局申请公司名称核准,可以用泰、中、英文共同注册。批准后的登记公司名称有效注册期为30日,不能延期。

第二,申请泰国公司注册。投资者将设立有限责任公司的相关材料准备好后,向商业部登记局申请公司注册登记手续,商业部登记局确认资料完整且符合其要求的,一般自收到资料之日起15日内向外国投资者颁发公司营业执照。但在申请公司注册之前,投资者一般还需要提供设立公司所需的相关信息,例如:

1.公司注册地址

如果是使用自己的物业,则需提供物业所有权证明。如果是租用他人的物业,则需提供租赁协议原件、公司所在地的道路位置图。如果投资者短期内无法找到适合的公司地址,则可以使用临时地址完成公司注册,待公司正式地址确定后,再申请办理地址变更手续。

2.拟定公司经营范围

经营范围的确定极为重要,其决定了公司是否需要经其他相关部门审批。因此,建议投资者让泰国律所或代办机构对经营范围的准确描述提供建议,以使经营范围内容符合泰国相关法律法规的同时,也避免因表述不准确而需办理额外的许可。

3.确定公司注册资本

泰国《外商经营企业法》未对有限责任公司的最低注册资本作出明确规定,但注册资本需满足公司实际经营的需要。如公司后续需聘请外国人或为国内派遣员工办理工作许可,则注册资本应达到200万元泰铢才能办理上述手续。

4.股比确定

需确认泰国公司拟从事的行业是否允许由外国投资者100%持股。泰国法规要求某些行业仅限于合资企业,且泰国投资者的持有股比不得低于51%,比如在泰国设立网络直播公司,外国投资者的持股比例最多不能超过49%,泰国本地投资者的持股比例不得低于51%。

5. 确定签名代表

根据泰国公司董事会的人员情况，授权 1～3 名董事作为泰国公司的签字代表，并明确授权签字的范围和权限，授权代表根据授权范围与权限代表泰国公司签署相关文件。

第三，获得泰国公司的营业执照后，应制作泰国公司印章，正式向商业部经商登记局注册备案，备案后的印章不能随意更改和替换。若要更改，则必须再次向商业部经商登记局申请备案。

第四，向税务部门办理泰国公司的税务登记。泰国有限责任公司的企业所得税税率为 20%。

第五节 东盟投资法律风险及其防范

由于我国与东盟各国在经济发展水平、法律制度、文化、宗教信仰等方面存在着较大差异，我国企业在东盟各国投资过程中可能会遇到各种法律风险。笔者结合处理过的东盟国家投资项目，对国内企业到东盟国家投资可能遇到的主要法律风险及注意事项梳理如下。

一、外资准入限制风险

除新加坡外，其他东盟国家都是发展中国家，根据各自的经济发展水平，在外商投资领域，他们均对某些领域禁止或限制外资准入。因此，我国企业到东盟国家投资前，应了解清楚投资目标国对其拟投资领域是否存在准入限制，从而避免因为违反投资目标国的外资准入相关法律法规而遭受风险。不少企业在国内经营过程中可能养成了钻法律空子或想方设法绕开法律规定的习惯，但在境外投资过程中，切记不要有这种投机的想法，一旦投资领域被投资目标国主管机关认定为禁止或限制领域，境内投资方可能会因此遭受重大损失。因此，在东盟国家投资之前，建议聘请投资目标国当地律师提供法律建议，明确投资目标国对拟投资领域是否有外资准入限制。比如，在印度尼西亚设立 P2P 公司，其要求仅限于合资企业，且外国投资者在 P2P 公司中的最高持股比例不得超过 85%。因此，境内企业在印度尼西亚设立 P2P 公司之前，需要在当地寻找一家当地企业，并与其共同设立 P2P 合资企业，而不能采取股权代持或其他手续规避印度尼西亚法律的监管。又如，如在越南经营电信业务，对非以设备为基础的服务，外国投资者的持股比例不得超过65%，对以设备为基础的服务，外商投资占股比例不得超过50%。笔者曾帮助一家境内企业拟去印度尼西亚投资垃圾焚烧发电项目。根据印度尼西亚2016年第44号总统条例规定，外国投资者对印度尼西亚的各行业投资受到印度尼西亚外商投资负面清单的管制，它确定了对外国投资完全禁止或在某些限制条件下部分开放的特定业务领域。我们客户拟开展的业务是管理和焚烧垃圾废物，通过处置垃圾转化成电能，并将所发的电量销售给印度尼西亚国家电力公司。根据印度尼西亚法规，该项目公司业务涉及"管理和处置非危险废物"（KBLI编号38211）和"发电活动"（KBLI编号35101），根据印度尼西亚外商投资负面清单，与非危险废物管理和处置有关的业务活动（KBLI编号38211）不受任何外商所有权限制。但是与发电有关的业务活动（KBLI编号35101），目标公司应遵守如下持股比例限制要求：

（1）目标项目的发电量小于1兆瓦的，只能由印度尼西亚国内投资者100%持股；

（2）目标项目的发电量为1兆瓦至10兆瓦的，外国投资者在印度尼西亚公司中的持股比例不得超过49%；

（3）目标项目的发电量超过10兆瓦的，外国投资者在项目公司中的持股比例不得超过95%，如果目标项目是在相关特许期间通过公私合营方式设立，外国投资者在项目公司中的持股比例可为100%。

如投资者投资项目涉嫌违反投资目标国有关外资准入限制性规定，该项目涉及的相关合同或协议很可能会被认定无效，国内投资者可能会因此遭受重大损失。因此，建议境内企业一定要注意投资目标国有关外资准入的相关风险。

二、劳工风险

境外投资风险中，劳工风险可以说是境内企业最易于遭受的风险，因为一旦在投资目标国设立企业，都会涉及员工招聘的问题。根据笔者的经验，因劳动相关法律法规与投资目标国的经济发展水平密切相关，因此各国劳动相关法律法规的差异是最大的。东盟各国由于经济发展水平差异非常大，其劳动法规、政策与制度差别极大，境内企业到东盟国家投资前一定要了解清楚投资目标国的劳工风险。很多国内企业对劳工风险往往比较容易忽视，他们习惯性以我国劳动法和劳工实践作为参考。很多中国企业因缺乏劳工法律风险防范意识和合规管理，最终遭受重大损失。笔者以印度尼西亚的劳动法规、政策为例，对印度尼西亚的劳动用工相关规定及相关风险进行简要介绍。总体而言，印度尼西亚劳动法对员工的保护要比我国法律更为严苛，用人单位解除劳动合同要特别慎重。国内企业在印度尼西亚投资时，注意防范如下方面的劳工法律风险。

（一）员工雇用风险

印度尼西亚劳动法律法规虽然没有规定外国员工与本国员工雇用的具体比例，但实践中，2003 年《关于人力资源的第 13 号印度尼西亚法律》（以下简称《劳动法》）要求每个外国员工至少由不同的印度尼西亚本国员工陪同，即要求本国员工与外国员工的比例为 1∶1。劳动部在给印度尼西亚公司颁发雇用外籍员工的劳动许可方面拥有较大的自由裁量权。就印度尼西亚外籍劳务市场而言，外籍劳务人员多为外资企业的高级管理人员和技术人员，印度尼西亚政府严格限制甚至禁止外国普通劳工到印度尼西亚工作，对符合印度尼西亚经济建设和国家发展需要的外籍专业人员，在保证优先录用本国专业人员的前提下，允许外籍专业人员依合法途径进入印度尼西亚。外国人必须获得工作签证才能在印度尼西亚工作，且签证办理手续烦琐，费用较高。

外国员工的用人单位都有义务为该外国员工指定一名印度尼西亚同伴，从而可以将知识从外国员工传授给印度尼西亚员工。在实践中，劳动部将定期检查印尼公司是否制定了培训计划，以确保将外国员工的知识传授给印度尼西亚员工。为了聘用外国员工，印度尼西亚公司必须提交一份外籍人力资源利用计划（Rencana Penggunaan Tenaga Kerja Asing，“RPTKA”），一旦印度尼西亚公司将其 RPTKA 提交给监管机构，印度尼西亚公司必须提交工作许可并获得人力资源安置和发展主任（DGPDM）的外籍员工签证建议，并以此申请签证批准。也就是说，在 RPTKA 未获得监管机构批准之前，印度尼西亚公司无法为其国内派遣员工申请工作签证，这无形中增加了公司培训印度尼西亚当地员工的培训成本。

印度尼西亚《劳动法》将印度尼西亚劳动合同分成两种类型，即永久性劳动合同与非永久性劳动合同，永久合同可以规定试用期，但最长不得超过 3 个月。非永久性合同不能规定试用期，非永久性劳动合同只能用于某些工作：（1）完成一次性或临时工作；（2）完成的工作估计时间不超过 3 年；（3）季节性工作；（4）与新产品、新活动或仍处于试验阶段或试用阶段的其他产品相关的工作。非永久(或临时)员工的雇佣受到严格监管,用人单位签订的每份非永久劳动合同必须由用人单位在当地人力办公室登记。非永久员工的劳动合同必须采用书面形式,并以印度尼西亚语签订。非永久员工的固定就业期限不得超过2年,但可延长1年。3年期满后,合同可以再延长2年。在非永久员工的5年雇佣期届满后,如需继续聘用该员工,则只能与该员工签署永久劳动合同。如果不遵守上述要求,非永久性劳动合同将自动被视为永久性劳动合同。

如印度尼西亚公司有10名以上员工,则员工可以要求成立工会,工会可要求制定集体劳动协议,要求对与薪资审查有关的雇佣条件、员工福利等内容作出约定。如果印度尼西亚公司没有建立工会,但公司有10名以上员工,则印度尼西亚公司必须制定规章制度,规定印度尼西亚公司雇佣员工的一般条件,上述规章制度必须提交给劳动部门批准,自劳动部门批准后具有约束力。

(二)员工解雇风险

一般而言,劳动法还规定用人单位有义务避免终止雇佣关系。如果解约不可避免,且无法与该员工在条件上达成一致,印度尼西亚公司必须从公司注册地的劳资关系法院处获得解雇该员工的许可申请,也就是未获得法院解除劳动合同的许可之前,用人单位不得解除员工的劳动合同。根据印度尼西亚《劳动法》规定,用人单位只有在符合如下特定情况才可以解雇员工:

1. 该雇员因为被指控犯罪被拘留,该雇员因此导致6个月无法从事该项工作。

2. 雇员向劳资关系法院提出申请,要求因雇主所作出的行为终止劳动关系;但是,雇主被裁定并未犯下雇员诉请的行为。这些行为包括:

(1)雇主对雇员进行了殴打,粗暴羞辱或恐吓;

(2)雇主说服和(或)命令雇员实施违反法定法律法规的行为;

(3)雇主未按规定时间连续3个月支付工资;

(4)雇主未履行承诺给雇员的义务;

(5)雇主命令雇员在约定的工作范围之外从事工作;

(6)雇主已下令雇员开展工作,使雇员的生命、安全、健康和道德处于危险之中。

3. 根据印度尼西亚《劳动法》,如果终止劳动合同关系,雇员可能有权要求用人单位依法支付遣散费、服务费及合理的赔偿金。

(1)员工遣散费计算标准如下:

服务时间	遣散费
<1 年	1 个月工资
1～2 年	2 个月工资
2～3 年	3 个月工资
3～4 年	4 个月工资
4～5 年	5 个月工资
5～6 年	6 个月工资
6～7 年	7 个月工资
7～8 年	8 个月工资
8 年或更长	9 个月工资

(2)员工服务费计算标准如下：

服务时间	服务费
3～6 年	2 个月工资
6～9 年	3 个月工资
9～12 年	4 个月工资
12～15 年	5 个月工资
15～18 年	6 个月工资
18～21 年	7 个月工资
21～24 年	8 个月工资
24 年或更长	10 个月工资

(3)根据印度尼西亚《劳动法》的相关规定，员工可以要求用人单位就如下费用作出赔偿：

①任何未用和未作废的年假；

②员工和员工家属派遣到员工工作所在地的任何费用或开支；

③住房、医疗和药物补偿[为遣散费和(或)服务费的 15%]；

④劳动合同、公司规章制度及集体劳动协议(若有)中规定的其他费用。

由此可见，印度尼西亚《劳动法》对员工权益提供了严格的保护，由于过于保护员工权益，大幅提高了用人单位的用工成本，且《劳动法》中规定如员工因反对公司相关政策而举行罢工，用人单位仍须支付罢工员工工资。此外，由于语言不通和不熟悉当地法律,中国籍员工在印度尼西亚经常会面临移民局和警察的质询和调查,甚至因手续问题面临法律风险。

因此,如国内企业要在东盟国家开展投资合作,要全面了解东盟国家的劳动法律法规,严格遵守东盟国家就员工雇佣、解聘、社会保障方面的规定,依法签订劳动合同,按时、足额发放工资,依法缴纳各项职工保险和职工福利等,在解除劳动合同时支付相应的解聘补偿金。同时,企业应了解工会的权利和作用,形成与工会进行谈判的预案,从而防范可能因违反劳动法规而遭受损失的风险。

三、购地风险

到东盟国家投资如需要在当地建厂,则可能需要在当地购买土地。由于各国的土地法律法规与政策不同,在东盟国家购买土地可能面临的风险也会不一样,如果在购买土地之前没有了解清楚其中的相关风险,则可能在购买土地后会面临各种风险。笔者以印度尼西亚为例,对印度尼西亚的土地法律法规及相关风险进行介绍。

(一)印度尼西亚土地登记类型

印度尼西亚实行土地私有制,即所有的土地都属于个人所有,政府需要土地也得从私人手中购买。土地的登记形式分为3类:第一类叫Hak Milik土地,该类土地只能登记在个人名下,而不能登记在公司名下。第二类叫Indigenous Land Ownership(Girik),该种类型土地未获得政府颁发的土地产权证,但土地及地上房屋属于持有人所有,至于为何持有人没有获得土地的所有权证可能基于多种原因,比如没依法缴税等。Hak Milik土地与Girik土地可由个人永久持有。第三类叫Hak Guna Bangunan(HGB)土地,该类土地只能由公司持有,可以分为农业用地、工业用地等不同类型,各种类型的期限也不一样,比如工业用地有效期为30年,每隔20年进行续期。第一类Hak Milik土地与第二类Girik土地都可以自由转让,但第二类土地因为没有产权证,类似于国内的小产权房,买方购买该类土地风险非常大,因为不知道是何原因卖方未能获得土地所有权证,也无法证明持有人是否是真实的所有权人。第一类Hak Milik土地通过AJB(Akta Jual Beli,土地买卖契约)的方式进行转让,Girik土地通过APH(Akta Pelepasan Hak,土地出让契约)进行转让。上述3种不同类型土地的转让程序、复杂程度及对购买方来说可能面临的风险存在较大区别,购买方只有了解清楚具体转让程序和相关风险后,才能有效防范上述风险。

(二)印度尼西亚土地出让程序及相关风险

3 种不同类型土地,其转让程序和要求也不同。根据是否已取得印度尼西亚土地管理局(BPN)颁发的土地所有权证,下面对印度尼西亚 3 种土地的转让程序及存在的相关风险进行介绍。

1. 印度尼西亚土地转让程序

印度尼西亚土地转让流程,如图 8－1 所示。

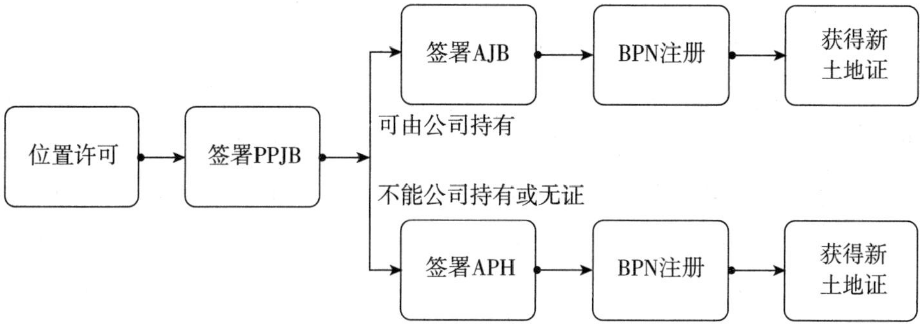

图 8－1　印度尼西亚土地转让流程

根据图 8－1,土地转让会经过如下几个步骤:

(1)根据 2015 年颁发的第 5 号法令中规定,买方在取得位置许可(Location Permit)之前不得从事或者参与任何土地买卖,购买方在完成适当的土地尽职调查后和签署附条件的买卖协议(Perjanjian Pengikatan Jual Beli,PPJB)前需获得位置许可。[①]

(2)获得位置许可后,土地买卖双方必须在印度尼西亚土地契约官员(Pejabat Pembuat Akta Tanah,PPAT)面前签署土地转让契据,土地转让契据的类型根据拟转让土地类型的不同而不同。如买方为公司,拟转让的土地是已经取得 BPN 颁发了土地所有权证的可由公司持有的 HGB 土地,买方可以通过签署土地买卖契约(Akta Jual Beli,AJB)的形式从现有土地所有者手中购买 HGB 类型土地所有权,并经 BPN 批准后获得新的土地所有权证。

如果现有的土地为非 HGB 类型,即不能为公司持有或土地未取得 BPN 颁发的土地所有权证,则购买方必须与现有的土地所有者订立土地出让契约(Akta

① 实务中,对于已取得土地所有权证的土地,在获得位置许可前,买卖双方签署 PPJB 协议也是相对常见的操作方式。

Pelepasan Hak，APH）。由于 Hak Milik 土地只能由个人持有而非公司持有，但购买方为公司，购买的土地拟用于修建厂房等建造用途，如果拟转让的土地为 Hak Milik 土地，则购买方必须签署 APH。在签署 APH 后，购买方必须向 BPN 提交申请，申请适合公司使用的新土地所有权证书，即 HGB 土地所有权证书，一种印度尼西亚公司可以持有的土地所有权。BPN 和相关地方当局会组成委员会，对购买方提交的相关资料进行审核，如符合要求则会颁发新的 HBG 类型土地所有权证。

笔者曾协助某中国企业对印度尼西亚某土地开展尽职调查，该中国客户拟购买该土地用于修建工厂。经调查后，我们发现标的土地的产权人为一位自然人，而非公司持有，所以为了确保标的土地收购后能用于建造用途，我们建议增加一个先决条件，即在签署 AJB 之前，要求卖方提供 HGB 所有权证书，一旦取得了 HGB 类型土地所有权证书并在 BPN 完成了登记，则购买的标的土地能用于客户要求的用途。如果客户直接从卖方手中受让了标的土地，但后续发现该土地不能用于建造用途，而需自行办理将 Hak Milik 土地转变为 HGB 类土地的相关手续，这将大大增加购买成本和面临是否能完成土地类型变更的巨大风险。

2. 印度尼西亚无证土地社会化程序

如拟转让的标的土地为未取得 BPN 颁发了土地所有权证的土地，即 Girik 类土地，则根据印度尼西亚法律，该土地需履行额外的社会化程序（Socialization Requirement）。[①] 该社会化程序通常由土地购买方向土地所有人或占有人在相关的地区或村落通过公示程序开展。该社会化程序必须有相关地方当局的参与，例如 BPN 或其下属分区负责人，该程序通常需要大约 1 个月时间才能完成。土地社会化的基本流程，如图 8 – 2 所示。

根据图 8 – 2，土地购买方首先进行技术上的土地尽职调查和土地测量，并制作临时地图，显示要获得的土地位置。一般情况下，BPN 和其他相关地方当局会要求土地购买方在开始社会化程序之前获得位置许可。上述临时地图将在 BPN 办公室及分区负责人办公室宣布，确定是否存在涉及第三方提出异议的情形。公告期至少需要 2 个月时间，公告期届满后，如果没有第三方对标的土地权属提出异议，则土地购买方和卖方可以正式订立 PPJB 协议。一旦在 PPJB 中约定的

① 这种社会化过程将涉及通过相关社区领导会议和告示板向相关利益方或相关土地所有者宣布拟议的土地购买事宜，以确认是否有任何第三方对标的土地提出所有权异议。

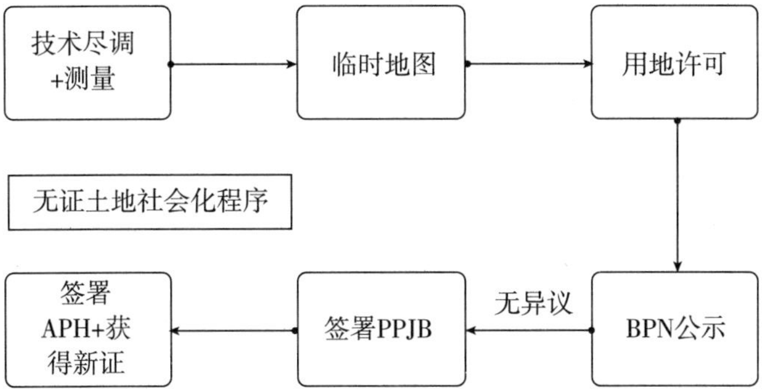

图8-2 无证土地社会化基本流程

所有相关条件得以履行，买卖双方即可签署 APH 并申请新的土地所有权证书。

笔者曾参与一块印度尼西亚土地的收购。我们调查后发现，标的土地并没有登记在卖方名下，即标的土地属于 Girik 类型土地。这就意味着，卖方是否拥有合法所有权并将未取得所有权的土地转让给买方，对买方来说将存在很大风险。卖方介绍说其正在向 BPN 申请获得标的土地的所有权。通常情况下，即使该土地为卖方所有，其向 BPN 取得土地所有权证通常需要大约 8～12 个月时间。

为了确保卖方对标的土地拥有完整和真实的所有权，我们建议在土地转让协议中增加一个先决条件，即在签署任何 APH 或 AJB 之前，要求卖方提供有效的土地所有权证书，并以卖方的名义在 BPN 中进行登记。一旦卖方获得了标的土地的所有权，其就有权转让标的土地给买方。由于买方购买标的土地是用于建造用途，理想情况下，要求卖方以 HGB 土地的形式获得标的土地的所有权，这样标的土地所有权可直接转让给买方的项目公司。如果买方购买的土地为非 HGB 类土地，则买方在受让标的土地后，还需要办理额外的土地社会化程序，以便将其转换为 HGB 类所有权。因此，如果当初未了解清楚 Girik 类型土地转让存在的风险，买方直接从卖方手中受让标的土地，则后续买方将该土地用于建造用途时，还需要办理标的土地的社会化程序和将标的土地转换为 HGB 类土地的程序。上述程序不但复杂，而且公示过程中是否有第三方对标的土地的所有权提出异议，以及是否最终能转换成 HBG 类土地，将存在巨大风险。

四、许可证照风险

根据中国企业投资项目的不同，投资目标国对中国企业开展经营所需要的许可证照也会不同,投资者在投资之前需要了解清楚,拟投资的目标项目需要获得投资目标国的哪些监管部门审批或许可,需要获得哪些许可或执照才能开展业务,以及办理上述所需审批、许可的复杂程度和所需时限等内容,进而对其中潜藏的相关风险进行预估。笔者结合处理的越南网络直播项目和印度尼西亚垃圾焚烧发电项目所需办理的许可证照及其相关要求进行解析。

(一)越南网络直播行业可能涉及的相关许可

笔者的某一网络直播客户拟在越南设立子公司(以下简称越南公司)开展网络直播业务,该越南公司拟运营一个网络直播平台。根据越南的相关法律法规规定,越南公司应为合资企业,其除了需要取得投资注册证和企业注册证外,该越南公司还需要获得如下许可和执照:

1. 社交网络许可

越南公司运营的网络直播平台属于社交网络,即是向用户提供存储、发布、使用、搜索、分享和交换信息服务的信息系统。要运营社交网络或设立社交网络网站,该越南公司需要向信息和通信部申请获得社交网络许可。

2. 电信服务提供商许可

根据越南法律法规规定,越南公司有可能被认定为电信服务提供商。如越南公司被认定为提供电信服务,并与自有网络基础设备的许可公司合作,越南公司需要向越南电信部门申请获得电信服务提供商许可。要申请获得该许可,越南公司需提交一份长达5年的商业和技术计划。此外,越南公司还需要满足以下三个条件:

(1)证明其有足够的资金实力落实该商业和技术计划;

(2)确保该商业和技术计划满足国家通信发展策略和资源方案,且具备可行性并符合相关行业标准和质量要求;

(3)子公司有确保通信基础设备安全性和信息保障的方案。

因此,客户在投资设立该越南公司之前,需要了解清楚获得上述特殊许可需要满足的条件,以及办理上述许可所需时限和难度等相关内容。对于网络直播这样的新兴行业,了解越南信息和通信部获批颁发运营社交网络许可和电信部门获批颁发电信服务提供商许可的可能性和难度,从而决定是否投资。

(二)印度尼西亚垃圾焚烧发电项目需要办理的相关许可证照

笔者某客户拟投资印度尼西亚某垃圾焚烧发电项目,根据印度尼西亚相关法律规定,客户和印度尼西亚合作伙伴在印度尼西亚设立的合资公司(以下简称印度尼西亚公司)需要办理如下相关许可。

1. 建筑施工许可(IMB)

根据印度尼西亚内政部2010年第32号令规定关于建筑施工许可证的批准,一般来说,为了新建筑的建设、翻新、扩建或者拆除现有建筑物,该建筑物所有者必须事先申请建筑施工许可。

2. 建造目的可行性证书(Sertifikat Laik Fungsi,SLF)

根据印度尼西亚政府法规第36条(2005年)、建筑法(GR 36/2005)、建筑施工法规第28条(2002年)要求,任何已完工的建筑需进行可行性评估并从相关地区政府处获得SLF。在相关建筑进行任何商业运营前,都应先取得SLF。为获得SLF,建造评估过程将包含某些行政要求及技术要求,包括但不限于:(1)相关土地所有权的最新信息、IMB及(或)建筑物所有权文件;(2)最新版的建筑施工、运行及维护设计、机械和电子手册以及相关协议;(3)建筑物的健康性及安全性测试。相关法规没有规定申请和获得SLF的适用时限,申请时间可能因地区和相关建筑的复杂程度而有较大差异。SLF通常可在提交完整资料后1至2个月内获得。

3. 环保许可(Environmental Permit)

印度尼西亚2009年第32号《关于环境保护及管理的法规》(以下简称《环保法》)规定,任何可能对环境产生重大影响的活动都必须办理环境影响分析报告(Analisis Mengenai Dampak Lingkungan Hidup,AMDAL)的环保许可。环保许可包含一系列的环保文件,例如环境影响分析项目章程(Analisis Dampak Lingkungan,ANDAL)、AMDAL、环境管理计划和环境监测计划。这些文件通常由有资质的环境顾问公司出具。根据项目的复杂程度以及与特定土地面积和周边社区相关问题,AMDAL文件的准备可能需要6~12个月时间。

此外,《环保法》要求任何从事商业活动的法人或个人皆有义务从相关监管机构获得AMDAL。作为获得AMDAL及准备ANDAL项目章程的初步步骤,印度尼西亚公司必须通过宣布拟修建项目和向周围社区民众征询意见。在这一过程中,社区可在项目公布后10个工作日内,就拟议项目提出建议、意见和回复,之后由印度尼西亚公司将反馈意见提交给相关监管机构。印度尼西亚公司接下来必须准备并向相关AMDAL评估委员会提交它的ANDAL项目章程。除非需要修订,否则AMDAL评估委员会将在收到完整的ANDAL项目章程文件后30个工作日内批准该文件。一旦获得该初步批准,项目公司必须执行该ANDAL

项目章程并准备、提交其提议的 AMDAL 文件给相关监管机构。从提交 AMDAL 到通过评估委员会的决议大约需要75 个工作日,且相关决策者将在10 个工作日内颁发批准。如有修订,则可能需要更长的时间。

4. 临时供电许可(Izin Usaha Penyediaan Tenaga Listrik,IUPTL)

在获得其正式的 IUPTL 之前,印度尼西亚公司通常需要首先获得临时 IUPTL。临时 IUPTL 可以用于与发电、输电、配电或综合电力供应相关的业务活动。根据 MEMR 第2013 号《关于电力企业许可程序的第35 号条例》(《MEMR 条例35/2013》),以及2016 年第12 号《印度尼西亚能源和矿产资源部条例》规定,印度尼西亚公司在申请正式 IUPTL 之前,要求申请临时 IUPTL。例如,在与印度尼西亚国家电力签署购电协议(Power Purchase Agreement,PPA)之前,要求必须拥有临时 IUPTL,这也是申请和获得正式 IUPTL 的要求。为获取临时 IUPTL,申请者必须满足一定的行政及技术条件,包括递交针对其拟议的电力项目的初步可行性研究报告等。虽然印度尼西亚电力法律法规没有明确要求,但在实践中,初步可行性研究报告应由具有适当资质的第三方专业机构出具。临时 IUPTL 通常可在提交完整申请资料后20 个工作日内获得。临时 IUPTL 有效期为2 年(可以延长一次)。一旦获得临时 IUPTL,印度尼西亚公司就可以与印度尼西亚国家电力签署 PPA。在印度尼西亚公司与印度尼西亚国家电力签订 PPA 前,印度尼西亚公司必须获得临时 IUPTL。

5. 正式供电许可(Izin Usaha Penyediaan Tenaga Listrik,IUPTL)

根据《MEMR 第35/2013 号条例》,允许私营公司发电、输电、配电和(或)售电的前提是该私营公司已获得正式 IUPTL。为了获得正式 IUPTL,申请人需要满足某些行政和技术要求,包括:(1)申请人的财务证明;(2)有关拟议电力供应业务的可行性研究,该研究应至少涵盖对该项目的经济、技术及环境可行性的评估;(3)位置详情,包括发电厂的位置许可证;(4)拟议电力业务活动的类型和容量;(5)该项目的施工进度表;(6)项目的运作时间表;(7)MEMR 批准电力售价;(8)相关 PPA 的副本。通常可以在提交相关的完整申请文件后的30 个工作日内获得正式 IUPTL。正式 IUPTL 可以授予长达30 年,并且可以延长。

通过上述介绍可以看出,获得相关许可证照需要满足诸多条件,办理的时限也比较长。境内企业投资前,一定要了解清楚办理相关许可证照的具体要求、时限、条件等内容,从而为后续项目的推进预留充足的时间,避免因对办理相关许可证照的难度、时限等内容预计不足,从而影响项目的正常推进。

五、法律适用和争议解决风险

法律适用和争议解决风险往往容易被境内企业所低估，特别在签署相关协议时，境内企业总觉得争议解决比较遥远，在签署相关协议时，往往忽略法律适用和争议解决条款的重要性。甚至部分国内企业觉得自己在中国，外国企业不可能跑到中国来执行，如果项目失败了，就自认倒霉，也没有想过当发生争议时通过合法途径维护自身的合法权益。正是因为缺乏这种强烈的法律风控意识，约定的法律适用和争议解决条款对境内企业一般不利。根据笔者的经验，法律适用和争议解决条款是协议中最重要的条款之一，作为维护自身合法权益的最后一道防线，是否在争议解决过程中处于有利地位，法律适用和争议解决条款发挥着极为重要的作用。基于此，笔者建议境内企业在审查协议的过程中，一定要对法律适用和争议解决条款引起足够的重视，根据自身在项目中所处的优劣势地位和实际情况，争取选择约定对自己权益保护最为有利的条款，从而当争议发生后，能通过合法途径维护自身合法权益。

（一）法律适用条款

通常情况下，根据意思自治原则，协议当事人可以自由选择适用的法律。绝大部分国家会尊重该原则，但一些特殊领域投资目标国法律可能会规定要求强制性适用当地法律，比如在印度尼西亚与建筑服务相关的法律法规要求所有境内印度尼西亚建筑合同均受印度尼西亚法律管辖。因此，在选择适用法律时，国内企业需要考虑如下几方面的因素：

1. 了解拟投资目标领域是否存在投资目标国对标的项目所属领域具有排他适用当地法律的相关规定，如存在相关法律规定，则应遵守上述规定。

2. 如不存在上述第 1 点提到的排他规定，则协议当事人可自由协商选择适用投资目标国法律还是第三国法律。在此情形下，国内企业要考虑己方在谈判中的地位是处于优势还是劣势，如果处于劣势，那一般情况下会约定适用投资目标国法律。某些“一带一路”国家实行联邦制，比如阿联酋，各个酋长国有自己的法律体系，首先应适用各酋长国法律，部分适用阿联酋联邦法律。同时，迪拜为吸引外国投资，其建立了迪拜国际金融中心自贸区，该自贸区建立了独立的英美普通法系，其法官和仲裁员均来自世界各国，与伊斯兰法律相比，外国企业对英美法律更为熟悉，而且相对会更加公平和透明，外国企业一般都愿意选择适用迪拜国际金融中心自贸区的法律作为准据法。此种情况下，如果合同相对方要求适用当地法律,则建议约定适用迪拜国际金融中心自贸区的法律。如双方地位均等,可以争取约定适用第三国(地区)法律。东盟国家对新加坡法律比较认可,那可以约定选择适用新加坡法律或我国香港特区法律。如国内企业处于优势地位,则可考虑适用中国法律或第三国(地区)法律。与适用投资目标国当地法律相比,适用第三国或(地区)法律时,如果发生争议,合同相对方通过协商解决争议的努力肯定会更强,因此适用第三国(地区)法律解决争议成本会更高。

当然,并不是说约定适用中国法律或第三国(地区)法律就必然对国内企业更有利。因为项目毕竟在投资目标国当地履行,如约定适用第三国(地区)法律,可能会给争议解决带来诸多不便,从而也会增加通过诉讼或仲裁解决争议的成本。因此,国内企业要综合考虑各种因素,选择适用对争议解决更有利、更便捷、成本更低的法律作为准据法。

(二)争议解决方式优劣势比较

争议解决方式一般分为法院诉讼和仲裁两种:法院诉讼又可以分国内法院诉讼和投资目标地法院诉讼;仲裁也可以分为向我国国内仲裁机构申请仲裁、向投资目标地仲裁机构申请仲裁以及向第三国(地区)的仲裁机构申请仲裁3种方式。上述几种争议解决方式存在较大区别,各有优劣。由于我国与"一带一路"沿线国家都没有签署双边或多边的相互承认和执行法院判决的相关协定,即使国内企业处于强势地位约定我国法院对争议具有管辖权,但由于我国法院作出的判决无法在投资目标地得到承认和执行,所以,对"一带一路"沿线国家的投资中一般不会选择我国法院作为争议解决机构。"一带一路"大部分国家都是《承认和执行国际仲裁裁决纽约公约》(以下简称《纽约公约》)的缔约国,因此,选择国际仲裁裁决是协议各方都愿意接受的国际争议解决方式。笔者对上述四种国际争议解决方式各自的优劣进行简要对比,如表8-5所示。

表8-5 国际争议四种解决方式

争议解决方式	优 势	劣 势
中国国内仲裁	中国国内少数仲裁机构(如中国国际经济贸易仲裁委员会)的公信力和被国外企业认可的程度越来越高	与国际知名的仲裁机构(如新加坡国际仲裁中心和我国香港特区国际仲裁中心)相比,公信力与被认可度仍存在一定差距;需满足投资目标国的相关法律规定,仲裁裁决才能被获得承认和执行,存在被投资目标国法院拒绝承认和执行的风险

续表

争议解决方式	优　势	劣　势
投资目标地国内仲裁(以印度尼西亚为例)	印度尼西亚国家仲裁委(BANI)实行一裁终局,以当事人之间订立有效的书面仲裁协议为前提,一般180日之内审理完结	相比印度尼西亚国内法院提起诉讼,仲裁费用稍高
第三国(地区)国际仲裁	一裁终局,裁决结果的公允性、效率更高;仲裁裁决作出后,如被执行人在中国和投资目标国外有可供执行的财产,执行起来更为方便	相比中国国内仲裁和投资目标国国内仲裁,仲裁费用最高,同时聘请国际律所支付的律师费也会更高;需满足投资目标国的相关法律,仲裁裁决才能被获得以承认和执行,存在被投资目标国法院拒绝承认和执行的风险
投资目标地国内诉讼(以印度尼西亚为例)	诉讼费用较低;诉讼语言为印度尼西亚语,当事人可选择的印度尼西亚当地律所更多;诉讼时可直接申请诉讼财产保全;法院作出的判决可以直接申请执行,执行更为便捷	印度尼西亚法院实行三审终审制,时间成本较高,诉讼周期有时会在4~5年以上;与仲裁相比,法院法官判决的标准和尺度会更加保守

通过上述四种争议解决方式的对比分析,我们可以看出,每种争议解决方式都存在各自的优势和劣势,没有哪一种争议解决方式是完美的。因此,笔者建议,国内企业要结合投资项目的具体情况、自身在谈判中所处地位、法院判决或仲裁裁决后执行程序的便捷性,以及可能存在的各种风险因素综合考虑后,选择一种对自己权益保护最为有利的争议解决方式。

(三)国际仲裁裁决在印度尼西亚法院承认和执行的相关程序及要求

印度尼西亚是《纽约公约》的成员国,《纽约公约》成员国管辖范围内仲裁机构作出的国际仲裁裁决在符合印度尼西亚法律法规规定的情况下,可以得到承认和执行。要在印度尼西亚执行国际仲裁裁决,申请承认和执行国际仲裁裁决的一方(以下简称申请人)需要获得雅加达中央区法院主席的批准(exquatur)。要获得雅加达中央区法院主席的批准,当事人必须向雅加达中央地区法院提交下列文件:(1)国际仲裁裁决原件或国际仲裁裁决的经认证的副本;(2)仲裁协议的原件或经认证的副本连同其官方的印度尼西亚语译本;(3)驻仲裁裁决所在国的印度尼西亚外交代表签发的声明,载明作出仲裁裁决的仲裁机构所属国与印度尼西亚共同受到关于承认和执行国际仲裁裁决双边或多边协议的约束。获得雅加达中央区法院主席批准后,国际仲裁裁决可在印度尼西亚得以强制执行。印度尼西亚《仲裁法》规定,不得对承认和执行国际仲裁裁决的决定提出上诉。根据印度尼西亚法律规定,雅加达中央区法院主席对国际仲裁裁决作出批准后,执行法院无权再对国际仲裁裁决进行审查,即执行法院对是否承认和执行国际仲裁裁决无审查权。一般情况下,在印度尼西亚执行国际仲裁裁决的整个过程一般需要6个月到2年时间。

在印度尼西亚执行仲裁裁决的程序虽然理论上看似简单,但在实际操作中并不那么容易,经常会遇到各种延误和障碍。因此,申请人在印度尼西亚申请承认和执行国际仲裁裁决时会存在一定的风险。比如,印度尼西亚《仲裁法》允许在下述情况下可要求撤销国际仲裁裁决:

(1)仲裁听证会上提交的信件或文件,在裁决作出后被确定为是虚假或伪造的;

(2)仲裁裁决作出后,发现了对仲裁裁决结果具有决定性影响的文件;

(3)胜诉方在仲裁程序中故意隐瞒对仲裁裁决结果具有决定性影响的文件;

(4)仲裁裁决系因争议一方的欺诈行为而作出的。

实务中,印度尼西亚法院根据上述例外情况,撤销国际仲裁裁决的情况相对很少。除了上述几种特殊情况外,下列情况下,雅加达中央区法院主席有权作出不予承认和执行国际仲裁裁决的决定:

(1)国际仲裁裁决涉及的标的是印度尼西亚法律规定不能仲裁的,仲裁所涉标的不属于印度尼西亚《商法》的范围。根据印度尼西亚《仲裁法》第66条规定,商法的范围包括商业、金融、银行、投资、工业、知识产权等。

(2)仲裁裁决的执行将违反印度尼西亚的公共政策。印度尼西亚法律没有对公共政策进行具体定义,并且能够进行相当广泛的解释。

尽管存在上述不予承认和执行国际仲裁裁决的情形,但实务中雅加达中央区法院主席在审查是否承认和执行国际仲裁裁决时,很少以上述理由作出不予承认和执行的决定。

此外,需要特别注意的是,根据印度尼西亚《仲裁法》,界定一项仲裁裁决到底是国际仲裁裁决还是国内仲裁裁定是基于仲裁地点进行确定的,而不是根据仲裁机构的设立国家进行确定。比如,如果当事人选择新加坡国际仲裁中心或我国香港特区国际仲裁中心作为争议解决机构,但约定仲裁地点在印度尼西亚,则新加坡国际仲裁中心或我国香港特区国际仲裁中心作出的仲裁裁决可能不被视为是外国仲裁裁决,申请人可以无须获得雅加达中央区法院主席的批准而直接向印度尼西亚法院申请执行该仲裁裁决。

六、商业贿赂风险

与到欧美等发达国家投资不同,到东盟国家投资,国内企业还需要防范商业贿赂风险。除新加坡外,其他东盟国家都是发展中国家,政府腐败情况比较严重。比如某东盟国家政府还存在公然向外国人索贿的情况,有一些边远的地方政府,他们甚至把制作公民身份证的钱都贪污掉了,导致有一些边远地方居民身份证甚至长达半年都办不下来。又如越南政府,其政府部门办事效率低,行政审批手续复杂、耗时长,这种环境下容易孳生腐败,在办理行政审批手续过程中,审批机关可能以相关借口进行拖延,非正常开支可能不可避免会产生。虽然印度尼西亚和越南政府也意识到,政府的腐败情况是吸引外资的主要障碍之一,也出台了反商业贿赂的相关法律法规,但在当前政府办事效率低和腐败较严重的大环境下,要想在商业贿赂方面取得重大进步并非易事。因此,国内企业到这些国家投资时,要特别注意防范商业贿赂风险,否则可能投资不成反而遭受刑事犯罪风险。

七、外汇风险

1997 年亚洲金融危机可能让大家还仍然心有余悸,泰铢、菲律宾比索、印度尼西亚盾、马来西亚林吉特疯狂贬值,让投资者们损失惨重。因此,到东盟国家投资,外汇管理和汇率风险也是着重考虑的风险。比如,根据印度尼西亚现行法律法规,在外汇管理方面,印度尼西亚实行相对自由的外汇管理制度,印度尼西亚盾可自由兑换、资本可自由转移,印度尼西亚盾实行自由浮动汇率政策,印度尼西亚央行采取"一揽子"货币汇率定价法,根据印度尼西亚主要贸易伙伴货币汇率的特别提款权的汇率变化来确定印度尼西亚盾的对外比价,每日公布汇率。但是由于印度尼西亚经济的不稳定导致汇率处于变动之中,汇率风险是向印度尼西亚投资不容忽视的风险。上述风险的存在使得向印度尼西亚投资面临较大的融资压力和较高的融资成本,这会影响到投资收益的周期和回报率。又如,根据泰国有关外汇管制的法律法规规定,外国投资者向泰国投资的外汇需在收到或进入泰国 7 日内出售或兑换成泰铢,或存入一家授权银行的外汇账户。外国投资者从泰国获得的经营利润与投资收益可以自由汇出泰国。但在汇出利润时，泰国将征收10%的汇款税，付汇公司需在付汇后7日内缴清税金，这会影响投资者在泰国投资的收益。同时，国内企业还需了解清楚向投资目标国的外汇管理部门申请付汇时所需的审批时限和便利程度，这也是投资者可能面临的风险因素。

八、宗教信仰风险

由于我国绝大部分人没有宗教信仰，所以，很多国内投资者在国外投资时对宗教信仰对投资可能产生的影响基本没有什么概念，在投资之前几乎不将其作考虑的风险因素。虽然东盟国家与我们是邻国，但在宗教信仰方面，与我国存在着巨大差异。因此，国内企业到东盟国家投资时，在充分尊重当地宗教信仰的同时，也需要对宗教信仰可能对投资后企业经营和管理可能产生的影响和相关风险进行认真评估。例如，印度尼西亚约87%的人信奉伊斯兰教，其余的人信奉基督教、天主教、印度教、佛教等；①马来西亚人主要信奉伊斯兰教，此外还有佛教、道教、印度教、基督教等，②也是一个多宗教信仰的国家；泰国95%的人信奉佛教，此外还信奉伊斯兰教、天主教和印度教。③ 而且，他们都是极为虔诚的教徒，不同的宗教信仰，其教义和习俗都会不同。国内投资者除了要了解和尊重当地的宗教信仰外，还需要充分了解各种宗教教徒的行为习惯和禁忌，以及当地有关宗教的法律法规，避免因违反相关宗教法律法规而产生风险。比如在印度尼西亚，对于藐视宗教的行为甚至可以处以刑罚。穆斯林教徒非常的虔诚，一天要祷告好几次，早上、中午、晚上、睡前都要祷告，无论他们身处何处，只要祷告的钟声一响，他们都会毫不犹豫地跪地祷告。2017年，吉利在收购马来西亚宝腾汽车(PROTON)的股权后，他们为让马来西亚的穆斯林教徒便于祷告，就在工厂专门修了一座清真寺。因此，国内企业到东盟国家投资时，不仅仅是对宗教信仰有充分了解即可，宗教信仰可能会对当地企业的经营和管理，都将产生重大影响。国内企业除了需要遵守投资目标国有关宗教信仰方面的法律法规外，如需获得当地民众的支持和真正融入当地文化，还需要考虑怎么将企业文化和规章制度体现在对当地员工宗教信仰的尊重，并为当地员工信仰宗教的行为比如祷告提供便利，并对其中可能隐藏的相关风险有充分认识和制定好预防方案。国内外宗教文化差异很

---

① 商务部：《对外投资合作国别(地区)指南－印度尼西亚》，2017年版，第9页。

② 商务部：《对外投资合作国别(地区)指南－马来西亚》，2017年版，第10页。

③ 同上，第11页。

大，不少企业在走出去之前对此不够重视，但最终都因此付出了代价。

九、地方保护风险

东盟国家绝大部分都是发展中国家，他们的对外开放程度都不是很高，为了保护本国经济发展和本国企业，在很多方面都会对外资采取限制措施。因此，在东盟国家投资还要注意地方保护风险。如笔者在前面提到，印度尼西亚《劳动法》规定外国投资者向印度尼西亚当地企业派遣员工时，仅限于高级管理人员，而且要求外派员工与当地员工的人数比例要保持1∶1的比例，并且企业还要制定员工培训计划，要求对印度尼西亚当地员工进行培训。又如，印度尼西亚最近出台的《语言法》规定，凡是与印度尼西亚主体签署的合同（不管自然人还是公司等其他任何主体），均应有印度尼西亚语版本。虽然该法对于缺乏印度尼西亚语版本的合同的法律效力没有作出明确规定，但是印度尼西亚已经有一定数量的法院判决判定没有印度尼西亚语版本的合同为无效合同。特别是印度尼西亚项目公司与当地员工签署的劳动合同，一定要注意签署印度尼西亚语版本，否则将存在签署的劳动合同被认定为无效的风险。此外，对建设工程类项目或生产类项目，作为一般原则，印度尼西亚要求投资者应优先使用国内设备，部分领域还对允许从外国进口的设备列出了清单，清单之外的设备只能从印度尼西亚国内购买。由于从我国国内购买设备的成本要低很多，质量会更好，而且国内的渠道更为熟悉，所以国内企业习惯于从国内购买设备然后运送到国外使用，但如果投资目标国对从外国进口设备有限制性要求，那国内企业投资之前要了解清楚进口设备存在哪些限制性规定，这样会直接增加企业的采购成本。因此，对于投资目标国的地方保护政策也要引起足够重视，从而判断其对投资后的企业经营会产生多大的影响。

十、交易架构搭建风险

笔者在第四章中对境外投资交易架构搭建的作用和价值进行了详细的解析，本节中笔者就不对交易架构的重要性再次介绍了。就东盟国家投资具体交易架构搭建而言，与国内企业到欧美等国家投资会有所区别。到欧美国家投资，国内企业会习惯于在BVI、开曼、塞舌尔等离岸法域或我国香港特区设立离岸公司。由于新加坡属于东盟国家，其法律制度比较健全和完善，无外汇管制，且税率相对较低，国际人才聚集，所以很多国内企业倾向于先在新加坡设立一层离岸公司或设立控股公司将企业总部设在新加坡，然后再以该新加坡企业作为投资方到东盟其他国家进行投资。另外，部分投资者选择在我国香港特区设立离岸公司或控股公司，再以我国香港特区公司作为投资方向东盟国家进行投资。无论是在新加坡还是我国香港特区设立离岸公司，这种模式都具有诸多好处。其一，可以起到风险隔离的作用，即在投资目标国与国内企业之间建立起一道隔离风险的“防火墙”。其二，新加坡与中国、东盟国家都签署了避免双重征税协定，新加坡的税率较低，可以进行合理税收筹划；我国香港特区与大陆签署了优惠税收安排，投资利得可享有5%的税收优惠。其三，新加坡与我国香港特区无外汇管制，可自由进行外币收付汇。因此，去东盟国家投资的国内企业，建议在新加坡或我国香港特区搭建离岸公司或设立控股公司。比如，笔者就曾协助一家企业去东盟多个国家进行投资。该企业在我国香港特区设有公司，他们在东盟国家投资设立的企业形式包括代表处或独立子公司，他们直接以我国香港特区公司作为投资方到东盟国家进行投资与签署业务合同。这意味着，该客户境外项目的所有法律风险均由我国香港特区公司来承担，一旦任何一个国家的项目出现重大法律风险，甚至任何一份重大合同出现法律风险，都可能严重影响该客户在境外的所有项目。基于此，我们建议该客户优化境外投资交易架构，将我国香港特区公司作为控股公司，每去一个东盟国家投资，建议先在新加坡或我国香港特区设一层离岸公司，然后再以该离岸公司在该国设立独立子公司或代表处作为运营实体。这样在境外项目公司与我国香港特区公司之间便设立起一道风险防范防火墙，从而防范某个项目出现重大风险时，使得我国香港特区公司遭受重大风险。因此，搭建好交易架构，对国内企业到东盟国家投资具有重要意义。

如上所述，由于东盟国家在法律制度、市场环境、开放程度、劳工、宗教信仰等各方面均与我国存在重大差异，投资过程中可能会遭遇各种风险，除了笔者上述解析的外资准入限制风险、劳工风险、购地风险、许可证照风险、法律适用和争议解决风险、商业贿赂风险、外汇风险、宗教信仰风险、地方保护风险、交易架构搭建风险外，还可能会遇到其他诸多风险。鉴于此，笔者建议国内企业到东盟国家投资之前，对投资目标国进行基础法律尽职调查，除了上述笔者重点介绍的10个方面外，还可以对知识产权风险、税收风险、经营风险等方面的内容进行调查，从而使得投资者对投资前、中、后可能遇到的各主要风险进行查册，并对可能出现的风险提前制定好预防措施。只有这样，才可能保障投资的成功率，降低可能出现重大风险的概率。

第九章　中国企业境外工程承包法律风险管控

第一节　中国企业境外工程承包现状

一、境外工程承包概述及全球发展现状

境外工程承包，又叫对外承包工程，是指中国的企业或者其他单位承包境外建设工程项目的活动，包括咨询、勘察、设计、监理、招标、造价、采购、施工、安装、调试、运营、管理等。[①]

境外工程承包与国内的普通工程承包类似，对外承包工程的单位应当与境外工程项目发包人订立书面合同，明确双方的权利和义务，并按照合同约定履行；对外承包工程的单位不得将工程项目分包给不具备国家规定的相应资质的单位；工程项目的建筑施工部分不得分包给未依法取得安全生产许可证的境内建筑施工企业；分包单位不得将工程项目转包或者再分包。

与国内的普通工程承包不同，境外工程承包具有“跨国性”的特点。原则上，开展对外承包工程，应当维护国家利益和社会公共利益，保障外派人员的合法权益；应当遵守工程项目所在国家或者地区的法律，信守合同，尊重风俗习惯，注重环保，促进当地经济社会发展。国家商务部对全国对外承包工程负有监督管理职责，各省级人民政府商务主管部门对该行政区域内对外承包工程负有监督管理职责，国务院建设主管部门对建设企业参与对外承包工程起组织协调作用。从事对外承包工程外派人员中介服务的机构资质以及中国驻该工程项目所在国使领馆的职责也有相关规定。中国内地企业在香港特别行政区、澳门特别行政

---

① 来自商务部网站，载 http://fec.mofcom.gov.cn/article/ywzn/ywznn/article08.shtml，2018 年 10 月 1 日访问。

区、台湾地区承包工程项目,同样参照境外工程承包处理。

从美国《工程新闻纪录(ENR)》杂志所公布的2016年度全球最大250家国际承包商榜单可以窥见境外工程承包的全球发展最新态势。① 受世界经济增速放缓、国际石油和矿产金属资源价格长期低迷、英国脱欧、中东乱局等影响,国际承包工程市场整体表现不佳。250家上榜企业2015年度境外营业总额为5000.1亿美元,较上年同比下降4.1%;新签合同额共计5189亿美元,同比下降10.7%。从市场区域看,2015年度亚洲和大洋洲仍然是上榜国际承包商的主要市场,业务占比达24.8%;其次是欧洲市场,占比为19.2%。从业务增速看,2015年度国际承包商仅在拉丁美洲及加勒比海地区的业务实现了小幅增长(2.7%),其他地区市场均略显颓势,业务量平均下降7.3%。从业务领域上看,所有上榜企业在交通运输建设领域的营业额合计1395.6亿美元,占营业总额的27.9%,其次是石油化工(1143.8亿美元,22.9%)、房屋建筑(1068.4亿美元,21.4%)、电力工程(541.3亿美元,10.8%),四个领域业务量合计占总额的83%,与我国企业境外业务的四大业务板块契合,也体现了当前各国大力兴建的重点业务领域。

值得庆幸的是,在全球经济总体下滑、国际工程市场萎靡、半数承包商国际业务减少的大背景下,整体看中国企业境外工程承包业务仍取得了进步。65家中国企业上榜,与去年总数持平,上榜企业数量依然蝉联各国榜首。上榜中国企业总体营业额为946.2亿美元,较上年增长4.5%。部分中国企业已跻身世界前列,国际市场占有率有所提升。然而我国企业境外工程承包业务仍主要集中在亚太和非洲地区,企业的国际化水平有待提高。

二、我国企业境外工程承包现状及风险管控建议

中国企业境外工程承包业务发展势头迅猛,总体向好。根据商务部统计,2018年1~11月,我国对外承包工程业务完成营业额9099.6亿元人民币,同比增长0.1%(折合1380.1亿美元,同比增长2.7%),新签合同额12,218.2亿元人民币,同比下降14%(折合1853.1亿美元,同比下降11.7%)。② 由此可见,中国

---

① 中国对外承包工程商会网站发布,载 http://www.chinca.org/cms/html/main/col141/2016-09/07/20160907111313968151327_1.html,2018年10月1日访问。

② 商务部网站数据,载 http://fec.mofcom.gov.cn/article/tjsj/ydjm/gccb/201812/20181202818156.shtml,2019年1月1日访问。

企业境外工程承包业务仍保持着逆国际大势增长的良好发展势头。

目前，中国企业境外工程承包的有利因素主要有以下方面：(1)“一带一路”倡议进一步深化，国家推出有利于企业“走出去”的诸多政策；(2)国家进行有效的外交实践，坚持经济全球化，为企业创造良好的国际环境条件；(3)丝路基金、进出口银行、中非发展基金、国家开发银行和诸多商业银行等金融机构持续为中国企业发展境外工程承包提供资金支持；(4)中国企业本身具有进行境外工程承包的实力储备和内在需求。

然而，中国企业境外工程承包同样面临一些风险，最主要的是法律风险，体现在：(1)跨国环境的复杂性。境外工程项目所面临的不仅是地理和语言等差别，而且在政治体制、政府工作、国家安全、社会治安、当地市场、适用的建筑标准和规范、适用的法律、风俗习惯、医疗条件、工程项目管理、分包商供应商的选择、外汇与项目资金管理、税务会计管理等方面与国内都不相同。(2)我国国内工程承包与国际工程通行做法存在差异。一些企业契约观念不强，不重视企业的商务合同管理。我国工程建设行业过分强调专业分工、归口管理和资质管理等，很难出现综合性的工程总承包企业，缺乏设计采购施工一体化的完整的产业链管理经验，这与国际上以 EPC 占相当部分的市场需求不相适应。(3)一些企业不重视利用外部资源，如国际工程律师、工程咨询公司、会计师、项目管理公司等。(4)国际政治经济局势的挑战。世界主要经济体经济复苏疲软，以特朗普为代表的保守主义抬头，部分大国角力，国际经贸规则博弈加剧；部分地区局势动荡，项目所在国政府和业主的违约风险增加。

因此，中国境外工程承包企业在积极“走出去”的同时，也应重视相关的法律风险管控，在内部培养专业的国际工程管理人才，在外部学会利用律师、会计师、咨询公司和项目管理公司等资源。要坚持“预防控制为主，补救为辅，全程管控风险”的策略：项目签约前，应对境外新市场做好法律尽职调查，对合同和法律风险进行评审；项目履行过程中，注重风险控制；项目竣工验收后，不忘风险管理；一旦出现境外工程承包的项目纠纷，应根据情况灵活选择工程师确定、专家裁决、友好协商解决、国际仲裁甚至诉讼等方式进行处理。

第二节 境外工程承包模式

一、国际工程承包模式的演变及我国现状

19世纪50年代至20世纪90年代中后期，业主聘请设计咨询工程师进行设计，业主招标，承包商中标后负责施工的设计—投标—施工（Design-Bid-Build，DBB）这一传统项目建设模式是国际工程承包市场的主流。自20世纪90年代中后期，项目发起人为管理和控制项目成本超支风险，应贷款银行的要求，开始采用以固定价格和固定工期为主要特征的设计—施工（Design-Build，DB）模式和设计—采购—施工（Engineering-Procurement-Construction，EPC）和交钥匙项目建设模式。同时，为解决政府预算资金不足的问题，各国政府尝试性地推出了以授予特许经营权为主要特征，由企业负责融资、建设、运营并从特许期内获得收益的项目建设模式，逐渐形成了以BOT、PPP和PFI模式为主的总承包模式。[①]

很长一段时间，我国境外工程承包企业以施工总承包、劳务合作与成套机电设备出口为主要项目模式，承包商承担的风险较少，法律关系较为简单。当今，我国境外工程承包的规模扩大，市场需求日趋多元，境外工程承包模式也有了许多新的发展。当下，我国对外工程承包既有传统的施工总承包、分包的传统模式，也有EP、EPC、项目管理、规划设计咨询、资源换工程等新型模式。此外，还衍生出集区域规划、勘探设计、管理咨询、运营维护于一体的大型综合性项目，以及政企合作涉及基础设施、能源开发、物流运输、农业合作和房地产等领域的特许经营类项目（包括BOT、PPP项目等）。EPC、特许经营类项目、大型综合性项目等新型承包模式，与传统承包模式相比，项目本身所面临的风险更为复杂和多样，承包商承担的风险更大。下文笔者将对境外工程承包的几种典型模式进行介绍。

二、传统承包（DBB）模式介绍

DBB模式是指业主在咨询工程师的协助下，与设计单位签订设计合同委托

---

① 参见李兴：《PPP模式：中国对外工程承包企业转型升级的选择——访品博国际管理咨询有限公司董事长崔军》，载《项目管理技术》2012年第3期，第15页。

其完成设计任务，然后通过招标选择施工承包商并与之签订施工合同委托其完成施工任务，施工单位可再与供应商和分包商签约，组织实施有关工程部分的分包和设备、材料的采购。[①] 在国外，工程师往往会对项目进行管理和监督，即工程师与业主签订委托服务合同，按照业主方和承包商在合同中约定的工程师职责和权限，在施工阶段对项目进行管理和监督。世界银行、亚洲开发银行贷款项目和采用国际咨询工程师联合会（FIDIC）合同条件的项目均采用了DBB模式。

DBB模式有诸多优点：承包商不承担设计责任，一般不会要求变更，方便估算工程成本；国际通用；容易管理和控制等。它也存在缺点：设计完成后才进行施工，工期长；业主前期投入高，项目周期长；项目变更时易引起较多索赔；出现工程质量事故，不易辨别责任；对设计理解的差异，可能引发设计人员和承包商的矛盾；若设计图纸不能及时被提供，承包商会提出较多索赔。

DBB模式下，工程实施阶段承包商承担的风险来自不同主体，比如业主资金不能及时到位，监理工程师拖延，分包商拖期、索赔，供货商不及时供应材料或供应材料不合格等。

三、总承包模式介绍

总承包模式是指承包商将施工和设计任务尽数承包。因此，它和DBB模式最主要的区别就是：承包商还承担了设计工作，承包商相对业主而言承担了大部分的风险，合同中一般不再设置工程师对其进行监督和限制。总承包模式主要分为EPC模式和DB模式。EPC和DB最主要的区别在于适用的项目类型和承包商承担设计责任的不同。EPC适用于涉及机械设备的基础设施项目，多用于土木工程；而DB适用于不涉及机械设备的房建工程。EPC模式下，承包商承担的设计责任较严苛，只有在极个别情况下可以就设计缺陷或不适用免责；而DB模式下，承包商承担的设计责任要小得多。因此，国际咨询工程师联合会（FIDIC）对EPC和DB模式分别推荐了不同的合同，分别为“FIDIC设计—采购—施工或交钥匙工程合同条件”（银皮书）和“FIDIC生产设备和设计—建造合

① 参见叶小忠：《中国企业对外承包工程的主要模式与特点》，载 https://mp.weixin.qq.com/s?__biz=MzA4OTA1MDI2OA==&mid=402174416&idx=3&sn=5280b6694f979ca5d741531b01224c8d&scene=1&srcid=0110cZiads1Hv0zhhPlITAzC&key=b28b03434249256bd4f99c5d4ea795679ad92befd10a30e269b88d9490a12e0a185ec104a72f505419d0083a8397889b&ascene=14&uin=MTkzNDE2MTQ4MA==&devicetype=android-19&version=26031031&nettype=WIFI&pass_ticket=6vrl7/Ig6FrGPuImDa8wFPHF/cVp7Ff42hpAAx7onMJ9E0PjUaDADVLGnJreL6tE，2017年6月18日访问。

同条件”(黄皮书)。

EPC模式是工程总承包中最常使用的承包模式。对业主而言,EPC模式的主要优点在于:单个承包商对项目的设计、采购、施工全面负责,简化了合同关系,有利于业主进行管理;总价和工期的固定使得业主在早期能够控制投资成本和工程进度;业主风险较小,大多数风险转移给承包商。对于承包商而言,尽管风险变大,但由于自主性加大,能够较好地将设计、采购、施工进行整体优化,有利于项目综合效益的提升;业主一般会支付预付款,并进行期中付款,承包商不需进行项目融资。

四、项目融资(BOT/PPP)模式介绍

公私合伙(Public-Private Partnership,PPP)是近年来备受瞩目的项目融资模式,指利用私人资本或由私营企业融资提供传统上由政府提供资金的公用设施和社会公益服务项目。通常由政府与民营机构签订长期合作协议,授权民营机构建设、运营或管理道路、桥梁、电厂、水厂等基础设施或其他公共服务设施(如医院、学校、监狱、警岗等),并向公众提供公共服务。项目融资实质是一种投资模式,但由于与工程承包的紧密联系以及自身的复杂性,也越来越被承包商关注。

BOT(Build-Operate-Transfer),即建造—经营—移交模式是一种最常见的项目融资模式。政府通过特许权协议授权项目发起人联合其他公司或股东为某个项目(主要是自然资源开发和基础设施项目)成立专门的项目公司,由该项目公司负责项目的融资、设计、建造、运营和维护,并在规定的特许期内向该项目的使用者收取适当的费用,由此回收项目的投资、经营和维护等成本,并获得合理的回报。特许期满后,项目一般会免费移交给政府。

自20世纪90年代以来,BOT、PPP、PFI等项目融资模式已成为国际上产业升级换代和众多企业发展成长的必由之路。目前,中国对外工程承包企业正处于转型升级时期,即从传统工程项目承包模式向EPC总承包模式,进而向项目融资、投资和并购为主的PPP、BOT模式转变。

“一带一路”建设全面推进,为中国企业带来巨大的发展机遇。[①] 2018年1~

① 罗艳:《“一带一路”背景下,对外工程承包行业面临的机遇与挑战》,载《海外投资与出口信贷》2017年第21期,第31页。

11 月,我国企业在“一带一路”沿线国家新签对外承包工程项目合同 3640 份,新签合同额 904.3 亿美元,占同期我国对外承包工程新签合同额的 48.8%,同比下降 20.3%;完成营业额 736.6 亿美元,占同期总额的 53.4%,同比增长 12.6%。[①]“一带一路”沿线国家有着基础建设、公共建设、自然资源开发等方面的需求。顺应外交形势,在借助专业人才做好风险管控的前提下,与当地政府以 PPP、BOT 融资模式开展工程合作,在现在和可预期的未来都是大有可为的。

第三节 境外工程承包招投标流程及注意事项

在境外工程承包项目合作中,业主方都是采取招投标的方式向全球符合条件的施工企业发出招标书,投标企业根据招标文件的要求向业主方进行投标,然后经项目的评标委员会评审后确定中标单位。因此,境内企业如想获得中标,应对境外工程承包的招投标流程非常熟悉,并在认真研究招投标文件的基础上,对招标文件中提出的实质性要求作出响应且严格按招标文件的要求制作投标文件。由于每个国家的法律法规和各个项目的情况不同,业主对投标主体的资质要求、项目的条款和条件等方面会存在较大区别。尽管如此,境外工程承包项目的招投标流程的主要环节是比较类似的。一般而言,一个完整的境外工程承包项目的招投标流程会包括投标说明、投标文件准备、投标文件提交、开标、评标、中标与合同签署几个步骤。下文中,笔者结合处理过的境外工程承包项目对招投标流程的主要步骤及主要注意事项进行解析。

一、投标说明

该部分内容中,业主方会对工程的服务范围与内容、投标方的资格要求、工程项目所需材料、设备及服务应满足的要求,以及业主方根据工程项目的特殊情况,对需要投标方完成的重要事项进行详细说明。因此,境内企业要认真审阅该部分内容,以确认是否符合投标方的资质要求,以及是否能满足业主方提出的其他要求,并为下一步进行价格预估做好准备。

---

① 商务部网站数据,载 http://fec.mofcom.gov.cn/article/fwydyl/tjsj/201812/20181202818159.shtml,2019 年 1 月 1 日访问。

（一）关于工程服务范围与内容

投标方一定要对业主方提出的工程范围和拟获取的服务内容有准确的理解，并对拟完成要求的服务内容的难度有准确的理解，因为这是后续进行报价的主要依据。如果招标文件中对工程范围和服务内容有任何表述不清楚的地方，境内企业应按投标说明要求的方式要求业主方进行补充说明或解释。

（二）关于业主方支付工程款的来源

实务中，有不少境外工程项目，当境内企业按要求施工或完工后，由于业主方资金出现问题而未能按约支付工程款，从而导致境内企业因此遭受损失。业主方一般会在投标说明中对资金来源进行说明，比如其会告知已获得银行贷款的承诺。境内企业要了解清楚业主方是否已获得足够资金支付工程款或已经获得这样的承诺，并评估其风险大小，以防止后续业主方资金出现问题而无法获得工程款的风险。

（三）关于投标方的资质要求

其一，调查清楚是否允许联合投标，如果允许联合投标，业主方会要求联合各方提交联合投标协议，并对投标行为承担连带责任。其二，明确是否对国有企业投标设有特别限制，比如业主方可能会要求国有企业提供其在法律和财务上完全根据市场原则独立自主运营的证明，如需要提供该证明，境内国有企业还要向业主方确认该证明的出具单位及具体要求。部分国家法律还会要求投标方已在工程项目所在国合法设立达一定年限，该项要求业主方可能在投标说明中明确告知，也可能表述为应符合工程所在国相关法律对投标方的资质要求。此种情况下，建议境内企业咨询工程所在国的律师以确认是否存在上述限制，免得在开标时因为工程所在国相关法律对投标方资质规定了其他特殊要求从而导致投标无效。

（四）关于工程材料、设备与服务是否允许从国外采购

部分发展中国家的法律要求外国施工方使用的材料、设备及配套服务只能从其本国采购或从其他允许的国家采购，而不允许从施工方所在国采购。这样会导致施工方的成本大为增加，而且会带来诸多不便，比如如果从欧美国家采购某些设备或材料，其成本要比从中国采购高得多。在 EPC 合作模式下，中亚有些国家要求设计必须从其本国采购。由于中国经过了 30 多年的快速发展，在设计理念和设计技术方面，都要比中亚国家先进得多。但为了符合其本国法律要求，中国企业只能找当地一家设计机构合作。由于当地的设计机构无法完成要求的

设计工作,中国施工方还得同时聘请中国的设计机构完成设计,然后再由当地的设计机构署名,从而无形增加了设计费用。因此,这些问题在制作投标文件之前,境内企业都要了解清楚,否则后续将会增加大量的额外成本。

二、投标文件准备

在准备投标文件过程中,境内企业应注意如下事项。

(一)关于工程项目现场考察及投标前答疑会

为了准备报价和了解工程项目的详细情况和施工难度,业主方在投标方提交投标文件之前,一般都允许投标方去工程项目现场进行考察。投标期内,业主方一般会召开答疑会,以解答投标方在准备投标文件过程中遇到的疑问。因此,境内企业要充分利用现场考察与投标前答疑会,以获得更多有关工程项目的相关信息,并在投标文件中对获得的工程项目信息进行体现。这一方面体现出投标方已对工程项目有了比较充分的了解;另一方面投标方也能对工程项目可能存在的风险以及施工过程中可能遇到的困难进行预估,以便根据工程项目的实际情况报出更为合理的报价。

(二)关于费用承担

招标文件中一般情况下都会规定,投标方现场考察、参加投标前答疑会及准备投标文件产生的相关费用由投标方自行承担。

(三)关于投标文件的组成及语言

投标方要按招标文件要求向业主方提交投标文件,投标方需要认真审阅招标文件中列明的需要向业主方提交的投标文件。投标文件一般包括技术与商务投标书、投标保函、证明投标人具有投标资格和资质的相关证明文件、承包方合作伙伴及团队成员、承包方的类似项目经验等。如果投标方准备的投标文件不完整,可能会直接导致投标无效。

(四)关于是否允许提供备选投标方案

投标方还需要注意招标文件中业主方是否允许提供备选投标方案,即许可投标方提供首选投标方案与备选投标方案。一般情况下,业主方不会接受备选投标方案。如果招标文件中写明业主方可以接受备选投标方案,则要看清楚备选投标方案是指整个投标还只是针对技术投标部分,并考虑是否提交备选投标方案。

（五）关于投标报价

关于投标报价，要注意如下几个问题：其一，投标方要准确理解招标文件要求的报价方式。比如，业主方一般要求对各项具体工程服务项目分开报价，然后再汇总报价，并要求不允许存在任何折扣。其二，对于工程材料报价是否允许根据市场价格进行调整。如果允许，则需要在投标文件中明确调整的方式、标准和参数等内容，以免后续执行时产生争议。其三，明确报价是否包含了税费。其四，要按招标文件要求的币种进行报价。如果涉及不同币种兑换的汇率问题，则还要准确写明汇率的确定方式与日期。

（六）关于投标担保

境外工程项目投标中，一般情况下，业主方都会要求投标方提供相应的投标担保。投标方提供投标担保时，应注意如下事项：其一，投标方要按招标文件中要求的担保方式提供担保。投标担保方式一般包括银行出具的无条件保函、不可撤销信用证、现金支票、保险公司出具的保函等。其二，注意招标文件中对投标保函具体内容的要求。如果保函由非业主方所在国的机构出具，则一般会要求该机构应在业主方所在国设立有分支机构，以便后续投标方发生违约情形时该保函可以便利得以执行。如果招标文件中附有保函的格式范本，则保函的内容应与该格式范本一致，或在实质内容上要保持一致，而且保函的有效期应符合招标文件要求的期限。同时，投标方还要注意招标文件对没收保函情形的约定，以防止该情形的发生。一般情况下，保函会因投标方在投标有效期内无故撤销投标，或在投标方中标后拒绝与业主方签署合同或拒绝提供履约担保而被没收。

三、投标文件的提交

关于投标文件的提交，应注意如下事项：

（一）投标文件应按要求签章和密封

投标方应按招标文件要求，制作、包装和密封投标文件。比如，一般业主方要求将投标文件原件与副本进行分开包装和加盖密封章，并在信封上分别注明“原件”或“副本”，以及“在投标文件有效期之前不得开启”的内容。而且要按招标文件注明的方式，邮寄（或发送电子版本，如允许）至业主方列明的收件地址。投标方一定要注意上述这些细节。如果没有按招标文件要求做好，都有可能导致投标文件无效。

（二）投标方应在投标期内提交投标文件

投标方一定要在招标文件要求的投标期限内提交投标文件，逾期提交则会使得投标无效。特别要注意招标文件中工作日的定义，境内企业可能习惯性按照国内工作日的计算方式计算投标期，如果招标文件约定的工作日的计算方式不一样，则可能发生在投标期过后提交投标文件的情况。

四、开标与评标

在开标与评标环节，境内企业应注意如下几方面：

（一）投标文件的开标时间与程序

招标文件中一般会对投标文件的开标时间、地点与方式作出明确规定。业主方会按照招标文件规定的程序、时间、地点与方式，打开所有提交的投标文件。并且会对各份投标文件的投标方名称，是否存在撤销、替换或修改，是否提交了投标保函等内容进行核实。出席开标会的投标方代表一般需要在开标记录上签字，但不出席开标会不会影响投标文件的效力。

（二）针对业主方的评估标准，投标文件应对招标文件作出实质响应

为了保证评标的公平性，规范的境外工程招标项目，业主方一般会在招标文件中写明评标时依据的相关标准。因此，境内企业在准备投标文件时，应严格按照评标标准进行准备，特别是要对招标文件的实质要求作出响应。按照国际通常的操作惯例，业主方在评标时，一般会考虑如下几个标准：（1）投标报价；（2）因计算错误对报价作出的调整；（3）因给予折扣对投标价格作出的调整；（4）如果投标文件已对招标文件作出实质响应，但存在非实质性不一致的情况，因上述不一致而对投标报价作出的调整；（5）其他需要考虑的因素。根据上述标准，业主方通过比较对招标文件作出实质响应的各个投标报价并综合考虑后确定中标方。

五、中标与合同签署

评标后，业主方将确定对招标文件作出实质响应的综合评分最高的投标方为中标方。在投标有效期届满前，业主方会书面通知中标方，并同时将投标结果通知其他未中标的投标方及告知未中标的原因。

发出中标通知后，业主方应向中标方送达工程承包合同。中标方应在要求的期限内，签署工程承包合同，并按合同要求向业主方提供履约担保。如果中标方拒绝签署工程承包合同或提供履约担保，则中标通知将失效，业主方有权没收

投标保函。

在境外工程承包项目招投标活动中，虽然其基本流程比较类似，但由于每个国家的法律制度不同、法律规定各异，加上当地文化的巨大差异，境内企业在参与境外工程承包项目的投标过程中，除了认真审阅招标文件的具体内容并按业主方的要求准备投标文件外，建议境内企业还要聘请工程项目所在国工程承包领域的专业律师，咨询外国企业在投标过程中应遵守的相关法律法规及注意事项。比如，该国的法律是否对投标方的资格与资质有特别要求，外国企业在投标中容易犯的错误，根据目标国文化外国投标方应注意的事项等。因为业主方不一定会在招标文件中将该国法律有关投标方应遵守的法律规定全部列出来，更不可能将投标方应注意的事项全部列明。如果境内企业想赢得中标以及在中标后顺利履约，就一定要借助目标国当地律所、会所等专业中介机构的专业咨询意见，而不能按照中国国内的法律法规规定、市场环境和思维方式盲目投标。由于很多境内企业没有防范好上述风险，在境外工程承包项目中都出现了严重亏损。比如，部分企业没有了解清楚目标国法律对外国投标方有特别要求（如要求投标方在目标国设立独立法人实体且存续达一定年限）之前，便盲目投标，结果因投标主体不适格而导致投标无效。部分企业因为没有了解清楚目标国法律要求工程所需设备、材料与服务不能从投标方所在国进口，使工程项目的实际支出远远超出其预算，从而导致严重亏损。在印度尼西亚雅加达和万隆高铁项目中，中国高铁中标后迟迟未能动工，是因为拆迁问题一直未能得到解决。投标前，中国高铁没有了解清楚印度尼西亚土地上建筑物拆迁的相关法律法规。由于印度尼西亚实行的是土地所有权私有化制度，而且印度尼西亚政府不具备中国政府这样的执行力，其拆迁的难度要大得多、复杂得多，从而导致该项目中标后迟迟未能开工。针对上述这些问题，投标方本应该在投标之前考虑清楚，并制定好风险防范措施，而不是在中标后再考虑和寻找解决方案。因此，在境外工程承包项目的投标、履约及其风险防范方面，境内企业还有很多方面需要改善。

第四节　EPC 合同主要条款解析

如笔者在本章第二节中所述，虽然部分境内企业与国外业主方开始尝试采取项目融资、投资和并购为主的 PPP、BOT 模式，但实务中境内企业在境外承包工程时更多还是采取的EPC模式。对承包商而言,虽然EPC模式自主性大,能够将设计、采购和施工进行整体考虑和优化以提升项目综合收益,但业主方将更多风险转移给了承包商,承包商需承担更大的风险。因此,在拟签署的EPC合同中,承包商除了需要对其自身需承担的风险有非常清楚的认识和准确评估外,还应在EPC合同中设置相关条款尽可能防范或减轻自身的法律风险。下文中,笔者结合处理的境外工程承包项目案例,对EPC合同的主要条款进行解析。

一、签约主体

EPC合同的签署主体是境内企业首先得考虑清楚的问题。因为大部分国家的法律会对国外总承包商的资格与资质有明确要求,如境内企业应在目标国设立独立子公司,并以该子公司名义在目标国申请总承包执照,在子公司获得总承包执照后,才可以进行项目施工。因此,在签署EPC合同时,境内企业就应了解清楚目标国法律对总承包商资质的具体要求。成立子公司不难,但该子公司获得目标国的总承包商资质并不容易。比如,我们曾协助一家境内企业拟采取EPC模式赴美国北卡罗来纳州承包一个太阳能电力工程项目,根据北卡罗来纳州的法律规定,境内企业必须要在该州成立一家子公司,并以该子公司名义获得北卡罗来纳州的总承包商执照才可以承建该项目。而总承包商执照的申请比较复杂,需要递交很多材料,并且负责人需要通过多项考试,最后通过北卡罗来纳州总承包商许可证委员会的认证和批准以后,才能被授予执照。从申请到取得总承包商执照的过程大约要2个月左右的时间。因此,境内企业在投标之前就要了解目标国法律对签约主体和施工主体的具体要求,以便提前安排时间设立符合目标国法律要求的签约主体和施工主体。如果签约主体不符合法律要求,可能会直接导致已经签署的EPC合同无效;或者在签约后因未取得目标国法律所要求的总承包商资质,而无法进场开工和施工,从而出现违约和承担违约责任的风险。

二、服务范围与内容

本条中,业主方会对承包商应提供的服务范围与内容作出明确约定。在EPC模式下,承包商在提供的工程项目服务内容时,会涉及如下方面的内容:

(一)供应和采购

承包商应采购、提供和交付完成工程所需的所有设备,包括设备的运输、搬运、装货、进口、清关、卸货、检验和质量保证等，并将设备交付到工程现场，并应负责设备的接收、卸载、检查和存储。

（二）工程和设计

承包商应负责实施项目工程、设计、采购、施工、测试和试运行，使其满足合同约定和承包商交付物的要求，并按照实质性竣工时有效的工程范围、适用法律、规范和标准、公共设施要求和审慎行业标准运行。承包商应向业主提供所有设计和工程图纸作为其交付成果的一部分，以供业主审查。业主有权审查上述设计和工程图纸，并可以要求承包商做出业主认为合理遵守 EPC 合同所需的项目设计和工程的变更。在承包商实施工程期间，承包商应有序、分类保管好作为其交付成果的所有图纸、计划、规范以及与工程实施相关的报告和其他信息。

（三）施工和安装

承包商应提供安装和完成工程所需的所有人力、设备、工具、供应品、机械、公共设施和消耗品、运输和其他设施和服务，包括临时材料、设备、供应品和设施。承包商应确保实施的所有施工和安装应符合所有书面说明和 EPC 合同约定的要求。

（四）公共设施

在项目正式竣工之前，承包商应提供为满足施工期间所需要的临时电、通信、水、废弃物处理，其他公用设施和服务，但上述设施不构成工程的永久部分。承包商应支付所有临时公共设施产生的使用费，直到完成实质性竣工。此外，承包商应在现场的适当位置提供所有公用设施和服务，形成已完成工作的永久部分。就临时公用设施服务内容，业主方和承包商应考虑该项服务应由谁来提供更为合理。一般情况下，临时性公用设施由业主方提供更为合理。但实务中，业主方也把该部分服务转移给了承包商，从而大大增加了承包商的风险。

（五）承包商的设备

承包商应提供实施和完成工程所需的所有承包商的设备。所有承包商的设备在运至现场时，应被视为专门用于工程的实施和施工。承包商不得从现场清除任何该等设备，除非工程不再需要该设备。承包商还应负责设备的照料和管理。

（六）设备文件和设备培训

承包商应向业主方提供所有设备文件，以及向业主方或运营商的人员提供项目使用和运行所需的现场培训。培训计划包含的主题范围和完成时间将由承包商和业主方协商确定。

(七)消防

承包商应负责按照承包商的环境、健康和安全计划,在现场提供消防措施和保护。承包商应向在现场工作的承包商和分包商的员工提供消防说明,并且应按承包商的环境、健康和安全计划,在现场提供适当的灭火和消防设备和系统。

(八)关键人员和组织

承包商应安排合格人员担任施工经理、项目经理。项目经理应全权负责工程检查、施工安排以及其他与工程相关的事项。项目经理应作为业主方与承包商的主要联系人,并负责与业主方会面与其讨论工程或与之相关的任何问题。承包商可提名具有合格资格的人员参与施工,并应及时向业主方提供有关该提名人员具有相关资格的证明文件,经业主方批准后,方可参与施工。但一般要求业主方作出批准的期限,且不得不合理拒绝或延迟作出批准。

(九)政府许可

承包商应获得并保持工程项目所需的所有政府许可,并支付与此相关的所有许可费用。在施工过程中,承包商应遵守并使分包商遵守所有适用法律和所有政府许可,包括火灾、安全、健康、环境、就业标准和工人赔偿。承包商应向业主提供与任何政府机构的任何实质性通信副本,以及与政府许可有关的任何外部函件。

(十)现场管理

承包商应该禁止并防止酒精饮料、药物或其他致幻物质的消费或使用。防止现场或现场周边有聚殴及聚殴器械或其他武器。限制歧视行为、骚扰行为、混乱行为。承包商应该遵守由业主方所制定的规章制度和工作时长制度。

(十一)质量保证与质量控制

承包商应对工程的质量保证和质量控制承担全部责任,包括其分包的所有工程。承包商在工程实施期间,应制定有效的质量保证方案并严格执行。

(十二)安全

任何承包商员工、代理或分包商在现场期间,承包商应负责向他们提供安全的工作地点,且应立即采取措施纠正导致或合理预期可能导致现场不安全或成为不安全的工作场所的条件。承包商应自付费用向其员工提供实施工程期间的安全设备,避免人员受伤,且应确保其代理、员工和分包商安全施工。在实施工程期间,承包商应负责现场人员的监督,提供安全培训,以及按照承包商的环境、健康和安全计划实施工程。承包商应遵守并让承包商或任何分包商的现场人员遵守与专业安全和健康相关的所有适用法律以及承包商的环境、健康和安全计划。

以上是 EPC 合同中承包商提供的主要内容服务。从上述服务内容可以看出,业主方想尽可能详尽地对承包商的服务内容作出约定,并把相关风险转移给承包商,承包商应仔细审查各项服务内容,评估上述服务内容的合理性和难度,以及各项风险的可控性和可能产生的后果,以便确认工程价款的合理性和可行性。实务中,部分境内企业对工程项目的难度以及对 EPC 合同履约过程中存在的各项风险预估不足,最后在实际履约过程中发现投标报价严重被低估,从而因此遭受严重损失。

三、业主方与承包商的陈述与保证

陈述与保证条款内容包括业主方和承包商的一般性共同陈述和保证内容,以及承包商对设备和材料的提供与交付作出的其他陈述和保证内容。

(一)业主方与承包商的共同陈述与保证

1. 主体合法成立与有效存续,信誉良好

双方应保证其合法成立、有效存续并具有良好信誉,均具有在工程所在地开展业务的适当资格。

2. 授权

双方具有执行、交付和履行合同义务的所有必要权利和权力,合同的执行、交付和履行已通过一切必要行动的正式授权;其依照合同中相关条款规定,构成合法、有效和有约束力的义务。

3. 遵守适用法律

双方不得违反任何适用法律,或国家、地方审判机构所作的判决、裁定,该判决、裁定的执行将对其在合同中义务的履行不会产生不利影响。

4. 同意和批准

除非公司根据合同条款要求获得政府批准,否则在执行、交付或履行合同时,不需要获得任何政府机关或个人的授权、批准、豁免或同意。

5. 执行和交付

在执行和交付合同、完成合同中规定的交易以及遵守合同中的条款和条件时，不得与任何同意书、任何组成文件、任何适用法律、任何协议、一方应遵守或受其约束的文书冲突，或导致重大违约行为或构成此类协议或文书的重大违约。

6. 偿付能力

双方具有财务偿付能力，能在债务期限届满时偿还债务，且具有足够的流动资金以履行合同中的义务。

（二）承包商的额外陈述与保证

除一般性的陈述和保证条款外，在EPC合同中，工程设备与材料由承包商负责提供与交付，因此业主方还会要求承包商对主要设备质量以及承包商（包括其分包商）对施工质量作出额外的陈述与保证。

1. 工程质量

工程的设计、建造和施工符合适用法律、规范和标准、土地所有者的要求和合同约定的其他要求。项目的常规操作与维护及设计、建造和施工不存在重大缺陷。

2. 施工工艺质量

承包商进行的所有施工都不存在工艺上的瑕疵。在进行项目安装时，必须是新的、未使用的和未受损的设备或材料，且所有方面都符合适应的法律、规范和标准、业主方的要求以及合同约定的其他要求。

3. 设备质量

承包商提供的所有设备都不存在瑕疵，质量良好，且安装时处于良好状态，在所有方面都符合适用的法律、规范和标准、业主方的要求以及合同约定的其他要求。

4. 质保期

承包商应在工程完工后一定年限内对合同约定的违约保证做出修理或更换等补救措施。

四、业主方与承包商的权利与责任

（一）业主方的权利与责任

1. 业主方的安全监督。业主方有权将业主方合理认为可能构成给人员或财产造成不合理的伤害或损坏风险的现场不安全条件，违反适用于职业健康和安全的适用法律的行为，或可能导致违反适用法律发放危险材料的现场任何不安全条件的信息通知承包商。且承包商应立即采取合理的措施，纠正该等不安全条件或行为,且应立即将承包商合理采取的措施通知业主方,以阻止该不安全条件或行为实际发生。

2. 业主方检查承包商施工的权利。业主方及其代理人应合理事先通知承包商,并在遵守适用于现场的安全操作和其他要求的情况下,检查所有工作。业主方及其代理人对工作的任何检查应在合理的时间,以不会通过中断工作而延迟或增加工作成本的方式进行。

3. 业主方应按合同约定向承包商支付进度款及其他款项。

4. 业主方应要求其员工和代理人遵守适用于现场和设施的所有规则,包括但不限于安全程序及其他相关要求。

5. 与承包商合作,并提供合理必要的施工条件与协助,以使承包商(或分包商)能够按照合同约定进行施工工作。

6. 为承包商提供足够的临时建筑地役权和永久地役权,并为承包商提供任何必要的支持设施。

7. 针对承包商提出的合理要求及时作出回应。

8. 尽商业上合理的努力,支持承包商按项目进度表进行施工、检验与竣工。

(二)承包商的权利与责任

EPC 合同中,承包商的权利与责任条款一般包括如下内容:

1. 工程设计、采购和施工

承包商代表业主,作为项目的总承包商应全权负责工程的设计、采购和施工等事项,对工程进行全面监督和协调。承包商应协调工程师、分包商、安全总监和其他人员提供设计、工程施工、设备和材料采购服务,并根据适用的法律,做好业主方与其他人员之间的协调与沟通工作。

2. 确认合格分包商和供应商

承包商可将部分工程分包给一个或多个分包商和向一个或多个供应商采购工程所需设备和材料。承包商应将分包商和供应商附表通知业主方,业主方有权向承包商提出反对或疑虑,但是关于是否与任何特定分包商或供应商订立合同的最终决定权应由承包商享有。

3. 项目工程师

承包商应聘请项目工程师并履行工程师的职责。工程师或承包商应签订单独的工程师合同。工程师应对项目主要设计以及项目负责。工程师的角色和职责应在工程师合同中具体约定。

4. 项目经理

承包商安排项目经理或履行项目经理的职责。项目经理应履行如下义务：

(1)创建和更新项目进度表,经业主批准后执行;

(2)监督所有分包商和供应商,以使项目按照进度表完成;

(3)检查已完成的工作,以确认其是按照规范施工并按照规定的护理标准执行;

(4)遵守安全计划;

(5)必要时通知承包商和业主方有关工作的进度和质量,以使其能够履行合同约定的各自职能。

5. 质量控制

承包商应安排合格的人员或公司,负责对已完成工程的质量控制和质量保证。质量控制总监应负责推进测试材料的程序,监督材料测试,检查现场设备,验证主要设备在制造中所使用材料的质量控制和质量保证,验证所有运输到现场的设备和材料,满足设计规范。

6. 遵守适用法律和标准

在实施工程以及与工程相关的工作期间,承包商应遵守并确保工程以及各分包商遵守所有适用法律、规范和标准、业主方要求、公共设施要求以及审慎行业标准。

7. 环境法

在施工期间,承包商应遵守并且应确保工程及各分包商遵守所有适用环境法。承包商不得在现场放置危险物质,也不得允许承包商的分包商放置危险物质,除非按照适用法律和政府批准实施工程所需。如果承包商在现场或附近遇到被合理认为属于危险的材料,承包商应立即停止受影响区域的工作,并将该情况通知业主方。在收到业主方的书面指示之前,承包商不得恢复受影响区域的工作。如果适用法律有要求,承包商应编制并在现场保留承包商或分包商使用的与项目相关的所有危险材料以及任何该等危险材料处置的准确、完整文件,包括在现场向承包商提供危险材料处置服务的所有分包商的运输文件和身份证明。

8. 商业惯例

承包商不得向任何政府官员支付任何款项或提供任何贵重物品,以影响其决定,或为业主方或承包商获取任何其他利益。此外,承包商不得直接或间接向外国政府官员提供、承诺或给予与合同约定的与交易相关的任何金钱利益或其他贵重物品,以使该官员收到该物品后影响该官员的任何行为或决定,包括该官员违反其公职做出任何行为或不作为,或为承包商获取或保留与合同相关的承包商工程的相关业务或其他不正当利益。承包商保证,在签署合同之前,承包商及其关联公司均未采取与合同相关的任何工程的任何相关措施。

9. 紧急情况

如果发生任何危害生命、财产或给生命、财产造成迫切危险的紧急情况,承包商应采取合理、必要的措施,阻止、避免或缓解伤害、损坏或损失,且应尽快将任何该事故,包括承包商对该事故的响应和措施,报告给业主方。

五、开工、施工进度、检验与竣工

EPC 合同中,会对工程项目的开工日期与条件、施工进度、检验、竣工情形及其条件等内容作出明确约定,并会在合同后续条款中约定相应的违约责任条款。

(一)开工及其条件

承包商应在最早合理的时间(开工日期)开始施工,但不得晚于下列情形最后发生之日起【 】天:(1)施工所需授权正式出具;(2)工程项目最终基础图纸完成;(3)业主方已获得合同约定的所有适当保险。开工日期及其条件可由业主方和承包商根据项目的具体情况作出不同约定。

(二)施工进度

工程施工进度表应构成工程实施期间的进度报告依据。承包商应提供工程的实时进度和项目进度表进行比较,以作为每月工程施工进度报告的一部分,并向业主方提供与项目进度表存在偏差的详细汇总表以及该偏差产生的理由。承包商应按照项目进度表进行工程设计以及实施合同项下的所有工程。承包商应提供充足的人力、服务、设备和其他工程物品,以确保按照项目进度表以及项目进度表的里程碑完成工程进度并能按照合同约定的时间如期竣工。

(三)竣工及其前提条件

根据具体项目的不同,可将项目竣工分为机械竣工、实质性竣工和最终竣工,每种竣工的前提条件可由业主方与承包商根据项目的具体情况进行约定。

1. 机械竣工

机械竣工指工程项目已经完成安装,机械和结构完整并已准备进行首次启动、调节和测试。当具备机械竣工条件后,承包商应向业主方发出机械竣工通知。业主方应在收到机械竣工通知后一定期限内发出机械竣工证书，或如果业主方认为未达到机械竣工条件，则以书面方式做出回复，说明未达到机械竣工条件的理由，承包商应立即采取适当的纠正措施。

2. 实质性竣工

实质性竣工一般是指达到如下前提条件的工程项目：

(1)项目已经达到机械竣工；

(2)已经按照合同约定顺利进行性能验收试验，且已经达到性能要求；

(3)项目遵守所有适用法律、公共设施的要求、规范、标准和审慎行业标准，且已经通过所有规定的试验，以及相关政府当局已经按照适用法律的要求对项目进行检验、审查且批准项目投入运行；

(4)项目的设计、工程、采购、施工、安装、试运行、启动、测试(除了经批准的尾项清单项目)已经按照合同条款和条件完成；

(5)项目已经互连且已经满足需在实质性竣工时或之前满足的所有公共设施的要求；

(6)已经收到合同要求承包商在实质性竣工时或之前获取的任何适用的政府批准；

(7)承包商已经完成与项目相关的业主方或运营商运行和维护人员要求的培训计划，以及向业主方提供在实质性竣工时或之前交付给业主的所有承包商交付物的副本；

(8)业主和承包商已经就所有未完项目的尾项清单达成一致；

(9)运行和维护协议生效，且运营商已经在现场进行动员，并做好在实质性竣工日期开始全面运行的准备。

承包商认为其已经满足实质性竣工前提条件后，应向业主方发出实质性竣工通知。业主方应在收到实质性竣工通知后，一定期限内发出实质性竣工证书，或如果业主方认为工程项目未达到实质性竣工条件，应以书面方式向承包商做出回复，说明未达到实质性竣工条件的理由，承包商应立即采取适当的纠正措施。

3. 最终竣工

当工程项目达到实质性竣工条件后，业主方和承包商应确认尾项清单，并对工程项目进行试运行、测试和试验。承包商应在完成该试验后，将性能验收试验结果报告给业主方。业主方可以将任何试验的结果递交给独立工程师和(或)业主方的其他技术或工程顾问，以确认是否顺利完成试验。如果业主方决定承包商未能适当地执行性能验收试验，或项目未满足试验要求，承包商应采取必要的纠正措施，纠正任何缺陷和（或）重新进行该试验，直到试验结果达到合同约定的标准为止。当工程项目达到如下条件时，方为最终竣工：

（1）已经达到实质性竣工；

（2）业主方已经从承包商处收到工程的所有最终竣工图纸，以及公共设施的要求规定的其他文件和信息；

（3）业主方应已经收到实质性竣工时或之前未交付的与项目相关的所有承包商交付物；

（4）所有承包商的设备已经清理出现场，且承包商和分包商的所有人员已经离开现场，以及所有剩余材料、废料、垃圾和施工设施，除了业主方有权保留的设施外，已经清理出现场（除承包商履行其在运行和维护协议下的义务所需的承包商人员、材料和设备外）；

（5）提供给承包商的整修清单上的所有项目应由承包商完成，以及承包商已经完成需在最终竣工时或之前完成的所有其他工程。

当达到上述条件后，承包商应向业主方交付最终竣工通知，业主方应在收到最终竣工通知后，在约定期限内发出最终竣工证书。如果业主方认为工程项目未达到最终竣工条件，应以书面方式向承包商做出回复，说明未达到最终竣工条件的理由，承包商应立即采取适当的纠正措施，直至达到最终竣工的条件为止。

六、报酬和付款

对于承包商来说，毫无疑问报酬和付款条款是极为重要的条款。在约定该条款时，应注意如下几项事项：

（一）合同价格的确定

在EPC合同中，合同价格一般包括所有由承包商为实施工程项目而产生的所有成本和开支，具体包括但不限于以下内容：

（1）与设计、工程、采购、建造、安装、调试、启动、测试和竣工有关的所有成本和费用，包括所有劳动力价格（包括工资、报酬、薪金、保险、工资税和福利）、服务、材料、用品和设备，以及支付给分包商的所有费用和付款；

（2）承包商及其分包商获得和维护合同要求的所有保险的保险费；

（3）就与分包商订立的任何合约的违约行为向分包商寻求补救而产生的所

有开支；

(4)为纠正有缺陷的工程而发生的所有费用和开支；

(5)在未能完成测试后，与工程或其任何部分的重新测试相关的所有成本和费用；

(6)承包商采购和维护政府批准所需的一切费用；

(7)所有运输费用以及针对加入或用于执行工程的任何设备、材料、劳动力或服务所征收的所有关税、费用和特许权使用费；

(8)政府机关向承包商或任何分包商征收的与合同或承包商履行工程有关的所有税费(已排除的需由业主方承担的税费除外)。建议境内企业在EPC合同中，就价格条款包含的具体内容作出明确约定，以免在EPC合同履行过程中产生争议。

(二)付款时间及逾期付款的违约责任

业主方和承包商需在合同中对业主方向承包人支付所有工程进度款、税费、最终竣工后的结算款及合同约定的其他款项的具体支付条件与时间，支付方式、支付币种，以及业主方逾期付款时应承担的违约责任作出明确约定，以避免因约定不清楚而产生争议，这对于承包商来说尤为重要。

七、所有权转移

所有权转移条款一般包括如下几方面的内容：

(一)工程所有权的转移

工程所有权的转移将直接影响承包商对工程项目享有的相关权利，因此一般情况下，只有当业主方向承包商付清合同约定全部款项后，承包商才同意工程所有权转移给业主方。业主方会要求，在其付清全部款项后，承包商不得直接或间接创造、招致、承担或承受任何留置权，如工程所有权转移之前已存在留置权的，承包商应解除对现场、工程、设备及材料的留置权。

(二)工程成果权利的转移

工程所有权转移给业主方的同时，业主方还会要求所有图纸、文件、规范和现场工程以及承包商完成或即将完成的与工程有关的其他资料(工程成果)应归业主方所有，并转让给业主方。但承包商或分包商可以保留他们在工程成果中所体现出的所有知识产权的所有权。

（三）工程所有权转移之前的保管和监控

业主方与承包商会对工程所有权转移之前的保管、监控及风险承担作出约定。一般情况下，在最终竣工或协议终止前或工程项目所有权转移之前，承包商应全面负责工程项目以及工程所包含设备、材料的照看、保管和监控，且应承担由此产生的损失风险。随后，保管和监控以及损失风险应转移至业主方。

八、保险

在境外工程承包项目中，为工程项目购买相关保险是业主方和承包商防范相关风险采取的惯常操作方式。境外工程项目一般需要购买的保险包括雇主责任险、人身意外保险、第三者责任保险、承包商责任保险、财产保险、建筑工程一切险等。至于购买保险的具体险种，需由业主方和承包商根据工程项目所在国的法律规定及工程项目的实际需求进行商定。

九、赔偿与责任限制

（一）赔偿

1. 承包商赔偿

业主方一般会要求在 EPC 合同中约定，由于承包商、任何分包商或其直接或间接雇用的任何人员实施工程、履行合同下的义务或未能履行义务产生的违约行为，或任何疏忽、故意、过失或其他不法行为或不作为，致使第三方要求赔偿财产损失、人身损害或伤亡造成的所有损失，以及其他因为承包商原因给业主方造成的任何损失，承包商应充分赔偿，保护业主方及其附属公司、项目贷款方、土地所有者、各自的董事、高管人员、合作伙伴、顾问、代理和员工，并使其不受损失。在业主方比较强势的情况下，一般要求尽可能扩大承包商的赔偿责任范围。此种情况下，承包商应慎重考虑，以防范由此产生的法律风险。

2. 业主方赔偿

所有因第三方违反本协议，第三方索赔，任何与业主履行其义务或未能履行其在协议中的义务，任何其直接或间接雇佣的人员或授权代表的疏忽，或任何其他不法行为或不作为造成的财产损失、人身损害或伤亡进行索赔产生的损失，业主方应充分赔偿，保护其承包商、分包商和各自董事、高管人员、股东、合伙人、顾问、代理和员工，并使其免受损失。在业主方与承包商赔偿责任条款的约定上，应尽可能坚持对等原则。

3. 知识产权许可和赔偿

在业主方支付与使用承包商知识产权有关的工程费用后，承包商同意将与本项目的完工、设计、施工、安装、运行、维护、修护、更换或修改有关的知识产权的权利和许可授予业主方，承包商可将其用于利用、实行和开发承包商知识产权。境内企业应注意约定，工程项目知识产权转移的前提是业主方已全部支付完工程款。同时，在知识产权转移给业主方后，承包商仍享有共同使用权。此外，业主方还会要求在EPC合同中约定，承包商应维护、赔偿业主方，并使其免受因知识产权索赔造成的任何损失。

（二）责任限制

为了避免承包商因项目承担的债务总额及违约金总额过高，EPC合同中一般会对承包商承担的工程项下的债务总额及违约金总额作出限制。

1. 承包商债务总额限制

合同项下产生的承包商债务总额（包括所有应付违约金），无论是否基于合同违约、侵权（包括过失行为）、严格赔偿责任、保证或任何其他诉因，不得超过合同价格。由承包商保险所涵盖的承包商债务，应按照合同约定计入承包商对业主方的债务总额。

2. 承包商违约金总额限制

合同项下承包商承担的违约赔偿金累计不得超过合同价格的【　】%。

通过债务总额与违约金总额限制性约定，从而防范承包商可能因工程承包而承担超过合同价款总额的赔偿责任。

十、违约、补救措施与合同终止

为了保证合同的有效履行，业主方与承包商会在EPC合同中对各自的违约情形、可采取的补救措施及当出现严重违约情形时守约方享有的合同终止权作出明确约定。

（一）违约事件

1. 业主方违约事件

一般情况下，业主方的违约事件包括如下情形：

（1）业主方未能在收到承包商书面通知后约定期限内支付任何到期应付的无争议款项；

（2）业主方未履行合同约定的任何重要义务和任何其他业主方应履行的协

议义务，并且未能在承包商发出书面通知后采取补救措施；

（3）在合同中，业主方的任何陈述与保证在任何重要方面是虚假的或误导性的，当已经作出时，业主方不能在承包商发出书面通知后要求的期限内采取补救措施以消除对承包商造成的任何不利影响；

（4）业主方破产、清算；

（5）业主方未能按照合同约定购买和维持保险，并未能在承包商发出书面通知后采取补救措施以消除对承包商造成的任何不利影响。

2. 承包商违约事件

一般情况下，承包商的违约事件包括如下情形：

（1）由于工程任何服务内容延误，承包商未能在实质性竣工日期或之前完成实质性竣工，或未能在最终竣工日期或之前完成最终竣工；

（2）承包商未能遵守合同任何实质性条款，并且未能在业主方发出书面通知后采取补救措施；

（3）承包商的任何陈述与保证在任何重要方面是虚假的或误导性的，当已经作出时，承包商不能在业主发出书面通知后要求的期限内采取补救措施以消除对业主方造成的任何不利影响；

（4）承包商破产、清算；

（5）承包商未能按照合同约定购买和维持保险，并未能在业主方发出书面通知后采取补救措施以消除对业主方造成的任何不利影响。

（二）救济措施

一旦发生业主方或承包商违约事件，在业主方或承包商违约事件延续期间，承包商或业主方有权采取合同约定的补救措施，且承包商或业主方可选择行使EPC合同约定的权利、采取补救措施以及法律或衡平法规定可采取的其他补救措施。

（三）合同终止

合同终止会对业主方和承包商的权利和义务产生根本性影响，因此一般情况下，业主方和承包商都非常谨慎在合同中约定合同终止条款。但在境外工程承包项目中，业主方一般处于强势地位，一般会约定在某些情形下其有权单方终止合同。此种情形下，承包商一定要特别慎重。笔者建议，除非在一方严重违约且经书面通知后的合理期限内违约方未能采取有效补救措施或拒绝采取补救措施的情况下，守约方方可单方终止合同。

十一、法律适用与争议解决

境外工程承包项目中，业主方和承包商一般选择适用工程项目所在国的法律；在极少数情况下，双方可能也会选择第三国（地区）的法律。争议解决的方式主要是仲裁或诉讼两种方式。更多情况下，业主方和承包商更倾向于选择仲裁方式解决争议。

除上述主要条款外，EPC合同还包括定义、通知、转让、不可抗力、工程变更、保密、完整协议、豁免、分割性、生效等条款。由于上述条款为一般性条款，笔者就不再进行详细介绍。

随着"一带一路"倡议的不断推进，越来越多的境内企业到"一带一路"沿线国家承包工程。由于"一带一路"沿线国家大部分为发展中国家，这些国家法律制度不太健全、政治不稳定、市场环境变化很大、宗教信仰、文化与我国差异较大，境内企业赴这些国家承包工程存在各种风险。因此，在境内企业赴这些国家承包工程之前，对上述各方面存在的风险均需进行全面、充分了解，并借助律师事务所、会计师事务所、评估公司等中介机构的力量，对上述风险进行准确评估；在风险可控的情况下，制定好防范预案，从而最大限度上防范和减轻在实际承包工程过程中可能遇到的相关风险。境内企业切忌在未对目标国及工程项目风险充分了解清楚之前，便盲目投标和签署工程承包合同。放弃一个存在重大风险的工程项目，要远比中标后遭受重大损失明智得多。

第十章　我国企业境外投资争议解决

中国企业境外投资过程中不可避免会出现各种商事争议，了解并运用国际通行的争端解决方式来解决具体的争议是中国企业维护自身合法权益及境外资产安全不得不面对的问题。境外投资争议的解决方式包括调解、仲裁等非诉讼方式和诉讼方式。对于诉讼方式而言，由于境外投资往往牵涉两个或两个以上的国家（地区），如果选择合同一方所在国的国内司法机构作为争议解决机构，很有可能存在一定程度的国民保护，或者合同他方对该国的法律和司法体系不了解，则可能对合同他方造成重大不利。另外，由于国家之间主权平等，如果没有国际条约的约束，一国法院并没有承认与执行外国法院判决的义务，是否承认与执行外国法院的判决取决于两国间的司法协助状况和是否存在互惠关系。[①] 因此，即使一国法院作出了判决，也不一定被另一国法院承认与执行。较为通行的做法是选择国际商事仲裁作为中国企业境外投资争议的解决方式。因为国际仲裁机构不同于法院，具有较强的中立性，同时，仲裁当事人还可以选择仲裁员、仲裁机构、仲裁适用的法律等，具有较强的可预期性。目前广为各国接受的有关国际仲裁裁决的承认与执行国际性公约为《联合国承认与执行外国仲裁裁决公约》（以下简称《纽约公约》）。因此，目前国际争议解决主要通过国际仲裁机构仲裁裁定，并通过《纽约公约》向被申请人所在地的法院申请承认和执行仲裁裁定。

除商事争议外，在国际投资中，投资者还可能因为东道国的国家行为导致无法实现投资目的而与投资东道国发生投资争端。最常见的引起投资者与东道国争端的国家行为包括：违反或解除投资合同、法律变动、直接征收或没收投资、与税收有关的措施、拒绝颁发许可证或吊销许可证、无法为投资者提供适当保护、

---

① 参见刘炯：《“一带一路”背景下涉外民商事纠纷的多元解决机制》，载《中国涉外律师领军人才　涉外律师在行动：“一带一路”法律实务特辑》，法律出版社2016年版，第228页。

冻结银行账户、国家债务重组、武装冲突所造成的损害、干涉投资管理等。[①] 在这种情况下，建议中国企业首先明晰中国与投资目标国之间是否签署双边投资协定或其他国际投资保护规则，其次考虑利用国际仲裁机制来维护自身合法权益。

第一节 境外投资争议解决方式概述

一、国际商事争议解决方式

（一）诉讼

如果境外投资争议的当事人选择诉讼方式来解决争议，无论选择合同哪一方所在国的国内司法机构作为争议解决机构，都存在一国的法院裁决能否在他国得到承认和执行的问题。实践中，一国法院的裁决在另一国的承认和执行比较复杂，下面笔者主要说明外国法院裁决在中国无法获得承认和执行的情形。

我国《民事诉讼法》第282条规定："人民法院对申请或者请求承认和执行的外国法院作出的发生法律效力的判决、裁定，依照中华人民共和国缔结或者参加的国际条约，或者按照互惠原则进行审查后，认为不违反中华人民共和国法律的基本原则或者国家主权、安全、社会公共利益的，裁定承认其效力，需要执行的，发出执行令，依照本法的有关规定执行。违反中华人民共和国法律的基本原则或者国家主权、安全、社会公共利益的，不予承认和执行。"

外国法院裁决能否在中国获得承认与执行主要取决于中国和外国之间签订的民商事司法协助的双边协定。中国目前与许多国家签订了有关民商事司法协助的双边协定，这些双边协定规定了外国裁决无法在中国获得承认和执行的情形，总的来说主要有以下几种：

（1）根据作出裁决一方的法律，该裁决不是终局的或不具有执行力；

（2）作出裁决的法院不具有管辖权；

（3）裁决所支持的诉讼请求违反中国现行法律，或与中国的《宪法》、法律基本原则、主权、安全或公共秩序相悖；

（4）无诉讼行为能力的当事人没有得到适当代理；

---

① 参见盛斌、段然：《投资者——东道国争端解决机制的发展及对中国的影响》，载《国际经济合作》2016年第3期，第60～65页。

(5)败诉的当事人未经合法传唤;

(6)该裁决与被请求方法院已经作出的裁决或已经承认的第三国法院作出的裁决不符。

因此,在申请承认和执行外国法院的判决时,需要考虑中国与该外国之间的民商事司法协助的双边协定中是否存在上述无法获得承认和执行的障碍。

除此之外,根据《最高人民法院关于适用〈中华人民共和国民事诉讼法〉的解释》第544条的规定,"当事人向中华人民共和国有管辖权的中级人民法院申请承认和执行外国法院作出的发生法律效力的判决、裁定的,如果该法院所在国与中华人民共和国没有缔结或者共同参加国际条约,也没有互惠关系的,裁定驳回申请……承认和执行申请被裁定驳回的,当事人可以向人民法院起诉"。由此,如果外国法院所在国与中国没有缔结或者共同参加国际条约,也没有互惠关系的,会面临被中国法院裁定驳回申请的可能。

(二)仲裁

1.《纽约公约》的适用范围

如果当事人采用商事仲裁这种方式来解决投资争议,也存在外国仲裁裁决能否被一国法院承认和执行的问题。《纽约公约》适用于外国仲裁裁决的承认与执行。这里的仲裁是由于自然人和法人间的争执而引起的,不包括外国投资者与东道国政府之间的争端。《纽约公约》第5条第1项规定,凡是外国仲裁裁决有下列情况之一的,被请求执行的机关可以依被诉人的请求,拒绝予以承认和执行:

(1)被诉人证明仲裁协议的当事人无行为能力,或根据仲裁协议选定的准据法,或根据作出裁决国家的法律,该项仲裁协议是无效的;

(2)被诉人没有得到关于指定仲裁员或进行仲裁程序的适当通知,或者由于其他原因而不能对案件提出意见;

(3)裁决的事项超出仲裁协议所规定的范围;

(4)仲裁庭的组成或仲裁程序与双方当事人的协议不相符合,或者在双方当事人无协议时,与仲裁地国家的法律不相符合;

(5)仲裁裁决对当事人尚未具有约束力,或者裁决已被仲裁地国家的有关当局撤销或停止执行。

在这种情况之下,被诉人如果要主张仲裁裁决不应当被承认与执行,则需要举证证明存在上述情形之一。

另外，《纽约公约》第5条第2项规定，被请求执行的机关如果查明有下列情况之一，也可以拒绝承认与执行：

(1)根据法院地国的法律，争议事项不可以用仲裁方式解决；

(2)承认和执行该裁决将和法院地国的公共秩序相抵触。

在这种情况之下，法院是依职权主动审查事实和理由，不需要被诉人举证证明。

2.《纽约公约》在中国的适用

全国人民代表大会常务委员会于1986年作出了《关于我国加入〈纽约公约〉的决定》。与此同时，声明中国只在互惠的基础上对在另一缔约国领土内作出的仲裁裁决的承认和执行适用该公约，且只有属于契约性和非契约性商事法律关系所引起的争议适用该公约。

最高人民法院在1987年作出了《关于执行我国加入〈纽约公约〉的通知》，对我国的保留声明做了进一步的解释。对于非《纽约公约》缔约国领土内作出的仲裁裁决，除非中国与该国存在其他的有关承认与执行仲裁裁决的双边条约，否则应当退回该国。另外，最高人民法院还对中国的保留声明中提到的"契约性和非契约性商事法律关系"做了进一步的阐述，具体指由于合同、侵权或者根据有关法律规定而产生的经济上的权利义务关系。由此可见，中国企业境外投资中产生的与外国自然人或法人的商事争议也属于契约性和非契约性的商事法律关系所引起的争议。为解决此类争议，在《纽约公约》缔约国内作出的仲裁裁决，中国法院可以根据《纽约公约》裁定是否承认其效力。相应地，在中国作出的仲裁裁决，其他《纽约公约》的缔约国也可以根据《纽约公约》裁定是否承认其效力。

(三)"一带一路"背景下的争端解决方式

"一带一路"倡议给中国企业带来了"走出去"的新机遇，然而，与欧美等发达国家不同，"一带一路"沿线国家绝大部分为发展中国家或欠发达国家，这些国家部分政治与经济发展不稳定、法制不太健全、文化和宗教信仰与我国存在重大差异，因此，中国企业到"一带一路"国家投资发生争议的风险更大，更应该注重争议解决方式的约定。为了给"一带一路"建设提供司法服务和保障，2015年6月，最高人民法院发布了《关于人民法院为"一带一路"建设提供司法服务和保障的若干意见》(法发〔2015〕9号)(以下简称《意见》)。

《意见》指出："支持发展多元化纠纷解决机制，依法及时化解涉'一带一路'建设的相关争议争端。要充分尊重当事人根据'一带一路'沿线各国政治、法律、文化、宗教等因素作出的自愿选择，支持中外当事人通过调解、仲裁等非诉讼方式解决纠纷。要进一步推动完善商事调解、仲裁调解、人民调解、行政调解、行业调解、司法调解联动工作体系，发挥各种纠纷解决方式在解决涉‘一带一路’建设争议争端中的优势，不断满足中外当事人纠纷解决的多元需求。”由此可见，最高人民法院以尊重当事人意思自治为原则，鼓励当事人在“一带一路”建设相关争端中采取调解、仲裁等非诉讼方式解决纠纷。

二、投资者与东道国争端解决机制

（一）国际投资争端解决中心（ICSID）投资仲裁机制

1. ICSID 的管辖

1965 年《解决国家与他国国民间投资争端国际公约》（以下简称《华盛顿公约》）建立了国际投资争端解决中心，为解决投资者与东道国的争端提供调解和仲裁的便利，也是目前管辖投资者与东道国争端最多的争端解决机制。根据《华盛顿公约》第 25 条规定，国际投资争端解决中心的管辖适用于缔约国（或缔约国向中心指定的该国的任何组成部分或机构）和另一缔约国国民之间直接因投资而产生并经双方书面同意提交给中心的任何法律争端，当双方表示同意后，任何一方不得单方面撤销其同意。需要注意的是，加入《华盛顿公约》并不足以使一项投资者与东道国的争端提交国际投资争端解决中心仲裁，还必须要存在东道国与外国投资者达成的关于选择国际投资争端解决中心仲裁的书面同意，这种书面同意主要体现为东道国根据可适用的双边投资协定同意提交国际投资争端解决中心仲裁，在发生争议之后投资者向国际投资争端解决中心提出仲裁申请。[①]

2. 中国对国际投资争端解决中心机制的立场

中国自 1993 年批准《华盛顿公约》以来，开始逐步在其对外签订的国际投资协定中接受将投资者与东道国争端提交国际投资争端解决中心国际仲裁。中国在 1993 年批准加入《华盛顿公约》的同时，根据公约第 25 条第 4 款向国际投资争端解决中心发送了一份通知，声明中国政府仅考虑将因征收和国有化而引起的赔偿争议提交国际投资争端解决中心管辖。中国早期对外签订的双边投资协

---

① 张建：《论国际投资仲裁裁决在中国的承认与执行》，载《南华大学学报》（社会科学版）2017 年第 2 期。

定也体现了中国有限接受国际投资争端解决中心机制的态度。比如在中国与摩洛哥于1995年签订的《中华人民共和国政府和摩洛哥王国政府关于鼓励和相互保护投资协定》第10条第2款就规定,任何缔约一方对有关征收补偿款额的争议提交国际投资争端解决中心仲裁程序均给予不可撤销的同意,而其他争议提交该程序应征得当事双方同意。

1997年之后,随着中国经济逐渐向社会主义市场经济转型,中国在签订双边投资协定时逐渐从侧重东道国利益向偏重投资者权益转变。[①] 如中国与南非1997年签订的《中华人民共和国政府和南非共和国政府关于相互鼓励和保护投资协定》第9条就允许缔约任何一方将投资产生的争端提交国际投资争端解决中心。由此可以看出在这个时期,可以提交国际仲裁庭仲裁的争端从因征收和国有化而引起的赔偿争议扩大到所有与投资相关的争端。

近年来,中国在对外签署双边投资协定时更加注重平衡投资者与东道国的权益。除了少数双边投资协定仍未完全放开投资仲裁的事项范围,大多数的双边投资协定都接受了"全面同意"这一立场。在保护了投资者权益的同时,这些双边投资协定还通过要求投资者将争端提交国际仲裁前必须用尽中国当地的救济,如在《中华人民共和国政府和瑞士联邦委员会关于促进和相互保护投资协定及其议定书》[②]中规定的中国行政复议程序,即是保护中国作为东道国的权益。

(二)其他投资仲裁机制

除国际投资争端解决中心投资仲裁机制外,国际商会仲裁院、瑞典斯德哥尔摩商会仲裁院、适用联合国国际贸易法委员会拟定的仲裁规则而成立的临时仲裁庭,以及双方同意的其他仲裁机构都可以受理投资者诉东道国的国际投资仲裁案件。[③] 目前,中国境内的仲裁机构尚未管辖过任何投资者诉东道国的案件,大多数非国际投资争端解决中心投资仲裁裁决被视为外国裁决,如果符合《纽约公约》的适用范围,或者根据中国《民事诉讼法》所要求的互惠原则或司法协助条

---

① 张建:《论国际投资仲裁裁决在中国的承认与执行》,载《南华大学学报》(社会科学版)2017年第2期。

② 《中华人民共和国政府和瑞士联邦委员会关于促进和相互保护投资协定及其议定书》第11条第2款,2009年1月27日签订,2010年4月13日生效。

③ 余劲松、詹晓宁:《论投资者与东道国间争端解决机制及其影响》,载《中国法学》2005年第5期,第175~184页。

约，可以申请在中国承认与执行。①

（三）利用东道国当地救济

投资者依据东道国的程序法和实体法向东道国的司法或行政机构寻求争端解决即利用东道国当地救济，包括司法诉讼、行政救济和东道国国内仲裁。然而，利用东道国当地救济存在耗时长、语言障碍、文化差异及东道国是否能够公正裁判等各种困难。② 目前，“三一诉奥巴马案”是历史上第一个中国投资企业起诉美国总统且胜诉的案件。2012 年，三一集团在美国的关联公司罗尔斯公司在投入约 1300 万美元收购美国 Butter Creek 风电项目后，收到美国外国投资审查委员会（CFIUS）的禁令称其“涉嫌威胁美国国家安全”。罗尔斯公司向美国哥伦比亚特区联邦地方分区法院提交诉状，状告美国外国投资审查委员会，随后美国总统奥马巴签发总统令支持美国外国投资审查委员会的裁决，罗尔斯追加奥巴马为被告。2013 年三一集团一审败诉之后继续上诉。2014 年美国法院认为奥巴马的总统令违反程序正义，剥夺了罗尔斯公司在该项目中受宪法保护的财产权。最终双方在 2015 年达成全面和解，罗尔斯公司撤销对奥巴马的诉讼，美国政府也相应撤销对罗尔斯公司强制执行总统令的诉讼。③ 三一集团的胜诉对国际化中的中国企业具有历史性的启示，中国企业应当大胆运用法律武器来维护自身权益。

第二节　外国仲裁裁决在我国的承认与执行及案例解析

随着越来越多的我国企业到境外投资，也就意味着因投资可能产生的争议也逐渐增多，特别是很多境内企业到境外投资时，由于缺乏充分的风险防范意识和真正做好法律风险防范，一旦投资项目出现风险，则发生争议的可能性会很

---

① 张建：《论国际投资仲裁裁决在中国的承认与执行》，载《南华大学学报》（社会科学版）2017 年第 2 期，第 121 ~ 126 页。

② 李晓丽：《从“三一诉奥巴马案”看中国企业利用当地救济解决海外直接投资争端问题》，载《企业导报》2016 年第 10 期，第 91 ~ 93 页。

③ 黄利飞：《“三一诉奥巴马案”全面和解》，载百度新闻网，http://news.163.com/15/1106/08/B7NMGDK000014Q4P.html，2017 年 8 月 18 日访问。

大。虽然到欧美等法制健全的发达国家投资与到“一带一路”沿线法律不太健全的国家投资发生争议的情况会存在较大区别,解决争议的途径与方式也会不同,但一般来说,解决争议的方式主要包括友好商量、调解、申请仲裁与向法院提起诉讼几种方式。由于各个国家的司法体制存在重大区别,目前还没有广为接受的承认与执行外国法院判决的国际性公约,国家(地区)之间更多采取签署双边互惠协定的方式对对方法院作出的判决给予互惠式的承认与执行。《纽约公约》是目前国际上广为接受的关于承认与执行外国仲裁裁决的国际性公约,截至目前已有156个国家加入《纽约公约》。所以,在国际商事争议解决方式上,大部分交易中当事人均选择向国际仲裁机构申请仲裁作为解决争议的主要方式,以便后续发生争议后能通过仲裁方式得以高效解决和仲裁裁决能有效得以执行。我国于1987年1月22日批准加入《纽约公约》,并于当年4月22日生效。1997年我国香港特区回归后,我国立即按加入《纽约公约》时所作声明将公约适用范围延伸至我国香港特区,并于2005年将适用范围延伸至澳门。近几年,外国企业向我国法院申请承认和执行由外国仲裁机构作出的仲裁裁决案件呈明显上升趋势。下文中,笔者将结合代理的承认与执行外国仲裁裁决案例,对外国仲裁裁决在我国有管辖权的法院申请承认与执行过程中的相关法律问题进行解析。

一、基本案情

A公司为一家依据英属维尔京群岛法律成立的公司(以下简称BVI A公司),专业从事铝土矿的买卖交易。自2011年起,境内B公司一直与BVI A公司的关联企业BVI C公司进行矿产买卖交易。

由于BVI C公司未按其与境内B公司签署的买卖合同约定履行相关义务,交付给境内B公司的铝土矿数量严重不足,满足不了境内B公司精炼厂的需求,导致境内B公司精炼厂生产中断和关闭。且BVI C公司交付的大部分铝土矿存在严重质量问题,使境内B公司因此遭受了巨额损失。

2013年4月某日,BVI C公司的负责人S女士告知境内B公司,因为其公司内部管理需要,以后的交易主体将由BVI C公司变更为BVI A公司。境内B公司认为,反正BVI C公司与BVI A公司的实际控制人都是相同的人,而且BVI C公司声称只是因为内部管理需要而更换交易主体,就没多加思索地同意了BVI C公司的要求。尽管卖方变更为BVI A公司,但境内B公司继续与原来BVI C公司的同一批人洽谈交易。

随后,境内B公司与BVI A公司签署了一份新的铝土矿买卖合同,合同上的签字仍为S女士,合同约定适用新加坡法律,争议解决机构为国际商会仲裁院,仲裁地点为新加坡。后来,BVI A公司依约向境内B公司交付了货物,经BVI A公司多次催收,境内B公司一直未向BVI A公司支付货款。

2013年7月,BVI A公司向国际商会仲裁院申请仲裁,要求境内B公司支付全部货款及利息、律师费、仲裁费等相关费用。

境内B公司认为,BVI A公司是BVI C公司的代理人,因此,BVI A公司实际上没有资格向其索赔,真正的适格主体应该是BVI C公司。即使境内B公司被认定为应承担付款责任,由于BVI A公司和BVI C公司的实际控制人相同,根据刺破公司法人面纱原则,境内B公司有权用上述货款抵销BVI C公司欠付的因违约应支付的赔款。

2013年8月,境内B公司委托的新加坡律师向国际商会仲裁院提出反请求,并申请追加BVI C公司为反请求的被申请人。

2013年10月,境内B公司和BVI A公司根据《仲裁规则》分别指定了一名仲裁员,仲裁院秘书长根据双方当事人的共同提名,确定了仲裁庭首席仲裁员。

2014年1月,境内B公司解除了其与新加坡律师的委托代理关系,自此,境内B公司不再参加仲裁程序。

2014年4月,国际商会仲裁院秘书长根据国际商会仲裁院的《仲裁规则》第36条第(6)款的规定给予双方当事人15日的期限缴纳预付金的剩余款项,如未能按时缴纳的,仲裁请求应视为已撤回。之后,BVI A公司全额缴纳了其预付金,但境内B公司未缴纳。2014年8月,秘书处向双方当事人确认,境内B公司针对BVI C公司和BVI A公司的所有交叉请求和反请求都被撤回。

2015年2月,在被申请人未提交任何书面材料的情况下,国际商会仲裁院仲裁庭作出了《最终裁决》(以下简称仲裁裁决),裁定境内B公司应向BVI A公司支付全部货款及利息、本案全部仲裁费用,以及BVI A公司的律师费及其他与本案相关的费用。

2015年11月,BVI A公司向重庆某中级人民法院提交《承认和执行仲裁裁决申请书》,请求承认和执行国际商会仲裁院作出的仲裁裁决(以下简称承认和执行ICC仲裁裁决案)。

2017年8月,经过长达近2年的博弈,争议双方达成和解协议,BVI A公司向重庆某中级人民法院撤回了申请。

二、有关承认和执行外国仲裁裁决案件的主要法律问题解析

承认和执行外国仲裁裁决案件涉及的法律问题非常广泛，而且每个案件的具体情况不同，其遇到的法律问题也会存在较大区别。目前，承认和执行外国仲裁裁决案件适用的法律主要包括两大部分，一是我国缔结或参加的国际条约，比如《纽约公约》《关于向国外送达民事或商事司法文书和司法外文书公约》（以下简称《海牙送达公约》）；二是我国国内立法机关制定的国内法律法规和最高人民法院根据司法实践适时出台的司法解释或规范性文件。在下文中，笔者将根据我国适用的国际公约和国内法律法规，结合上述笔者代理的案例以及其他承认和执行外国仲裁裁决案例，对在我国有管辖权的法院申请承认和执行外国仲裁裁决过程中可能遇到的相关法律问题进行解析。

（一）关于拒绝承认与执行外国仲裁裁决的理由

根据最高人民法院《关于执行我国加入的〈承认及执行外国仲裁裁决公约〉的通知》第 4 条规定，我国有管辖权的人民法院接到一方当事人的申请后，应对申请承认及执行的仲裁裁决进行审查，如果认为不具有《纽约公约》第 5 条第 1 款与第 2 款所列情形，应当裁定承认其效力，并且依照民事诉讼法规定的程序执行；如果认定具有第 5 条第 2 项所列情形之一，或者根据被执行人提供的证据证明具有第 5 条第 1 项所列情形之一，应当裁定驳回申请，拒绝承认及执行。根据《纽约公约》第 5 条规定内容，我国法院不对外国仲裁裁决进行实体审查，而只进行程序性审查。根据该条规定，除非外国仲裁裁决具有下列情形之一，否则我国法院依法均应裁定承认与执行。

1. 法律的适用

根据《纽约公约》第 5 条第 1 款（甲）项“第二条所称协定之当事人依对其适用之法律有某种无行为能力情形者，或该项协定依当事人作为协定准据之法律系属无效，或未指明以何法律为准时，依裁决地所在国法律系属无效者”规定，如签署仲裁协议的当事人为无行为能力人，或仲裁协议依据准据法或在未约定适用准据法时根据裁决地所在国法律为无效仲裁协议或仲裁条款。

2. 缺乏有效的仲裁条款或仲裁协议

《纽约公约》第 2 条第 1 款规定：“当事人以书面协定承允彼此间所发生或可能发生之一切或任何争议，如关涉可以仲裁解决事项之确定法律关系，不论为契约性质与否，应提交仲裁时，各缔约国应承认此项协定”。第 2 款规定：“称‘书面

协定’者,谓当事人所签订或在互换函电中所载明之契约仲裁条款或仲裁协定。”换言之,如申请人与被申请人之间没有达成书面仲裁协议或仲裁条款,则被申请国法院有权拒绝承认和执行外国仲裁裁决。在最高人民法院《关于对韩进船务有限公司申请承认和执行英国仲裁裁决一案请示的复函》(〔2005〕民四他字第53号)中,广州海事法院认为,韩进船务有限公司不能证明其提交的包运合同就是提单所载明的租船合同,而且该包运合同的当事人并非韩进船务有限公司,因此应认定该包运合同没有并入提单,包运合同文本中的仲裁条款也没有并入提单,韩进船务有限公司与广东富虹油品有限公司之间不存在书面仲裁协议或者仲裁条款,韩进船务有限公司提出承认和执行仲裁裁决的请求,不符合《纽约公约》第2条的相关规定,拒绝承认与执行英国仲裁员罗伯特·嘉仕福特(Robert Gaisford)于2004年12月6日在英国作出的仲裁裁决。

3. 被申请人未接到指派仲裁员或仲裁程序的适当通知,以致未能申辩

根据《纽约公约》第5条第1款(乙)项“受裁决援用之一造未接获关于指派仲裁员或仲裁程序之适当通知,或因他故,致未能申辩者”规定,被申请人未接到关于指派仲裁员或仲裁程序的适当通知,或因为其他原因,使得被申请人没有机会对案件进行申辩。在最高人民法院《关于承认和执行美国争议解决中心26－435－08号仲裁裁决一案的请示的复函》(〔2011〕民四他字第21号)中,最高人民法院认为,如果美国争议解决中心向特普食品公司送达仲裁员指派通知的地址“北京朝阳区望京广顺大街嘉润花园D－901”属于仲裁规则中所指的该公司的惯常居所、营业所或通信处,或是其最后所知的居所或营业所,则即使该邮件未被签收,亦应视为已经有效送达。人民法院不应根据《承认及执行外国仲裁裁决公约》第5条第1款(乙)项的规定拒绝承认和执行该仲裁裁决。反之,如果该地址不属于特普食品公司的惯常居所、营业所或通信处,或是其最后所知的居所或营业所,且该邮件实际被退回,则应认定美国争议解决中心未向特普食品公司有效送达指派仲裁员的通知,人民法院应根据《承认及执行外国仲裁裁决公约》第5条第1款(乙)项的规定拒绝承认和执行该仲裁裁决。又如,在《最高人民法院关于是否裁定不予承认和执行英国伦敦“ABRA轮2004年12月28日租约”仲裁裁决的请示的复函》(〔2006〕民四他字第34号)中,最高人民法院认为,在仲裁过程中,涉案申请人根据《1996年英国仲裁法》的规定,通过案外人采用电子邮件方式向被申请人送达,该送达方式并非我国所禁止,在申请人能够证明被申请人已收悉送达通知的情况下,该送达应为有效送达。但申请人未能提供被申

请人确认收到电子邮件或者能够证明被申请人收到电子邮件的其他证据，证明被申请人得到指定仲裁员和仲裁程序的适当通知。根据《纽约公约》第5条第1款第(乙)项的规定，天津海事法院应对该仲裁裁决不予承认和执行。

4. 裁决所处理的争议不是交付仲裁的标的或超出了仲裁协议的范围

根据《纽约公约》第5条第1款(丙)项："裁决所处理之争议非为交付仲裁之标的或不在其条款之列，或裁决载有关于交付仲裁范围以外事项之决定者，但交付仲裁事项之决定可与未交付仲裁之事项划分时，裁决中关于交付仲裁事项决定部分得予承认及执行"规定，如果裁决处理的争议不是申请仲裁的标的或超出了仲裁协议的范围，或者裁决载有关于交付仲裁范围以外事项的决定的，但交付仲裁事项的决定可与未交付仲裁的事项划分时，裁决中关于交付仲裁事项的决定部分应当予以执行。在最高人民法院《关于美国GMI公司申请承认英国伦敦金属交易所仲裁裁决案的复函》(〔2013〕民四他字第12号)中，最高人民法院认为，本案仲裁庭根据美国GMI公司与芜湖冶炼厂签订的买卖合同中的仲裁条款受理案件，就仲裁范围而言，仲裁庭只能对GMI公司与芜湖冶炼厂之间的买卖合同纠纷作出裁决，但其却根据GMI公司的申请，将与GMI公司之间没有仲裁协议的芜湖恒鑫铜业集团有限公司列为仲裁被申请人，对所谓的GMI公司与芜湖冶炼厂及芜湖恒鑫铜业集团有限公司三方之间的纠纷作出了裁决，仲裁庭对GMI公司与芜湖恒鑫铜业集团有限公司之间所谓的买卖合同纠纷所作裁决，显然已经超出了本案仲裁协议的范围。对于无法区分部分的裁决不应予以承认和执行。

5. 仲裁庭的组成或仲裁程序与当事人之间的协议约定不符；或者未约定的情形下，仲裁庭的组成或仲裁程序与仲裁地所在国的法律不符

根据《纽约公约》第5条第1款(丁)项"仲裁机关之组成或仲裁程序与各造间之协议不符，或无协议而与仲裁地所在国法律不符者"规定，仲裁庭的组成或仲裁程序与当事人之间的协议约定不符；或者未约定的情形下，仲裁庭的组成或仲裁程序与仲裁地所在国的法律不符。在最高人民法院《关于马绍尔群岛第一投资公司申请承认和执行英国伦敦临时仲裁庭仲裁裁决案的复函》(〔2007〕民四他字第35号)中，最高人民法院认为，本案仲裁庭虽由3名仲裁员组成，但是仲裁员王生长并未参与仲裁的全过程，没有参与最终仲裁裁决的全部审议。因此，仲裁庭的组成或仲裁程序与当事人之间仲裁协议的约定不符，也与仲裁地英国的法律相违背。根据《纽约公约》第5条第1款(丁)项的规定，该仲裁裁决不应

予以承认和执行。

比如,在最高人民法院《关于不予承认日本商事仲裁协会东京04－05号仲裁裁决的报告的复函》(〔2007〕民四他字第26号)中,最高人民法院认为,当事双方在合同中约定:由本协议产生和与本协议相关的所有纠纷在双方无法协商解决的情况下,根据《日本商事仲裁协会商事仲裁规则》(以下简称《仲裁规则》)在日本东京进行仲裁。当事双方在合同中选择仲裁作为处理争议的方式,并明确约定了适用《仲裁规则》,因此,该《仲裁规则》中的有关内容已经成为当事人协议的一部分。本案仲裁裁决在作出裁决的期限方面与《仲裁规则》不符。根据《仲裁规则》第53.1条的规定,"仲裁庭认为仲裁程序已进行得完全充分,可以进行裁决并决定终结审理程序时,仲裁庭应在作出该决定之日起5周内作出仲裁裁决;如果因为案情复杂或其他原因,仲裁庭认为有必要时,可以适当延长该期限,但不得超过8周"。2005年7月7日,仲裁庭决定接受日本信越化学工业株式会社变更仲裁请求的申请,并结束审理。2005年8月31日,仲裁庭宣布延后20日即2005年9月20日作出仲裁裁决,而实际作出仲裁裁决的日期为2006年2月23日,在决定结束审理之后,仲裁庭没有依照《仲裁规则》的规定按期作出仲裁裁决。上述仲裁庭违反《仲裁规则》以及《日本仲裁法》的行为构成了《纽约公约》第5条第1款(丁)项规定的"仲裁机关之组成或仲裁程序与各造间之协议不符,或无协议而与仲裁地所在国法律不符"的情形。

6. 仲裁裁决对当事人尚无约束力,或已被仲裁地国家的主管机关撤销或停止执行

根据《纽约公约》第5条第1款(戊)项"裁决对各造尚无拘束力,或业经裁决地所在国或裁决所依据法律之国家之主管机关撤销或停止执行者"规定,仲裁裁决对当事人尚无约束力,或已被仲裁地国家主管机关撤销或停止执行。

7. 依照承认和执行地所在国的法律,争议事项不能以仲裁解决的

根据《纽约公约》第5条第2款(甲)项"依该国法律,争议事项系不能以仲裁解决者"规定,依照承认和执行地所在国的法律,争议事项不能以仲裁解决的。

8. 仲裁裁决内容违反了承认和执行地所在国的公共政策

根据《纽约公约》第5条第2款(乙)项"承认或执行裁决有违该国公共政策者"规定,仲裁裁决内容违反了与承认和执行地所在国的公共政策。该项理由的适用在实务中容易发生争议,因为各国对公共政策的含义的理解存在较大差别,管辖法院拥有相当大的自由裁量权,但对法院而言如适用该项作为不予承认和

执行外国仲裁裁决的理由也会非常慎重,如适用不当,可能会让其他国家认为该国存在司法保护,而且其他国家可能也会对该国仲裁机构作出的仲裁裁决的承认与执行给予同等待遇。最高人民法院在《关于不予承认和执行国际商会仲裁院仲裁裁决的请示的复函》(〔2008〕民四他字第11号)中,最高人民法院认为,Hemofarm DD、MAG国际贸易公司、苏拉么媒体有限公司与济南永宁制药股份有限公司在《济南-海慕法姆制药有限公司合资合同》中约定的仲裁条款仅约束合资合同当事人就合资事项发生的争议,不能约束济南永宁制药股份有限公司与合资公司济南-慕法姆制药有限公司之间的租赁合同纠纷。国际商会仲裁院在仲裁Hemofarm DD、MAG国际贸易公司、苏拉么媒体有限公司与济南永宁制药股份有限公司合资合同纠纷案件中,对济南永宁制药股份有限公司与合资公司济南-海慕法姆制药有限公司之间的租赁合同纠纷进行了审理和裁决,超出了合资合同约定的仲裁协议的范围。在我国有关法院就济南永宁制药股份有限公司与合资公司济南-海慕法姆制药有限公司之间的租赁合同纠纷裁定对合资公司的财产进行保全并作出判决的情况下,国际商会仲裁院再对济南永宁制药股份有限公司与合资公司济南-海慕法姆制药有限公司之间的租赁合同纠纷进行审理并裁决,侵犯了我国的司法主权和我国法院的司法管辖权。依据《承认及执行外国仲裁裁决公约》第5条第1款(丙)项和第2款(乙)项之规定,应拒绝承认和执行国际商会仲裁院第13464/MS/JB/JEM号仲裁裁决。

该案是最高人民法院以"侵犯了我国的司法主权和我国法院的司法管辖权"之公共政策为由,拒绝承认和执行外国仲裁裁决的第一案。但违反公共政策到底包括哪些情形,目前我国没有明确的法律法规对其进行定义,除了该案中的"侵犯了我国的司法主权和我国法院的司法管辖权"属于情形之一以外,在《最高人民法院关于对海口中院不予承认和执行瑞典斯德哥尔摩商会仲裁院仲裁裁决请示的复函》(〔2001〕民四他字第12号)中,最高人民法院指出,海南省纺织工业总公司作为国有企业,在未经国家外汇管理部门批准并办理外债登记手续的情况下,对日本三井物产株式会社直接承担债务,违反了我国有关外债审批及登记的法律规定和国家的外汇管理政策。但是,对于行政法规和部门规章中强制性规定的违反,并不当然构成对我国公共政策的违反。在《最高人民法院关于ED&F曼氏(我国香港特区)有限公司申请承认和执行伦敦糖业协会仲裁裁决案的复函》(〔2003〕民四他字第3号)中,最高人民法院认为,依照我国有关法律法规的规定,境内企业未经批准不得擅自从事境外期货交易。我国糖业酒类集团公司未经批准擅自从事境外期货交易的行为,依照我国法律无疑应认定为无效。但违反我国法律的强制性规定不能完全等同于违反我国的公共政策。同时,在最高人民法院《关于不予承认日本商事仲裁协会东京 07 - 11 号仲裁裁决一案的请示的复函》(〔2010〕民四他字第32 号)中,最高人民法院进一步明确,关于公共政策问题,应仅限于承认仲裁裁决的结果将违反我国的基本法律制度、损害我国根本社会利益情形。因此,根据〔2001〕民四他字第 12 号、〔2003〕民四他字第 3 号与〔2010〕民四他字第 32 号复函载明的内容,承认仲裁裁决的结果将违反我国的基本法律制度、损害我国根本社会利益才属于违反我国公共政策的情形,但如果只是违反我国法律、行政法规和部门规章中强制性规定,并不当然构成对我国公共政策的违反。

目前,最高人民法院在认定不予承认与执行外国仲裁裁决的理由时,主要是根据《纽约公约》第 2 条规定即缺乏有效的仲裁条款或仲裁协议;《纽约公约》第 5 条第 1 款(乙)项即被申请人未接到指派仲裁员或仲裁程序的适当通知,以致未能申辩;《纽约公约》第 5 条第 1 款(丙)项即裁决所处理的争议不是交付仲裁的标的或超出了仲裁协议的范围;《纽约公约》第 5 条第 1 款(丁)项即仲裁庭的组成或仲裁程序与当事人之间的协议约定不符,或者未约定的情形下,仲裁庭的组成或仲裁程序与仲裁地所在国的法律不符;以及《纽约公约》第 5 条第 2 款(乙)项即仲裁裁决内容违反了与申请承认和执行地所在国的公共政策。除极少数外国仲裁裁决依据上述理由不予承认和执行外,绝大部分的外国仲裁裁定,我国法院均裁定承认与执行。

(二)关于申请承认及执行外国仲裁裁决的期限

由于申请承认与执行外国仲裁裁决属于一项请求权,因此,该项权利的行使是有期限限制的,如果申请人没有在我国法律法规规定的期限内提起,一旦超过诉讼时效,则请求权不再受我国法律的保护。根据《最高人民法院关于执行我国加入的〈承认及执行外国仲裁裁决公约〉的通知》(以下简称《承认及执行外国仲裁裁决公约的通知》)第 5 条和《民事诉讼法(试行)》第 169 条规定,申请承认和执行外国仲裁裁决的期限,双方或者一方当事人是个人的为 1 年,双方是企业事业单位、机关、团体的为 6 个月。前款规定的期限,从法律文书规定履行期限的最后一日起计算;法律文书规定分期履行的,从规定的每次履行期限的最后一日起计算。2012 年 8 月 31 日,新修改的《民事诉讼法》(以下简称《民事诉讼法》)取代了《民事诉讼法(试行)》,根据《民事诉讼法》第 239 条规定,申请执行的期间为2年。申请执行时效的中止、中断,适用法律有关诉讼时效中止、中断的规定。因此,根据现行有效的法律规定,申请承认和执行外国仲裁裁决的期限为2年,从法律文书规定履行期限的最后一日起计算;法律文书规定分期履行的,从规定的每次履行期限的最后一日起计算。实务中,申请人一定要严格把握好该时效期间,一旦过了诉讼时效,则意味着该项请求权将不受法律保护。

(三)关于申请承认与执行外国仲裁裁决的立案与审理程序

目前,由于我国缺乏专门适用于承认和执行外国仲裁裁决立案与审理程序方面的法律法规,只是在《民事诉讼法》《承认及执行外国仲裁裁决公约的通知》等法律规范中对承认和执行外国仲裁裁决有少量规定。因此,在司法实践中,对申请承认和执行外国仲裁裁决的立案与审理程序问题,各具有管辖权的法院采取不同的操作方式。在立案与审理程序方面,主要存在如下几个方面的问题:

1. 关于申请承认和执行外国仲裁裁决是分开立案与审查还是合并立案与审查的问题

根据最高人民法院《关于适用〈中华人民共和国民事诉讼法〉的解释》(以下简称《民事诉讼法司法解释》)第546条规定,对外国仲裁裁决需要我国法院执行的,当事人应当先向人民法院申请承认。人民法院经审查,裁定承认后,再根据《民事诉讼法》规定的执行程序予以执行。当事人仅申请承认而未同时申请执行的,人民法院仅对应否承认进行审查并作出裁定。因此,申请承认与执行外国仲裁裁决应该是两个不同的法律程序,首先应由立案庭对是否承认外国仲裁裁决进行立案并经执行庭审理后作出裁定,如果承认其法律效力,则交由执行庭具体负责执行。但2011年2月18日最高人民法院《关于修改〈民事案件案由规定〉的决定》(以下简称《民事案件案由规定》)将申请承认和执行外国仲裁裁决列入了执行类案由,而且,《民事案件案由规定》只规定了申请承认和执行外国仲裁裁决的案由,并没有规定申请承认或执行外国仲裁裁决的案由。司法实践中,部分法院要求由执行庭对承认和执行两个程序合并立案和审理,部分法院则要求按照《民事诉讼法司法解释》先对承认程序进行立案与审理,经审理后裁定承认外国仲裁裁决效力的,然后再申请执行外国仲裁裁决。笔者更倾向于第二种操作方式。其一,外国仲裁裁决未经我国法院承认之前,其还不属于可以依法在我国予以执行的生效法律文书,因此应首先从法律程序上承认其法律效力后才可能进入执行程序。其二,根据《民事诉讼法司法解释》第547条和《民事诉讼法》第239条规定,当事人申请承认和执行外国仲裁裁决的期间为2年。申请执行时效的中止、中断,适用法律有关诉讼时效中止、中断的规定。当事人仅申请承认而未同时申请执行的,申请执行的期间自人民法院对承认申请作出的裁定生效之日起重新计算。所以,在根据上述规定,申请执行的期间自人民法院对承认申请作出的裁定生效之日起重新计算,亦不存在因申请承认的审理期限超过 2 年期限而导致超过执行时效期间的问题。

2. 关于申请承认和执行外国仲裁裁决的审理程序问题

由于我国法律法规未对申请承认和执行外国仲裁裁决的审理程序作出详细的规定,所以,在司法实践中,各个管辖法院在审理此类案件过程中均存在不同的理解,从而适用的审理程序也存在较大区别。由于《民事诉讼法》将申请承认和执行外国仲裁裁决规定在"司法协助"一章,因此,部分法院按司法协助程序进行审理。此外,《民事诉讼法司法解释》将申请承认和执行外国仲裁裁决规定在"涉外民事诉讼程序的特别规定"一章,并规定,当事人应当先向人民法院申请承认,人民法院经审查,裁定承认后,再根据执行程序予以执行。因此,部分法院按特别程序审理承认外国仲裁裁决,经审查承认其法律效力后,再按执行程序执行外国仲裁裁决。但在承认外国仲裁裁决程序中,被申请人是否可以提出管辖权异议和是否应给予当事人举证期限,各个法院存在不同的操作方式。对法院是否应给予双方当事人举证期限的问题,笔者认为,给予当事人举证期限是为了让双方当事人进行充分陈述和申辩的权利,审理法官应根据案件的实际情况,给予双方当事人合理的期限举示证据。在承认和执行 ICC 仲裁裁决案中,由于该案适用的是新加坡法律,为了查明 ICC 的审理程序是否违反其仲裁规定和新加坡法律,客户委托新加坡律所对 ICC 的审理程序进行审查并出具法律意见书。然而,新加坡律所对 ICC 审理程序进行审查和出具法律意见书肯定需要一定的时间,而且根据《民事诉讼法》规定,该法律意见书还要在新加坡进行公证和我国驻新加坡使领馆进行认证后才具有证明效力。经与管辖法院充分沟通后,其同意给予我们 2 个月的举证期间。关于被申请人是否可以提出管辖权异议的问题,笔者在下文中再进行分析。

(四)关于申请与承认外国仲裁裁决的管辖法院

1. 关于申请承认和执行外国仲裁裁决的管辖法院问题

《承认及执行外国仲裁裁决公约的通知》第 3 条规定,申请我国法院承认和执行在另一缔约国领土内作出的仲裁裁决,是由仲裁裁决的一方当事人提出的。对于当事人的申请应由我国下列地点的中级人民法院受理:被执行人为自然人的,为其户籍所在地或者居所地;被执行人为法人的,为其主要办事机构所在地;被执行人在我国无住所、居所或者主要办事机构,但有财产在我国境内的,为其财产所在地。

《最高人民法院关于涉外民商事案件诉讼管辖若干问题的规定》(法释〔2002〕5号)对申请和承认外国仲裁裁决案件受理的中级人民法院的范围作出了更为明确的规定,第一审涉外民商事案件由下列人民法院管辖:(1)国务院批准设立的经济技术开发区人民法院;(2)省会、自治区首府、直辖市所在地的中级人民法院;(3)经济特区、计划单列市中级人民法院;(4)最高人民法院指定的其他中级人民法院;(5)高级人民法院。上述中级人民法院的区域管辖范围由所在地的高级人民法院确定。

2012年8月31日新修订的《民事诉讼法》第283条规定,外国仲裁裁决需要我国人民法院承认和执行的,应当由当事人直接向被执行人住所地或者其财产所在地的中级人民法院申请。

因此,结合上述法律规定,申请承认及执行外国仲裁裁决案件只能由被执行人住所地或者其财产所在地的中级人民法院管辖,而且在管辖法院的选择顺序上,如被执行人为自然人的,应首先向其户籍所在地或者居所地的中级人民法院提出申请,如被执行人为法人的,应首先向其主要办事机构所在地的中级人民法院提出申请,只有当被执行人在我国无住所、居所或者主要办事机构时,当事人才能向被执行财产所在地的法院提出申请。此外,并不是所有的中级人民法院对申请承认及执行外国仲裁裁决案件都有管辖权,只有符合《最高人民法院关于涉外民商事案件诉讼管辖若干问题的规定》的中级人民法院才有管辖权。

2. 被申请人在申请承认外国仲裁裁决案件中是否有权提出管辖权异议的问题

司法实践中,管辖法院对承认外国仲裁裁决案件是按司法协助程序或特别程序进行立案与审理,绝大部分法院认为,根据《民事诉讼法》规定,只有按第一审普通程序审理时,被告才享有提出管辖权异议的权利,而对于承认外国仲裁裁决案件无论是按特别程序还是司法协助程序审理,《民事诉讼法》均未赋予当事人对此类案件提出管辖权异议的权利,因此,被申请人对申请承认外国仲裁裁决不享有提出管辖权异议的权利。但少部分法院也给予被申请人提出管辖权异议的权利。笔者比较赞同第二种观点,虽然我国现行有效的法律法规未对承认外国仲裁裁决案件的审理程序作用明确规定,司法实践中,法院一般按特别程序或司法协助程序进行审理，但承认外国仲裁裁决案件审理结果对当事人的权利影响极为重大，只有承认外国仲裁裁决在我国法律项下为生效的可执行裁定后，才可能按执行程序进行执行。当受理法院对案件不享有管辖权时，被申请人提出管辖权异议是保护其合法权利不可或缺的重要手段。在笔者代理的承认及执行ICC仲裁裁决案中，境内B公司的注册登记地和主要生产经营地在重庆的某个区，但为了与客户方便联络，境内B公司的主要管理机构设在重庆另一个区，因此，本案到底由境内B公司的登记注册地和主要生产经营地的中级人民法院管辖，还是由其主要管理机构所在地的中级人民法院管辖，可能会对本案的审理结果产生较大影响。《民事诉讼法司法解释》第3条规定，法人或者其他组织的住所地是指法人或者其他组织的主要办事机构所在地。法人或者其他组织的主要办事机构所在地不能确定的，法人或者其他组织的注册地或者登记地为住所地。由于我国法律并未对"主要办事机构所在地"作出明确定义，本案中，境内B公司的"主要办事机构所在地"到底是其主要生产经营所有地还是其主要管理机构所在地，当事人和法院会存在不同的理解。此种情况下，对境内B公司来说，其是否享有提出管辖权异议的权利对其合法权益的享有将产生重大影响，因此，司法实践中法院对申请承认外国仲裁裁决案件一般认定当事人无权提出管辖权异议的操作方式值得商榷。在承认和执行ICC仲裁裁决案中，笔者向管辖法院提出了管辖权异议，管辖法院以《民事诉讼法》第154条"裁定适用于下列范围：……（十一）其他需要裁定解决的事项"作出裁定。如管辖法院允许就承认和执行外国仲裁裁决案件提出管辖权异议，那当事人是否可以就法院作出的管辖权异议裁定提起上诉呢？根据《最高人民法院关于适用〈中华人民共和国民事诉讼法〉执行程序若干问题的解释》第3条规定，对执行程序中当事人提出的管辖权异议，当事人对裁定不服的，可以向上一级人民法院申请复议。管辖权异议审查和复议期间，不停止执行。

（五）关于申请承认与执行外国仲裁裁决案件中诉讼文书的送达

在申请承认和执行外国仲裁裁决中，送达是当事人和法院经常面临的棘手问题，特别是向在我国没有住所的被申请人送达诉讼文书时，其程序则要更为复杂。根据《民事诉讼法》第267条及《最高人民法院公布第二次全国涉外商事海事审判工作会议纪要》（以下简称《涉外审判工作会议纪要》）第3条规定，人民法院向在我国领域内没有住所的当事人送达诉讼文书，可以采用下列方式：

1. 可以直接向当事人在我国境内委托的诉讼代理人或者其在我国境内设立

的代表机构、分支机构送达。

外国人、无国籍人或者外国公司、企业、其他组织的法定代表人或者负责人在我国境内的,人民法院可直接向其送达。如当事人在我国境内委托了诉讼代表人的,人民法院可直接向其送达。当事人在我国境内有代表机构、分支机构或者业务代办人的,经该当事人授权,人民法院可以向其分支机构或者业务代办人送达相关司法文书。人民法院向当事人的诉讼代理人、法定代表人或者负责人、代表机构以及有权接受的分支机构、业务代办人送达司法文书,适用留置送达。

2. 若该当事人所在国是《关于向国外送达民事或商事司法文书和司法外文书公约》(以下简称《海牙送达公约》)的成员国,按《海牙送达公约》规定的方式送达

根据《最高人民法院、外交部、司法部关于执行〈关于向国外送达民事或商事司法文书和司法外文书公约〉有关程序的通知》(以下简称《关于执行海牙送达公约的通知》)和《关于执行海牙送达公约的实施办法》的相关规定,1991 年 3 月 2 日,第七届全国人民代表大会常务委员会第十八次会议决定批准我国加入 1965 年 11 月 15 日订于海牙的《海牙送达公约》,并指定司法部为中央机关和有权接收外国通过领事途径转递的文书的机关。《海牙送达公约》已自 1992 年 1 月 1 日起对我国生效。截至 2005 年 10 月 1 日,批准、加入或继承《海牙送达公约》的国家已达 51 个。因此,如果被申请人在在我国没有住所但在《海牙送达公约》成员国有住所,需向该被申请人送达诉讼文书时,则可根据《海牙送达公约》的规定向其送达法律文书。

根据《关于执行海牙送达公约的通知》和《关于执行海牙送达公约的实施办法》的相关规定,如当事人拟请求法院按《海牙送达公约》规定方式向位于公约成员国的被申请人送达民事或商事司法文书,应将文书及相应文字的译本(一式三份)及送达请求书递交给受理案件的中级人民法院,该中级人民法院应将请求书和所送司法文书送有关高级人民法院转最高人民法院,由最高人民法院送司法部转送给该国指定的中央机关;必要时,也可由最高人民法院送我国驻该国使馆转送给该国指定的中央机关。如被申请人为我国公民的,则可委托我国驻该国的使领馆代为送达。

3. 通过外交途径送达

如果不能适用前述方式送达,可以通过外交途径送达。根据《关于我国法院和外国法院通过外交途径相互委托送达法律文书若干问题的通知》(外发〔1986〕

47 号)(以下简称《通过外交途径相互委托送达法律文书的通知》)的相关规定,我国法院通过外交途径向国外当事人送达法律文书,应按下列程序和要求办理:

(1)要求送达的法律文书须经相关高级人民法院审查,由外交部领事司负责转递;

(2)须准确注明受送达人姓名、性别、年龄、国籍及其在国外的详细外文地址,并将该案的基本情况函告外交部领事司,以便转递;

(3)须附有送达委托书。委托书和所送法律文书还须附有该国文字或该国同意使用的第三国文字译本。如该国对委托书及法律文书有公证、认证等特殊要求,将由外交部领事司进行通知。

4. 邮寄送达

如当事人所在国允许邮寄送达的,可以邮寄送达。邮寄送达时应附有送达回证,如果当事人未在送达回证上签收,但在邮件回执上签收,视为已经送达。自邮寄之日起满 3 个月,送达回证没有退回,但根据各种情况足以认定已经送达的,期间届满之日视为送达。如无法得到送达与否的证明文件,且根据其他情况也不足以认定已经送达的,视为不能适用邮寄方式送达。采取邮寄方式送达时应注意,我国加入《海牙送达公约》时对第 10 条提出了保留,即不同意在我国境内采取邮寄方式进行送达,因此,当事人所在国可能会以互惠原则拒绝我国法院采取邮寄送达的方式。

5. 通过传真、电子邮件等能够确认受送达人收悉的方式送达

如果不违反受送达人住所地法律禁止性规定,人民法院在送达司法文书时可以采用传真、电子邮件等能够确认受送达人收悉的方式送达。通过传真、电子邮件方式送达的,应当要求当事人在收到后 7 日内予以回复,当事人回复时确认收到的时间为送达的时间。若当事人回复时未确认收到的时间,其回复的时间为送达的时间。当事人未回复的,视为未送达。

6. 对具有我国国籍的受送达人,可以委托我国驻受送达人所在国的使领馆代为送达

7. 不能用上述方式送达的,公告送达,自公告之日起满 3 个月,即视为送达

(六)关于申请承认及执行外国仲裁裁决案件的财产保全问题分析

毫无疑问,在申请承认及执行外国仲裁裁决前或法院受理申请后到作出裁定前的期间,申请人依法是否可以申请管辖法院对被申请人的财产采取保全措施,是申请人极为关注的问题,这可能决定在法院裁定承认外国仲裁裁决后该裁

决是否可以得到有效执行的问题。因为从申请人向法院申请承认及执行外国仲裁裁决到法院作出承认及执行仲裁裁决可能需要花费很长的时间，上述期间内被申请人有足够的时间实现财产转移，即使最终法院裁定承认及执行外国仲裁裁决，但如果被执行人已将其全部财产进行转移，则会导致法院作出的裁定变更成一纸空文，无法得到有效执行，这会使申请人面临更大的风险。但遗憾的是，《纽约公约》及我国的现行法律法规并未对申请承认及执行外国仲裁裁决的诉前与诉讼财产保全措施做出明确规定。根据《最高人民法院关于人民法院执行工作若干问题的规定（试行）》第 1 条第 2 款第 5 项规定，执行机构负责执行的生效法律文书包括经人民法院裁定承认其效力的国外仲裁机构作出的仲裁裁决。《民事诉讼法司法解释》第 546 条规定，对外国仲裁裁决，需要我国法院执行的，当事人应当先向人民法院申请承认。人民法院经审查，裁定承认后，再根据《民事诉讼法》第三编“执行程序”的规定予以执行。根据上述规定，外国仲裁裁决并不属于我国法律项下发生法律效力的判决、裁定或其他法律文书，只有在我国法院承认其法律效力后才可以作为执行依据。根据《最高人民法院关于人民法院民事执行中查封、扣押、冻结财产的规定》第 3 条规定，作为执行依据的法律文书生效后至申请执行前，债权人可以向有执行管辖权的人民法院申请保全债务人的财产。人民法院可以参照《民事诉讼法》第 92 条的规定作出保全裁定，保全裁定应当立即执行。

（七）外国当事人提交的域外证据应履行的公证、认证等程序

在申请承认与执行外国仲裁裁决案件中，外国当事人提交的在域外形成的证明诉讼主体资格的证据及其他证据材料依法还需要在域外履行公证、认证或其他证明手续。

1. 关于外国当事人提交的证明诉讼主体资格的证据应履行的相关手续

根据《民事诉讼法司法解释》的相关规定，外国人参加诉讼，应当向人民法院提交护照等用以证明自己身份的证件。外国企业或者组织参加诉讼，向人民法院提交的身份证明文件，应当经所在国公证机关公证，并经我国驻该国使领馆认证，或者履行我国与该所在国订立的有关条约中规定的证明手续。

代表外国企业或者组织参加诉讼的人，应当向人民法院提交其有权作为代表人参加诉讼的证明，该证明应当经所在国公证机关公证，并经我国驻该国使领馆认证，或者履行我国与该所在国订立的有关条约中规定的证明手续。所在国，是指外国企业或者组织的设立登记地国，也可以是办理了营业登记手续的第三

国。如外国当事人所在国与我国没有建立外交关系的，可以经该国公证机关公证，经与我国有外交关系的第三国驻该国使领馆认证，再转由我国驻该第三国使领馆认证。

外国自然人在人民法院办案人员面前签署的授权委托书无需办理公证、认证或者其他证明手续，但在签署授权委托书时应出示身份证明和入境证明。外国企业或者组织的代表人在人民法院法官的见证下签署授权委托书，无须办理公证、认证或者其他证明手续，但在签署授权委托书时，外国法人、其他组织的法定代表人或者负责人除了向人民法院办案人员出示自然人身份证明和入境证明外，还必须提供该法人或者其他组织出具的能够证明其有权签署授权委托书的证明文件，且该证明文件必须办理公证、认证或者其他证明手续。

外国自然人在我国境内签署的授权委托书，经我国公证机关公证，证明该委托书是在我国境内签署的，无须在其所在国再办理公证、认证或者其他证明手续。外国法人、其他组织的法定代表人或者负责人代表该法人、其他组织在我国境内签署的授权委托书，经我国公证机关公证，证明该委托书是在我国境内签署，且该法定代表人或者负责人向人民法院提供了外国法人、其他组织出具的办理了公证、认证或者其他证明手续的能够证明其有权签署授权委托书的证明文件的，该授权委托书无需在外国当事人的所在国办理公证、认证或者其他证明手续。

2. 域外形成的其他证据应履行公证、认证等相关手续

根据《最高人民法院关于民事诉讼证据的若干规定》第 11 条与第 12 条规定，当事人向人民法院提供的证据系在我国领域外形成的，该证据应当经所在国公证机关予以证明，并经我国驻该国使领馆予以认证，或者履行我国与该所在国订立的有关条约中规定的证明手续。当事人向人民法院提供外文书证或者外文说明资料应当附有中文译本。根据上述规定，当事人向法院提交的证据只要在我国领域外形成，均应在域外办理公证、认证或者履行我国与该所在国订立的有关条约中规定的证明手续后方为有效，否则丧失证据的效力，上述规定表明办理公证与认证程序是域外证据取得证明效力的必要前提，未履行上述手续则因不具备域外证据的必要条件而不具有证据的效力。但《涉外审判工作会议纪要》对域外证据公证、认证手续的办理对其证据资格的影响作出了区分，即对当事人提供的在我国境外形成的证据，人民法院应根据不同情况分别作如下处理：(1) 对证明诉讼主体资格的证据，应履行相关的公证、认证或者其他证明手续；如果其

所在国与我国没有外交关系，则该证据应经与我国有外交关系的第三国驻该国使领馆认证，再转由我国驻该第三国使领馆认证。(2)对其他证据，由提供证据的一方当事人选择是否办理相关的公证、认证或者其他证明手续，但人民法院认为确需办理的除外。也就是说，对证明诉讼主体资格的证据则必须履行相关公证、认证或者其他证明手续，否则不具有证据的效力，而对于其他域外形成的证据，除非法院认为确实需要办理外，由当事人选择是否办理域外公证、认证或者其他证明手续。对在我国境外形成的证据，不论是否已办理公证、认证或者其他证明手续，人民法院均应组织当事人进行质证，并结合当事人的质证意见进行审核认定。但实务中，对于举示证据一方来说，建议根据上述规定在域外办理公证、认证或者其他证明手续，以防法院持有不同观点认定未办理公证、认证或者其他证明手续的域外证据不具有证据效力的风险。比如，在承认和执行 ICC 仲裁裁决案中，境内 B 公司委托一家新加坡律师事务所就 ICC 仲裁庭的仲裁程序是否违反 ICC 仲裁规则及新加坡法律进行审查并出具法律意见书，该新加坡律师事务所签署该法律意见书的律师在新加坡公证人面前签署了该法律意见书并由该公证人出具了《公证书》，然后由新加坡法律学会出具证明以证明该公证人的资格及其在《公证书》上签名的真实性，最后经中国驻新加坡大使馆对新加坡法律学会印章和公证人签名真实性进行认证后方提交给管辖法院作为境内 B 公司举示的证据。

(八)关于域外法律的查明

在申请承认与执行外国仲裁裁决案件中，外国仲裁机构一般情况下是适用外国法律作出仲裁裁决。作为未取得外国律师执业资格的境内律师是不具有解释国外法律的资格的，但在很多情况下，就某些关键问题，比如外国仲裁机构审理案件的仲裁程序是否符合约定的仲裁规则，特别是是否符合外国法律的规定，将对管辖法院作出是否予以承认及执行外国仲裁裁决的裁定结果会产生重大影响。因此，笔者建议委托所适用法律国家的律所事务所对仲裁程序是否违反约定仲裁机构规则及适用法律进行审查并出具法律意见书。比如，笔者在代理承认和执行 ICC 仲裁裁决一案中，争议双方当事人在合同中约适用新加坡法律，对 ICC 的仲裁程序是否违反了新加坡法律进行专业分析对本案法院的审理结果将会产生重大影响。因此，经我们建议，境内 B 公司委托一家新加坡律师事务所对 ICC 仲裁程序是否存在违反其仲裁规则和新加坡法律的情形进行审查分析，并出具法律意见书。该新加坡律师事务所在出具的法律意见书中认为 ICC 仲裁庭在做出最终裁决前，未经通过合理努力通知境内 B 公司参加庭审的情况下，仅因境内B公司未做出书面回复就错误地假定其不会出席庭审,并免除口头审理程序,进而仅依据申请人提交的书面材料作出仲裁最终裁决的行为可能违反了ICC仲裁规则。该观点为我们后续与对方谈判争取主动权发挥了重要作用。

上述内容是笔者根据处理的申请承认和执行外国仲裁裁决案件积累的经验对其中主要的法律问题进行探讨与分析,但在处理此类案件过程中,每个案件的情况各异,涉及的相关问题肯定远远不止上述这些问题,希望笔者分析的上述问题能起到抛砖引玉的作用。

第三节　外国法院判决、裁定在我国的承认与执行解析

与申请承认及执行外国仲裁裁决不同,目前国际上不存在广泛适用的关于承认和执行外国法院判决的公约,因此,对各国法院作出的判决在另一国申请承认和执行时,由于涉及司法权保护的问题,除非基于共同缔结或参加的国际公约或互惠原则,一般情况下,一国法院对外国法院作出的判决、裁定不会予以承认和执行。就我国而言,截至目前,只有极少数的外国法院判决、裁定在我国法院得到了承认和执行。承认与执行外国法院判决的规定主要集中在《民事诉讼法》及其司法解释中。下文中,笔者将根据我国的相关法律法规规定及司法案例,对申请承认和执行外国法院判决、裁定的条件、管辖法院、执行程序、提交资料、时效期间等相关问题进行简要解析。

一、申请承认与执行的条件

根据《民事诉讼法》及其司法解释的相关规定,外国法院作出的判决、裁定在我国得到承认和执行应同时满足如下条件:

(1)外国法院作出的判决、裁定应是终局性的判决、裁定;

(2)该国已与我国缔结或者参加了有关承认和执行外国法院判决、裁定的国际条约,或者该国已与我国就承认和执行对方法院判决、裁定建立了互惠关系。但当事人向人民法院申请承认外国法院作出的发生法律效力的离婚判决除外;

(3)该外国法院判决、裁定不违反我国法律的基本原则或者国家主权、安全、社会公共利益。

二、管辖法院

受理承认和执行外国法院判决、裁定案件的管辖法院为我国有管辖权的中级人民法院。

三、执行程序

当事人应首先向我国有管辖权的法院申请承认外国法院作出的发生法律效力的判决、裁定,人民法院经审查,裁定承认后,再根据《民事诉讼法》规定的执行程序予以执行。当事人仅申请承认而未同时申请执行的,人民法院仅对应否承认进行审查并作出裁定。人民法院经审查作出的裁定,一经送达即发生法律效力。承认和执行申请被裁定驳回的,当事人可以向人民法院起诉。

四、提交资料

申请人向人民法院申请承认和执行外国法院作出的发生法律效力的判决、裁定,应当提交申请书,并附外国法院作出的发生法律效力的判决、裁定正本或者经证明无误的副本以及中文译本。外国法院判决、裁定为缺席判决、裁定的,申请人应当同时提交该外国法院已经合法传唤的证明文件,但判决、裁定已经对此予以明确说明的除外。

五、时效期间

当事人申请承认和执行外国法院作出的发生法律效力的判决、裁定的时效期间为 2 年。申请执行时效的中止、中断,适用法律有关诉讼时效中止、中断的规定。当事人仅申请承认而未同时申请执行的,申请执行的期间自人民法院对承认申请作出的裁定生效之日起重新计算。

虽然截至目前我国法院承认和执行外国法院作出的判决、裁定的案件很少,但近几年,我国的少数法院开始尝试基于互惠关系作出承认和执行外国法院判决、裁定的先例。例如,在申请人刘利与被申请人陶莉、童武申请承认和执行由美国加利福尼亚州洛杉矶县高等法院作出的 EC062608 号判决书一案①中,武汉

① 华政国际私法评论:《中国法院首次承认和执行美国法院商事判决》,载 https://mp. weixin. qq. com/s? __biz = MzAxMzMxMjI5Mw = = &mid = 2654105437&idx = 1&sn = c7b10cc1cb5ef45bb1e8eca99b07876b&chksm = 80624717b715ce01c241a1a7498a4d692d8ddbcfee825af2f43db3de718ee0b5431d453a74ed&mpshare = 1&scene = 1&srcid = 09018lIVXeh3a7D91MNt918T#rd,2017 年 10 月 5 日访问。

市中级人民法院经审查后认为,根据申请人提交的证据证实,美国已有承认和执行我国法院作出的商事判决的先例。因此认定中美两国之间存在相互承认和执行民商事判决、裁定的互惠关系,而且承认和执行该判决不违反我国法律的基本原则或国家主权、安全、社会公共利益,最终武汉市中级人民法院裁定承认并执行该判决(〔2015〕鄂武汉中民商外初字第 00026 号),这是我国法院首次承认和执行美国法院作出的商事判决。又如,在申请人高尔集团股份有限公司(Kolmar Group AG)申请承认和执行新加坡高等法院于 2015 年 10 月 22 日作出的 013 号民事判决一案①中,南京市中级人民法院在其作出的(2016)苏 01 协外认 3 号民事裁定中载明,因新加坡高等法院曾于 2014 年 1 月对我国江苏省苏州市中级人民法院的民事判决予以承认和执行,中国和新加坡之间存在互惠关系,从而承认和执行了新加坡高等法院的该判决。这是我国法院首次承认和执行新加坡法院作出的商事判决。

近几年,在"走出去"和"一带一路"倡议的驱动下,我国越来越多的企业开始走出国门到外国进行投资、收购与开展经贸合作,在上述投资与经贸合作中,不可避免会产生民商事纠纷,部分交易当事人选择由外国仲裁机构仲裁的方式解决争议,部分交易当事人选择在投资目标国的当地法院解决争议。对于后者,由于我国目前未缔结和加入承认和执行外国法院判决、裁定的相关公约,只能基于互惠原则对外国法院的判决、裁定予以承认和执行。为了让更多外国法院承认和执行由我国法院作出的判决和裁定,我国法院需要按互惠原则,对外国法院的判决和裁定在符合我国法律规定的条件下,采取更为开放的态度予以承认和执行,只有这样,外国法院才可能按互惠原则对我国法院的判决和裁定给予同等待遇,这样才能更好地保护我国企业、公民在国外享有的合法权益。因此,笔者认为,今后我国法院承认和执行外国法院判决、裁定的情况会越来越多。

① 陈鲁明、陈雨崴:《南京中院首次裁定承认执行新加坡法院判决》,载 https://mp. weixin. qq. com/s? __biz = MzA5MzYzMzYyNQ = = &mid = 2650644983&idx = 1&sn = a80183ee5590a5a7154ac043babdd57b&chksm = 8853ecc1bf2465d7bacb53f31695e499fb785dcb844a4e7f206a8cc035c30e2d2c8fc4d69b07&mpshare = 1&scene = 1&srcid = 1005vGok10hslBwjlBqYojuu#rd,2017 年 10 月 5 日访问。

第四节 中国内地与港澳仲裁裁决及法院判决的相互认可与执行

与在我国法院申请承认和执行外国仲裁裁决与法院判决的情况不同,中国内地与香港特别行政区(以下简称香港)、澳门特别行政区(以下简称澳门)仲裁裁决及法院判决的相互认可与执行是一国之内不同法域之间仲裁裁决与法院判决的相互认可与执行的问题,其适用的依据是国内立法和两地签署的相关安排,而前者适用的依据主要是国际公约、双边条约或互惠关系。由于适用的法律依据不同,所以在执行的条件、执行程序、送达等方面均会存在实质区别。下文中,笔者将根据中国内地与我国香港特区、澳门签署的有关相互认可与执行两地法院判决及仲裁裁决涉及的主要问题进行解析。

一、中国内地与港澳仲裁裁决的相互认可或/和执行

(一)仲裁裁决的适用范围

根据《最高人民法院关于内地与香港特别行政区相互执行仲裁裁决的安排》(以下简称《内地与香港相互执行仲裁裁决的安排》)及《最高人民法院关于香港仲裁裁决在内地执行的有关问题的通知》的相关规定,中国内地与香港相互执行仲裁裁决适用的范围为中国内地仲裁机构依据《中华人民共和国仲裁法》所作出的裁决及我国香港特区仲裁机构按香港特区《仲裁条例》作出的裁决、临时仲裁裁决及国际商会仲裁院等国外仲裁机构在我国香港特区作出的仲裁裁决。

根据《关于内地与澳门特别行政区相互认可和执行仲裁裁决的安排》(以下简称《内地与澳门相互认可和执行仲裁裁决的安排》)的相关规定,中国内地与澳门相互认可及执行仲裁裁决适用的范围为澳门仲裁机构及仲裁员按照澳门仲裁法规在澳门作出的民商事仲裁裁决及中国内地仲裁机构依据《中华人民共和国仲裁法》在内地作出的民商事仲裁裁决。

可以看出,内地与我国香港特区相互执行的仲裁裁决的适用范围要比内地与澳门相互认可与执行的仲裁裁决的适用范围要宽,前者还包括了我国香港特区仲裁机构作出的临时仲裁裁决及国际商会仲裁院等国外仲裁机构在我国香港特区作出的仲裁裁决。

(二)管辖法院

在内地或者我国香港特区作出的仲裁裁决,当事人可以向被申请人住所地或者财产所在地的有关法院申请执行,内地有权受理执行仲裁裁决申请的法院为被申请人住所地或者财产所在地的中级人民法院,我国香港特区有权受理执行仲裁裁决申请的法院为我国香港特区高等法院。被申请人住所地或者财产所在地在内地不同的中级人民法院辖区内的,申请人可以选择其中一个人民法院申请执行裁决,不得分别向两个或者两个以上人民法院提出申请。被申请人的住所地或者财产所在地,既在内地又在香港特区的,申请人不得同时分别向两地有关法院提出申请。只有一地法院执行不足以偿还其债务时,才可就不足部分向另一地法院申请执行。两地法院先后执行仲裁裁决的总额,不得超过裁决数额。

在内地或者澳门作出的仲裁裁决,当事人可以向被申请人住所地、经常居住地或者财产所在地的有关法院申请认可和执行。内地有权受理认可和执行仲裁裁决申请的法院为中级人民法院。两个或者两个以上中级人民法院均有管辖权的,当事人应当选择向其中一个中级人民法院提出申请。澳门有权受理认可仲裁裁决申请的法院为中级法院,有权执行的法院为初级法院。被申请人的住所地、经常居住地或者财产所在地分别在内地和澳门的,申请人可以向一地法院提出认可和执行申请,也可以分别向两地法院提出申请。当事人分别向两地法院提出申请的,两地法院都应当依法进行审查。予以认可的,采取查封、扣押或者冻结被执行人财产等执行措施。仲裁地法院应当先进行执行清偿;另一地法院在收到仲裁地法院关于经执行债权未获清偿情况的证明后,可以对申请人未获清偿的部分进行执行清偿。两地法院执行财产的总额,不得超过依据裁决和法律规定所确定的数额。

内地与我国香港特区的仲裁裁决,及内地与澳门的仲裁裁决的管辖法院区别在于,当被申请人的住所地或者财产所在地,既在内地又在我国香港特区或澳门时,针对内地或我国香港特区仲裁裁决,申请人不得同时分别向两地有关法院提出申请。只有一地法院执行不足以偿还其债务时,才可就不足部分向另一地法院申请执行。而针对内地或澳门仲裁裁决,申请人可以向一地法院提出认可和执行申请,也可以分别向两地法院提出申请。

(三)申请时应提交的资料

无论是申请人申请执行内地或我国香港特区的仲裁裁决,还是申请人申请认可和执行内地或澳门的仲裁裁决,其应当提交以下文件或者经公证的副本:(1)申请书;(2)申请人身份证明;(3)仲裁协议;(4)仲裁裁决书或者仲裁调解书。上述文件没有中文文本的,申请人应当提交经正式证明的中文译本。

(四)审查程序

有关法院审查内地或我国香港特区的仲裁裁决,以及内地或澳门仲裁裁决的审查程序有所不同。相关法院在审查内地或我国香港特区的仲裁裁决时,无须首先认可其法律效力,当事人可以直接向相关法院申请执行。而有关法院在审查内地或澳门的仲裁裁决时,应首先认可其法律效力,然后才可以向相关法院申请执行。

(五)不予认可或/和执行的理由

有关法院在审查内地或我国香港特区仲裁裁决,以及内地或澳门仲裁裁决时,如被申请人举示证据证明仲裁裁决存在应不予执行或不予认可及执行的情形时,有关法院应裁定不予以执行或不予以认可及执行。就内地或我国香港特区仲裁裁决不予执行的理由,以及内地或澳门仲裁裁决不予认可及执行的理由方面,基本与《纽约公约》规定的不予承认及执行的理由类似,具体包括:

(1)仲裁协议当事人依对其适用的法律属于某种无行为能力的情形;或者仲裁协议依约定的准据法无效;或者未指明以何种法律为准时,依仲裁裁决地的法律是无效的。

(2)被申请人未接到指派仲裁员的适当通知,或者因他故未能陈述意见的。

(3)裁决所处理的争议不是交付仲裁的标的或者不在仲裁协议条款之内,或者裁决载有关于交付仲裁范围以外事项的决定的,但交付仲裁事项的决定可与未交付仲裁的事项划分时,裁决中关于交付仲裁事项的决定部分应当予以执行。

(4)仲裁庭的组成或者仲裁庭程序与当事人之间的协议不符,或者在有关当事人没有这种协议时,与仲裁地的法律不符的。

(5)裁决对当事人尚无约束力,或者业经仲裁地的法院或者按仲裁地的法律撤销或者停止执行的。

(6)有关法院认定依执行地法律,争议事项不能以仲裁解决的。

(7)内地法院认定在内地执行该仲裁裁决违反内地社会公共利益,或者我国香港特区或澳门法院决定在我国香港特区或澳门执行该仲裁裁决违反我国香港特区或澳门的公共政策的。

二、中国内地与港澳民商事案件法院判决的相互认可与执行

2006年7月14日,最高人民法院与我国香港特区签署《关于内地与香港特别行政区法院相互认可和执行当事人协议管辖的民商事案件判决的安排》(以下简称《内地与香港相互认可和执行民商事案件判决的旧安排》)。2019年1月18日,最高人民法院与我国香港特区签署《关于内地与香港特别行政区法院相互认可和执行民商事案件判决的安排》(以下简称《内地与香港相互认可和执行民商事案件判决的新安排》)。根据《内地与香港相互认可和执行民商事案件判决的新安排》规定,在最高人民法院发布司法解释和我国香港特区完成有关程序后,由双方公布生效日期,其生效之日,《内地与香港相互认可和执行民商事案件判决的旧安排》同时废止。2006年2月28日,最高人民法院与澳门签署《最高人民法院内地与澳门特别行政区关于相互认可和执行民商事判决的安排》(以下简称《内地与澳门相互认可和执行民商事判决的安排》)。根据上述规定,内地与我国香港特区及澳门法院均存在相互认可和执行发生法律效力的民商事判决的安排。下文中,笔者将对当事人在内地、我国香港特区或澳门申请认可和执行民商事判决的适用范围、需提交的材料、管辖法院、审查程序、财产保全、不予认可的情形等内容进行解析。

(一)判决适用范围

1. 根据《内地与香港相互认可和执行民商事案件判决的新安排》的规定

(1)该新安排所称"民商事案件"是指依据内地和我国香港特区法律均属于民商事性质的案件,不包括我国香港特区法院审理的司法复核案件以及其他因行使行政权力直接引发的案件。

(2)"判决"在内地包括判决书、裁定书、调解书、支付令,不包括保全裁定;在我国香港特区包括判决、命令、判令、讼费评定证明书,不包括禁诉令、临时济助命令。

(3)所称"生效判决":在内地,是指第二审判决,依法不准上诉或者超过法定期限没有上诉的第一审判决,以及依照审判监督程序作出的上述判决;在我国香港特区,是指终审法院、高等法院上诉法庭及原讼法庭、区域法院以及劳资审裁处、土地审裁处、小额钱债审裁处、竞争事务审裁处作出的已经发生法律效力的判决。

(4)该新安排暂不适用于就下列民商事案件作出的判决:

①内地人民法院审理的赡养、兄弟姐妹之间扶养、解除收养关系、成年人监护权、离婚后损害责任、同居关系析产案件,香港特别行政区法院审理的应否裁判分居的案件;

②继承案件、遗产管理或者分配的案件;

③内地人民法院审理的有关发明专利、实用新型专利侵权的案件,香港特别行政区法院审理的有关标准专利(包括原授专利)、短期专利侵权的案件,内地与香港特别行政区法院审理的有关确认标准必要专利许可费率的案件,以及有关本安排第五条未规定的知识产权案件;

④海洋环境污染、海事索赔责任限制、共同海损、紧急拖航和救助、船舶优先权、海上旅客运输案件;

⑤破产(清盘)案件;

⑥确定选民资格、宣告自然人失踪或者死亡、认定自然人限制或者无民事行为能力的案件;

⑦确认仲裁协议效力、撤销仲裁裁决案件;

⑧认可和执行其他国家和地区判决、仲裁裁决的案件。

2. 根据《内地与澳门相互认可和执行民商事判决的安排》的规定

(1)内地与澳门民商事案件(在内地包括劳动争议案件,在澳门包括劳动民事案件)判决的相互认可和执行,以及刑事案件中有关民事损害赔偿的判决、裁定,适用该安排;但该安排不适用于行政案件。

(2)所称"判决",在内地包括判决、裁定、决定、调解书、支付令;在澳门包括裁判、判决、确认和解的裁定、法官的决定或者批示。

(二)关于管辖法院

根据《内地与香港相互认可和执行民商事案件判决的新安排》的规定,当事人申请认可和执行民商事判决的,在内地有管辖权的法院为申请人住所地和被申请人住所地或者财产所在地的中级人民法院。申请人应当向符合上述要求的其中一个人民法院提出申请。向两个以上有管辖权的人民法院提出申请的,由最先立案的人民法院管辖。被申请人在内地和我国香港特区均有可供执行财产的,申请人可以分别向两地法院申请执行。应对方法院要求,两地法院应当相互提供本方执行判决的情况。两地法院执行财产的总额不得超过判决确定的数额。

根据《内地与澳门相互认可和执行民商事判决的安排》的规定,内地有权受理认可和执行判决申请的法院为被申请人住所地、经常居住地或者财产所在地的中级人民法院。两个或者两个以上中级人民法院均有管辖权的，申请人应当选择向其中一个中级人民法院提出申请。澳门有权受理认可判决申请的法院为中级法院，有权执行的法院为初级法院。被申请人在内地和澳门均有可供执行财产的，申请人可以向一地法院提出执行申请。申请人向一地法院提出执行申请的同时，可以向另一地法院申请查封、扣押或者冻结被执行人的财产。待一地法院执行完毕后，可以根据该地法院出具的执行情况证明，就不足部分向另一地法院申请采取处分财产的执行措施。两地法院执行财产的总额，不得超过依据判决和法律规定所确定的数额。

(三)关于提交的材料

1. 根据《内地与香港相互认可和执行民商事案件判决的新安排》的规定，申请认可和执行该安排规定的判决，应当提交下列材料：

(1)申请书。

(2)经作出生效判决的法院盖章的判决副本。

(3)作出生效判决的法院出具的证明书，证明该判决属于生效判决，判决有执行内容的，还应当证明在原审法院地可以执行。

(4)判决为缺席判决的，应当提交已经合法传唤当事人的证明文件，但判决已经对此予以明确说明或者缺席方提出认可和执行申请的除外。

(5)身份证明材料：

①申请人为自然人的，应当提交身份证件复印件；

②申请人为法人或者其他组织的，应当提交注册登记证书的复印件以及法定代表人或者主要负责人的身份证件复印件。

上述身份证明材料，在被请求方境外形成的，应当依据被请求方法律规定办理证明手续。向内地人民法院提交的文件没有中文文本的，应当提交准确的中文译本。

2. 根据《内地与澳门相互认可和执行民商事判决的安排》的规定，申请认可和执行该安排规定的判决，应当提交下列材料：

(1)申请书。

(2)生效判决书副本，或者经作出生效判决的法院盖章的证明书。

(3)作出生效判决的法院或者有权限机构出具的证明下列事项的相关文件：

①传唤属依法作出，但判决书已经证明的除外；

②无诉讼行为能力人依法得到代理,但判决书已经证明的除外;

③根据判决作出地的法律,判决已经送达当事人,并已生效;

④申请人为法人的,应当提供法人营业执照副本或者法人登记证明书;

⑤判决作出地法院发出的执行情况证明;

⑥如被请求方法院认为已充分了解有关事项时,可以免除提交相关文件。

(四)关于财产保全

根据《内地与香港相互认可和执行民商事案件判决的新安排》和《内地与澳门相互认可和执行民商事判决的安排》的规定,申请人可在申请认可和执行判决之前或者之后,按照执行地法律关于财产保全的规定,申请对被申请人的财产采取保全措施。

关于财产保全的规定与在我国申请承认与执行外国法院判决、裁定或仲裁裁决不同,后者要求只有外国法院判决、裁定或仲裁裁决获得我国法院承认后方可向管辖法院申请对被申请人的财产采取保全措施。

(五)关于审查程序

《内地与香港相互认可和执行民商事案件判决的新安排》与《内地与澳门相互认可和执行民商事判决的安排》中,对在内地与我国香港特区或澳门申请认可和执行民商事判决的相关规定均同时使用了认可和执行的表述,而且规定在申请认可和执行判决之前或者之后,可以申请对被申请人的财产采取保全措施。因此,笔者认为,在内地与我国香港特区或澳门申请认可和执行民商事案件判决程序中,受理法院应合并审理认可与执行程序,当事人无须就认可和执行程序分开提出申请。

(六)关于不予认可和执行的情形

1. 根据《内地与香港特相互认可和执行民商事案件判决的新安排》第 12 条规定,申请认可和执行的判决,被申请人提供证据证明有下列情形之一的,被请求方法院审查核实后,应当不予认可和执行:

(1)原审法院对有关诉讼的管辖不符合该安排规定的;

(2)依据原审法院地法律,被申请人未经合法传唤,或者虽经合法传唤但未获得合理的陈述、辩论机会的;

(3)判决是以欺诈方法取得的;

(4)被请求方法院受理相关诉讼后,原审法院又受理就同一争议提起的诉讼并作出判决的;

(5)被请求方法院已经就同一争议作出判决,或者已经认可其他国家和地区就同一争议作出的判决的;

(6)被请求方已经就同一争议作出仲裁裁决,或者已经认可其他国家和地区就同一争议作出的仲裁裁决的。

内地人民法院认为认可和执行我国香港特区法院判决明显违反内地法律的基本原则或者社会公共利益,我国香港特区法院认为认可和执行内地人民法院判决明显违反我国香港特区法律的基本原则或者公共政策的,应当不予认可和执行。

申请认可和执行的判决,被申请人提供证据证明在原审法院进行的诉讼违反了当事人就同一争议订立的有效仲裁协议或者管辖协议的,被请求方法院审查核实后,可以不予认可和执行。

被请求方法院不能仅因判决的先决问题不属于该安排适用范围,而拒绝认可和执行该判决。

对于原审法院就知识产权有效性、是否成立或者存在作出的判项,不予认可和执行;但基于该判项作出的有关责任承担的判项符合本安排规定的,应当认可和执行。

2. 根据《内地与澳门相互认可和执行民商事判决的安排》第11条规定,被请求方法院经审查核实存在下列情形之一的,裁定不予认可:

(1)根据被请求方的法律,判决所确认的事项属被请求方法院专属管辖;

(2)根据判决作出地的法律规定,败诉的当事人未得到合法传唤,或者无诉讼行为能力人未依法得到代理;

(3)被请求方法院已认可或者执行被请求方法院以外的法院或仲裁机构就相同诉讼作出的判决或仲裁裁决;

(4)在内地认可和执行判决将违反内地法律的基本原则或者社会公共利益;在澳门认可和执行判决将违反澳门法律的基本原则或者公共秩序;

(5)根据判决作出地的法律规定,申请认可和执行的判决尚未发生法律效力,或者因再审被裁定中止执行;

(6)在被请求方法院已存在相同诉讼,该诉讼先于待认可判决的诉讼提起,且被请求方法院具有管辖权。

(七)关于诉讼文书的送达

根据《最高人民法院关于涉港澳民商事案件司法文书送达问题若干规定》的相关规定,人民法院审理涉及我国香港特区、澳门的民商事案件时,向住所地在我国香港特区、澳门的受送达人送达司法文书时,可按如下方式送达:

1. 直接送达

作为受送达人的自然人或者企业、其他组织的法定代表人、主要负责人在内地的,人民法院可以直接向该自然人或者法定代表人、主要负责人送达。如受送达人在内地委托了诉讼代理人或在内地设立有代表机构的,人民法院可以向该诉讼代理人或代表机构送达。如受送达人在内地设立有分支机构或者业务代办人并授权其接受送达的,人民法院可以直接向该分支机构或者业务代办人送达。

2. 委托送达

人民法院向在内地没有住所的受送达人送达司法文书,可以按照《最高人民法院关于内地与香港特别行政区法院相互委托送达民商事司法文书的安排》或者《最高人民法院关于内地与澳门特别行政区法院就民商事案件相互委托送达司法文书和调取证据的安排》规定的方式,通过我国香港特区或澳门法院进行委托送达。

3. 邮寄送达

人民法院向住所地在我国香港特区、澳门的受送达人送达司法文书,可以邮寄送达。邮寄送达时应附有送达回证。受送达人未在送达回证上签收但在邮件回执上签收的,视为送达,签收日期为送达日期。自邮寄之日起满3个月,虽未收到送达与否的证明文件,但(1)受送达人向人民法院提及了所送达司法文书的内容;(2)受送达人已经按照所送达司法文书的内容履行;(3)其他可以确认已经送达的情形,期间届满之日视为送达,反之,视为未送达。

4. 通过传真、电子邮件等能够确认收悉的其他适当方式向受送达人送达。

5. 人民法院不能依照上述方式送达的,可以公告送达

公告内容应当在内地和受送达人住所地公开发行的报刊上刊登,自公告之日起满3个月即视为送达。

(八)关于当事人对法院裁定不服的救济措施

根据《内地与香港相互认可和执行民商事案件判决的新安排》第26条规定,被请求方法院就认可和执行的申请作出裁定或者命令后,当事人不服的,在内地可以于裁定送达之日起10日内向上一级人民法院申请复议,在我国香港特区可以依据其法律规定提出上诉。

根据《内地与澳门相互认可和执行民商事判决的安排》第12条规定,当事人对认可与否的裁定不服的,在内地可以向上一级人民法院提请复议,在澳门可以根据其法律规定提起上诉;对执行中作出的裁定不服的,可以根据被请求方法律的规定,向上级法院寻求救济。

附：境外投资相关法规、部门规章及规范性文件目录

序号	名　称	生效时间	出台部门
国家发展和改革委员会			
1	关于对国家鼓励的境外投资重点项目给予信贷支持政策的通知	2004 年 10 月 27 日	国家发展和改革委员会、中国进出口银行
2	国家发展和改革委员会、中国出口信用保险公司关于建立境外投资重点项目风险保障机制有关问题的通知	2005 年 1 月 25 日	国家发展和改革委员会、中国出口信用保险公司
3	关于进一步加强对境外投资重点项目融资支持有关问题的通知	2005 年 9 月 25 日	国家发展和改革委员会、国家开发银行
4	国家发展和改革委员会利用外资和境外投资司关于不再办理《符合国家产业政策的外商投资项目确认书》的通知	2009 年 1 月 1 日	国家发展和改革委员会
5	国家发展和改革委员会办公厅关于启用全国境外投资项目备案管理网络系统的通知	2014 年 6 月 22 日	国家发展和改革委员会
6	国家发展和改革委员会办公厅关于调整境外收购或竞标项目信息报告报送格式的通知	2017 年 1 月 5 日	国家发展和改革委员会
7	关于进一步引导和规范境外投资方向的指导意见	2017 年 8 月 4 日	国家发展和改革委员会、商务部、人民银行与外交部
8	发改委、商务部等 28 部门关于加强对外经济合作领域信用体系建设的指导意见	2017 年 10 月 31 日	国家发展和改革委员会、商务部等 28 部门
9	关于发布《民营企业境外投资经营行为规范》的通知	2017 年 12 月 6 日	国家发展和改革委员会、商务部、中国人民银行、外交部、中华全国工商业联合会
10	企业境外投资管理办法	2018 年 3 月 1 日	国家发展和改革委员会

续表

序号	名　称	生效时间	出台部门
11	国家发展和改革委员会关于发布《境外投资敏感行业目录》(2018 年版)的通知	2018 年 3 月 1 日	国家发展和改革委员会
12	国家发展和改革委员会关于发布《企业境外投资管理办法配套格式文本》(2018 年版)的通知	2018 年 3 月 1 日	国家发展和改革委员会
13	关于印发《企业境外经营合规管理指引》的通知	2018 年 12 月 26 日	国家发展和改革委员会、外交部、商务部、中国人民银行、国务院国有资产监督管理委员会、国家外汇管理局、中华全国工商业联合会
商务部			
14	商务部、国家外汇管理局关于印发《企业境外并购事项前期报告制度》的通知	2005 年 5 月 1 日	商务部、外汇管理局
15	商务部关于印发《境外中资企业(机构)报到登记制度》的通知	2005 年 9 月 14 日	商务部
16	商务部关于印发《境外投资开办企业核准工作细则》的通知	2005 年 10 月 17 日	商务部
17	商务部办公厅关于启用《中国企业境外投资批准证书》的通知	2006 年 1 月 1 日	商务部
18	中国企业境外商务投诉服务暂行办法	2006 年 8 月 16 日	商务部
19	商务部办公厅关于规范境外中资企业撤销手续的通知	2007 年 12 月 19 日	商务部
20	商务部办公厅关于调整境外投资核准有关事项的通知	2008 年 1 月 1 日	商务部
21	商务部关于做好境外就业管理工作的通知	2008 年 12 月 29 日	商务部
22	商务部、外交部关于印送《防范和处置境外劳务事件的规定》的通知	2009 年 6 月 23 日	商务部 外交部
23	关于境外直接上市的境内企业申请经营电信业务适用程序有关的通知	2009 年 9 月 18 日	商务部

续表

序号	名　称	生效时间	出台部门
24	商务部、国家外汇管理局关于境外投资联合年检工作有关事项的通知	2009 年 12 月 16 日	商务部 外汇管理局
25	境外中资企业机构和人员安全管理规定	2010 年 8 月 13 日	商务部、外交部、国家发展和改革委员会、公安部、国务院国有资产监督管理委员会、国家安全生产监督管理总局、中华全国工商业联合会
26	商务部关于印发《对外投资合作境外安全风险预警和信息通报制度》的通知	2010 年 8 月 26 日	商务部
27	商务部 外交部 国资委 全国工商联关于印发《境外中资企业(机构)员工管理指引》的通知	2011 年 3 月 14 日	商务部、外交部、国资委、全国工商联
28	关于印发《中国境外企业文化建设若干意见》的通知	2012 年 4 月 19 日	商务部、外交部、国家发展和改革委员会、国务院国有资产监督管理委员会、国家预防腐败局、中华全国工商业联合会
29	商务部关于印发《境外企业知识产权指南(试行)》的通知	2014 年 2 月 8 日	商务部
30	境外投资管理办法	2014 年 10 月 6 日	商务部
31	商务部办公厅关于做好“对外投资”监管方式海关申报的通知	2017 年 10 月 25 日	商务部办公厅
32	商务部、人民银行、国资委、银监会、证监会、保监会、外汇局关于印发《对外投资备案(核准)报告暂行办法》的通知(商合发〔2018〕24 号)	2018 年 1 月 18 日	商务部、人民银行、国资委、银监会、证监会、保监会、外汇局
33	商务部办公厅关于做好国内企业在境外投资开办企业(金融企业除外)核准初审取消后相关工作的通知	2018 年 8 月 14 日	商务部办公厅

续表

序号	名　称	生效时间	出台部门
外汇管理局			
34	国家外汇管理局关于修改《国有企业境外商品期货套期保值业务外汇管理操作规程(试行)》有关问题的通知	2005 年 3 月 10 日	国家外汇管理局
35	国家外汇管理局关于调整境内银行为境外投资企业提供融资性对外担保管理方式的通知	2005 年 9 月 1 日	国家外汇管理局
36	国家外汇管理局综合司关于印发《国家外汇管理局关于境内居民通过境外特殊目的公司融资及返程投资外汇管理有关问题的通知》(2007 修订)操作规程的通知	2007 年 5 月 29 日	国家外汇管理局
37	保险资金境外投资管理暂行办法	2007 年 6 月 28 日	国家外汇管理局
38	关于发布境内机构境外直接投资外汇管理规定的通知	2009 年 8 月 1 日	国家外汇管理局
39	货物贸易出口收入存放境外管理暂行办法	2011 年 1 月 1 日	国家外汇管理局
40	国家外汇管理局关于境内个人参与境外上市公司股权激励计划外汇管理有关问题的通知	2012 年 2 月 15 日	国家外汇管理局
41	国家外汇管理局关于国有企业境外期货套期保值业务外汇管理有关问题的通知	2013 年 6 月 3 日	国家外汇管理局
42	合格境内机构投资者境外证券投资外汇管理规定	2013 年 8 月 21 日	国家外汇管理局
43	国家外汇管理局关于境内居民通过特殊目的公司境外投融资及返程投资外汇管理有关问题的通知	2014 年 7 月 4 日	国家外汇管理局
44	国家外汇管理局关于境外上市外汇管理有关问题的通知	2014 年 12 月 26 日	国家外汇管理局
45	国家外汇管理局关于进一步简化和改进直接投资外汇管理政策的通知(汇发〔2015〕13 号)	2015 年 2 月 13 日	国家外汇管理局
46	国家外汇管理局关于境外交易者和境外经纪机构从事境内特定品种期货交易外汇管理有关问题的通知	2015 年 8 月 1 日	国家外汇管理局

续表

序号	名　称	生效时间	出台部门
47	国家外汇管理局综合司关于发布《合格境外机构投资者额度管理操作指引》的通知	2015 年 9 月 30 日	国家外汇管理局
48	国家外汇管理局关于进一步推进外汇管理改革完善真实合规性审核的通知(汇发〔2017〕3 号)	2017 年 1 月 26 日	国家外汇管理局
49	《国家外汇管理局关于进一步推进外汇管理改革完善真实合规性审核的通知》(汇发〔2017〕3 号)政策问答(第一期)	2017 年 3 月 24 日	国家外汇管理局
50	《国家外汇管理局关于进一步推进外汇管理改革完善真实合规性审核的通知》(汇发〔2017〕3 号)政策问答(第二期)	2017 年 4 月 27 日	国家外汇管理局
51	国家外汇管理局关于规范银行卡境外大额提取现金交易的通知	2018 年 1 月 1 日	国家外汇管理局
国务院国有资产监督管理委员会			
52	国务院国有资产监督管理委员会、财政部关于印发《国有控股上市公司(境外)实施股权激励试行办法》的通知	2006 年 3 月 1 日	国务院国有资产监督管理委员会、财政部
53	关于严格规范国有控股上市公司(境外)实施股权激励有关事项的通知	2007 年 10 月 10 日	国务院国有资产监督管理委员会
54	国务院国有资产监督管理委员会办公厅关于印发《境外中央企业负责人绩效薪金基数计算办法》的通知	2008 年 9 月 16 日	国务院国有资产监督管理委员会
55	中央企业境外国有资产监督管理暂行办法	2011 年 7 月 1 日	国务院国有资产监督管理委员会
56	中央企业境外国有产权管理暂行办法	2011 年 7 月 1 日	国务院国有资产监督管理委员会
57	关于加强中央企业境外国有产权管理有关工作的通知	2011 年 9 月 29 日	国务院国有资产监督管理委员会
58	国务院国资委关于实施中央企业境外投资监督管理暂行办法的通知	2012 年 5 月 1 日	国务院国有资产监督管理委员会
59	中央企业境外投资监督管理办法	2017 年 1 月 7 日	国务院国有资产监督管理委员会

续表

序号	名　称	生效时间	出台部门
其　他			
60			
61	境外国有资产管理暂行办法	1999 年 9 月 27 日	财政部、外交部、国家外汇管理局与海关总署
62	国有企业境外期货套期保值业务管理办法	2001 年 5 月 24 日	中国证券监督管理委员会、国家经济贸易委员会(已变更)、对外贸易经济合作部(已变更)、国家工商行政管理总局与国家外汇管理局
63	关于扩大境外投资者以分配利润直接投资暂不征收预提所得税政策适用范围的通知	2008 年 1 月 1 日	财政部、国家税务总局、国家发展和改革委员会与商务部
64	人民币合格境外机构投资者境内证券投资试点办法	2013 年 3 月 1 日	中国证券监督管理委员会、中国人民银行与国家外汇管理局
65	国有企业境外投资财务管理办法	2017 年 6 月 12 日	财政部
66	工业和信息化部、中国国际贸易促进委员会关于开展支持中小企业参与“一带一路”建设专项行动的通知	2017 年 7 月 27 日	工业和信息化部、中国国际贸易促进委员会
67	关于完善企业境外所得税收抵免政策问题的通知(财税〔2017〕84 号)	2017 年 12 月 28 日	财政部、税务总局
68	境外所得个人所得税征收管理暂行办法(2018 修正)	2018 年 6 月 15 日	国家税务总局
69	工业和信息化部关于工业通信业标准化工作服务于“一带一路”建设的实施意见	2018 年 11 月 5 日	工业和信息化部

后 记

2019年1月2日，笔者将本书初稿发送给出版社，经历一年半的辛苦写作，终于有了初步成果，内心无比释然。由于平时工作很忙，本书的写作主要是利用周末与节假日的时间完成。2017年国庆长假基本每天晚上写到近12点；2018年春节没有回老家过年，除了初一，其他时间都埋头写作至深夜。听闻窗外节日里的欢声笑语，内心从未感到如此的寂静和淡然。写作的过程，苦并快乐着。

笔者服务的企业主要是西南和内陆城市企业，他们很多是第一次“走出去”。比起化工集团收购瑞士先正达、美的收购库卡等这些巨型交易，他们的投资金额要小得多，交易的复杂程度也会简单很多；但由于对境外投资比较缺乏了解，他们面临的问题和风险并不少，为他们提供法律服务的风控重点、花费的时间和精力也不一定会比大型交易少。未来5～10年，笔者相信中小型企业将会成为我国企业“走出去”的主力军，他们的风险承受能力小、团队少、成本预算少，但对法律服务的需求却更迫切。很多企业为了节约成本，连中介机构都没请，基本上是赤裸着“走出去”，投资成功的概率非常低。如何让本书的内容对拟“走出去”的企业更有帮助，如何唤醒他们的风控意识，一直是笔者孜孜以求的目标，其贯穿笔者写作的始终，这也构成了本书的亮点。

过去多年，在国际并购法律服务市场中，欧美等发达国家律师一直占据着主导地位，近几年随着境内律师更多的参与其中，有一批境内律师从开始时仅负责与境外律师联络与沟通的中间角色，转变为能与境外律师分庭抗礼的平等角色。境内律师只有具有广阔国际视野，深谙国际惯例和规则、谈判技能，精通至少一门外语等综合技能，才可能是一名真正合格的跨境并购律师。

随着我国企业不断强大及“一带一路”倡议的不断深入推进，境内律师迎来前所未有的历史性机遇。一方面，由于境内律师掌握了买方资源，在境外投资与并购中，可以担任境内企业的总法律顾问，并通过境外律师的协助，在交易中发挥主导作用；另一方面，境内律师可通过考取境外法域的律师执业证，并在实务中通过操作大量案例后，从而积累起丰富的跨境投资与并购经验，并最终在国际法律服务市场中能与欧美等发达国家的律所平等竞争。

当前的国际投资与贸易规则都是由欧美等发达国家主导下制定的，经过多年的发展，上述规则体系中的很多内容已经不适应当下的国际环境。随着我国不断强大，在国际上的话语权也越来越大。在提升未来全球综合治理能力和完善国际规则体系，甚至构建新的国际规则体系中，需要有更多的境内律师参与，甚至主导。然而，当下境内律师的专业能力和实际水平与实现上述目标所需的技能之间的差距还相当大。境内律师只有抓住历史性机遇，不断完善和提升自我，才可能在未来新的跨国投资与并购市场，以及国际规则体系的完善和构建中，发挥更为建设性的作用。

感谢这个时代赋予的机会。虽然挑战前所未有，但笔者仍然相信，中国律师一定会有“乘风破浪会有时，直挂云帆济沧海”的那一天，希望这一天能早点到来。

2019 年 1 月 26 日

于香港出差途中

图书在版编目(CIP)数据

中国企业境外投资法律实务指南 / 杨青著. -- 北京 : 法律出版社, 2019
ISBN 978 - 7 - 5197 - 3270 - 7

Ⅰ. ①中… Ⅱ. ①杨… Ⅲ. ①对外投资-企业法-中国-指南 Ⅳ. ①D922.295 - 62

中国版本图书馆 CIP 数据核字(2019)第 046178 号

中国企业境外投资法律实务指南
ZHONGGUO QIYE JINGWAI TOUZI
FALÜ SHIWU ZHINAN

杨 青 著

策划编辑 郑 导
责任编辑 郑 导
装帧设计 汪奇峰

出版 法律出版社
总发行 中国法律图书有限公司
经销 新华书店
印刷 三河市龙大印装有限公司
责任校对 郭艳萍
责任印制 张建伟

编辑统筹 独立项目策划部
开本 720 毫米×960 毫米 1/16
印张 31
字数 485 千
版本 2019 年 4 月第 1 版
印次 2019 年 4 月第 1 次印刷

法律出版社/北京市丰台区莲花池西里 7 号(100073)
网址/www.lawpress.com.cn
投稿邮箱/info@lawpress.com.cn
举报维权邮箱/jbwq@lawpress.com.cn
销售热线/010 - 83938336
咨询电话/010 - 63939796

中国法律图书有限公司/北京市丰台区莲花池西里 7 号(100073)
全国各地中法图分、子公司销售电话:
统一销售客服/400 - 660 - 6393
第一法律书店/010 - 83938334/8335
西安分公司/029 - 85330678
重庆分公司/023 - 67453036
上海分公司/021 - 62071639/1636
深圳分公司/0755 - 83072995

书号:ISBN 978 - 7 - 5197 - 3270 - 7
定价:98.00 元
(如有缺页或倒装,中国法律图书有限公司负责退换)